福建省服務海西重大研究項目、國家社科基金重大項目子課題

馬重奇◎主編

《安腔八音》
整理及研究

馬重奇◎編著
陸求藻◎原著

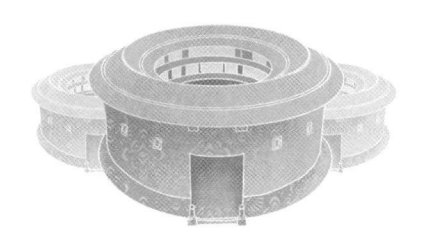

中國社會科學出版社

圖書在版編目（CIP）數據

《安腔八音》整理及研究／馬重奇編著．—北京：
中國社會科學出版社，2022.4
（清代民初閩方言韻書整理及研究叢書）
ISBN 978-7-5203-9760-5

Ⅰ.①安… Ⅱ.①馬… Ⅲ.①閩北話—韻書—研究
Ⅳ.①H177.1

中國版本圖書館 CIP 數據核字（2022）第 027907 號

出　版　人	趙劍英
責任編輯	張　林
責任校對	周曉東
責任印製	戴　寬

出　　版	中國社會科學出版社
社　　址	北京鼓樓西大街甲 158 號
郵　　編	100720
網　　址	http://www.csspw.cn
發 行 部	010-84083685
門 市 部	010-84029450
經　　銷	新華書店及其他書店
印刷裝訂	北京明恒達印務有限公司
版　　次	2022 年 4 月第 1 版
印　　次	2022 年 4 月第 1 次印刷
開　　本	710×1000　1/16
印　　張	21.75
插　　頁	2
字　　數	361 千字
定　　價	128.00 元

凡購買中國社會科學出版社圖書，如有質量問題請與本社營銷中心聯繫調換
電話:010-84083683
版權所有　侵權必究

總　　序

馬重奇

一　中國古代韻書源流與發展概述

　　古人把傳統語言學叫做"小學"。漢代稱文字學為"小學"，因兒童入小學先學文字，故名。隋唐以後，範圍擴大，成為"文字學""音韻學"和"訓詁學"的總稱。至清末，章炳麟認為小學之名不確切，主張改稱"語言文字之學"。現在統稱為"漢語研究"。傳統的語言學以研究古代文獻和書面語為主。

　　漢語音韻學研究也有一個產生、發展、改革的過程。早在先秦兩漢時期就有關於字詞讀音的記載。主要有以下諸類：（1）譬況注音法：有急言、緩言、長言、短言、內言、外言等。它們都是大致描繪的發音方法，卻很難根據它準確地發出當時的音來，更無法根據它歸納出當時的音系。（2）直音法：隨著漢代經學的產生和發展，注釋家們在為先秦典籍下注解時開始使用"直音"法。這是以一個比較常用的字給另一個同音字注音的方法。直音法的優點是簡單明瞭，一看就懂，也克服了譬況注音法讀音不確的弊病，但自身也有很大局限性。（3）讀若，讀如：東漢許慎在《說文解字》中廣泛應用的"讀若"，就是從直音法發展而來的。"讀若"也叫"讀如"，主要用於注音。用讀若時，一般用一個常見的字進行解釋，有時常常引用一段熟悉的詩文，以該字在這段詩文中的讀音來注音。（4）反切法：真正的字音分析產生於東漢末年，以反切注音法的出現為標誌。反切就是利用雙聲、疊韻的方法，用兩個漢字來拼另一個字的讀音。這是古人在直音、讀若基礎上進一步創造出來的注音方法。反切是用兩個字拼合成另一個字的音，其反切上字與所切之字聲母相同，反切下字與所切之字韻母和聲調相同。即上字取聲，下字取韻和調。自從反切出現之後，古人注釋經籍字音，便以它為主要手段。編撰韻書，也大量使用反切。

　　四聲的發現與歸納，對韻書的產生與發展也起著極為重要的作用。據《南齊書·陸厥傳》記載："永明末盛為文章，吳興沈約、陳郡謝朓、琅邪王融，以氣類相推轂。汝南周顒，善識聲韻。約等文皆用宮商，以平、上、去、入為四聲，以此制韻，不可增減，世呼為永明體。"《梁書·庾肩吾傳》："齊永明中，文士王融、謝朓、沈約文章始用四聲，以為新變，至是轉拘聲韻，彌尚麗靡，複逾於往時。"四聲的發現與歸納以及反切注音法的廣泛應用，成為古代韻書得以產生的基礎條件。

　　古代韻書的出現，標誌著音韻學真正從注釋學中脫胎出來成為一門獨立的學科。據考證，我國最早的韻書是三國時魏國李登所撰的《聲類》。在隋朝陸法言《切韻》以前，就有許多韻書出現。據《切韻·序》中說："呂靜《韻集》、夏侯詠《韻略》、陽休之《韻略》、周思言《音韻》、李季節《音譜》、杜台卿《韻略》等，各有乖互。"《隋書·經籍志》中也提到：《四聲韻林》二十八卷，張諒撰；《四聲韻略》十三卷，夏侯詠撰，等等。遺憾的是，這些韻書至今都蕩然無存，無法窺其真況。總之，韻書的製作到了南北朝的後期，已是空前鼎盛，進入"音韻鋒出"的時代。這些韻書的產生，為《切韻》的出現奠定了很好的基礎和條件。隋代出現的對後世影響最大的陸法言《切韻》則是早期漢語音韻學的集大成之作。爾後，唐宋時人紛紛在它的基礎上加以增補刊削，有的補充若干材料，分立一些韻部，有的增加字數，加詳注解，編為新的韻書。其中最著名的有唐王仁昫所撰的《刊謬補缺切韻》，孫愐所撰的《唐韻》，李舟所撰的《切韻》以及宋代官修的《廣韻》《集韻》等一系列韻書。這些韻書對韻的分析日趨精密，尤其是《廣韻》成為魏晉南北朝隋唐時期韻書的集大成著作。以上所介紹的韻書都是反映中古時期的韻書，它們在中國音韻學史上的貢獻是巨大的，影響也是非常深遠的。

　　唐末和尚守溫是我國古代最初使用字母來代表聲母的人。他按照雙聲字聲母讀音相同的原則，從所有漢字字音中歸納出三十個不同的聲母，並用漢字給它們一一標目，這就是《敦煌掇瑣》下輯錄守溫"三十字母"。這"三十字母"經過宋人的整理增益，成為後代通行的"三十六字母"。

唐宋三十六字母的產生導致了等韻學的產生和發展。等韻學是漢語音韻學的一個分科。它以漢語的聲韻調系統及其互相配合關係為研究對像，而以編制等韻圖作為表現其語音系統的手段，從而探求漢語的發音原理和發音方法。宋元時期的重要等韻圖大致可以分為兩大類：第一類是反映《切韻》音系的韻圖，如南宋福建福州人張麟之刊行的宋佚名的《韻鏡》，福建莆田人鄭樵撰的《七音略》，都是根據《切韻》中的小韻列為43圖，每個小韻的代表字在韻圖中各佔有一個位置；第二類是按當時的實際語音對《切韻》語音系統進行了調整，如託名宋司馬光的《切韻指掌圖》，佚名的《四聲等子》，元劉鑒的《經史正音切韻指南》，均不再按韻書中的小韻列圖，只列20個韻圖或24個韻圖。

明清時期的等韻學與宋元等韻學一脈相承，其理論基礎、基本原則和研究手段都是從宋元等韻學發展而來，二者聯繫密切。然而，明清時期的韻圖，已逐漸改變了宋元時期韻圖的型制。其表現為兩個方面：一則由於受到理學思想以及外來語音學原理對等韻的影響；二則由於語音的不斷發展變化影響到韻圖編制的內容和格式。根據李新魁《漢語音韻學》考證，明清時期的韻圖可以分為五種類型：一是以反映明清時代的讀書音系統為主的韻圖，它們略帶保守性，保存前代的語音特點較多。如：明袁子讓《字學元元》、葉秉敬《韻表》、無名氏《韻法直圖》、李嘉紹《韻法橫圖》、章黼《韻學集成》和清李光地、王蘭生《音韻闡微韻譜》，樊騰鳳《五方母音》等。二是以表現當時口語的標準音——中原地區共同語標準音為主，它們比較接近現代共同語的語音。如：明桑紹良《青郊雜著》、呂坤《交泰韻》、喬中和《元韻譜》、方以智《切韻聲原》和無名氏《字母切韻要法》等。三是在表現共同語音的基礎上，加上"音有定數定位"的觀念，在實際的音類之外，添上一些讀音的虛位，表現了統包各類讀音的"語音骨架"。如：明末清初馬自援《等音》、清林本裕《聲位》、趙紹箕《拙庵韻語》、潘耒《類音》、勞乃宣《等韻一得》等。四是表現各地方音的韻圖，有的反映北方話的讀法。如：明徐孝《重司馬溫公等韻圖經》、明代來華傳教的法國人金尼閣（Nieolas Trigault）《西儒耳目資》、張祥晉《七音譜》等；有的顯示南方方言的語音，如：陸稼書《等韻便讀》、清吳烺《五聲反切正韻》、程定謨《射聲小譜》、晉安《戚林八音》、黃謙《彙音妙悟》、廖綸璣《拍掌知音》、無名氏《擊掌知音》、謝秀嵐《雅俗通十五音》、張世珍《潮聲十五音》等。五是表現宋元時期韻書的音系的，它們是屬於"述古"的韻圖。如：無名氏《等韻切音指南》、江永《四聲切韻表》、龐大堃《等韻輯略》、梁僧寶《切韻求蒙》等①。

　　古音學研究也是漢語音韻學研究中的一個重要內容。它主要是研究周秦兩漢語音系統的學問。嚴格地說是研究以《詩經》為代表的上古語音系統的學問。我國早在漢代就有人談到古音。但古音學的真正建立是從宋代開始的。吳棫撰《韻補》，創"古韻通轉"之說；程迥著《古韻通式》，主張"三聲通用，雙聲互轉"；鄭庠撰《古音辨》，分古韻為六部。明代陳第（福建連江人）撰《毛詩古音考·序》提出"時有古今，地有南北，字有更革，音有轉移"的理論，為清代古音學的建立奠定了理論基礎。到了清代，古音學達到全盛時期。主要的古音學家和著作有：顧炎武《音學五書》、江永《古韻標準》、戴震《聲韻考》和《聲類表》、段玉裁《六書音韻表》、孔廣森《詩聲類》、王念孫《合韻譜》、嚴可均《說文聲類》、江有誥《音學十書》、朱駿聲《說文通訓定聲》等。

　　音韻學還有一個分支，那就是"北音學"。北音學主要研究以元曲和《中原音韻》為代表的近代北方話語音系統。有關北音的韻書還有元人朱宗文的《蒙古字韻》、卓從之的《中州樂府音韻匯通》，明人朱權的《瓊林雅韻》、無名氏的《菉斐軒詞林要韻》、王文璧的《中州音韻》、范善臻的《中州全韻》，清人王鵕的《中州全韻輯要》、沈乘麐的《曲韻驪珠》、周昂的《增訂中州全韻》等。

二　福建近代音韻學研究概述

　　從永嘉之亂前至明清，中原人士陸續入閩定居，帶來了許多中原的文化。宋南渡之後，大批北方著名人士蜂擁而來，也有不少閩人北上訪學，也將中原文化帶回閩地。如理學開創者周敦頤、張載、程顥、程頤、邵雍等都在北方中原一帶，不少閩人投其門下，深受其影響。如崇安人遊酢、

---

① 李新魁：《漢語等韻學》，中華書局2004年版。

將樂人楊時曾受業于二程。他們返回閩地後大力傳播理學，後被南宋朱熹改造發揚為"閩學"。

自宋迄清時期，福建在政治、思想、文化、經濟等均得到迅速發展。就古代"小學"（包括音韻、文字、訓詁）而言，就湧現出許許多多的專家和著作。宋朝時期，福建音韻學研究成果很多。如北宋邵武黃伯思的《古文韻》，永泰黃邦俊的《纂韻譜》，武夷山吳棫的《韻補》《毛詩補音》《楚辭釋音》，莆田鄭樵的《七音略》；南宋建陽蔡淵的《古易叶音》，泉州陳知柔的《詩聲譜》，莆田劉孟容的《修校韻略》，福州張鱗之刊行的《韻鏡》等。元明時期音韻學研究成果也不少，如元朝邵武黃公紹的《古今韻會》，邵武熊忠的《古今韻會舉要》《禮部韻略七音三十六母通考》；明朝連江陳第的《毛詩古音考》《屈宋古音義》《讀詩拙言》，晉江黃景昉的《疊韻譜》，林霍的《雙聲譜》，福清林茂槐的《音韻訂訛》等。清代音韻學研究成果十分豐碩。如安溪李光地的《欽定音韻闡微》《音韻闡微韻譜》《榕村韻書》《韻箋》《等韻便覽》《等韻辨疑》《字音圖說》，閩侯潘逢禧的《正音通俗表》，曹雲從的《字韻同音辨解》，光澤高澍然的《詩音十五卷》，閩侯陳壽祺的《越語古音證》，閩侯方邁的《古今通韻輯要》，晉江富中炎的《韻法指南》《等韻》，惠安孫經世的《韻學溯源》《詩韻訂》，王之珂的《占畢韻學》等。

以上韻書涉及上古音、中古音、近代音、等韻學，為我國漢語音韻學史作出了巨大貢獻，影響也是很大的。

三　閩台方言韻書說略

明清時期的方言學家們根據福建不同方言區的語音系統，編撰出許許多多的便於廣大民眾學習的方言韻書。有閩東方言韻書、閩北方言韻書、閩南方言韻書、潮汕方言韻書、臺灣閩南方言韻書以及外國傳教士編撰的方言字典、詞典等。

閩東方言韻書有：明末福州戚繼光編的《戚參軍八音字義便覽》（明末）、福州林碧山的《珠玉同聲》（清初）、晉安彙集的《戚林八音》（1749）、古田鐘德明的《加訂美全八音》（1906），福安陸求藻《安腔八音》（十八世紀末）、鄭宜光《簡易識字七音字彙》（清末民初）等。

閩北方言韻書有：政和明正德年間陳相手抄本《六音字典》（1515）和清朝光緒年間陳家麓手抄本《六音字典》（1894）；建甌林瑞材的《建州八音字義便覽》（1795）等。

閩南方言韻書有：連陽廖綸璣的《拍掌知音》（康熙年間）、泉州黃謙的《彙音妙悟》（1800，泉州音）、漳州謝秀嵐的《彙集雅俗通十五音》（1818）、無名氏的《增補彙音》（1820）、長泰無名氏的《渡江書十五音》（不詳）、葉開恩的《八音定訣》（1894）、無名氏《擊掌知音》（不詳，兼漳泉二腔）。

潮汕方言韻書有：張世珍的《潮聲十五音》（1907）、江夏懋亭氏的《擊木知音》（全名《彙集雅俗十五音全本》，1915）、蔣儒林《潮語十五音》（1921）、潮安蕭雲屏編的《潮語十五音》（1923）、潘載和《潮汕檢音字表》（1933）、澄海姚弗如改編的《潮聲十七音》（1934）、劉繹如改編的《潮聲十八音》（1936）、鳴平編著蕭穆改編《潮汕十五音》（1938）、李新魁的《新編潮汕方言十八音》（1975）等。

大陸閩方言韻書對臺灣產生重大影響。臺灣語言學家們模仿大陸閩方言韻書的內容和形式，結合臺灣閩南方言概況編撰新的十五音。反映臺灣閩南方言的韻書主要有：臺灣現存最早的方言韻書為臺灣總督府民政局學務部編撰的《臺灣十五音字母詳解》（1895，臺灣）和《訂正臺灣十五音字母詳解》（1901，臺灣）等。

以上論著均為反映閩方言的韻書和辭書。其數目之多可以說居全國首位。其種類多的原因，與閩方言特別複雜有著直接的關係。

四　閩方言主要韻書的整理及其研究

福建師範大學漢語言文字學專業是2000年國務院學位委員會審批的二級學科博士學位授權點，也是2008年福建省第三批省級重點學科。2009年，該學科學科帶頭人馬重奇教授主持了福建省服務海西重大研究項目"海峽西岸瀕危語言學文獻及資料的挖掘、整理與研究"。經過多年的收集、整理和研究，擬分為兩個專題組織出版：一是由馬重奇教授主編的"清代民初閩方言韻書整理及研究"叢書；二是由林志強教授主編的

"閩籍學者的文字學著作研究"叢書。2010年馬重奇教授又主持了國家社科基金重大招標項目"海峽兩岸閩南方言動態比較研究"，也把閩方言韻書整理與研究作為子課題之一。

"清代民初閩方言韻書整理及研究"叢書的目錄如下：1.《〈增補彙音妙悟〉〈拍掌知音〉整理及研究》；2.《〈彙集雅俗通十五音〉整理及研究》；3.《〈增補彙音〉整理及研究》；4.《〈渡江書十五音〉整理及研究》；5.《〈八音定訣〉整理及研究》；6.《〈潮聲十五音〉整理及研究》；7.《〈潮語十五音〉整理及研究》；8.《〈潮聲十七音〉整理及研究》；9.《〈擊木知音〉整理及研究》；10.《〈安腔八音〉整理及研究》；11.《〈加訂美全八音〉整理及研究》；12.《〈建州八音字義便覽〉整理及研究》。

關於每部韻書的整理，我們的原則是：

1. 每本新編閩方言韻書，均根據相關的古版本以及學術界相關的研究成果進行校勘和校正。

2. 每本方言韻書均以原韻書為底本進行整理，凡韻書編排較亂者，根據韻字的音韻學地位重新編排。

3. 韻書有字有音而無釋義者，根據有關工具書補充字義。

4. 凡是錯字、錯句或錯段者，整理者直接改之。

5. 通過整理，以最好的閩方言韻書呈現於廣大讀者的面前，以滿足讀者和研究者學習的需要。

至於每部韻書的研究，我們的原則是：

1. 介紹每部韻書的作者、成書時間、時代背景、各種版本。

2. 介紹每部韻書在海內外學術界的研究動態。

3. 研究每部韻書的聲韻調系統，既做共時的比較也做歷時的比較，考證出音系、音值。

4. 考證出每部韻書的音系性質以及在中國方音史上的地位和影響。

"清代民初閩方言韻書整理及研究"叢書的順利出版，首先要感謝福建省人民政府對"福建省服務海西重大研究項目'海峽西岸瀕危語言學文獻及資料的挖掘、整理與研究'"經費上的支持！我們還要特別感謝中國社會科學出版社張林編審的鼎立支持！感謝她為本套叢書的編輯、校對、出版所付出的辛勤勞動！

在本書撰寫過程中，著者們吸收了學術界許多研究成果，書後參考書目中已一一列出，這裡不再一一說明，在此一併表示感謝！然而，由於著者水準所限，書中的錯誤在所難免，望學術界的朋友們多加批評指正。

2021 年 5 月於福州倉山書香門第

目　　錄

《安腔八音》音系及其音值構擬與其他研究 ································ 馬重奇（1）
　　一　本書所用的閩東、閩南六種方言文獻簡介 ······················（1）
　　二　《安腔八音》聲韻調系統研究·······································（3）
　　三　《安腔八音》音系與《戚林八音》音系比較研究·················（14）
　　四　《安腔八音》鼻音韻/入聲韻與閩南兩種方言文獻比較
　　　　研究 ··（19）
　　五　結論：兩百年來《安腔八音》音韻結構動態演變的原因······（36）

新編《安腔八音》 ·· 馬重奇（39）
　　1. 春字母···（42）
　　2. 花字母···（51）
　　3. 香字母···（57）
　　4. 掀字母···（64）
　　5. 秋字母···（68）
　　6. 山字母···（76）
　　7. 三字母···（86）
　　8. 坑字母···（91）
　　9. 開字母···（94）
　　10. 嘉字母···（102）
　　11. 賓字母···（109）
　　12. 歡字母···（116）
　　13. 歌字母···（125）
　　14. 須字母···（133）
　　15. 於字母···（143）

16. 金字母 …………………………………………………（144）
17. 杯字母 …………………………………………………（150）
18. 孤字母 …………………………………………………（158）
19. 燈字母 …………………………………………………（168）
20. 砧字母 …………………………………………………（176）
21. 牽字母 …………………………………………………（180）
22. 光字母 …………………………………………………（185）
23. 川字母 …………………………………………………（191）
24. 輝字母 …………………………………………………（199）
25. 燒字母 …………………………………………………（202）
26. 銀字母 …………………………………………………（210）
27. 恭字母 …………………………………………………（212）
28. 缸字母 …………………………………………………（217）
29. 根字母 …………………………………………………（225）
30. 俐字母 …………………………………………………（227）
31. 東字母 …………………………………………………（234）
32. 郊字母 …………………………………………………（244）
33. 戈字母 …………………………………………………（250）
34. 西字母 …………………………………………………（257）
35. 聲字母 …………………………………………………（264）
36. 崔字母 …………………………………………………（275）
37. 初字母 …………………………………………………（280）
38. 天字母 …………………………………………………（283）
39. 添字母 …………………………………………………（292）
40. 饕字母 …………………………………………………（298）
41. 迦字母 …………………………………………………（302）
42. 歪字母 …………………………………………………（307）
43. 廳字母 …………………………………………………（309）
44. 煎字母 …………………………………………………（314）
45. 鈎字母 …………………………………………………（316）
46. 茄字母 …………………………………………………（322）
47. 雞字母 …………………………………………………（327）

《安腔八音》音系及其音值構擬與其他研究*

馬重奇

　　福建方言十分複雜，大致可以分為閩語群和客贛語群。閩語群包括：閩東語、莆仙語、閩南語、閩北語、閩中語。閩東語分南北兩片，南片以福州話為代表，北片以福安話為代表；閩南語分東西南北四片，東片以廈門話為代表，西片以龍岩話為代表，南片以漳州話為代表，北片以泉州話為代表。現代閩南語與閩東語的空間差異比較大，尤其是鼻音/入聲韻母系統方面。在本書裡，筆者試圖探討《安腔八音》音系及其音值，閩南語南、北片漳、泉方言與閩東北片福安方言韻母系統的異同點。

一 本書所用的閩東、閩南六種方言文獻簡介

　　徐通鏘指出，"一個語言如果有碑刻銘文、文字文獻之類的資料，那麼人們也可以從中窺知語言發展的時間痕跡。這樣，語言的空間差異和書面文獻資料都可以成為觀察語言演變的時間視窗，因而在實際的研究工作中可以把這兩者結合起來去探索語言發展的線索和規律。這比只憑語言的空間差異去研究語言的發展更有效。"[①] 這段話告訴我們，語言的空間差異和書面文獻資料都可以成為觀察語言演變的時間視窗。
　　四種閩東方言文獻簡介：（1）《安腔八音》：根據《福安市誌·方言

---

* 基金項目：國家社會科學基金重大項目 "海峽兩岸閩南方言動態比較研究"（10ZD&128）成果。

① 徐通鏘：《歷史語言學》"第六章　歷史語言學（下）：空間和時間"，商務印書館1991年版，第123頁。

卷》記載,該書原名《安腔戚林八音》,又名《陸瓊園本腔八音》,簡稱《安腔八音》,現在福安市圖書館藏有福安范坑陳祖蔚的手抄本。該書作者陸求藻,字瓊園,福安鹿門人,曾參校乾隆四十八年(1783)福安縣誌。該書成書時間大約在18世紀中到18世紀末①。此韻書中文前和封底均列有47字母,卷首也列有17聲母,"八音"(實際上是"七音")。這是一部反映18世紀中末葉閩東北片福安方言音系的重要韻書。(2)《班華字典》:全名《福安方言班華字典》,簡稱《班華字典》,該書為西班牙傳教士伊格那西歐·伊巴聶茲(Ignacio Ibanez)所編。該書序文介紹說:伊格那西歐從1882年8月2日開始編纂這部字典,到1893年5月11日編完,歷時10年多。後經Blas Cornejo補充修改,1941—1943年由商務印書館出版。這是西方傳教士編纂的反映19世紀末福安方言字典。據日本秋穀裕幸考證,《班華字典》的聲母17個,韻母87個,單字調7個②。(3)《簡易識字七音字彙》:簡稱《七音字彙》,現在福安市圖書館藏有該書的刻印本。《福安市誌·方言卷》記載,該書作者鄭宜光,福安甘棠外塘村人,曾任福安神學院中文教師。該書成書出版時間當在20世紀40年代後期。該書有聲類17個,字母47類,聲調7個。韻書完整保存了中古三套鼻音韻尾［-m］、［-n］、［-ŋ］和入聲韻尾韻尾［-p］、［-t］、［-k］。該書記載26個陽聲韻部,比《安腔八音》多了"橫[uaŋ]"部;20個元音韻部,則比《安腔八音》少了"輝""茄"兩個韻部。這樣,《簡易識字七音字彙》應該是46個韻部,比《安腔八音》少一個韻部。筆者對《安腔八音》的音值就是根據《簡易識字七音字彙》和《班華字典》兩種文獻的讀音以及現代福安方言音系進行構擬的。(4)《戚林八音》:清乾隆十四年(1749)晉安將明代戚繼光所撰的《戚參軍八音字義便覽》和清初林碧山編撰的《太史林碧山先生珠玉同聲》彙集而成。這是反映明末清初閩東南片福州方言音韻系統的重要韻書。《戚參軍八音字義便覽》用36字表示韻母:"春花香秋山開嘉賓歡歌須金杯孤燈光輝燒銀缸之東郊過西橋雞聲催初天奇梅歪遮溝。"其中"金"與"賓"、"梅"與"杯"、"遮"與"奇"同,所以實有33個韻母。其聲母

---

① 福建省福安市地方誌編纂委員會編:《福安市誌·方言卷》,方誌出版社1999年版。
② ［日］秋谷裕幸:《〈班华字典——福安方言〉音系初探》,《方言》2012年第1期。

即20字的前傳統十五音："柳邊求氣低波他曾日時鶯蒙語出喜打掌與君知。"書名為《八音》，實為七調。清康熙戊辰年（1688）林碧山改訂了《戚參軍八音字義便覽》，編為《太史林碧山先生珠玉同聲》一卷，共有韻母35個，多了"瓢""怀"兩個韻部；聲母代表字有20個，實際上也是15個聲母；聲調分為8類，實際上只有7音。

兩種閩南方言文獻簡介：（1）《彙集雅俗通十五音》：該書成書於清嘉慶二十三年（1818），作者是東苑謝秀嵐。這是一部反映19世紀初葉漳州方言（確切地說是漳浦方言）的韻書。主要版本有：嘉慶二十三年文林堂刻本。十五音表示聲母系統，50個字母表示韻母系統，八音表示聲調，實際上是7個調。（2）《增補彙音妙悟》（簡稱《彙音妙悟》）：該書是一部反映19世紀初葉泉州方言的韻書。作者泉州人黃謙，書成於嘉慶五年（1800）。目前我們版本有下列兩種：清嘉慶五年刻本，熏園藏版，二卷；清光緒甲午年孟春重鐫的文德堂梓行版，全稱《增補彙音妙悟》，桐城黃澹川鑒定。該書十五音，五十字母，八個聲調。

二 《安腔八音》聲韻調系統研究

《安腔八音》，此韻書封面和封底均列有47字母："春花香掀秋山三坑開嘉賓歡歌須于金杯孤燈砧牽光川輝燒銀恭缸根俐東郊戈西聲崔初天添饕迦歪廳煎鉤茄雞。"卷首也列有17聲母："柳邊求氣低波他爭日時鶯蒙語出熹如無。"《安腔八音》雖為"八音"，平上去入各分上下，下上調無韻字，實際上是"七音"。1981年10月福建師範大學圖書館古籍庫將此手抄本進行複印。該書的整理與研究就是根據此韻書的複印本。書後印有"安腔八音一至七卷根據福安范坑陳祖蔚先生抄本複印 一九八一年十月"的字樣。

《安腔八音》音系音值擬測離不開與《簡易識字七音字彙》和《班華字典》等福安方言文獻進行共時比較，當然也離不開與現代福安方言活的音系進行歷時比較。《簡易識字七音字彙》正文前有《字柱》，列17個聲類，《字母》列47個韻類，《號碼》列7個調類。《班華字典》是一部西班牙語—福安方言字典。該書也是17個聲母，87個韻母，7個聲調。

（一）《安腔八音》聲母系統

現將《安腔八音》與《簡易識字七音字彙》《班華字典》及現代福安方言聲母系統[①]比較如下：

安腔八音	柳	邊	求	氣	低	波	他	曾	日	時	鶯	蒙	語	出	喜	如	無
班華字典	l	p	k	k'	t	p'	t'	ch	n	s	o	m	ng	ch'	h	y	b/w
七音字彙	L	P	K	K⌣	T	P⌣	T⌣	Ch	N	S	O	M	Ng	Ch⌣	H	Y	B
擬音	l	p	k	k'	t	p'	t'	ts	n	s	ø	m	ŋ	ts'	h	j	b/w
福安方言	l	p	k	k'	t	p'	t'	ts	n	s	∅	m	ŋ	ts'	h	j	w

以上三種福安方言文獻均為十七音，比福建福建傳統十五音多了"與"和"舞"兩個聲母，福安北部就是吳方言區，可能是受浙南方言的影響[①]。根據《漢語方言詞彙》[②]提供的材料，蘇州方言28個聲母中就有[j]母，其例字"移尤雨"；溫州方言29個聲母，也有[j]母，其例字"移床柔"；而《安腔八音》裡"移"（雞韻如母）、"尤"（秋韻如母）、"柔"（秋韻如母）等字也讀做[j]。蘇州方言有[v]母，其例字"馮味扶"；溫州方言也有[v]母，其例字"文未河"；而《安腔八音》裡"味"（俐韻無母）、"文"（春韻無母）等字亦讀做[w]母。[w]屬半母音，是一種摩擦很輕的濁擦音，唇不太圓。[v]屬唇齒、濁擦音。[w]母與[v]母發音部位和發音方法相近。據考察，"無"母[w]來源於中古時代的"影"母[ø]（如"窟渦彎"）、"喻三"母[j]（如"王芋泳"）、"明（微）"母[m]（如"文舞亡"）、"喻四"母（如"唯營贏"）、"疑"母（如"瓦桅"）等。通過三種文獻與現代福安聲母系統的歷時比較，可以顯見，三種文獻所反映的正是18世紀中末葉迄民國初年閩東福安方言聲母系統。

---

① 馬重奇：《福建福安方言韻書〈安腔八音〉》，《方言》2001年第1期。
② 北京大學中國語言文學系語言學教研室編：《漢語方言詞彙》，語文出版社1995年版。

(二)《安腔八音》韻母系統

《安腔八音》有47個韻部，86個韻母，《簡易識字七音字彙》（簡稱"七音字彙"）有46個韻部81個韻母，《班華字典》則有87個韻母；現代《福安市誌·方言卷》有47個韻母[①]。

卷一："春花香掀秋山"六韻類音值考證。

安腔八音	[1]春/碌	[2]花/劃	[3]香/略	[4]掀/決	[5]秋	[6]山/辣
七音字彙	[29]君 oun [oun/out]	[3]花 uo [uo/uoʔ]	[4]香 iong [iɔŋ/iɔk]	[38]謹 ing [iŋ]	[5]秋 eiu [eu]	[6]山 an [an/at]
班華字典	順/屋 oun/out [on/ot]	花/劃 uo [uɔ/uɔʔ]	掌/育 iong/ioc [iɔŋ/iɔk]	品 ing [iŋ]	秋 eiu [eu]	山/達 an/at [an/at]
福安方言	春/哭 [ouŋ/ouk]	花/劃 [o/ok]	香/略 [iɔŋ/iɔk]	謹/鐵 [iŋ/ik]	秋 [eu]	山/煞 [aŋ/ak]
擬音	[1]春/碌 [oun/out]	[2]花/劃 [uo/uoʔ]	[3]香/略 [iɔŋ/iɔk]	[4]掀/決 [iŋ/ik]	[5]秋 [eu]	[6]山/辣 [an/at]

上表可見，[1]春字母：鑒於《七音字彙》擬音為[oun/out]，《班華字典》擬音為[on/ot]，《福安市誌·方言卷》則演變為[ouŋ/ouk]，三種文獻的複母音相同，均為ou，韻尾則由-n/-t演變為-ŋ/-k，下文同，故本書就把《安腔八音》春字母擬音為[oun/out]。[2]花字母：鑒於《七音字彙》擬音為[uo/uoʔ]，《班華字典》擬音為[uɔ/uɔʔ]，《福安市志·方言卷》則演變為[o/ok]，故本書就把《安腔八音》花字母擬音為[uo/uoʔ]。[3]香字母：鑒於《七音字彙》《班華字典》《福安市誌·方言卷》均擬音為[iɔŋ/iɔk]，故本書就把《安腔八音》香字母擬音為[iɔŋ/iɔk]。[4]掀字母：鑒於《七音字彙》擬音為[iŋ]，《班華字典》擬音為[iŋ]，韻尾則由-n/-t演變為-ŋ/-k，《福安市誌·方言卷》也擬音為

[①] 福建省福安市地方誌編纂委員會編：《福安市誌·方言卷》，方誌出版社1999年版。

[iŋ/ik]，故本書就把《安腔八音》掀字母擬音為 [iŋ/ik]。⁵秋字母：鑒於《七音字彙》《班華字典》《福安市誌·方言卷》均擬音為 [eu]，故本書就把《安腔八音》秋字母擬音為 [eu]。⁶山字母：鑒於《七音字彙》《班華字典》均擬音為 [an/at]，《福安市誌·方言卷》則演變為 [aŋ/ak]，韻尾則由 -n/-t 演變為 -ŋ/-k，故本書就把《安腔八音》山字母擬音為 [an/at]。

卷二："三坑開嘉賓歡"六韻類音值考證。

安腔八音	⁷三/臘	⁸坑/塌	⁹開/殺	¹⁰嘉/百	¹¹賓/必	¹²歡/撥
七音字彙	⁴⁵三 am [am/ap]	⁴⁶坑 ang [aŋ/ak]	⁷開 ai [ai]	⁸嘉 a [a/aʔ]	⁴¹新 ein [ein/eit]	¹⁰歡 uan [uan/uat]
班華字典	三/答 am/ap [am/ap]	坑/□ ang/ac [aŋ/ak]	開 ai [ai]	家/百 a [a/aʔ]	賓/一 ein/eit [en/et]	官/挖 uan/uat [uan/uat]
福安方言	三/答 [aŋ/ak]	坑/□ [aŋ/ak]	開 [ai]	嘉/百 [a/ak]	賓/筆 [eiŋ/eik]	官/闊 [uaŋ/uak]
擬音	⁷三/臘 [am/ap]	⁸坑/塌 [aŋ/ak]	⁹開/殺 [ai/aiʔ]	¹⁰嘉/百 [a/aʔ]	¹¹賓/必 [ein/eit]	¹²歡/撥 [uan/uat]

上表可見，⁷三字母：鑒於《七音字彙》《班華字典》均擬音為 [am/ap]，《福安市誌·方言卷》則演變為 [aŋ/ak]，母音均為 a，韻尾則由 -m/-p 演變為 -ŋ/-k，故本書就把《安腔八音》三字母擬音為 [am/ap]。⁸坑字母：鑒於《七音字彙》《班華字典》《福安市誌·方言卷》均擬音為 [aŋ/ak]，故本書就把《安腔八音》坑字母擬音為 [aŋ/ak]。⁹開字母：鑒於《七音字彙》《班華字典》《福安市誌·方言卷》均擬音為 [ai]，故本書就把《安腔八音》開字母擬音為 [ai/aiʔ]。¹⁰嘉字母：鑒於《七音字彙》《班華字典》均擬音為 [a/aʔ]，《福安市誌·方言卷》則演變為 [a/ak]，故本書就把《安腔八音》嘉字母擬音為 [a/aʔ]。¹¹賓字母：鑒於《七音字彙》擬音為 [ein/eit]，《班華字典》擬音為 [en/et]，《福安市誌·方言卷》演變為 [eiŋ/eik]，故本書就把《安腔八音》賓字

母擬音為［ein/eit］。[12]歡字母：鑒於《七音字彙》《班華字典》均擬音為［uan/uat］，《福安市誌・方言卷》則演變為［uaŋ/uak］，故本書就把《安腔八音》歡字母擬音為［uan/uat］。

卷三："歌須于金杯孤"六韻類音值考證。

安腔八音	[13]歌/落	[14]須	[15]於	[16]金/立	[17]杯	[18]孤
七音字彙	[11]歌 o［ɔ/ɔʔ］	[12]須/著 oui［øi/øiʔ］	[34]於/噢 ue［ø/øʔ］	[13]金 eim［eim/eip］	[14]杯 ui［uoi］	[15]孤 ou［ou］
班華字典	可/學 o［ɔ/ɔʔ］	趣 oui［oi］	去 ue［ø］	心/立 eim/eip［em/ep］	每 ui［ui］	姑 ou［o］
福安方言	哥/桌［ɔ/ɔk］	須［øi］	於［ø］	金/及［eiŋ/eik］	杯［uoi］	孤［ou］
擬音	[13]歌/落［ɔ/ɔʔ］	[14]須［øi］	[15]於［ø］	[16]金/［eim/eip］	[17]杯［uoi］	[18]孤［ou］

上表可見，[13]歌字母：鑒於《七音字彙》《班華字典》均擬音為［ɔ/ɔʔ］，《福安市誌・方言卷》擬音為［ɔ/ɔk］，故本書就把《安腔八音》歌字母擬音為［ɔ/ɔʔ］。[14]須字母：鑒於《七音字彙》擬音為［øi/øiʔ］，《班華字典》擬音為［oi］，《福安市誌・方言卷》擬音為［øi］，故本書就把《安腔八音》須字母擬音為［øi］。[15]於字母：鑒於《七音字彙》擬音為［ø/øʔ］，《班華字典》《福安市誌・方言卷》均擬音為［ø］，故本書就把《安腔八音》於字母擬音為［ø］。[16]金字母：鑒於《七音字彙》《班華字典》均擬音為［eim/eip］，《福安市誌・方言卷》演變為［eiŋ/eik］，故本書就把《安腔八音》金字母擬音為［eim/eip］。[17]杯字母：鑒於《七音字彙》《班華字典》均擬音為［ui］，《福安市誌・方言卷》則演變為［uoi］，故本書就把《安腔八音》杯字母擬音為［uoi］。[18]孤字母：鑒於《七音字彙》《福安市誌・方言卷》均擬音為［ou］，《班華字典》則擬音為［o］，故本書就把《安腔八音》孤字母擬音為［ou］。

卷四："燈砧牽光川輝"六韻類音值考證。

安腔八音	[19]燈/或	[20]砧/貼	[21]牽/裂	[22]光/國	[23]川/劣	[24]輝
七音字彙	[16]燈/六 oeng [œŋ/œk]	[42]參/貼 em [em/ep]	[39]千/血 en [en/et]	[17]光/國 ung [uŋ/uk]	[28]川/劣 un [un/ut]	—
班華字典	登/德 oeng/oec [œŋ/œk]	針/十 em/ep [ɛm/ɛp]	千/八 en/et [ɛn/ɛt]	光/郭 ung/uc [uŋ/uk]	本/雪 un/ut [un/ut]	回 ui [ui]
福安方言	燈/得 [œŋ/œk]	砧/貼 [ɛiŋ/ɛik]	牽/裂 [ɛiŋ/ɛik]	光/國 [uŋ/uk]	川/劣 [uŋ/uk]	回 [ui]
擬音	[19]燈 [œŋ/œk]	[20]砧 [ɛm/ɛp]	[21]牽 [ɛn/ɛt]	[22]光 [uŋ/uk]	[23]川 [un/ut]	[24]輝 [ui]

上表可見,[19]燈字母:鑒於《七音字彙》《班華字典》《福安市誌·方言卷》均擬音為[œŋ/œk],故本書就把《安腔八音》燈字母擬音為[œŋ/œk]。[20]砧字母:鑒於《七音字彙》擬音為[em/ep],《班華字典》擬音為[ɛm/ɛp],《福安市誌·方言卷》則演變為[ɛiŋ/ɛik],故本書就把《安腔八音》砧字母擬音為[ɛm/ɛp]。[21]牽字母:鑒於《七音字彙》擬音為[en/et],《班華字典》擬音為[ɛn/ɛt],《福安市誌·方言卷》演變為[ɛiŋ/ɛik],故本書就把《安腔八音》牽字母擬音為[ɛn/ɛt]。[22]光字母:鑒於《七音字彙》《班華字典》《福安市誌·方言卷》均擬音為[uŋ/uk],故本書就把《安腔八音》光字母擬音為[uŋ/uk]。[23]川字母:鑒於《七音字彙》《班華字典》均擬音為[un/ut],《福安市誌·方言卷》演變為[uŋ/uk],故本書就把《安腔八音》川字母擬音為[un/ut]。[24]輝字母:鑒於《班華字典》《福安市誌·方言卷》均擬音為[ui],故本書就把《安腔八音》輝字母擬音為[ui]。

卷五:"燒銀恭缸根俐"六韻類音值考證。

安腔八音	[25]燒/六	[26]銀/熟	[27]恭/菊	[28]缸/薄	[29]根/滑	[30]俐
七音字彙	[19]燒 iu [iu]	[40]斤/給 uen [øn/øt]	[36]恭/菊 ueng [øŋ/øk]	[21]杠/樂 ong [ɔŋ/ɔuk]	[2]跟/挦 on [ɔn/ɔt]	[20]基 ei [ei]

續表

班華字典	表 iu [iu]	很/乞 uen/uet [øn/øt]	弓/竹 ueng/uec [øŋ/øk]	幫/閣 ong/oc [ɔŋ/ɔk]	恨/骨 on/ot [ɔn/ɔt]	記 ei [e]
福安方言	燒 [ieu]	銀/熟 [øŋ/øk]	恭/菊 [øŋ/øk]	缸/薄 [ɔuŋ/ɔuk]	根/滑 [ɔuŋ/ɔuk]	記 ei [ei]
擬音	²⁵燒 [iu/iuʔ]	²⁶銀 [øn/øt]	²⁷恭 [øŋ/øk]	²⁸缸 [ɔuŋ/ɔuk]	²⁹根 [ɔn/ɔt]	³⁰俐 [ei]

上表可見，²⁵燒字母：鑒於《七音字彙》《班華字典》均擬音為［iu］，《福安市誌·方言卷》演變為［ieu］，故本書就把《安腔八音》擬音為［iu/iuʔ］。²⁶銀字母：鑒於《七音字彙》《班華字典》均擬音為［øn/øt］，《福安市誌·方言卷》演變為［øŋ/øk］，故本書就把《安腔八音》銀字母擬音為［øn/øt］。²⁷恭字母：鑒於《七音字彙》《班華字典》《福安市誌·方言卷》均擬音為［øŋ/øk］，故本書就把《安腔八音》恭字母擬音為［øŋ/øk］。²⁸缸字母：鑒於《七音字彙》《福安市誌·方言卷》均擬音為［ɔuŋ/ɔuk］，《班華字典》擬音為［ɔŋ/ɔk］，故本書就把《安腔八音》恭字母擬音為［ɔuŋ/ɔuk］。²⁹根字母：鑒於《七音字彙》《班華字典》均擬音為［ɔn/ɔt］，《福安市誌·方言卷》演變為［ɔuŋ/ɔuk］，故本書就把《安腔八音》根字母擬音為［ɔn/ɔt］。³⁰俐字母：鑒於《七音字彙》《福安市誌·方言卷》均擬音為［ei］，《班華字典》擬音為［e］，故本書就把《安腔八音》俐字母擬音為［ei］。

卷六："東郊戈西聲崔"六韻類音值考證。

安腔八音	³¹東/族	³²效/樂	³³戈/縛	³⁴西/闖	³⁵聲/栗	³⁶崔
七音字彙	¹公/族 oung [ouŋ/ouk]	²⁵郊 au [au]	²⁶過/綠 u [u/uʔ]	²⁷西/咩 e [ɛ/ɛʔ]	³¹聲/砾 iang [iaŋ/iak]	³²催 oi [ɔi]
班華字典	風/族 oung/ouc [oŋ/ok]	吵 au [au]	古/縛 u [u/uʔ]	買 e [ɛ]	餅/□ iang/iac [iaŋ/iak]	堆 oi [ɔi]

福安方言	東/族 [ouŋ/ouk]	郊 [au]	戈/縛 [u/uk]	茜/ [ɛ]	聲/夾 [iaŋ/iak]	崔 [ɔi]
擬音	³¹東 [ouŋ/ouk]	³²效 [au/auʔ]	³³戈/ [u/uʔ]	³⁴西 [ɛ/ɛʔ]	³⁵聲 [iaŋ/iak]	³⁶崔 [ɔi]

上表可見，³¹東字母：鑒於《七音字彙》《福安市誌·方言卷》均擬音為[ouŋ/ouk]，《班華字典》擬音為[oŋ/ok]，故本書就把《安腔八音》東字母擬音為[ouŋ/ouk]。³²效字母：鑒於《七音字彙》《班華字典》《福安市誌·方言卷》均擬音為[au]，故本書就把《安腔八音》東字母擬音為[au/auʔ]。³³戈字母：鑒於《七音字彙》《班華字典》均擬音為[u/uʔ]，《福安市誌·方言卷》擬音為[u/uk]，故本書就把《安腔八音》戈字母擬音為[u/uʔ]。³⁴西字母：鑒於《七音字彙》《班華字典》《福安市誌·方言卷》均擬音為[ɛ]，故本書就把《安腔八音》西字母擬音為[ɛ/ɛʔ]。³⁵聲字母：鑒於《七音字彙》《班華字典》《福安市誌·方言卷》均擬音為[iaŋ/iak]，故本書就把《安腔八音》聲字母擬音為[iaŋ/iak]。³⁶崔字母：鑒於《七音字彙》《班華字典》《福安市誌·方言卷》均擬音為[ɔi]，故本書就把《安腔八音》崔字母擬音為[ɔi]。

卷七："初天添饔迦歪"六韻類音值考證。

安腔八音	³⁷初/歔	³⁸天/列	³⁹添/刦	⁴⁰饔/夾	⁴¹迦/摘	⁴²歪/擊
七音字彙	²²初/觳 oe [œ/œʔ]	³⁵天/列 in [in/it]	³⁷謙/莢 im [im/ip]	³⁰嚴/屧 iam [iam/iap]	¹⁸迦/簾 ie [ie/ieʔ]	⁴³歪 uai [uai]
班華字典	疏 oe [œ]	錢/鐵 in/it [in/it]	尖/接 Im/ip [im/ip]	嚴/頁 iam/iap [iam/iap]	寄/壁 ie [iɛ/iɛʔ]	拐 uai [uai]
福安方言	初/ [œ]	天/列 [iŋ/ik]	添/怯 [iŋ/ik]	⁴⁰饔/夾 [iaŋ/iak]	迦/摘 [e/eik]	歪 [uai]
擬音	³⁷初 [œ/œʔ]	³⁸天 [in/it]	³⁹添 [im/ip]	⁴⁰饔 [iam/iap]	⁴¹迦 [ie/ieʔ]	⁴²歪 [uai/uaiʔ]

上表可見，[37]初字母：鑒於《七音字彙》《班華字典》《福安市誌·方言卷》均擬音為［œ］，故本書就把《安腔八音》初字母擬音為［œ/œʔ］。[38]天字母：鑒於《七音字彙》《班華字典》均擬音為［in/it］，《福安市誌·方言卷》則演變為［iŋ/ik］，故本書就把《安腔八音》天字母擬音為［in/it］。[39]添字母：鑒於《七音字彙》《班華字典》均擬音為［im/ip］，《福安市誌·方言卷》則演變為［iŋ/ik］，故本書就把《安腔八音》添字母擬音為［im/ip］。[40]謷字母：鑒於《七音字彙》《班華字典》均擬音為［iam/iap］，《福安市誌·方言卷》則演變為［iaŋ/iak］，故本書就把《安腔八音》謷字母擬音為［iam/iap］。[41]迦字母：鑒於《七音字彙》擬音為［ie/ieʔ］，《班華字典》擬音為［iɛ/iɛʔ］，《福安市誌·方言卷》則演變為［e/eik］，故本書就把《安腔八音》迦字母擬音為［ie/ieʔ］。[42]歪字母：鑒於《七音字彙》《班華字典》《福安市誌·方言卷》均擬音為［uai］，故本書就把《安腔八音》歪字母擬音為［uai/uaiʔ］。

卷七："廳煎鉤茄雞"五韻類音值考證。

安腔八音	[43]廳/靂	[44]煎/孽	[45]鉤/耨	[46]茄/藥	[47]雞/辟	—
七音字彙	[9]經/栗 eing［eiŋ/eik］	[33]煎/獵 ian［ian/iat］	[24]溝 eu［ɛu］	—	[23]之/惜 i［i/iʔ］	[44]橫/括 uang［uaŋ/uak］
班華字典	英/失 eing/eic［eŋ/ek］	線/撒 ian/iat［ian/iat］	構 eu［ɛu］	茄/藥 üi/［yi/yiʔ］	雞/悅 i［i/iʔ］	橫/法 uang/uac［uaŋ/uak］
福安方言	廳/力［eiŋ/eik］	煎/孽［iaŋ/iak］	鉤/耨［ɛu］	茄/藥［i/jik］	雞/辟［i/eik］	橫/括［uaŋ/uak］
擬音	[43]廳［eiŋ/eik］	[44]煎/孽［ian/iat］	[45]鉤［ɛu/ɛuʔ］	[6]茄/藥［yi/yiʔ］	[47]雞/辟［i/iʔ］	

上表可見，[43]廳字母：鑒於《七音字彙》《福安市誌·方言卷》均擬音為［eiŋ/eik］，《班華字典》擬音為［eŋ/ek］，故本書就把《安腔八音》廳字母擬音為［eiŋ/eik］。[44]煎字母：鑒於《七音字彙》《班華字典》均擬音為［ian/iat］，《福安市誌·方言卷》則演變為［iaŋ/iak］，故本書

就把《安腔八音》煎字母擬音為［ian/iat］。[45]鉤字母：鑒於《七音字彙》《班華字典》《福安市誌·方言卷》均擬音為［ɛu］，故本書就把《安腔八音》鉤字母擬音為［ɛu/ɛuʔ］。[46]茄字母：鑒於《班華字典》擬音為［yi/yiʔ］，《福安市誌·方言卷》則演變為［i/jik］，故本書就把《安腔八音》鉤字母擬音為［ɛu/ɛuʔ］。[47]雞字母：鑒於《七音字彙》《班華字典》均擬音為［i/iʔ］，《福安市誌·方言卷》則演變為［i/eik］，故本書就把《安腔八音》雞字母擬音為［i/iʔ］。此外，《七音字彙》有[12]歡字母［uaŋ/uak］，而無《安腔八音》［uaŋ/uak］，只有［uan/uat］。

上文以《安腔八音》七卷47個韻部為序，與《七音字彙》《班華字典》《福安市誌·方言卷》進行共時與歷時的比較研究，考證出每個韻部的韻母及其音值。在考證的過程中，本書制訂了以下原則：

第一，從《安腔八音》文本中找出舒聲韻母和促聲韻母。舒聲韻母包括陰聲韻母和陽聲韻母，促聲韻母即入聲韻母。與陰聲韻母相配的入聲韻母是收喉塞韻尾［-ʔ］，與陽聲韻母相配的入聲韻母是收清輔音韻尾［-p］、［-t］、［-k］。因此，從文本中的"上入""下入"調中尋找韻字是至關重要的。

第二，從《安腔八音》每個韻部韻字與《七音字彙》46個韻部、81個韻母中去尋找語音對應，初步確定每個韻部韻字的讀音，再與《班華字典》尋找語音對應，從而基本確定每個韻部韻字的讀音。由於《七音字彙》和《班華字典》均用羅馬字注音，必須用國際音標標注出來。《七音字彙》韻母採用馬重奇（2001）的擬音，《班華字典》韻母採用秋穀裕幸（2012）的擬音。

第三，把《安腔八音》中每個韻部韻字與《福安市誌·方言卷》（1999）中的現代福安方言尋找語音對應。由於清代民初福安方音演變較大，尤其是鼻音/入聲韻尾［-m/-p］、［-n/-t］、［-ŋ/-k］，逐漸產生變化，直至20世紀末葉，［-m/-p］、［-n/-t］均演變為［-ŋ/-k］。因此，筆者在考證《安腔八音》鼻音/入聲韻尾時，主要參考《七音字彙》和《班華字典》的擬音，而不能以現代福安方言來做主要考證依據。例如《安腔八音》"[6]山字母"，《七音字彙》《班華字典》均擬音為an［an/at］，《福安市誌·方言卷》則演變為［aŋ/ak］，故在給《安腔八音》"[6]山字母"擬音時，採用［an/at］音值而非［aŋ/ak］。如果出現《七音字彙》和《班華字典》擬音不相同,就得參考現代福安方言的讀音。例如:《安腔八音》"¹春字母",《七音字彙》擬音為 oun [oun/out],《班華字典》擬音為 oun/out [on/ot],《福安市誌·方言卷》擬音為 [ouŋ/ouk],那麼筆者就參考現代福安讀音,採用《七音字彙》擬音為 [oun/out]。

綜上所述,筆者考證出《安腔八音》韻母系統:47個韻部,86個韻母。如下表:

¹春[oun/out]	²花[uo/uoʔ]	³香[iɔŋ/iɔk]	⁴掀[iŋ/ik]	⁵秋[eu]	⁶山[an/at]	
⁷三[am/ap]	⁸坑[aŋ/ak]	⁹開[ai/aiʔ]	¹⁰嘉[a/aʔ]	¹¹賓[ein/eit]	¹²歡[uan/uat]	
¹³歌/落[ɔ/ɔʔ]	¹⁴須[ø]	¹⁵於[ø]	¹⁶金/[eim/eip]	¹⁷杯[uoi]	¹⁸孤[ou]	
¹⁹燈[œŋ/œk]	²⁰砧[ɛm/ɛp]	²¹牽[ɛn/ɛt]	²²光[uŋ/uk]	²³川[uŋ/uk]	²⁴輝[ui]	
²⁵燒[iu/iuʔ]	²⁶銀[øn/øt]	²⁷恭[øŋ/øk]	²⁸缸[ɔuŋ/ɔuk]	²⁹根[ɔn/ɔt]	³⁰俐[ei]	
³¹東[ouŋ/ouk]	³²效[au/auʔ]	³³戈[u/uʔ]	³⁴西[ɛ/ɛʔ]	³⁵聲[iaŋ/iak]	³⁶崔[ɔi]	
³⁷初[œ/œʔ]	³⁸天[in/it]	³⁹添[im/ip]	⁴⁰䆀[iam/iap]	⁴¹迦[ie/ieʔ]	⁴²歪[uai/uaiʔ]	
⁴³廳[eiŋ/eik]	⁴⁴煎[ian/iat]	⁴⁵鉤[ɛu/ɛuʔ]	⁴⁶茄[yi/yiʔ]	⁴⁷雞/辟[i/iʔ]		

(三)《安腔八音》聲調系統

《安腔八音》八音,即:上平●;上聲●;上去●;上入●;下平●;下上⊙;下去●;下入●。因下上調無字,以⊙號示之,實際上只有七調。新編《安腔八音》中有三種符號:1●,表示有音有字;2○,表示有音無字;3⊙,表示無音無字。《簡易識字七音字彙》七音,即:七個聲調,但所標示的次序與正常聲調排列順序不太一樣,"陰去"和"陽去"位置對調,"陰入"和"陽入"位置對調。即,陰平—、陽平ˆ、上聲ˋ、陽去ˇ、陰去ˊ、陽入⌒、陰入⌣。《班華字典》七音,即:七個聲調,排列順序與《簡易識字七音字彙》七音的排列一樣,即,陰平、陽平、上聲、陽去、陰去、陽入、陰入。《福安市誌·方言卷》七音,即:七個聲調,即陰平、陽平、上聲、陰去、陽去、陰入、陽入。請看以下比較表:

安腔八音	上平	上聲	上去	上入	下平	下上⊙	下去	下入
簡易識字七音字彙	陰平	上聲	陰去	陰入	陽平	—	陽去	陽入
班華字典	陰平	上聲	陰去	陰入	陽平	—	陽去	陽入
福安方言	陰平	上聲	陰去	陰入	陽平	—	陽去	陽入

三　《安腔八音》音系與《戚林八音》音系比較研究

（一）聲母系統比較研究

《安腔八音》有 17 個聲母，《戚林八音》有 15 個聲母，現共時比較的同時，又與現代閩東南、北片方言聲母進行歷時比較，以窺視它們之間的差異。

安腔八音	柳	邊	求	氣	低	波	他	曾	日	時	鶯	蒙	語	出	熹	如	無
擬音	l	p	k	k‘	t	p‘	t‘	ts	n	s	ø	m	ŋ	ts‘	h	j	b/w
戚林八音	柳	邊	求	氣	低	波	他	曾	日	時	鶯	蒙	語	出	非		
擬音	l	p	k	k‘	t	p‘	t‘	ts	n	s	ø	m	ŋ	ts‘	h		

《安腔八音》共 17 個聲母，比《戚林八音》多了"如無"兩母。經對照比較發現，《戚林八音》中的"鶯"母基本上相當於《安腔八音》的"鶯如無"三個聲母。閩東方言大多是 15 個聲母，唯獨福安話多了"如無"兩個聲母。因此，《安腔八音》多出"如無"兩母，不同於閩東南北片方言只有傳統十五音，反映的是 18 世紀中末葉福安方言音系。《戚林八音》反映的是明末清初福州方言音系。

（二）韻母系統比較研究

現將《戚林八音》的 33/35 個韻部 53 個韻母（連同變韻一起算，共 97 個韻母），《安腔八音》的 47 個韻部 86 個韻母以及《福州方言詞典》韻系比較如下。現從鼻音韻母/入聲韻母、母音韻母/入聲韻母兩方面進行比較。

1. 鼻音韻母/入聲韻母系統比較表

《安腔八音》有 25 個鼻音韻母/入聲韻母，《戚林八音》有 13 個鼻音韻母/入聲韻母。請看下表：

安腔八音	¹春 [oun/out]	³香 [iɔŋ/iɔk]	⁴掀 [iŋ/ik]	⁶山 [an/at]	⁷三 [am/ap]	⁸坑 [aŋ/ak]	¹¹賓 [ein/eit]
福安方音	春 [ouŋ/ouk]	香 [iɔŋ/iɔk]	謹 [iŋ/ik]	山 [aŋ/ak]	三 [aŋ/ak]	坑 [aŋ/ak]	賓 [eiŋ/eik]
戚林八音	¹春 [uŋ/uk]	³香 [ioŋ/iok]	—	⁵山 [aŋ/ak]	—	—	⁸賓 [iŋ/ik]
福州方音	村 [ouŋ/ouʔ]	香 [yoŋ/yoʔ]	—	山 [aŋ/aʔ]	—	—	賓 [iŋ/iʔ]
安腔八音	¹²歡 [uan/uat]	¹⁶金 [eim/eip]	¹⁹燈 [œŋ/œk]	²⁰砧 [ɛm/ɛp]	²¹牽 [ɛin/ɛit]	²²光 [uŋ/uk]	²³川 [uŋ/uk]
福安方音	官 [uaŋ/uak]	金 [eiŋ/eik]	燈 [œŋ/œk]	砧 [ɛiŋ/ɛik]	牽 [ɛiŋ/ɛik]	光 [uŋ/uk]	川 [uŋ/uk]
戚林八音	⁹歡 [uaŋ/uak]	—	¹⁴燈 [eŋ/ek]	—	—	¹⁵光 [uoŋ/uok]	—
福州方音	歡 [uaŋ/uaʔ]	—	燈 [iŋ/iʔ]	—	—	光 [uoŋ/uoʔ]	—
安腔八音	²⁶銀 [øn/øt]	²⁷恭 [øŋ/øk]	²⁸缸 [ouŋ/ɔuk]	²⁹根 [ɔn/ɔt]	³¹東 [ouŋ/ouk]	³⁵聲 [iaŋ/iak]	³⁸天 [in/it]
福安方音	銀 [øŋ/øk]	恭 [øŋ/øk]	缸 [ouŋ/ɔuk]	根 [ouŋ/ouk]	東 [ouŋ/ouk]	聲 [iaŋ/iak]	天 [iŋ/ik]
戚林八音	¹⁸銀 [yŋ/yk]	—	¹⁹釭 [oŋ/ok]	—	²¹東 [øŋ/øk]	²⁷聲 [iaŋ/iak]	³⁰天 [ieŋ/iek]
福州方音	銀 [yŋ/yʔ]	—	釭 [ouŋ/ouʔ]	—	東 [øyŋ/øyʔ]	聲 [iaŋ/iaʔ]	天 [ieŋ/ieʔ]
安腔八音	³⁹添 [im/ip]	⁴⁰饔 [iam/iap]	⁴³廳 [eiŋ/eik]	⁴⁴煎 [ian/iat]			
福安方音	添 [iŋ/ik]	饔 [iaŋ/iak]	廳 [eiŋ/eik]	煎 [iaŋ/iak]	橫 [uaŋ/uak]		

續表

戚林八音	—	—	—	—	—	³⁵怀 [u]	
福州方音	—	—	—	—	—	³⁵怀 [u]	

上表可見，《安腔八音》有 25 個鼻音韻母/入聲韻母，即三［am/ap］、金［eim/eip］、砧［ɛm/ɛp］、添［im/ip］、饕［iam/iap］；春［oun/out］、山［an/at］、賓［ein/eit］、歡［uan/uat］、牽［ɛin/ɛit］、川［un/ut］、銀［øn/øt］、根［ɔn/ɔt］、天［in/it］、煎［ian/iat］；香［iɔŋ/iɔk］、掀［iŋ/ik］、坑［aŋ/ak］、燈［œŋ/œk］、光［uŋ/uk］、恭［øŋ/øk］、缸［ɔuŋ/ɔuk］、東［ouŋ/ouk］、聲［iaŋ/iak］、廳［eiŋ/eik］。這 25 個鼻音韻母/入聲韻母中，有 5 個鼻音韻母/入聲韻母的收尾均為［-m/-p］；有 10 個鼻音韻母/入聲韻母的收尾均為［-n/-t］；有 10 個鼻音韻母/入聲韻母的收尾均為［-ŋ/-k］。《戚林八音》有 12 個鼻音韻母/入聲韻母，即［uŋ/uk］、［iɔŋ/iok］、［aŋ/ak］、［iŋ/ik］、［uaŋ/uak］、［eŋ/ek］、［uoŋ/uok］、［yŋ/yk］、［oŋ/ok］、［øŋ/øk］、［iaŋ/iak］、［ieŋ/iek］、［ŋ/］。這 13 個鼻音韻母/入聲韻母的收尾均為［-ŋ/-k］。可見，閩東兩種方言韻書，《戚林八音》鼻音韻母/入聲韻母已經脫離了中古音鼻音韻母/入聲韻母［-m/-p］、［-n/-t］、［-ŋ/-k］三種不同的音韻結構，早在明末清初就已演變、融合成［-ŋ/-k］韻尾。而《安腔八音》則仍然保留著中古音鼻音韻母/入聲韻母三種不同的音韻結構。

2. 元音韻母/入聲韻母系統比較表

《安腔八音》有 22 個元音韻母，《戚林八音》有 22 個元音韻母，它們相配的收喉塞韻尾［-ʔ］的入聲韻母則不完全相同。現看下表：

安腔八音	²花 [uo/uoʔ]	⁵秋 [eu]	⁹開 [ai/aiʔ]	¹⁰嘉 [a/aʔ]	¹³歌/落 [ɔ/ɔʔ]	¹⁴須 [øi]	¹⁵於 [ø]
福安方音	花 [o/ok]	秋 [eu]	開 [ai]	嘉 [a/ak]	哥 [ɔ/ɔk]	須 [øi]	於 [ø]

續表

戚林八音	²花 [ua/uaʔ]	⁴秋 [iu]	⁶開 [ai]	⁷嘉 [a/aʔ]	¹⁰歌 [o/oʔ]	¹¹須 [y/yʔ]
福州方音	花 [ua/uaʔ]	秋 [ieu]	開 [ai]	家 [a/aʔ]	歌 [o/oʔ]	須於 [y/yʔ]
安腔八音	¹⁷杯 [uoi]	¹⁸孤 [ou]	²⁴輝 [ui]	²⁵燒 [iu/iuʔ]	³⁰俐 [ei]	³²效 [au/auʔ]	³³戈/ [u/uʔ]
福安方音	杯 [uoi]	孤 [ou]	回 [ui]	燒 [ieu]	記ei [ei]	郊 [au]	戈 [u/uk]
戚林八音	¹²杯 [ue]	¹³孤 [u/uʔ]	¹⁶輝 [ui]	¹⁷燒 [ieu]	²⁰之 [i]	²²郊 [au]	²³過 [uo/uoʔ]
福州方音	杯 [uoi]	孤 [u/uʔ]	輝 [uoi]	燒 [ieu]	之 [i]	郊 [au]	過 [uo/uoʔ]
安腔八音	³⁴西 [ɛ/ɛʔ]	³⁶崔 [ɔi]	³⁷初 [œ/œʔ]	⁴¹迦 [ie/ieʔ]	⁴²歪 [uai/uaiʔ]	⁴⁵鉤 [ɛu/ɛuʔ]	⁴⁶茄 [yi/yiʔ]
福安方音	茜 [ɛ]	崔 [ɔi]	初 [œ]	迦 [e/eik]	歪 [uai]	鉤 [ɛu]	茄 [i/jik]
戚林八音	²⁴西 [ɛ/ɛʔ]	²⁸催 [oi]	²⁹初 [œ/œʔ]	³¹奇 [ia/iaʔ]	³²歪 [uai]	³³溝 [ɛu]	²⁵橋 [io/ioʔ]
福州方音	西 [ɛ/ɛʔ]	催 [øy]	初 [œ/œʔ]	奇 [ia/iaʔ]	歪 [uai]	溝 [ɛu]	橋 [yo/yoʔ]
安腔八音	⁴⁷雞 [i/iʔ]	—					
福安方音	雞 [i/eik]	—					
戚林八音	²⁶雞 [ie/ieʔ]	³⁴瓢 [ya/yɛʔ]					
福州方音	雞 [ie/ieʔ]	—					

由上表可見，《安腔八音》有 22 個元音韻母，則有 14 個元音韻母配有收喉塞韻尾 -ʔ 的入聲韻母。《戚林八音》有 22 個元母音韻母，也有 12 個元音韻母配有收喉塞韻尾 -ʔ 的入聲韻母。直至現在，福州方言

[-k] 韻尾全部消失，演變為 [-ʔ]。兩種閩東方言韻書，在收喉塞韻尾 [-ʔ] 入聲韻方面卻產生如此大的差異。根據共同語語音發展的規律看，中古入聲韻母是由原來的 [-p]、[-t]、[-k]，到了元代逐漸演變為 [-ʔ]，明清時期 [-ʔ] 逐漸脫落，演變為元音韻母。中古入聲韻在《戚林八音》裡就已經將 [-p]、[-t] 與 [-k] 合流，演變為 [-k]，直至現在已經由 [-k] 演變為 [-ʔ]。而《安腔八音》在一百年前仍然保留 [-p]、[-t]、[-k]，直至現在才逐漸演變為 [-k]，原來的 [-ʔ] 則消失，讀作 [-k] 韻尾了。下面以《安腔八音》"嘉"韻收喉塞 [-ʔ] 韻尾的入聲字為例，了解其在《福安市誌·方言卷》第四節"同音字表" [ak] 韻裡的讀音情況。

例字	安腔八音	福安方言卷	例字	安腔八音	福安方言卷
百	[paʔ]	[pak]	白	[paʔ]	[pak]
隔	[kaʔ]	[kak]	客	[kʻaʔ]	[kʻak]
拍	[pʻaʔ]	[pʻak]	麦	[maʔ]	[mak]
册	[tsʻaʔ]	[tsʻak]			

《戚林八音》33 個韻類中有 12 個鼻音韻/入聲韻，均收 [-ŋ/-k] 韻尾；5 個元音韻配有入聲韻，收 [-ʔ] 尾；16 個元音韻均沒有配入聲韻。這樣，《戚林八音》實際上有 50 個韻母。而《安腔八音》47 個韻類中有 25 個鼻音尾韻：有 10 韻收 [-n] 韻尾，配有入聲韻 [-t] 尾；有 10 韻收 [-ŋ] 尾，配有入聲韻 [-k] 尾；有 5 韻收 [-m] 尾，配有入聲韻 [-p] 尾；有 22 個母音韻中有 13 個韻配有入聲韻，收 [-ʔ] 尾。這樣一來，《安腔八音》實際上有 85 個韻母。可見，《戚林八音》與《安腔八音》韻母的差異還是比較大的。

(三)《戚林八音》與《安腔八音》聲調系統比較

在調類問題上，《戚林八音》與《安腔八音》雖為八音，實際上只有 7 個調類，即平、去、入各分陰陽，上聲獨自一類。

綜上所述，《戚林八音》與《安腔八音》除了均有 7 個調類外，聲母系統和韻母系統均有差異，尤其是鼻音韻母和入聲韻母差別更大。這說明《戚林八音》所反映的福州方言地處省會，福建文化、經濟、政治中心，與國內各地交流頻繁，導致語音演變加速。福安在明清時代也曾作為福寧州、福寧府所在地，是閩東北片地區的重鎮，但論地位還是遠不如省會，因此，福安人與外地文化、經濟、政治諸方面的接觸與往來也就遜色多了。本土方言與共同語的接觸，本土方言與其他方言的接觸，也就遠不如福州了。

四 《安腔八音》鼻音韻/入聲韻與閩南兩種方言文獻比較研究

《安腔八音》（18世紀60—90年代）有47個韻部，《彙音妙悟》（1800）、《彙集雅俗通十五音》（1818）各有50個韻部，現比較三種方言文獻鼻音韻/入聲韻的一致性與差異性。

索緒爾在《普通語言學教程》一書中提出了必須區分共時語言學和歷時語言學。他認為，語言中存在著兩個交叉的軸線，即體現同時存在的事物的關係的同時軸線，和體現語言符號替代關係的連續軸線。對這兩個軸線的區分，即分別從某一軸線研究語言，形成共時語言學和歷時語言學的區分。本書將對閩南、閩東北片方言文獻鼻音/入聲韻母系統進行共時比較和歷時比較。

共時語比較就是比較同一時期中兩種或兩種以上的語言加以對照，以說明它們在某些方面的相似或差異及其原因的研究類型。現將清代民初中西閩南、閩東北片方言文獻鼻音/入聲韻母系統進行共時比較研究。

1. 鼻音韻［-m］/入聲韻［-p］系統比較

《彙集雅俗通十五音》（1818）、《彙音妙悟》（1800）均有4個［-m/-p］韻尾韻母，《安腔八音》（18世紀中末葉）有5個［-m/-p］韻尾韻母。閩南漳泉方言文獻與閩東福安方言文獻鼻音韻［-m］/入聲韻［-p］並與現代漳泉音系和福安音系的對應關係如下：

彙集雅俗通十五音	[3]金 [im/ip]	[19]甘 [am/ap]	[22]兼 [iam/iap]	[47]箴 [ɔm/ɔp]
今漳州方音	金 [im/ip]	甘 [am/ap]	兼 [iam/iap]	箴 [ɔm/ɔp]
彙音妙悟	[29]金 [im/ip]	[23]三 [am/ap]	[33]兼 [iam/iap]	[25]箴 [əm/əp]
今泉州方音	金 [im/ip]	三 [am/ap]	兼 [iam/iap]	箴 [əm/əp]
安腔八音	[16]金 [eim/eip]	[7]三 [am/ap]	[40]鷥 [iam/iap]	[39]添 [im/ip]	[20]砧 [ɛm/ɛp]
今福安方音	金 [eiŋ/eik]	三 [aŋ/ak]	鷥 [iaŋ/iak]	添 [iŋ/ik]	砧 [ɛiŋ/ɛik]

（1）《彙集雅俗通十五音》[3]金部［im/ip］、《彙音妙悟》[29]金部［im/ip］，鼻音韻均以中古深攝侵韻字為主，部分來源於臻攝真欣韻字，個別來源於咸攝覃韻字和通攝東韻字；入聲韻字以中古深攝緝韻字為主，個別韻字來源於咸攝洽韻字。《安腔八音》[16]金部［eim/eip］鼻音韻是以中古深攝侵韻字為主，個別韻字來源於咸攝添、梗攝青韻字；入聲韻字以中古深攝緝韻字為主，個別韻字來源於曾攝職韻字。經過共時比較，《安腔八音》金部與《彙集雅俗通十五音》金部、《彙音妙悟》金部中古來源同屬深攝，基本上相對應，均保留［-m/-p］韻尾。而經過歷時比較，《安腔八音》經過兩百多年的演變，金部由［eim/eip］演變為［eiŋ/eik］，而《彙集雅俗通十五音》《彙音妙悟》金部［im/ip］仍然保留不變。

韻書 韻部	擬音	主要來源	部分來源	少數來源
《彙集雅俗通十五音》[3]金部	[im]	深攝	臻攝	咸攝、通攝
	[ip]	深攝	—	咸攝
《彙音妙悟》[29]金部	[im]	深攝	臻攝	咸攝、通攝
	[ip]	深攝	—	咸攝
《安腔八音》[16]金部	[eim]	深攝	—	咸攝、梗攝
	[eip]	深攝	—	曾攝

（2）《彙集雅俗通十五音》[19]甘部［am/ap］、《彙音妙悟》[23]三部［am/ap］鼻音韻均以中古咸攝覃談咸銜鹽韻字為主，小部分來源於深攝韻字；入聲韻字以中古咸攝合盍洽狎葉韻字為主，少部分來源於深攝緝韻字，個別來源於山攝黠韻字。《安腔八音》[7]三部［am/ap］鼻音韻以中古咸攝一

二等韻韻字為主，入聲韻字以中古咸攝一二等入聲韻字為主。經過共時比較，《安腔八音》三部與《彙集雅俗通十五音》甘部、《彙音妙悟》三部中古來源同屬咸攝，基本上相對應，均保留［-m/-p］韻尾。而經過歷時比較，《安腔八音》三部由［am/ap］演變為［aŋ/ak］，《彙集雅俗通十五音》甘部、《彙音妙悟》三部讀音仍然保留不變。

韻書 韻部	擬音	主要來源	部分來源	少數來源
《彙集雅俗通十五音》[19]甘部	［am］	咸攝	深攝	—
	［ap］	咸攝	深攝	山攝
《彙音妙悟》[23]三部	［am］	咸攝	深攝	—
	［ap］	咸攝	深攝	山攝
《安腔八音》[7]三部	［am］	咸攝	—	—
	［ap］	咸攝	—	—

（3）《彙集雅俗通十五音》[22]兼部［iam/iap］、《彙音妙悟》[33]兼部［iam/iap］鼻音韻以中古咸攝三四等韻字為主，小部分深攝侵韻韻字；入聲韻字以中古咸攝三四等韻字為主，小部分來源於深攝緝韻韻字，個別韻字來源於山攝屑韻字。《安腔八音》[40]饕部［iam/iap］鼻音韻字偏少，主要來源於中古咸攝三四等韻字；入聲韻字以中古咸攝三四等韻字為主；《安腔八音》[39]添部［im/ip］鼻音韻和入聲韻韻字主要來源於中古咸攝三四等鼻音韻和入聲韻韻字。經過共時比較，《安腔八音》饕部、添部與《彙集雅俗通十五音》、《彙音妙悟》兼部中古來源同屬咸攝，基本上相對應，均保留［-m/-p］韻尾。而經過歷時比較，《安腔八音》饕部由［iam/iap］演變為［iaŋ/iak］，添部由［im/ip］演變為［iŋ/ik］，而《彙集雅俗通十五音》《彙音妙悟》兼部讀音仍然保留不變。

韻書 韻部	擬音	主要來源	部分來源	少數來源
《彙集雅俗通十五音》[22]兼部	［iam］	咸攝	深攝	宕攝
	［iap］	咸攝	深攝	山攝
《彙音妙悟》[33]兼部	［iam］	咸攝	深攝	宕攝
	［iap］	咸攝	深攝	山攝

續表

韻書 韻部	擬音	主要來源	部分來源	少數來源
《安腔八音》 [40]㪁部	[iam]	咸攝	—	—
	[iap]	咸攝	—	—
《安腔八音》 [39]添部	[im]	咸攝	—	—
	[ip]	咸攝	—	—

（4）《彙集雅俗通十五音》[47]箴部［ɔm/ɔp］、《彙音妙悟》[25]箴部［əm/əp］字偏少，鼻音韻主要以深攝開口三等韻字為主，少部分來源於咸攝開口韻字，個別來源於宕攝一等開口韻字；入聲韻只有2個字，宕攝、咸攝各一字。《安腔八音》[20]砧部［ɛm/ɛp］，鼻音韻主要來源於深攝韻字，部分韻字來源於咸攝韻字；入聲韻字主要來源於咸攝，部分來源於深攝，少數來源於曾攝。經過共時比較，《安腔八音》砧部與《彙集雅俗通十五音》箴部、《彙音妙悟》箴部中古來源同屬深攝，基本上相對應，均保留［-m/-p］韻尾。而經過歷時比較，《安腔八音》砧部的讀音由［ɛm/ɛp］演變為［ɛiŋ/ɛik］。《彙集雅俗通十五音》《彙音妙悟》箴部讀音仍然保留不變。

韻書 韻部	擬音	主要來源	部分來源	少數來源
《彙集雅俗通十五音》 [47]箴部	[ɔm]	深攝	咸攝	宕攝
	[ɔp]	—	—	宕攝、咸攝
《彙音妙悟》 [25]箴部	[əm]	深攝	咸攝	宕攝
	[əp]	—	—	宕攝、咸攝
《安腔八音》 [20]砧部	[ɛm]	宕攝	咸攝	—
	[ɛp]	咸攝、深攝	山攝	曾攝

通過二地三種方言文獻鼻音韻［-m］/入聲韻［-p］共時比較，筆者發現，閩南4個［-m/-p］韻尾韻母、閩東北片5個［-m/-p］韻尾韻部，其中古來源不是在深攝就是在咸攝。各方言區根據中古等呼條件的差異在閩南、閩東重新產生新的韻部。但也顯示了收［-m］韻尾的鼻音韻雜有少數的收［-n］或［-ŋ］韻尾的韻字，收［-p］韻尾的

入聲韻雜有少數的收［-t］或［-k］韻尾的韻字。

此外，本書還通過二地三種方言文獻鼻音韻［-m］/入聲韻［-p］與現代福安、漳州、泉州方音進行歷時比較，我們發現《安腔八音》鼻音韻/入聲韻所收［-m/-p］韻尾已經演變為收［-ŋ/-k］韻尾，而閩南方言韻書《彙集雅俗通十五音》《彙音妙悟》卻仍然保留鼻音韻［-m］韻尾和入聲韻［-p］韻尾。

綜上所述，以下表簡明示之：

韻部	彙集雅俗通十五音	現代漳州方音	韻部	彙音妙悟	現代泉州方音	韻部	安腔八音	現代福安方音
³金部	［im/ip］	不變	²⁹金部	［im/ip］	不變	¹⁶金部	［eim/eip］	→ ［eiŋ/eik］
¹⁹甘部	［am/ap］	不變	²³三部	［am/ap］	不變	⁷三部	［am/ap］	→ ［aŋ/ak］
²²兼部	［iam/iap］	不變	³³兼部	［iam/iap］	不變	⁴⁰饗部	［iam/iap］	→ ［iaŋ/iak］
						³⁹添部	［im/ip］	→ ［iŋ/ik］
⁴⁷箴部	［ɔm/ɔp］	不變	²⁵箴部	［əm/əp］	不變	²⁰砧部	［ɛm/ɛp］	→ ［ɛiŋ/ɛik］

2. 鼻音韻［-n］/入聲韻［-t］比較

《彙集雅俗通十五音》有5個收［-n/-t］韻尾韻母，《彙音妙悟》有6個收［-n/-t］韻尾韻母，《安腔八音》有11個收［-n/-t］韻尾韻母。閩南漳泉方言文獻與閩東福安方言文獻鼻音韻［-n］/入聲韻［-t］的對應關係如下：

彙集雅俗通十五音	¹君［un/ut］	²堅［ian/iat］	¹⁰觀［uan/uat］	¹⁷巾［in/it］	⁶干［an/at］	
今漳州方音	君［un/ut］	堅［ian/iat］	觀［uan/uat］	巾［in/it］	干［an/at］	
彙音妙悟	¹春［un/ut］	²²軒［ian/iat］	³¹川［uan/uat］	¹⁷賓［in/it］	²⁸丹［an/at］	²⁰恩［ən/ət］
今泉州方音	春［un/ut］	軒［ian/iat］	彎［uan/uat］	賓［in/it］	丹［an/at］	恩［ɯn/ɯt］

續表

安腔八音	[1]春[oun/out] [23]川[un/ut]	[44]煎[ian/iat] [38]天[in/it] [21]牽[ɛin/ɛit]	[12]歡[uan/uat] [23]川[un/ut]	[11]賓[ein/eit] [26]銀[øn/øt]	[6]山[an/at]	[29]根[ɔn/ɔt]
今福安方音	春[ouŋ/ouk] 川[uŋ/uk]	煎[iaŋ/iak] 天[iŋ/ik] 牽[ɛiŋ/ɛik]	官[uaŋ/uak] 川[uŋ/uk]	賓[eiŋ/eik] 銀[øŋ/øk]	山[aŋ/ak]	根[ɔuŋ/ɔuk]

（1）《彙集雅俗通十五音》[1]君部［un/ut］、《彙音妙悟》[1]春部［un/ut］，鼻音韻主要來源於中古臻攝合口鼻音韻字和真韻少數開口韻字，少數來源於山攝合口鼻音韻字；入聲韻主要來源於中古臻攝合口入聲韻字，小部分來源於山攝合口入聲韻字，個別來源於梗、通攝少數入聲韻字。《安腔八音》[1]春［oun/out］，鼻音韻主要來源於中古臻攝合口鼻音韻字，少數來源於通攝東韻、山攝桓韻、曾攝登韻字；入聲韻主要來源於中古臻攝合口入聲韻字，也雜有通攝入聲韻字。《安腔八音》[23]川部［un/ut］，鼻音韻主要來源於中古臻攝［-n］韻字，個別來源於宕攝鼻音韻字；入聲韻主要來源於中古臻攝入聲韻字，但雜有通攝入聲韻字和宕攝入聲韻字。經過共時比較，《安腔八音》春部、川部與《彙集雅俗通十五音》君部、《彙音妙悟》春部中古來源同屬臻攝，基本上相對應，均保留［-n/-t］韻尾。而經過歷時比較，《安腔八音》春部由［oun/out］演變為［ouŋ/ouk］、川部由［un/ut］演變為［uŋ/uk］，而《彙集雅俗通十五音》君部、《彙音妙悟》春部的讀音仍然保留不變。

韻書 韻部	擬音	主要來源	部分來源	少數來源
《彙集雅俗通十五音》 [1]君［un/ut］	［un］ ［ut］	臻攝 臻攝	— 山攝	山攝 梗攝、通攝
《彙音妙悟》 [1]春［un/ut］	［un］ ［ut］	臻攝 臻攝	— 山攝	山攝 梗攝、通攝
《安腔八音》 [1]春	［oun］ ［out］	臻攝 臻攝	— —	通攝、山攝、曾攝 通攝

續表

韻書 韻部	擬音	主要來源	部分來源	少數來源
《安腔八音》 ²³川	[un]	臻攝	宕攝	—
	[ut]	臻攝	通攝、宕攝	—

（2）《彙集雅俗通十五音》²堅部［ian/iat］、《彙音妙悟》²²軒部［ian/iat］，鼻音韻主要來源於中古山攝三四等開口鼻音韻字；入聲韻主要來源於中古山攝三四等開口入聲韻字，小部分來源於臻攝三等開口入聲韻字。《安腔八音》⁴⁴煎部［ian/iat］，鼻音韻主要來源於中古山攝三四等開口鼻音韻字；煎韻入聲韻字只出現一個，來源於中古山攝入聲韻字。《安腔八音》³⁸天部［in/it］，鼻音韻主要來源於中古山攝三四等開口鼻音韻字，部分臻攝韻字，但雜有部分梗攝、曾攝鼻音韻字，少數來源於深攝、咸攝唇音韻字；入聲韻主要來源於中古山攝三四等開口入聲韻字，少部分臻攝三等開口入聲韻字，還雜有梗攝三四等開口入聲韻字，少數來源於曾攝三等入聲韻字和咸攝入聲韻字三四等入聲韻字。《安腔八音》²¹牽部［ɛin/ɛit］，鼻音韻主要來源於中古山攝開口三四等鼻音韻字，少數來源於臻攝鼻音韻字，個別來源於梗攝鼻音韻字；入聲韻主要來源於中古山攝開口三四等入聲韻字，部分來源於曾攝入聲韻字，少數來源於咸攝、深攝、臻攝入聲韻字。經過共時比較，《安腔八音》煎部、天部、牽部與《彙集雅俗通十五音》堅部、《彙音妙悟》軒部中古來源同屬山攝，基本上相對應，均保留［-n/-t］韻尾。而經過歷時比較，《安腔八音》煎部由［ian/iat］演變為［iaŋ/iak］，天部由［in/it］演變為［iŋ/ik］，牽部由［ɛin/ɛit］演變為［ɛiŋ/ɛik］，而《彙集雅俗通十五音》堅部、《彙音妙悟》軒部的讀音仍然保留不變。

韻書 韻部	擬音	主要來源	部分來源	少數來源
《彙集雅俗通十五音》 ²堅部	[ian]	山攝	—	—
	[iat]	山攝	臻攝	—
《彙音妙悟》 ²²軒部	[ian]	山攝	—	—
	[iat]	山攝	臻攝	—

26 / 《安腔八音》整理及研究

續表

韻書 韻部	擬音	主要來源	部分來源	少數來源
《安腔八音》 44 煎部	[ian]	山攝	臻攝、梗攝、曾攝	深攝、咸攝
	[iat]	山攝	臻攝	
《安腔八音》 38 天部	[in]	山攝	臻攝、梗攝、曾攝	深攝、咸攝
	[it]	山攝	臻攝、梗攝	曾攝、咸攝
《安腔八音》 21 牽部	[εiŋ]	山攝	臻攝	梗攝
	[εik]	山攝	曾攝	咸攝、深攝、臻攝

(3) 《彙集雅俗通十五音》[10] 觀部 [uan/uat]、《彙音妙悟》[31] 川部 [uan/uat]，鼻音韻主要來源於中古山攝合口鼻音韻字，少部分來源於咸攝三等合口鼻音韻字；入聲韻主要來源於中古山攝合口入聲韻字，少部分來源於咸攝三等合口入聲韻字。《安腔八音》[12] 歡部 [uan/uat]，鼻音韻主要來源於中古山攝合口一二等鼻音韻字，少部分臻攝合口鼻音韻字，但雜有咸攝合口三等鼻音韻字，個別來源於江攝、梗攝合口鼻音韻字；入聲韻主要來源於中古山攝合口入聲韻字，個別來源於宕攝、咸攝合口入聲韻字。《安腔八音》[23] 川部 [un/ut]，鼻音韻主要來源於中古山攝合口三四等鼻音韻字；入聲韻主要來源於中古山攝三四等入聲韻字，個別來源於宕攝入聲韻字。經過共時比較，《安腔八音》歡部、川部與《彙集雅俗通十五音》觀部、《彙音妙悟》川部中古來源同屬山攝，基本上相對應，均保留 [-n/-t] 韻尾。而經過歷時比較，《安腔八音》歡部由 [uan/uat] 演變為 [uaŋ/uak]，川部由 [un/ut] 演變為 [uŋ/uk]，而《彙集雅俗通十五音》觀部、《彙音妙悟》川部的讀音仍然保留不變。

韻書 韻部	擬音	主要來源	部分來源	少數來源
《彙集雅俗通十五音》 10 觀部	[uan]	山攝	咸攝	—
	[uat]	山攝	咸攝	—
《彙音妙悟》 31 川部	[uan]	山攝	咸攝	—
	[uat]	山攝	咸攝	—
《安腔八音》 12 歡部	[uan]	山攝	臻攝、咸攝	江攝、梗攝
	[uan]	山攝	—	宕攝、咸攝

續表

韻書 韻部	擬音	主要來源	部分來源	少數來源
《安腔八音》 ²³川部	［un］	山攝	—	—
	［ut］	山攝	—	宕攝

（4）《彙集雅俗通十五音》[17]巾部［in/it］、《彙音妙悟》[17]賓部［in/it］，鼻音韻以中古臻攝開口鼻音韻字為主，部分山攝開口三四等韻字和曾攝開口三等鼻音韻字，少部分來源於深攝鼻音韻字，個別來源於梗攝開口三等鼻音韻字；入聲韻主要來源於臻攝開口三等入聲韻字，部分來源於曾攝三等入聲韻字，個別來源於梗攝開口三等入聲韻字。《安腔八音》[11]賓部［ein/eit］，鼻音韻主要來源於中古臻攝三等開口真韻字，部分來源於梗攝、曾攝三四等開口鼻音韻字，個別來源於山攝四等鼻音韻字；入聲韻主要來源於中古臻攝開口三等入聲韻字，部分曾攝開口三等入聲韻字和梗攝開口三四等入聲韻字。《安腔八音》[26]銀部［øn/øt］，鼻音韻主要來源於中古臻攝三等開口鼻音韻字，個別來源於通攝、江攝、梗攝鼻音韻字；入聲韻主要來源於中古臻攝三等開口入聲韻，個別來源於通攝入聲韻字。經過共時比較，《安腔八音》賓部、銀部與《彙集雅俗通十五音》巾部、《彙音妙悟》賓部中古來源同屬臻攝，基本上相對應，均保留［-n/-t］韻尾。而經過歷時比較，《安腔八音》賓部由［ein/eit］演變為［eiŋ/eik］，銀部由［øn/øt］演變為［øŋ/øk］，而《彙集雅俗通十五音》巾部、《彙音妙悟》賓部的讀音仍然保留不變。

韻書 韻部	擬音	主要來源	部分來源	少數來源
《彙集雅俗通十五音》 [17]巾部	［in］	臻攝	山攝、曾攝、深攝	梗攝
	［it］	臻攝	曾攝	梗攝
《彙音妙悟》 [17]賓部	［in］	臻攝	山攝、曾攝、深攝	梗攝
	［it］	臻攝	曾攝	梗攝
《安腔八音》 [11]賓部	［ein］	臻攝	梗攝、曾攝	山攝
	［eit］	臻攝	曾攝、梗攝	—
《安腔八音》 [26]銀部	［øn］	臻攝	—	通攝、江攝、梗攝
	［øt］	臻攝	—	通攝

28 / 《安腔八音》整理及研究

（5）《彙集雅俗通十五音》干部［an/at］、《彙音妙悟》丹部［an/at］鼻音韻主要來源於中古山攝一二等開口鼻音韻字和少數三四等鼻音韻字，部分來源於臻攝三等開口鼻音韻字，部分來源於咸攝一二等開口鼻音韻字和少數三等合口鼻音韻字；入聲韻主要來源於山攝一二等開口入聲韻字和少數三四等入聲韻字，小部分來源於臻攝、曾攝、通攝開口入聲韻字。《安腔八音》山部［an］鼻音韻主要來源於中古山攝開口一二等鼻音韻字，部分來源於梗攝開口韻字，少數來源於宕攝明母韻字；入聲韻主要來源於中古山攝開口一二等入聲韻字，小部分來源於咸攝入聲韻字。經過共時比較，《安腔八音》山部與《彙集雅俗通十五音》干部、《彙音妙悟》丹部中古來源同屬山攝，基本上相對應，均保留［-n/-t］韻尾。而經過歷時比較，《安腔八音》山部由［an/at］演變為［aŋ/ak］，而《彙集雅俗通十五音》幹部、《彙音妙悟》丹部的讀音仍然保留不變。

韻書 韻部	擬音	主要來源	部分來源	少數來源
《彙集雅俗通十五音》[6]干部	［an］	山攝	臻攝、咸攝	—
	［at］	山攝	臻攝、曾攝、通攝	—
《彙音妙悟》[28]丹部	［an］	山攝	臻攝、咸攝	—
	［at］	山攝	臻攝、曾攝、通攝	—
《安腔八音》[6]山部	［an］	山攝	梗攝	宕攝
	［at］	山攝	咸攝	—

（6）《彙音妙悟》[20]恩部［ən/ət］，鼻音韻主要來源於中古臻攝開口一等痕韻、開口三等殷韻，部分來源於諄韻，少數來源於真韻、魂韻；入聲韻主要來源於中古臻攝開口三等迄韻字，部分來源於沒韻字，個別來源於梗攝、江攝、曾攝韻字。《安腔八音》[29]根部［ɔn/ɔt］，鼻音韻主要來源於中古臻攝一等韻字，少數來源於山攝韻字；入聲韻主要來源於中古臻攝一等入聲韻字，小部分來源於山攝入聲韻字，個別來源於宕攝入聲韻字。經過共時比較，《安腔八音》根部與《彙音妙悟》恩部中古來源同屬臻攝，基本上相對應，均保留［-n/-t］韻尾。而經過歷時比較，《安腔八音》根部由［ɔn/ɔt］演變為［ɔuŋ/ɔuk］，而《彙音妙悟》恩部的讀音仍然保留不變。

《安腔八音》音系及其音值構擬與其他研究 / 29

韻書 韻部	擬音	主要來源	部分來源	少數來源
《彙集雅俗通十五音》	—	—	—	—
	—	—	—	—
《彙音妙悟》	[ən]	臻攝	—	—
²⁰恩部	[ət]	臻攝	—	梗攝、江攝、曾攝
《安腔八音》	[ɔn]	臻攝	山攝	—
²⁹根部	[ɔt]	臻攝	山攝	宕攝

通過二地三種方言文獻鼻音韻［－n］／入聲韻［－t］比較，筆者發現《彙集雅俗通十五音》有5個［－n／－t］韻尾韻母，《彙音妙悟》有6個［－n／－t］韻尾韻母，與《安腔八音》11個韻部韻字基本上是在中古臻攝或山攝範圍之內。根據中古等呼條件的差異在閩南、閩東重新產生新的韻部。但也顯示了收［－n］韻尾的鼻音韻雜有少數的收［－m］或［－ŋ］韻尾的韻字，收［－t］韻尾的入聲韻雜有少數的收［－p］或［－k］韻尾的韻字。

此外，本書還通過二地三種方言文獻鼻音韻［－n］／入聲韻［－t］與現代福安、漳州、泉州方音進行歷時比較，我們發現《安腔八音》鼻音韻／入聲韻已由［－m／－p］韻尾演變為收［－ŋ／－k］韻尾，而閩南方言韻書《彙集雅俗通十五音》《彙音妙悟》卻仍然保留鼻音韻［－m］韻尾和入聲韻［－p］韻尾。

綜上所述，兩百年來閩南、閩東二地三種方言文獻鼻音韻［－n］／入聲韻［－t］的演變如下表：

韻部	彙集雅俗通十五音	現代漳州方音	韻部	彙音妙悟	現代泉州方音	韻部	安腔八音	現代福安方音
¹君部	[un/ut]	不變	¹春部	[un/ut]	不變	¹春部	[oun/out]	→ [ouŋ/ouk]
						²³川部	[un/ut]	→ [uŋ/uk]
²堅部	[ian/iat]	不變	²²軒部	[ian/iat]	不變	⁴⁴煎部	[ian/iat]	→ [iaŋ/iak]
						³⁸天部	[in/it]	→ [iŋ/ik]
						²¹牽部	[ɛin/ɛit]	→ [ɛiŋ/ɛik]

續表

韻部	彙集雅俗通十五音	現代漳州方音	韻部	彙音妙悟	現代泉州方音	韻部	安腔八音	現代福安方音
[10]觀部	[uan/uat]	不變	[31]川部	[uan/uat]	不變	[12]歡部	[uan/uat] →	[uaŋ/uak]
						[23]川部	[un/ut] →	[uŋ/uk]
[17]巾部	[in/it]	不變	[17]賓部	[in/it]	不變	[11]賓部	[ein/eit] →	[eiŋ/eik]
						[26]銀部	[øn/øt] →	[øŋ/øk]
[6]幹部	[an/at]	不變	[28]丹	[an/at]	不變	[6]山部	[an/at] →	[aŋ/ak]
—	—		[20]恩部	[ən/ət]	不變	[29]根部	[ɔn/ɔt] →	[ouŋ/ouk]

3. 鼻音韻［-ŋ］/入聲韻［-k］比較

《彙集雅俗通十五音》有6個［-ŋ/-k］韻尾韻母，《彙音妙悟》有7個［-ŋ/-k］韻尾韻母，《安腔八音》則有9個［-ŋ/-k］韻尾韻母。現將它們的對應情況比較如下：

彙集雅俗通十五音	[7]公 [ɔŋ/ɔk]	[14]恭 [ioŋ/iok]	[21]江 [aŋ/ak]	[18]薑 [iaŋ/iak]	[43]光 [uaŋ/uak]	[9]經 [eŋ/ek]	—	
今漳州方音	公 [ɔŋ/ɔk]	恭 [ioŋ/iok]	江 [aŋ/ak]	薑 [iaŋ/iak]	光 [uaŋ/uak]	經 [ɛŋ/ɛk]	—	
彙音妙悟	[11]東 [ɔŋ/ɔk]	[5]香 [ioŋ/iok]	[26]江 [aŋ/ak]	[10]商 [iaŋ/iak]	[46]風 [uaŋ/uak]	[8]卿 [iŋ/ik]	[35]生 [əŋ/ək]	
今泉州方音	風 [ɔŋ/ɔk]	香 [ioŋ/iok]	江 [aŋ/ak]	唱 [iaŋ/iak]	闖 [uaŋ/uak]	卿 [iŋ/ik]	生 [əŋ/ək]南安	
安腔八音	[31]東 [ouŋ/ouk] [27]恭 [øŋ/øk]	[3]香 [ioŋ/iok]	[8]坑 [aŋ/ak]	[35]聲 [iaŋ/iak]	[22]光[uŋ/uk] [28]缸 [ouŋ/ouk]	[43]廳[eiŋ/eik] [4]掀[iŋ/ik]	[19]燈 [œŋ/œk]	
今福安方音	東 [ouŋ/ouk] 恭 [øŋ/øk]	香 [ioŋ/iok]	坑 [aŋ/ak]	聲 [iaŋ/iak]	光[uŋ/uk] 橫[uaŋ/uak] 缸[ouŋ/ouk]	廳[eiŋ/eik] 謹[iŋ/ik]	燈 [œŋ/œk]	

（1）《彙集雅俗通十五音》[7]公部［ɔŋ/ɔk］，鼻音韻主要來源於中古通攝、宕攝一三等鼻音韻字，少部分來源於江攝鼻音韻字，個別來源於梗攝、曾攝鼻音韻字；入聲韻主要來源於中古通攝一三等入聲韻字，部分來源於宕攝一等入聲韻字，個別來源於江攝、曾攝入聲韻字。《彙音妙悟》[11]東部［ɔŋ/ɔk］，鼻音韻主要來源於中古通攝、宕攝一三等鼻音韻字，部分來源於江攝二等韻字，小部分來源於梗攝二等韻字，個別來源於曾攝一等韻字；入聲韻主要來源於中古通攝、宕攝一三等入聲韻字，部分來源於江攝二等韻字，小部分來源於梗攝二等韻字，個別來源於曾攝一等韻字。《安腔八音》[31]東部［ouŋ/ouk］，鼻音韻主要來源於中古通攝鼻音韻字，少部分來源於宕攝、梗攝、臻攝鼻音字韻，個別來源於山攝鼻音韻字；入聲韻字［ouk］主要來源於中古通攝入聲韻字，少部分來源於臻攝入聲韻字。《安腔八音》[27]恭部［øŋ/øk］，鼻音韻主要來源於中古通攝鼻音韻字，部分來源於宕攝、梗攝和曾攝鼻音韻字；入聲韻主要來源於中古通攝入聲韻字，個別來源於江攝、臻攝入聲韻字。經過共時比較，《安腔八音》東部、恭部與《彙集雅俗通十五音》公部、《彙音妙悟》東部中古主要來源同屬通攝，基本上相對應。

韻書 韻部	擬音	主要來源	部分來源	少數來源
《彙集雅俗通十五音》[7]公部	［ɔŋ］	通攝、宕攝	江攝	梗攝、曾攝
	［ɔk］	通攝	宕攝	江攝、曾攝
《彙音妙悟》[11]東部	［ɔŋ］	通攝、宕攝	江攝、梗攝	曾攝
	［ɔk］	通攝、宕攝	江攝、梗攝	曾攝
《安腔八音》[31]東部	［ouŋ］	通攝	宕攝、梗攝、臻攝	山攝
	［ouk］	通攝	臻攝	—
《安腔八音》[27]恭部	［øŋ］	通攝	宕攝、梗攝、曾攝	—
	［øk］	通攝	—	江攝、臻攝

（2）《彙集雅俗通十五音》[14]恭部［iɔŋ/iɔk］，鼻音韻主要來源於中古通攝三等鼻音韻字，個別來源於宕攝三等鼻音韻字；入聲韻主要來源於中古通攝三等入聲韻字，個別來源於梗攝三等入聲韻字。《彙音妙悟》[5]香部［iɔŋ/iɔk］，鼻音韻主要來源於中古宕攝開口三等陽韻字，小部分來源於

江攝開口二等江韻字，個別來源於梗攝開口二等庚韻字；入聲韻主要來源於中古宕攝開口三等藥韻字，小部分來源於江攝開口二等覺韻字。《安腔八音》³香部［iɔŋ/iɔk］，鼻音韻主要來源於中古宕攝鼻音韻字，少部分來源於梗攝、曾攝、江攝鼻音韻字；入聲韻主要來源於中古宕攝開口三等入聲韻字，少部分來源於梗攝、通攝入聲韻字。可見，《安腔八音》香部與《彙集雅俗通十五音》恭部中古來源不同，但與《彙音妙悟》香部中古來源同屬宕攝，基本上相對應。

韻書 韻部	擬音	主要來源	部分來源	少數來源
《彙集雅俗通十五音》 ¹⁴恭部	［iɔŋ］ ［iɔk］	通攝 通攝	— —	宕攝 梗攝
《彙音妙悟》 ⁵香部	［iɔŋ］ ［iɔk］	宕攝 宕攝	江攝 江攝	梗攝 —
《安腔八音》 ³香部	［iɔŋ］ ［iɔk］	宕攝 宕攝	梗攝、曾攝、江攝 梗攝、通攝	— —

（3）《彙集雅俗通十五音》²¹江部［aŋ/ak］，鼻音韻主要來源於中古江攝二等韻字、通攝一三等韻字，小部分來源於宕攝開口一三鼻音韻字，個別來源於曾攝、梗攝、臻攝鼻音韻字；入聲韻主要來源於江攝二等、通攝一三等入聲韻字，少部分來源於宕攝、臻攝、曾攝入聲韻字。《彙音妙悟》²⁶江部［aŋ/ak］，鼻音韻主要來源於中古江攝二等韻字、通攝一三等韻字，部分來源於宕攝一三等韻字，少數來源於梗攝、曾攝韻字；入聲韻主要來源於江攝二等、通攝一三等韻字，部分來源於宕攝一三等韻字，少數來源於梗攝、曾攝韻字。《安腔八音》⁸坑部［aŋ/ak］，鼻音韻主要來源於中古梗攝開口韻字，小部分來源於咸攝一二等鼻音韻字；入聲韻主要來源於中古咸攝入聲韻字，個別來源於山攝、臻攝入聲韻字。可見，《安腔八音》坑部與《彙集雅俗通十五音》江部、《彙音妙悟》江部中古來源不同，說明《安腔八音》坑部的音韻結構已經產生變化，尤其是入聲韻變化更大。

《安腔八音》音系及其音值構擬與其他研究 / 33

韻書 韻部	擬音	主要來源	部分來源	少數來源
《彙集雅俗通十五音》[21]江部［aŋ/ak］	［aŋ］	江攝、通攝	宕攝	曾攝、梗攝、臻攝
	［ak］	江攝、通攝	宕攝、臻攝、曾攝	—
《彙音妙悟》[26]江部	［aŋ］	江攝、通攝	宕攝	梗攝、曾攝
	［ak］	江攝、通攝	宕攝	梗攝、曾攝
《安腔八音》[8]坑部	［aŋ］	梗攝	咸攝	—
	［ak］	咸攝	—	山攝、臻攝

（4）《彙集雅俗通十五音》[18]薑部［iaŋ/iak］，鼻音韻主要來源於中古宕攝開口三等鼻音韻字，個別來源於梗攝、江攝鼻音韻字；入聲韻主要來源於中古宕攝開口三等入聲韻字，小部分來源於曾攝、山攝、咸攝開口三等入聲韻字，個別來源於梗攝韻字。《彙音妙悟》[10]商部［iaŋ/iak］，鼻音韻主要來源於中古宕攝開口三等鼻音韻字，小部分來源於江攝、通攝、梗攝韻字，個別來源於山攝韻字；入聲韻字只有1個通攝沃韻字"褥"。《安腔八音》[35]聲［iaŋ/iak］，鼻音韻主要來源於中古梗攝開口三四等韻字，部分曾攝、山攝、臻攝三四等開口鼻音韻字，個別來源於咸攝開口三等鼻音韻字；入聲韻主要來源於中古梗攝開口三四等韻字，部分曾攝開口韻字，臻攝開口三等入聲韻字，個別來源於通攝開口三等入聲韻字。可見，《安腔八音》聲部與《彙集雅俗通十五音》薑部、《彙音妙悟》商部中古來源不同。

韻書 韻部	擬音	主要來源	部分來源	少數來源
《彙集雅俗通十五音》[18]薑部	［iaŋ］	宕攝	—	梗攝、江攝
	［iak］	宕攝	曾攝、山攝、咸攝	梗攝
《彙音妙悟》[10]商部]	［iaŋ］	宕攝	江攝、通攝、梗攝	山攝
	［iak］	—	—	通攝
《安腔八音》[35]聲部	［iaŋ］	梗攝	曾攝、山攝、臻攝	咸攝
	［iak］	梗攝	曾攝、臻攝	通攝

（5）《彙集雅俗通十五音》[43]光［uaŋ/uak］，鼻音韻主要來源於中古宕攝合口鼻音韻字，少數來源於山攝合口一等韻字；入聲韻字只有兩個

字，一是中古山攝入聲韻字，一是臻攝入聲韻字。《彙音妙悟》[46]風部［uaŋ/uak］，鼻音韻主要來源於中古宕攝合口韻字，個別來源於通攝一等韻字；入聲韻主要來源於中古通攝屋韻字。《安腔八音》[22]光部［uŋ/uk］，鼻音韻主要來源於中古宕攝合口韻字，部分來源於山攝合口鼻音韻字，少數來源於通攝、江攝鼻音韻字；入聲韻主要來源於中古梗攝合口入聲韻字，少部分來源於宕攝合口入聲韻字，個別來源於曾攝入聲韻字。《安腔八音》[28]缸部［ɔuŋ/ɔuk］，鼻音韻主要來源於中古宕攝鼻音韻字，部分來源於江攝鼻音韻字，個別來源於山攝、臻攝鼻音韻字；入聲韻主要來源於中古宕攝和江攝入聲韻字，少部分來源於通攝、咸攝、山攝入聲韻。可見，《安腔八音》光部、缸部與《彙集雅俗通十五音》光部、《彙音妙悟》風部均源於宕攝，基本上相對應。

韻書 韻部	擬音	主要來源	部分來源	少數來源
《彙集雅俗通十五音》[43]光［uaŋ/uak］	［uaŋ］	宕攝	—	山攝
	［uak］	—	—	山攝、臻攝
《彙音妙悟》[46]風［uaŋ/uak］	［uaŋ］	宕攝	—	通攝
	［uak］	通攝	—	—
《安腔八音》[22]光部［uŋ/uk］	［uŋ］	宕攝	山攝	通攝、江攝
	［uk］	梗攝	宕攝	曾攝
《安腔八音》[28]缸	［ɔuŋ］	宕攝	江攝	山攝、臻攝
	［ɔuk］	宕攝、江攝	通攝、咸攝、山攝	—

（6）《彙集雅俗通十五音》[9]經部［eŋ/ek］漳浦鼻音韻主要來源於中古梗攝開口三四等鼻音韻，部分來源於曾攝開口一三等鼻音韻，個別來源於通攝三等鼻音韻字；入聲韻主要來源於中古梗攝開口入聲韻，部分來源於曾攝開口入聲韻，個別來源於通攝三等入聲韻字。《彙音妙悟》[8]卿部［iŋ/ik］，鼻音韻主要來源於中古梗攝開口三四等鼻音韻，部分來源於曾攝開口一三等鼻音韻，個別來源於通攝三等鼻音韻字；入聲韻主要來源於中古梗攝開口入聲韻，部分來源於曾攝開口入聲韻，少數來源於通攝三等入聲韻字。《安腔八音》[43]廳部［eiŋ/eik］，鼻音韻主要來源於中古梗攝三四等鼻音韻字，部分來源於曾攝、通攝開口三四等鼻音韻字，個別來源於臻攝

開口三等鼻音韻字；入聲韻主要來源於中古梗攝開口三四等入聲韻字，個別來源於山攝、咸攝入聲韻字。可見，《安腔八音》廳部與《彙集雅俗通十五音》經部、《彙音妙悟》卿部中古來源同屬梗攝，基本上相對應。至於《安腔八音》[4]掀部 [iŋ/ik]，鼻音韻主要來源於中古山攝三四等韻字，部分臻攝韻字，少數來源於通攝鼻音韻字；入聲韻主要來源於中古山攝三四等入聲韻字。照理掀部不應擬為 [-ŋ/-k] 韻尾，而應擬音為 [-n/-t] 韻尾，可見，福安方音掀部韻部的語音結構最先產生演變。

韻書 韻部	擬音	主要來源	部分來源	少數來源
《彙集雅俗通十五音》[9]經部	[eŋ]	梗攝	曾攝	通攝
	[ek]	梗攝	曾攝	通攝
《彙音妙悟》[8]卿部	[iŋ]	梗攝	曾攝	通攝
	[ik]	梗攝	曾攝	通攝
《安腔八音》[43]廳部	[eiŋ]	梗攝	曾攝、通攝	臻攝
	[eik]	梗攝	—	山攝、咸攝
《安腔八音》[4]掀部	[iŋ]	山攝	臻攝	通攝
	[ik]	山攝	—	—

（7）《彙音妙悟》[35]生 [əŋ/ək]，鼻音韻主要來源於中古曾攝開口一三等韻字，部分來源於梗攝開口韻字；入聲韻主要來源於中古曾攝開口一三等韻字，部分來源於梗攝開口韻字，個別來源於宕攝韻字。《安腔八音》[19]燈部 [œŋ/œk]，鼻音韻主要來源於中古曾攝、梗攝、通攝開口鼻音韻字，少數來源於臻攝開口三等鼻音韻字；入聲韻主要來源於中古曾攝、梗攝開口三等入聲韻字，部分來源於通攝三等入聲韻字，個別來源於江攝、臻攝入聲韻字。可見，《安腔八音》燈部與《彙音妙悟》多數韻部字中古來源同屬曾攝，基本上相對應。

韻書 韻部	擬音	主要來源	部分來源	少數來源
《彙集雅俗通十五音》	—	—	—	—
—	—	—	—	—

續表

韻書 韻部	擬音	主要來源	部分來源	少數來源
《彙音妙悟》[35]生部	[əŋ]	曾攝	梗攝	—
	[ək]	曾攝	梗攝	宕攝
《安腔八音》[19]燈部	[œŋ]	曾攝、梗攝、通攝	—	臻攝
	[œk]	曾攝、梗攝	通攝	江攝、臻攝

通過二地三種方言文獻鼻音韻［-ŋ］/入聲韻［-k］進行共時比較，《彙集雅俗通十五音》有6個［-ŋ/-k］韻尾韻部，《彙音妙悟》有7個［-ŋ/-k］韻尾韻部，與《安腔八音》10個［-ŋ/-k］韻部韻字基本上分別來源於中古通攝、江攝、宕攝、梗攝、曾攝範圍之內。根據中古等呼條件的差異在閩南、閩東重新產生新的韻部。但也顯示了收［-ŋ］韻尾的鼻音韻雜有少數的收［-m］或［-n］韻尾的韻字，收［-k］韻尾的入聲韻雜有少數的收［-p］或［-t］韻尾的韻字。本書還通過二地三種方言文獻鼻音韻［-ŋ］/入聲韻［-k］與現代福安、漳州、泉州方音進行歷時比較，我們發現《安腔八音》和《彙集雅俗通十五音》、《彙音妙悟》收［-ŋ/-k］韻尾色鼻音韻/入聲韻也基本上也均為收［-ŋ/-k］韻尾。

綜上所述，18世紀末至19世紀初，閩南、閩東北片三種方言文獻仍然保留著［-m］、［-n］、［-ŋ］三個鼻音韻尾和［-p］、［-t］、［-k］三個清輔音韻尾。［-m/-p］韻部之間基本上是對應的，［-n/-t］韻部之間基本上也是對應的，就是［-ŋ/-k］韻部與韻部之間雖然還不完全對應，但基本上保留著中古音鼻音韻［-ŋ］/入聲韻［-k］的結構格局。

五 結論：兩百年來《安腔八音》音韻結構動態演變的原因

閩南方言韻書《彙集雅俗通十五音》《彙音妙悟》和閩東北片方言韻書《安腔八音》在共時比較中鼻音韻/入聲韻還是大同小異的，保留著［-m］、［-n］、［-ŋ］三種鼻音韻尾和［-p］、［-t］、［-k］三種清輔音韻尾；但在過了二百來年的現代閩南、閩東北片方言鼻音/入聲就產生較大的差異。

《安腔八音》有47個韻部，86個韻母；其中陽聲韻母25個（其中收－m韻尾的5個，－n韻尾的10個，－ŋ韻尾的10個），陰聲韻母22個，入聲韻母39個（其中收－p韻尾的5個，收－t韻尾的10個，收－k韻尾的10個，收－ʔ韻尾的14個）。過了兩百來年，《福安市誌·方言卷》記載現代福安方言47個韻母；其中陽聲韻母12個（全部收－ŋ韻尾），陰聲韻母21個，入聲韻母14個（全部收－k韻尾）。這種演變可以說非常快速。探討福安方言兩百年來的語音變異的原因。從地理位置來看，閩東北片方言由於受到周圍不同次方言的包圍和接觸，受到影響、融合才逐漸產生變異的。分析起來大致有以下三方面：

首先，福安方言南部受到閩東南片福州方言的影響。我們知道，閩東方言分為北片和南片。大致包括歷史上的福州府和福寧府的屬地。由於同屬閩東地區，長期共同的政治、經濟和文化生活，有了語言共性，形成閩東方言的共同特點。據考證，明末福州方言文獻《戚參軍八音字義便覽》中的12個陽聲/入聲韻母全都是收［－ŋ/－k］尾：春［uŋ/uk］、香［ioŋ/iok］、山［aŋ/ak］、賓［iŋ/ik］、歡［uaŋ/uak］、燈［eŋ/ek］、光［uoŋ/uok］、銀［yŋ/yk］、缸［oŋ/ok］、東［øyŋ/øyk］、聲［iaŋ/iak］、天［ieŋ/iek］[1]。可見，早在明末的福州方言就已經沒有［－m/－p］、［－n/－t］兩種韻尾了。直至百餘年前的《加訂美全八音》也是如此。

其次，福安方言北部則受到浙南吳方言的影響。根據袁家驊《漢語方言概要》（第二版）記載，浙江永康音系有10個鼻尾韻，即［aŋ］、［iaŋ］、［uaŋ］、［yaŋ］、［oŋ］、［yoŋ］、［əŋ］、［iŋ］、［uəŋ］、［yəŋ］。［－m/－p］、［－n/－t］兩種韻尾早已弱化演變為［－ŋ/－k］尾。浙南吳語對福安方言的影響也是不可低估的。

再次，福安方言西部受到閩北方言的影響。據考證，反映明末閩北政和方言的《六音字典》共有13個字母有陽聲韻母，即穿［yiŋ］、本［ueiŋ/uaiŋ］、風［uŋ］、通［ɔŋ］、順［œyŋ］、朗［auŋ/uauŋ］、唱［ɔŋ］、聲［iaŋ］、音［eiŋ］、坦［aŋ］、橫［uaŋ］、班［aiŋ］、先［iŋ/ieiŋ］[2]。也是跟明末福州方言文獻一樣沒有［－m/－p］、［－n/－t］兩種韻尾了，而是只有［－ŋ/－k］韻尾。直至《建州八音字義便覽》[3]

（1795）也是同樣情況。可見，閩北方言對閩東北片方言的影響也是很大的。

　　總之，就空間而言，福安鼻音／入聲韻尾受到南部、北部、西部各方言區的影響（東部靠海），導致福安方言［－m／－p］、［－n／－t］兩種韻尾的弱化，逐漸演變成［－ŋ／－k］韻尾。就時間而言，近二百年來，由於社會、政治、經濟、文化的迅速發展，閩東南北片交流頻繁，閩東北片與浙南吳語和閩北方言的接觸，導致鼻音／入聲韻尾趨於一致。而福建閩南方言是一個重要的、有優勢的次方言，迄今仍然沒有多少變化，雖然內部有些差異，但由於地域廣而人口多，閩南東、西、南、北四片除了西片受到客家話影響大一些以外，東、南、北三片總體還是一致的，［－m／－p］、［－n／－t］、［－ŋ／－k］韻尾還是不變的。

【參考文獻】

北京大學中國語言文學系語言學教研室編：《漢語方言詞彙》，語文出版社1995年版。

福建省福安市地方誌編纂委員會編：《福安市誌·方言卷》，方誌出版社1999年版。

黃典誠主編：《福建省誌·方言誌》，方誌出版社2018年版。

梁玉璋：《福安方言概述》，《福建師範大學學報》1983年第3期。

李如龍、王升魁：《戚林八音校注》，福建人民出版社2001年版。

馬重奇：《福建福安方言韻書〈安腔八音〉》，《方言》2001年第1期。

秋穀裕幸：《〈班華字典——福安方言〉音系初探》，《方言》2012年第1期。

索緒爾：《普通語言學教程》，商務印書館1980年版。

吳姍姍：《四部福安方言韻書研究》，博士學位論文，福建師範大學，2012年。

徐通鏘：《歷史語言學》，商務印書館1991年版。

鄭宜光：《簡易識字七音字彙》，清末民初。

新編《安腔八音》

馬重奇　新　著
陸求藻　原　著

安腔八音共七卷

卷一 春花香掀秋山
卷二 三坑開嘉賓歡
卷三 歌須於金杯孤
卷四 燈砧牽光川輝
卷五 燒銀恭缸根俐
卷六 東郊戈西聲崔
卷七 初天添賢迦歪廳煎鉤茄雞

共四十七字母

柳邊求氣低波他爭時日
鶯蒙語出熹如無

共十七音

上平〇上聲〇上去〇上入〇
下平〇下上⊙下去〇下入〇

八音實際上七調

《安腔八音》

卷一
春花香掀秋山

42 / 《安腔八音》整理及研究

1 春字母

柳上平 ○

上聲 ● 爨 肉塊也切 睔 右目轉左

上去 ○

上入 ● 碌 貌多石

下平 ● 侖 仝崙叙也又 倫 人—常 綸 —經 輪 —車

● 淪 漪— 崙 崙—山日出处也 惀 思也择

● 踚 行也 胎 皮也 圇 圇囵 鯩 魚名 鋆 金—

● 驎 獸名 蜦 古書云能興雲雨的黑色神蛇 舳 舟也 塿 壟

● 碖 垂欲落貌 砳 砥石頭懸 箶 船中器具 貐 獸名 崘 山—

下上 ⊙

下去 ● 弄 抮 —戲 崚 —穴也

下入 ● 淕 水—清水 睩 日暗 蟓 蟲蜙蜴似 橼 木名

● 睧 視謹 盝 古代小妝具 簏 冊圖籍書 轆 黑

● 蔍 箭室 踛 獸白行貌 垢也

● 鵦 鳥名 琭 玉名 逯 行貌 皽 皮也

● 簶 竹三個 艣 船名 悚 從心 纏 蟲聽也純

● 矑 耳鳴 艣 船名 率 領帶 觻 鬼名 憟 憂

● 綟 大索 膟 脂腸間 粽 米爆火 甪 蠬 蠑

● 廄 有獸文皮 鱸 魚名 擝 動搖 甐 覺也

● 褥 祭名 簏 夾竹 臁 腹鳴 馱 藥名 薩 艸

● 硌 輥也磚石 硨 石也 聿 循—法 律 —艸名

● 嗶 鳴也 嵂 高山 穋 稻早器皮 鞠 颮 大風

● 汩 水訓 漉 飛水上 鐻 樂器之聲東方音也 餘 東母在

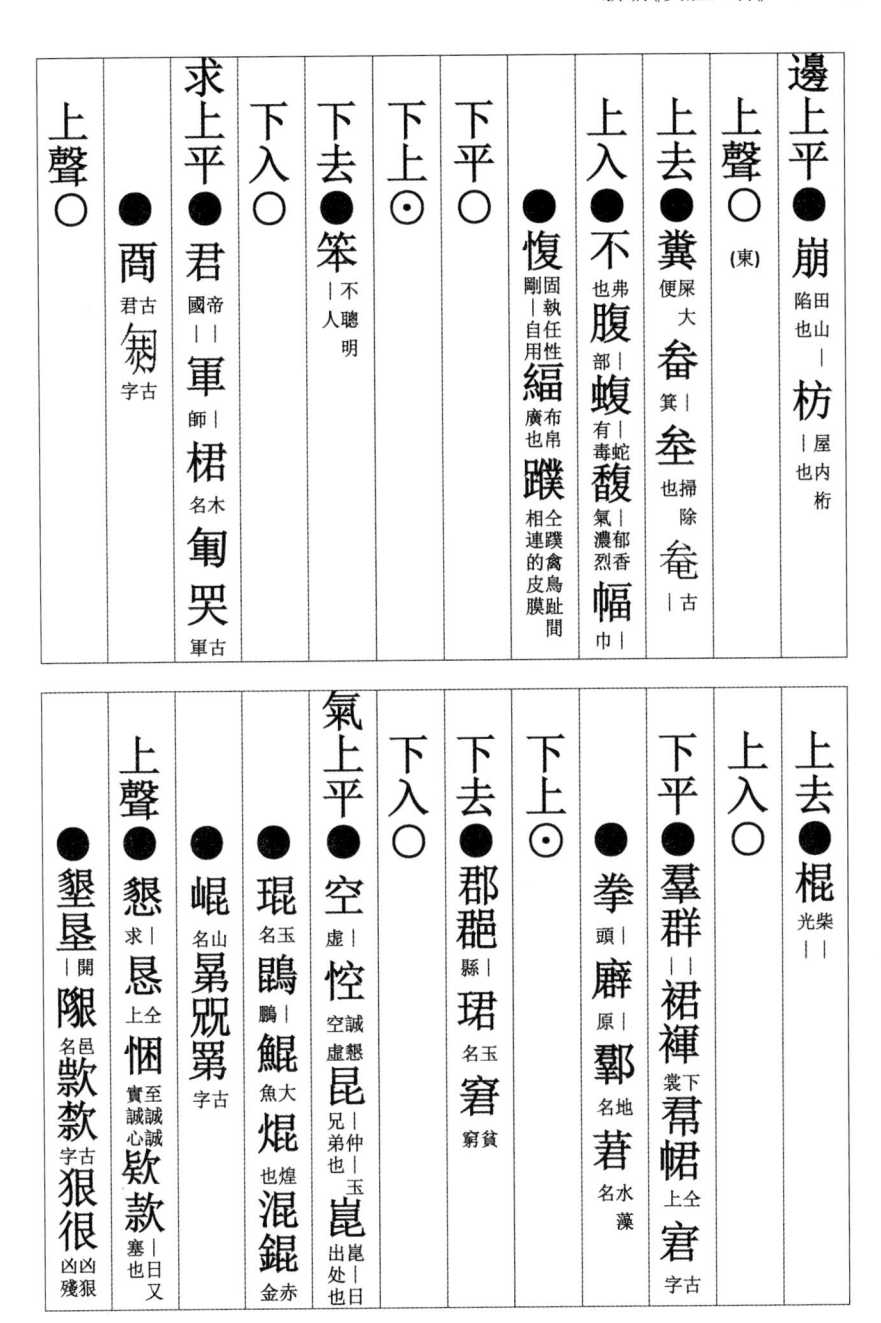

新編《安腔八音》 / 43

上平● 崩 陷田山｜枋 屋內桁也
上聲○
上去● 糞 便屎大｜畚 箕｜也掃除 奄 古｜
上入● 不 也弗｜腹 蛇部｜有毒氣郁香濃烈 幅 巾｜
下平○ 愎 剛固執任性｜自用 緷 廣布帛也 蹼 全蹼禽鳥趾間相連的皮膜
下上⊙
下去● 笨 不人聰明
下入○
求上平● 君 帝國｜軍師｜裙 木名｜甸 哭 軍古｜
上聲○ 啇 君古｜ 剧 字古

上去● 棍 光柴｜
上入○
下平● 羣群｜裙襌 裳下｜帬裙 全上｜裙 字古
下上⊙ 拳 頭｜廱 原｜鄆 地名｜菎 水藻名
下去● 郡 縣｜珺 名玉 窘 窮貧
下入⊙
氣上平● 空 虛｜悾 誠慤虛懇 昆 兄弟｜仲玉｜崑 崑｜日出處也
上聲● 崐 名山 鼂 晁 字古
● 琨 名玉 鵾 鵾鵬｜鯤 魚大｜焜 也煌 混 鯤 金赤
● 懇 求｜恩 上全｜悃 至誠實誠心誠 歖 款 塞｜也日又
● 墾垦 開｜隙 名邑 歁款 字古 狠很 凶殘狠凶

44 / 《安腔八音》整理及研究

上去○
●闊 魯—國名
垠 再也 耕也

上入●
哭 哀—
屈 不—冤枉又剚—屁股脊骨的末端
尻 剮—屈股

下平○
颰 聲風
籑 繼—未練治也
莇 刷也

下去○
蜖 蛄—鈕鎖也鈙
䳘 馬良
屈 作古屈

下上⊙
●屚 犬短尾也

下去○

下入○

低上平●
敦 敦原—
孠 天子離弓
焞 盛火
憖 懇也恨

●杶 木名
䳘 鳥名鶴—
燉 火勢旺盛

敦 敦古
墩 全上
譈 古同懟 怨恨

上聲●
盾 古代打仗時護身體
楯 山脂—肥

上去●
頡頓 安—
囤 存儲食物積

飩 餛—

下平○

下上⊙

下去○

下入○

波上平○

上聲○

上去●
噴歊 口含物去—
㰴 盛香氣也
埲 塵起貌

新編《安腔八音》 / 45

上入	上入	上去	上聲	他上平	下入	下去	下上	下平	上入		
●鵌鷟—	●黜點—陟怵—廢—驚心怈—目憂馴—名獸	○	○	●椿木名萱	○	○	⊙	○	●唫噴全	幠袋太滿而裂也汝黨—又正音文吀噴全汾水名郡名	

上入	上入	上去	上聲	爭上平	下入	下去	下上	下平
●洲圳名古水雋—才器鑴箭利䔰餕全	●貜豵豕北名方慻聰慧明也津—志進也也濬—也深	●悛止攺也也竣踢退也也嶟—俗嶟字山名	●陵—鴡名鳥駿—上全俊馬良也畯—也視	●峻—陽赤高子晙—也早賤—也益餕—餘食胲縮	●俊美—俏秀峻—岭山高浚—水疏深竣—工止完也	○	●逡—循環巡	●禿—也無髮貁—名獸詵狨—狋戟也斢—鈍也	○	⊙	○

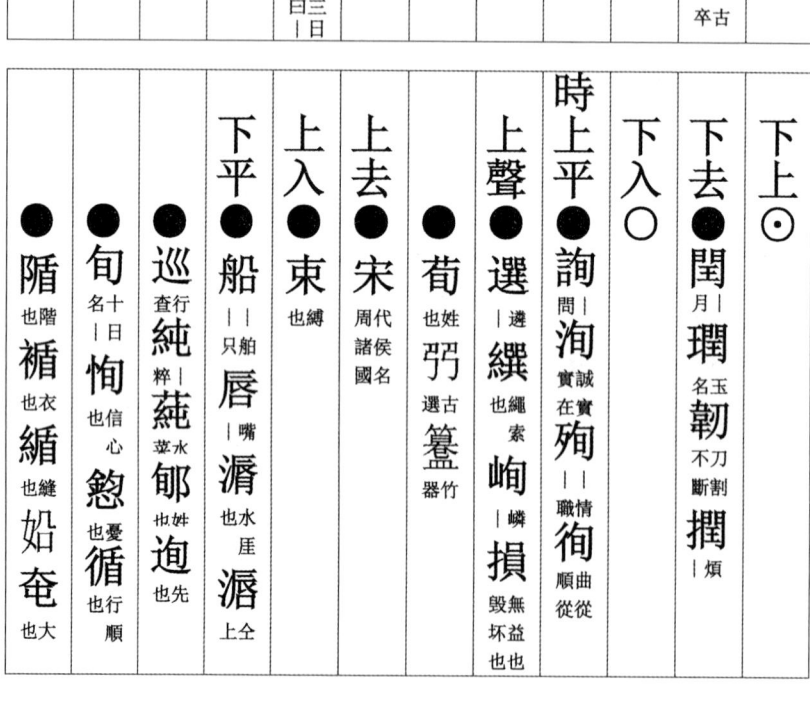

下平	上入	上去	上聲	日上平	下入	下上	下去	下平	上入	—
○	○	●鐗 服爐底	●烜 古字	●暖 煖 日 爇 暖溫 澳 水熱 餪 女嫁三日送食曰	○	○	⊙	○	●卒 兵終止 猝 通上 夺 死 㔯 古卒	●潿 水名 陯 同階高

下平	上入	上去	上聲	時上平	下入	下去	下上	—	—	—
●陏 階也 楕 衣也 縗 縫也 妗 大也	●旬 十日名 恂 信心也 愻 憂也 循 順行也	●巡 查行 蓴 水萃 郇 姓也 迿 先也	●船 舶只 唇 嘴 漘 水厓也 漘 全上	●束 縛也	●宋 周代諸侯國名	●荀 姓也 笋 竹器	●選 遴也 繏 繩索 峋 鱗 損 無益毀坏也	●詢 問洵 洵 誠實在實 殉 情職曲順從從	○	●閏 月瑌 瑌 玉名 靭 刀割不斷 擱 煩

新编《安腔八音》 / 47

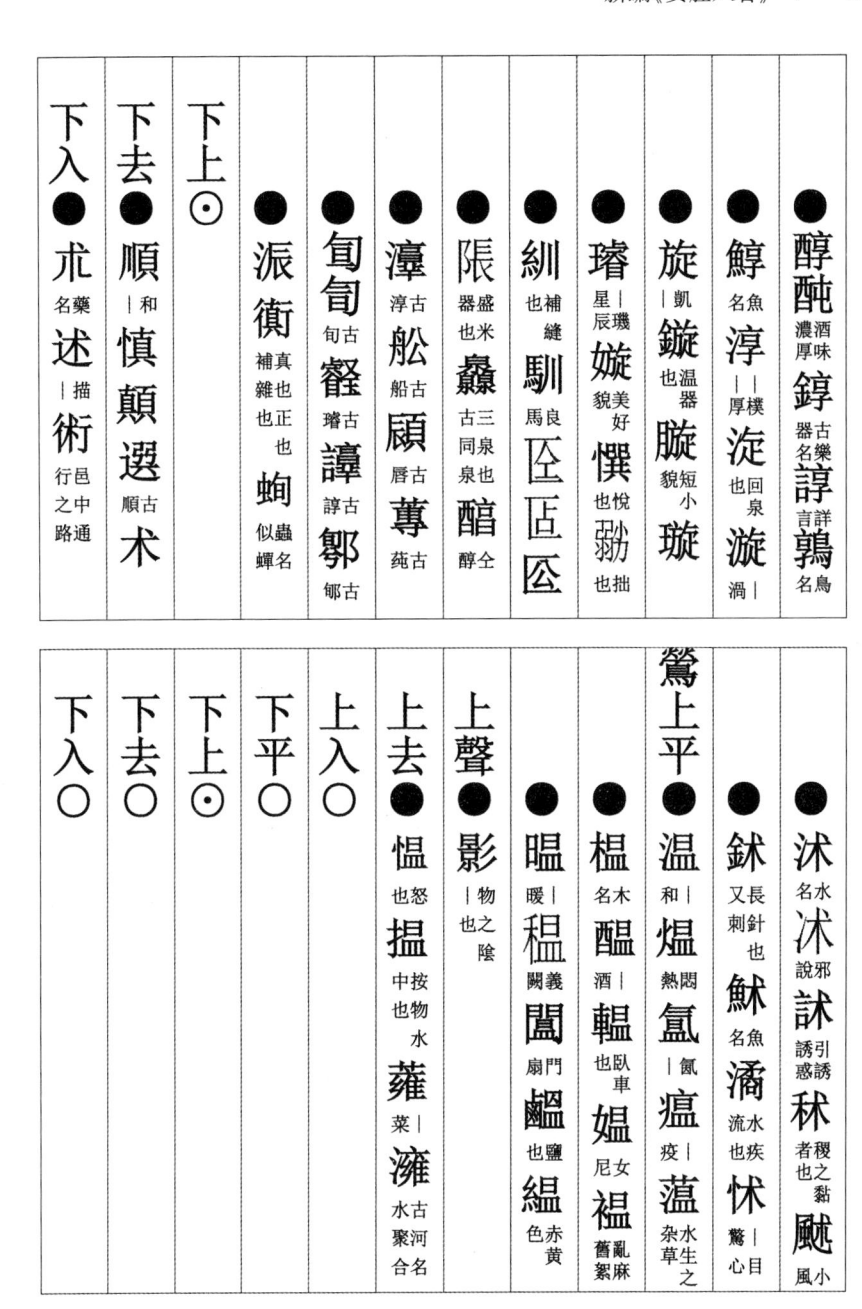

下入●朮名藥述|描術行邑之中路通	下去●順|和慎顛選古順朮	下上⊙	●派衡派真補雜也也正蚵似蟲蟬名	●旬旬旬古餐瑄諄古諄鄩郞古郞	●潯淳船古潯頋船也米三同泉也醕古醇全	●陙器盛也麎古麎唇同泉也醕古醇全	●紃補縫也馴馬良匧臣匞	●璿星辰瑂美好貌嫙悅也弰貌短小也拙	●旋凱鏇也溫器朣腄璇	●鱒名魚淳|厚樸淀也回泉漩渦|	●醇酏酒味濃厚錞古樂器名諄詳言鶉鳥名

下入〇	下去〇	下上⊙	下平〇	上入〇	上去●慍也怒揾中按也物水薀菜|瀧水古聚河合名	上聲●影|物之陰	●氳暖|穩闡義|閽扇門轀也鹽縕色赤黃	●榲名木醖酒悶也輼臥車也媼尼女褞舊絮亂麻	鴛上平●溫和煴|熱悶氲|氤瘟|疫薀水生之雜草	●鈂又長針刺也魪名魚潚流水也疾忥驚心目	●沭名水沭邪說訹引誘誘惑者也秋稷之黏也颮風小

48 / 《安腔八音》整理及研究

蒙上平〇

上聲〇

上去●夢夢夢睡眠時引起的幻覺幻像 梦全寐而有覺貌 薨跛行貌也

●懜悃也 鸏鳥名 眮田民 癦

下入〇

上入〇

下平●蒙冡欺骗— 濛又細雨—— 撺斂收

●幪襪蓋衣也 朦朦膧— 曚曚日不明也

●曚日不明也 艨—艟古代戰船一種 縵絲亂貌

●鐽名鑒盛器 驡驢子隊名阜 懞懞厚道模實

●鸏水鳥名 霿雷聲 懜同懵—優

●檬木名槐葉似黃 蠓蟲小飛 憈懞惈忬—優

●葧薱目不明也

下上·

下去●悶胸忧—— 憫煩悶不樂 懣上同

下入●木柴 目眼睛 沒沈也盡也 没上同

●歿劲死去也 苜草名苜蓿 沐浴— 䲈鲈又名

●茉草名 炑熾火 牧飱牛也 霂雨小

●蕀謂車軸束之蕀 䮃䮃䮄轑也 蛛蟬蜓也— 疝結固病名

●鞪車軸束也 穆穆又姓溫和也恭敬 繆—古

●育作敬也穆通 圽没古 歿穆古崙—古

語上平〇

上聲〇

上去〇

上入〇

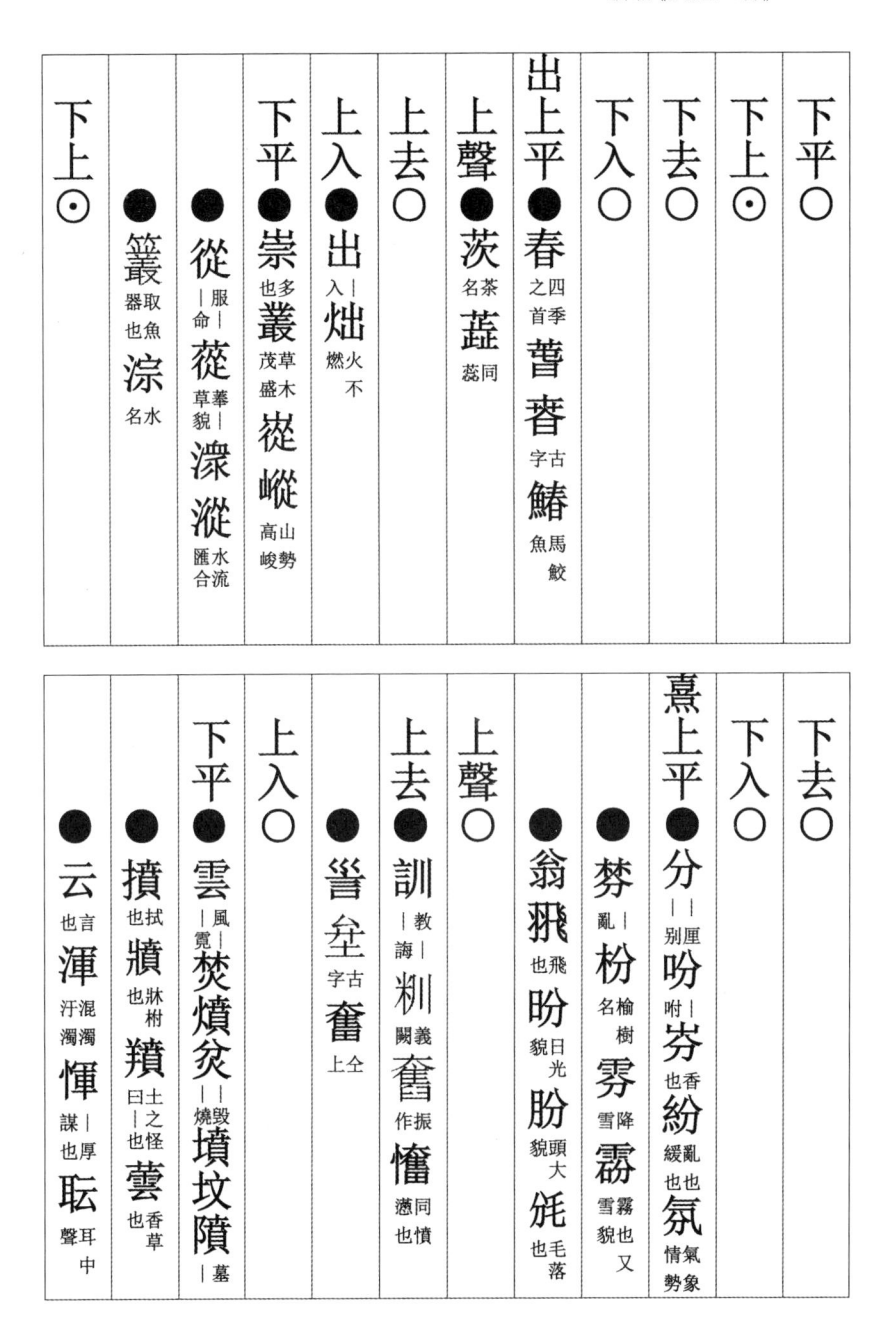

新編《安腔八音》 / 49

下上⊙	下平●	下平●	上入●	上去○	上聲●	出上平●	下入○	下去○	下上⊙	下平○
籔器取魚也 潨名水	從服—命也 蓯華—草貌 漎水合流 淞	崇叢多也草木茂盛 嵷崠山峻勢高	出入— 炪火不燃		茨蒫茶名 茈蕊同	春四季之首 萶古字 鰆魚馬鮫				

| ●云言也 渾混濁汗濁 惲謀也 耺耳聲中 | ●攟拭也 犢—琳树 蘈土之怪曰— 蕓香草也 | 下平● 雲風—霓— 焚燔炎—燒毀 墳坆隤墓 | 上入○ | 上去● 誉古字 奞上仝 | 上聲○ | ●訓教誨— 刡義闕 奮振作也 懻憯同憤 | 熏上平● 分別厙 吩咐—香也 岎紛亂也緩也 氛情氣勢象 | 翁飛亂也 犹飞貌日光頭大貌毛落也 | 犇名榆树 雰雪降雪霧貌又 盻眄霧雪貌 | 下入○ | 下去○ |

下上 ⊙	下平 ●勻 筠 青竹皮子的 昀 原平田均一也往	上入 ○	上去 ○	上聲 ○	如上平 ○	下入 ●坲 飛塵揚土 怫 也違 偽 上全 仏 佛古同	下入 ●佛 僼 儞 儠 伕 天俱竺在有西方 弟 名山	下去 ●腪 臐 也肥	下去 ●混 溷 不污清濁 䫟 明語也不 餛 飩 — 分 本安	下上 ⊙	●箈 名竹

| 下去 ●問 也訊 聞 名聲 望 — 韻 音韻 韵 曰韻和 紊 亂 — | 下上 ⊙ ●瞯 文古 㲄 文古 | ●聞 也姓 耷 聽耳 蠫 蝺 字古蚊 蕢 名草 | ●歈 鼠斑 閺 視低目也無 炆 的微火焰 汶 大江波水 | 下平 ●文 — 武章 紋 綿 — 蚊 衁 — 魰 蟲 — 魰 名魚 | 上入 ○ | 上去 ○ | 上聲 ○ | 無上平 ○ | 下入 ○ | 下去 ●潤 滋澤 也也 |

●鄆 地名又姓 汶 水名 運 船— 命— 扨 拭也

●暈 日月氣 緷 閒染色也 甼 破器 葷 大山名

●瀕 病名 奴 女生字也又

下入〇

春字母終

2 花字母

柳 上平〇
上聲〇
上去 ●瀨 水流沙 上也
上入〇
下上 ⊙
下平 ●籮笟簱 米—
下去〇
下入〇
邊上平〇
上聲〇
上去 ●簸籔 揚糠也 米去

下平	上入	上去	上聲	求上平	下入	下去	下上	下平	上入
●樺 名木	○	●袿袴袍—絓絲結罫碍—	●卦卜掛掛懸罣註誤打擊	●寡小副另寡古	●瓜葫蘆科果實可食 觚目引 瘑瘑瘟黃 抓擊也	呱譁也 苽草名	呱瓜割	○	○	○	○

上入	上去	上聲	氣上平	下入	下去	下上
●銙古腰帶裝飾品	●袴裤同胯两股之間 冎步也 泧船不能行著沙	●髁骨膝	●輠車器膏盛 虧欠耗缺損 唪言庚華榮也 鯀鮎魚似 奢古誇 夸大奢也 荂衣華榮也 骻胯腰骨越也 鞼脛衣也 骻軀體柔 踝跟全跨也	●誇言大美 姱好美 恗憺怯憂傷 侉口音不正	○	⊙

新编《安腔八音》 / 53

| 下入〇 | 下去●大_{小一}柁舵_{設於船尾也}正船木也 駄_{上仝} | 下上⊙ | 下平〇 | 上入〇 | 上去〇 | 上聲〇 | 低上平〇 | 下入〇 | 下去〇 | 下上⊙ | 下平〇 |

| 上入〇 | 上去〇 | 上聲〇 | 他上平●拖_{拉也 牽引也} 劰_{力牽 仝上着} | 下入〇 | 下去〇 | 下上⊙ | 下平〇 | 上入〇 | 上去●破_{坏使 損} 岽胶_{破古} | 上聲〇 | 波上平〇 |

54 / 《安腔八音》整理及研究

下平○	下上⊙	下去○	下入○	上平○ 曾●抓摅（抓泛取指）	上聲○	上去○	上入○	下平○	下上⊙	下去○	下入○

時上平●沙（土砂）砂（石）鯊（古同鯊）鮻（名瑟）	上聲●粟（物-水）耍（-戲）荽（薑屬）籭	●躧（鞋也）洒（使水分于地或它物）	上去○	上入○	下平○	下上⊙	下去○	下入○	蒙上平○	上聲○	上去○

新編《安腔八音》 / 55

下平〇	上入〇	上去●㫰 聲治骨	上聲●我 ―汝	語上平〇	下入〇	下去〇	下上⊙	●饜 也食 㾸 名水	下平●麻 名艸 菻 植蒿物類 蔴 苧 瘕 麻病風名同 磨 石 ―	上入〇

●饜 貌緩視 剮 也削 摩 ―用物手 廬 名杯 攤 ―耕

熹上平●花 華 開艸花木 闢 也開門 醺 酒醇	下入〇	下去〇	下上⊙	上平〇	上入〇	上去〇	上聲●炁 俗泉語州也人	出上平〇	下入〇	下去〇	下上⊙

上聲 ●蔫〔古花俗音蔦〕 洺〔名水〕

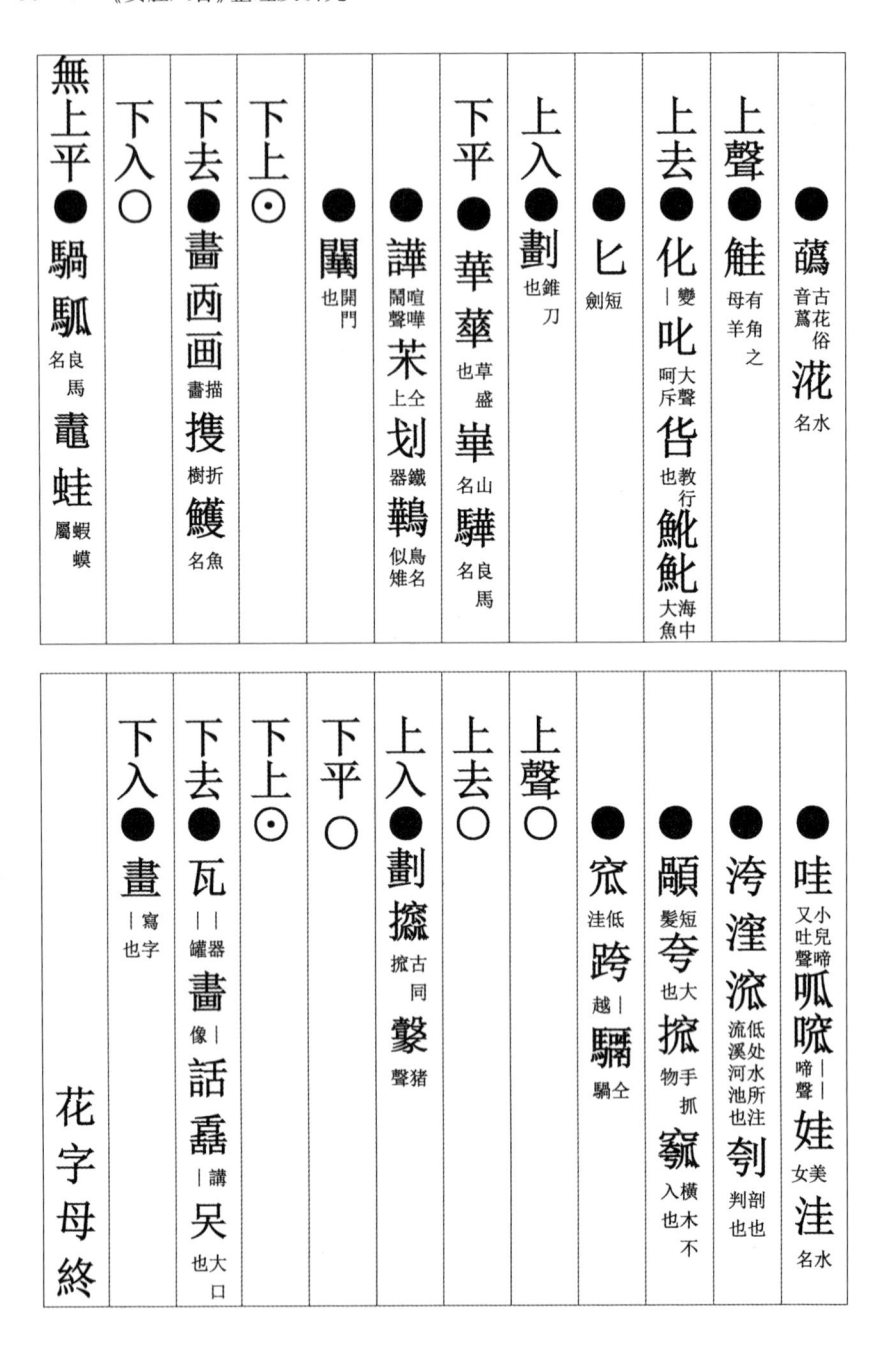

上聲 ●鮭〔母有羊角之〕

上去 ●化〔變也〕 叱〔大聲呵斥也〕 告〔教行也〕 鮍鮍〔大海中魚〕

上入 ●匕〔短劍〕 剗〔錐刀也〕

下平 ●華 華〔草盛也〕 崋〔山名〕 驊〔良馬名〕

下上 ⊙譁〔鬧聲喧嘩〕 茉〔上仝〕 划〔鐵器〕 鵅〔似鳥雉名〕

下上 ⊙闗〔開門也〕

下去 ●畫 西 画〔畫描〕 攃〔折樹〕 鱯〔魚名〕

下入 ○

無上平 ●驍 騧〔良馬名〕 黿 蛙〔屬蝦蟆〕

●哇〔小兒啼聲又吐〕 呱〔啼聲〕 嗟 娃〔美女〕 洼〔名水〕

●洿 窪〔流溪河池低處水所注也〕 剞〔判剖也〕

●洿 夸〔大〕 挖〔手抓物〕 窫〔橫木入也不〕

●窊〔低注〕 跨〔越〕 驠〔全驅〕

下平 ○

上聲 ○

上去 ○

上入 ●劃 擭〔古同〕 斁〔聲猪〕

下上 ⊙

下平 ○

下去 ●瓦〔罐器〕 畫〔像〕 話〔講〕 磊〔吳大口也〕

下入 ●畫〔寫字也〕

花字母終

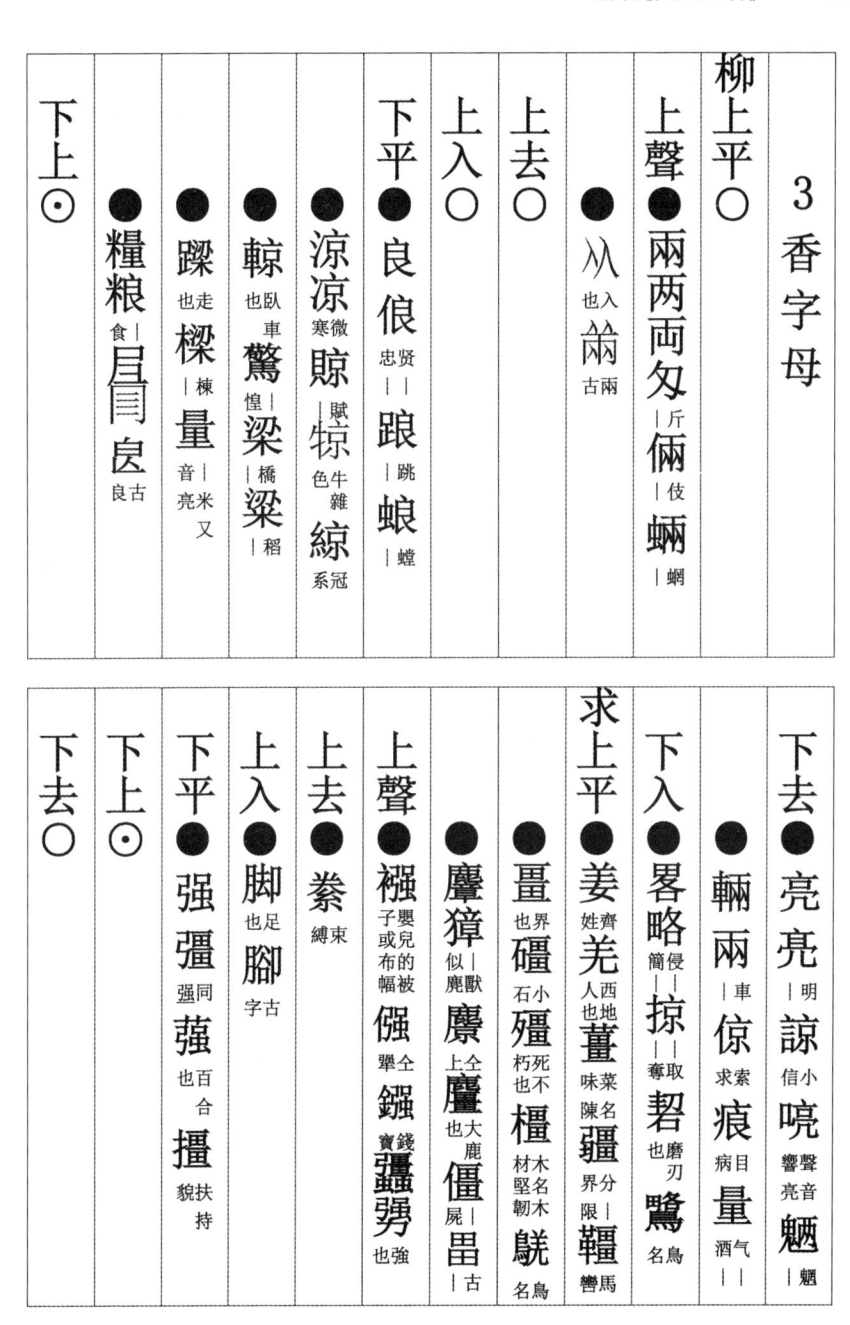

3 香字母

柳上平 ○

上聲 ●兩 兩両 刄|斤 俪|伎 蝄|蜩

上去 ○

上入 ○ 从|入 兩|古兩

下平 ●良 佷|賢忠 踉|跳 蜋|螳

上入 ○

上去 ○

●涼 涼|微寒 賖|賦 惊|牛色雜 綡|系冠

●輬|車臥也 驚|惶 梁|橋 梁|稻

●躁|走也 樑|棟 量|音亮 釆|又

●糧粮|食 昌|亘 夏|古良

下上 ⊙

下去 ●亮 亮|明 諒|信小 喨|響聲亮音 魎|魎

下入 ●輌 兩|車 惊|痕病 量|酒气

求上平 ●畧 畧|簡侵 掠|奪取磨刃也 碧|鷺名鳥

●薑 姜|姓齊人西地味菜名 薑|界分限 韁|轡馬

●畺 礓|石小死朽不也 櫃|木材堅韌名木 魟|名鳥

上聲 ●襁 襁|子嬰兒或布幅被 强|擧全 鏹|錢寶貿

●麇 獐|似麁大鹿獸名也 麇|上全 僵|尸古 畾|古

上去 ●綮|縛束

上入 ●脚 脚|足也 腳|古字

下平 ●强 彊|同强 彊|百合 攎|貌扶持

下上 ⊙

下去 ○

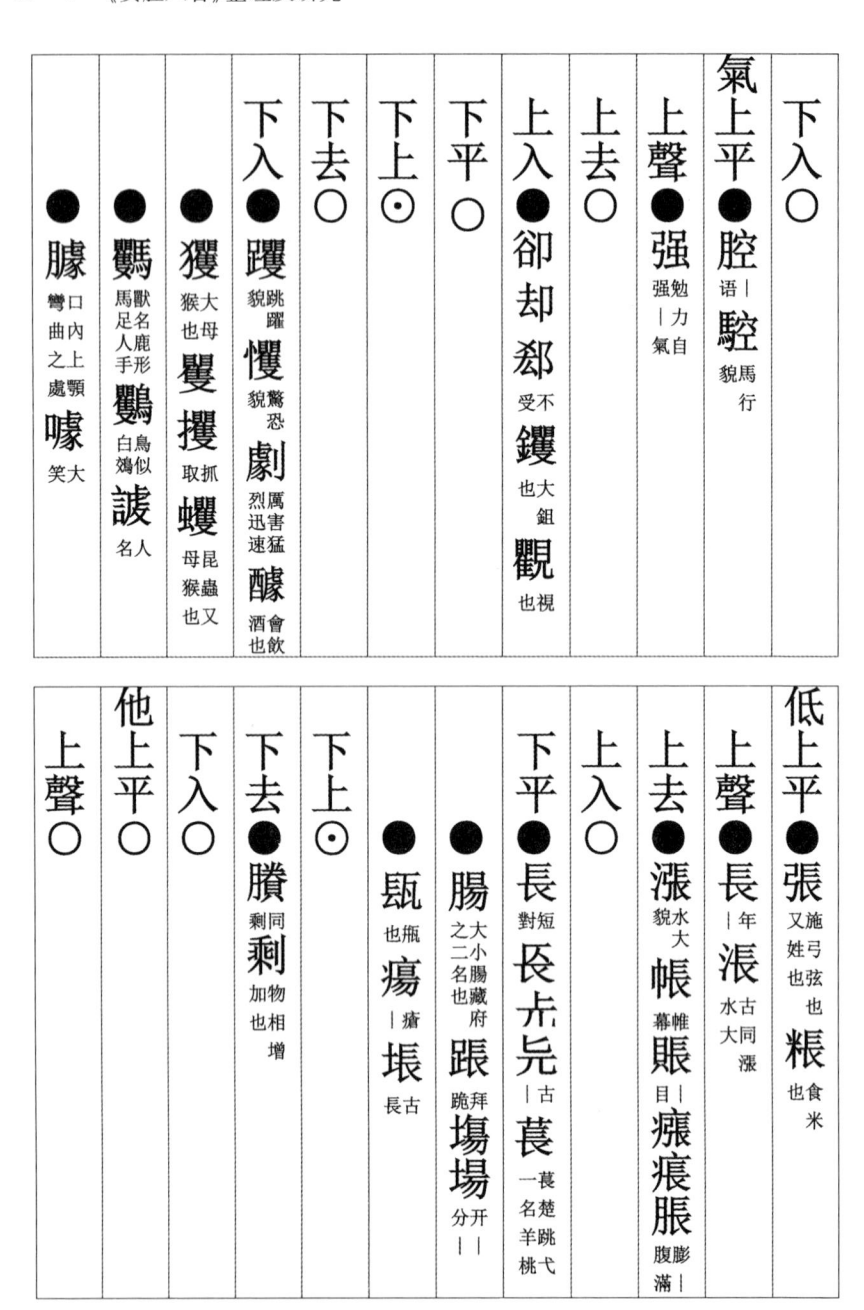

氣											
下入〇	上平●腔 语｜ 駉貌馬行	上聲●强 强勉｜力氣自	上去〇	上入●卻却郤受不 钁大鉏 觀也視也	下平〇	下上⊙	下去〇	下入●躩貌跳躍 懅貌驚恐 劇厲害猛烈迅速 醲酒會飲也	●玃猴大母 戄手抓取 蠷母猴昆蟲也又	●玃獸名鹿形馬足人手 鸚白鳥鵒似 譃名人	●臄彎曲內之上處顎 噱笑大

低									
上平●張施弓姓也又弦也 粮食米也	上聲●長｜年 派古同漲水大	上去●漲貌水大 帳幕帷 賬目｜ 瘴痕 脹腹膨滿｜	上入〇	下平●長對短 長卝兀｜古 莨一名羊桃弋楚跳	下上⊙	下去●賸同剩 剩加物也增	下入〇	他上平〇	上聲〇

新編《安腔八音》 / 59

上去●鵳―任意志 穮―稙也 䅚―草茂也 䣪―香艸為酒醸

上平○

上入○ 悵―失志惆 賬―為虎作 韔―弓衣也 暢―暢通 韔―阻碍無

下平○

下上⊙

下去○

下入○

爭上平●章―出口又姓成 璋―圭 彰―明顯 嫜―姑 顯著

●偉―偉貌 樟―木 瘴―氣癉 瞳―目眵生

●驓―馬名 憧―恐怕懼 暲―明 趟―走 鶄―鳥名

●㣃―不正行 漳―河州名又 葦―藥名 獐―麋屬

●將將―要至 㨻―刺也 鏘―聲 螿―蟬屬

上聲●漿―水米汁相將也 槳―漿 漦―漿 秔―全古字

●掌―手支撐 撐―船 奬―勵 槳―船 仉―姓也

●蔣―菱白筍又姓 兗―鋪髮 掌―草也 鞘―鞍皮扇馬

上去●醬―豆將將 嶂―帥領 障―峰碍瘴 癙―日

●牂―古酱

上入●爵―官酌 酒―樹 鑡―刺也 橺―栗削 爝―被炬火也

●牂―古酱

下平○

下上⊙

下去●狀―行 匠―師木 斨―斫 匚―工

下入●着―穿定

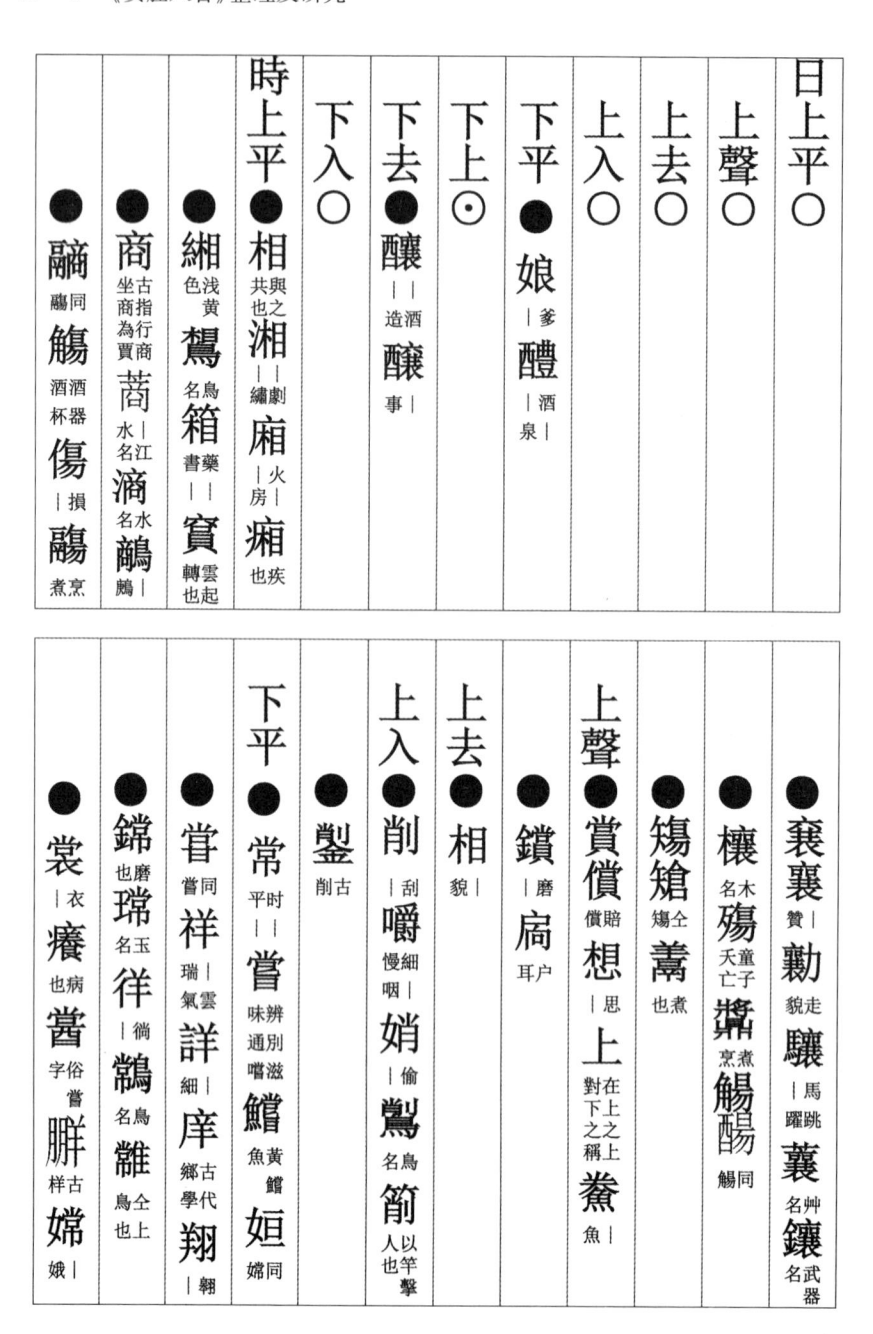

| 日上平 ○ | 上聲 ○ | 上去 ○ | 上入 ○ | 下平 ●娘｜爹 醴｜酒泉 | 下上 ⊙ | 下去 ●釀｜造酒 釀｜事 | 下入 ○ | 時上平 ●相 共興之也 湘｜繡廂｜火房 痫｜疾也 | 緗色淺黃 駕 名鳥 箱 書藥 寶 轉雲也起 | 商古指行為商坐商為賈 蔍｜江水名 滴 鶐｜水名 | 翩翩同 觴 酒杯酒器 傷｜損 殤｜烹煮 |

| 下平 ●常 平时｜嘗 味辨通嚐滋 鱨 魚黃鱨 姮｜嫦同 | 嘗嘗同 祥｜氣雲 詳｜細 庠 古鄉代學 翔｜翶 | 鎆 也磨 瑺 名玉 徉 徜｜ 鷞 名鳥 雛 鳥全也上 | ●裳｜衣 癢｜病 嘗 字俗嘗 膟 祥古 嬧 娥｜ | 上入 ●削｜刮 嚼 慢細咽｜偷 鴬 名鳥 箭 人以也竿擊 | 上去 ●相｜貌 鑽｜磨 肩｜耳戶 | 上聲 ●賞償 償賠 想｜思 上 對下之稱上在上 鯗｜魚 | 熵全 熵｜也煮 嵩 | 攘木｜ 殤 夭天亡子 齺 觴醇｜觴同 烹煮 | ●襄襄｜ 勒｜貌走 驤｜馬躍跳 蘘｜名艸 鑲 名武器 |

新編《安腔八音》/ 61

下上 ⊙
下去 ●上尚｜高｜牙｜寶塔 象｜牙寶塔 瘡｜創也與瘍同 鱠｜古魚名
下入 ●姏｜也好
上去 ●襐｜飾也 鐛｜金 潒｜水急流 二｜古象｜烏
上聲 ●仰｜望
語上平 ○
上入 ○
下平 ○
下上 ⊙
下去 ○

下入 ●虐｜暴 瘧｜熱病或寒或熱病 謔｜嘲戲 虎｜古字
出上平 ●昌｜盛 閶｜闔｜門 猖｜狂 娼｜妓 菖｜蒲
　●鯧｜魚｜鵲｜病和也 諮｜語輕 鎗｜枪同
　●鏘｜石撞擊之聲金 槍｜兵器 豬｜戟 蹌｜蹡
上聲 ●聳｜走行 蹖｜古昌
　●搶｜拿寬 敞｜亮 昶｜白天時間長 廠｜工房 氅｜大氅羽
　●鵃｜名鳥 橄｜欖關義 槊｜衫也 廠｜壁屋無 鶬｜女鳥名
上去 ●唱｜誰倡｜提 趞｜行貌 鴎｜古唱
上入 ●雀｜名鳥｜鳥 同與雀 鵲｜鵲鳥名喜也 繳｜系於箭尾之絲繩
　●燋｜火声 汋｜激水 灼｜光 焯｜覓 綽｜如貌
　●芍｜白赤 婥｜美佳 构｜名杯 爝｜灼同 蒤
　●酌｜情 雛｜鼠也 趙｜行貌 彴｜獨梁 爵｜古雀

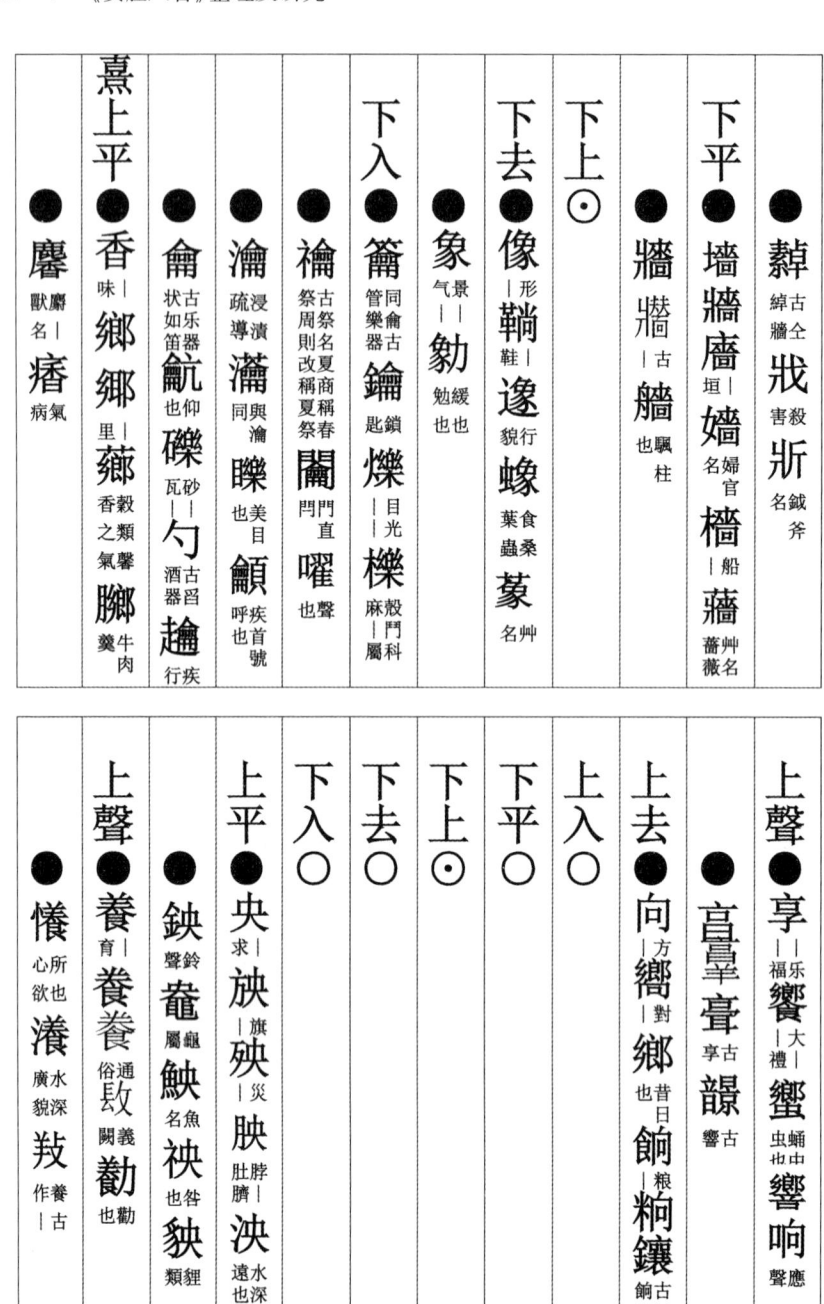

上平	●赫	綽古牆仝 垣—殺斯 名婦官—鍼斧 害
下平	●牆牆廥嬙	—古囲 名婦官 檣—船 薔艸名 薇
下平	牆	牆—古 艦也 驅柱
下上	⊙	
下去	●像	形—鞠鞋 邌行貌 蠓食桑葉蟲 名艸 氣—景 勉緩也
下入	●簫	古樂器管 鑰匙鎖 爍目光 櫟殼鬥屬 麻
下去	●像 气—景 勍勉緩也	
下入	●禴	古祭名夏商稱春祭周則改稱夏祭 闌門直也 曜聲
下平	●瀹	浸漬同瀹疏導興 睰美目 顬疾首呼也
下平	●崙	狀如笛古樂器也 礫砂瓦仰 勺古邑酒器 趋行疾
上平	●香鄉	味—鄉里 薌香穀之類氣馨 腳牛肉羹
上平	●麛	獸麛名 瘧病氣

上聲	●享	—福樂 饗大禮— 蠁蛹中虫也 響响聲應
上聲	亯亯韋韻	享古 響古
上去	●向	—方對 嚮鄉也昔日 餉—粮 糈古餉
上入	○	
下平	○	
下上	⊙	
下去	○	
下入	○	
上平	●央	求—旗 殃災 腴脾脚 泱水深遠也
上平	●鉠	聲鈴 竈鼺屬 鴦魚名也 獏類貍
上聲	●養	育—養 鞅俗通 鞅義鞅也 勸
上聲	●懹	心所欲也 瀁廣水貌深 羕作養古

新編《安腔八音》／ 63

上去	上入	下平					下去	下上					
●鞅 古拉车时套在马颈上的皮套 快 不乐 餕 也飽	●約 束會	●陽 太陰 瑒 玉名 煬 火化也火燒 烊 讚揚又謹慎也	楊 楊柳木 鍚 馬額上的飾物金屬 榲 酒杯	騳 風揚所飛也 鶲 鳥名 羊 牛山又日出也	易 古陽字 洋 海田又 芉 草木茂盛 浘 汗古	●霷 為十月 弆 弓曲也 鎔 發舉也又鑄銷	●様 式羕 㺈 病也如獅子虎豹及人食聲也 養 憂也變 㗊 䀜 供	●⊙ 辻 戈也 送 進退貌					

		下入											
穰 禾實豐也 糅 雜色米 爙 星火 鬤 亂髮	●瀼 水名也踶 躟 橡古樣	●若 其事无欲 楉 念望弱 䒺 小冠細蒲席	箬 楚謂竹皮曰楉 楉 石榴榴也安 䒺 風吹水貌	磆 磆磋中貌不 爃 光煜明耀 燚 樠木桑	䳑 鳥昆								

香字母終

4 掀字母

求上平

●捐―贈款涓―流细小的娟―秀丽鵑―鸟杜鹃名

●悁―憂愁也禣―褊免除去媊―娥眉貌好也一曰

●獧―疾跳狷―也急

上聲

●僅―无名也又荤―困難遲鈍行走又董―黏土也药名

●蓳―清浸也清也瘴―地名又姓鄞―菜熟不殣―饿掩埋死

●儇―狡獧也輕浮貌睊―側目相視貌

●懁―急躁也聽明巉―山屈曲貌健―僵也傲讓―多言

●鮌―魚名也鱞―蚯蚓別名䡖―也固靳―吝惜又姓

●鰦鯀―禹父名也䋲―張網捕捉也拱―揖手

●共―性同削―挑剔取也銷―敲小玉聲剛―又

●茶蓁―古字文䪨―给供槿―木名即

上去●

●摙―也拭訓―也聲

●建―設立也也健鬃―方巾形小獧獧―急性情躁也

●䭿䭾―同䭾―粥也健犍―阄割性畜鞬―弓矢器马上盛

上入●撧―覆也挽也屋愯―建全

●決―斷決貌水行抉―摘擇芺―同決明古明

●鈌―也刺訣―秘刵―刮古同刮用繩井汲水駃―名马良

●缺―鳺鳥伯劳謞―馬詐也驚視貌

●觖―不满剔意揭發別人陰私䟞―也玉佩行睮―驚視貌

●譑―譋―之有古舌玦―玉佩行趏―馬疾

●橘―樹名鐍―之古鑰有舌饡―饎舌環之有

●訡―訐古子孑―單狐孤独独砆―頭石紃―束丝漈―名水

下平○

新編《安腔八音》 / 65

| 下入〇 | 下去〇 | 下上⊙ | 下平〇 | 上入●闕 闕宮也門雙 闢也無空門也戶 | 上去〇 | 上聲〇 | 氣上平〇 | 下入〇 | 下去●健 強康 件 物 鍵 鑓 鍵古同 踺 貌行 | 下上⊙ 楗 限門 腱 肌鞘 膁同腱 |

| 下入〇 | 下去〇 | 下上⊙ | 下平〇 | 上入●隉 也楢 吮 唇聚吸攏嘴 | 上去●癮 過 叉 也長行 尹 官令名 猶 猿 別 號 匈 | 上聲●紖 窆之繩牛 鞇 引車前進 櫽 屋脊棟 癮 | 鶯上平〇 隱 藏也 又 遮瞞匿 阮 高也 又 隕 雲貌 允 應 引 見力 允 許 蚓 螾 蚯 |

語 上平 〇

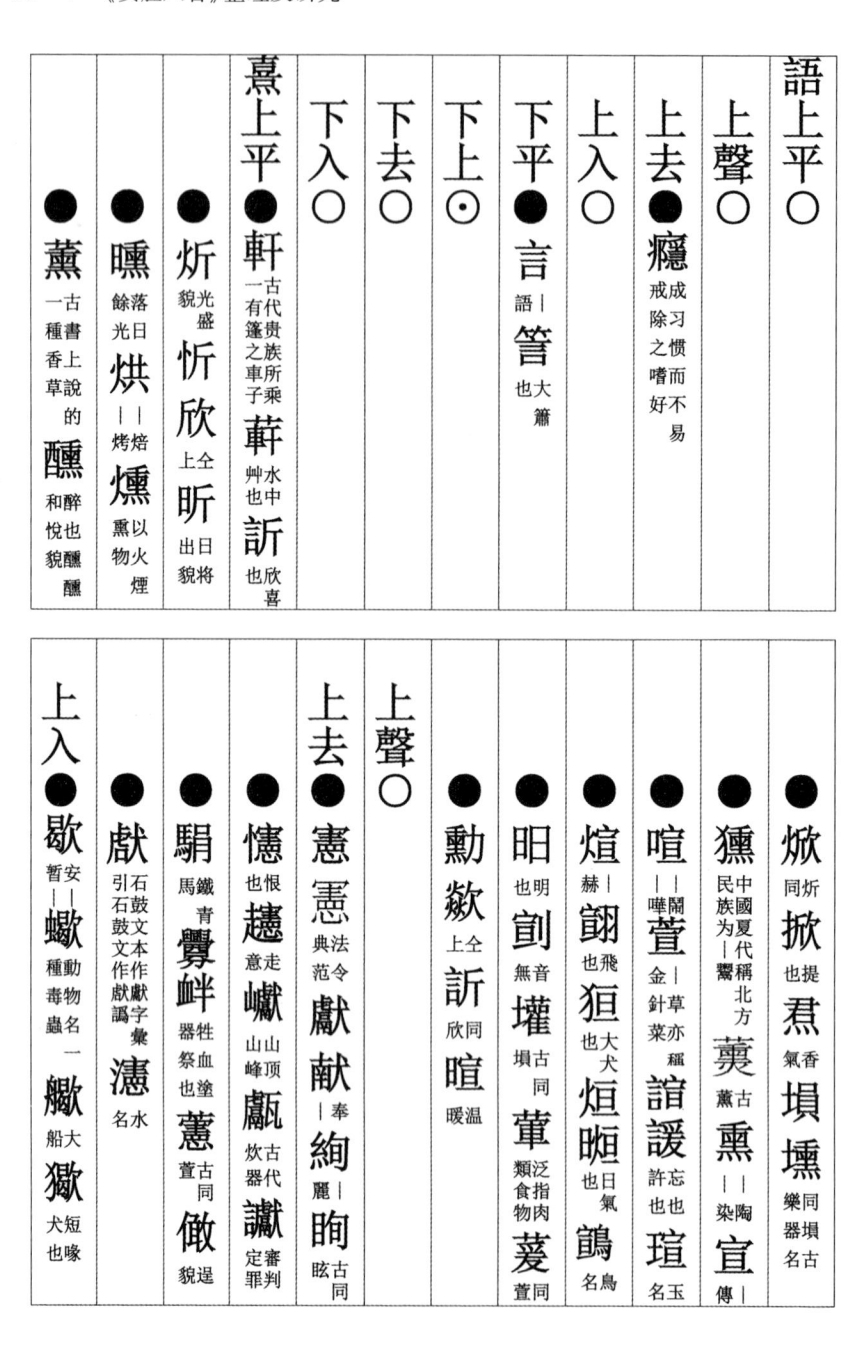

上聲 〇

上去 ● 癮
戒除嗜好 成習慣而不易

上入 〇

下平 ● 言
語 管 | 大簫 也

下上 ⊙

下去 〇

下入 〇

熏上平 ● 軒
古代貴族所乘 一有篷之車子 | 舳 水中艸也 訢 日出將欣喜貌

● 炘
光盛貌 欣 | 昕 全上 日將出貌

● 曛
落日餘光 烘 | 燻 烤焙 以火煙薰物

● 薰
古書上說的 一種香草 醺 和悅貌 醉 醺醺

● 焮
同炘 掀 | 提氣 焄 香氣 塤 壎 同塤 古樂器名

● 獯
中國夏代稱北方 民族為 | 獯鬻 薫 古 | 陶 染 宣 | 傳

● 喧
嘩鬧 | 萱 金針菜亦稱 草 諠 讙 忘也 瑄 | 玉名

● 煊
赫 | 狟 大犬也 烜 晅 日氣 鶦 | 鳥名

● 昍
明也 割 | 壎 古同塤 葷 泛指肉類食物 蔒

● 勳
歕 全上 訢 同 暄 溫暖

上聲 〇

上去 ● 憲
典法範 令 獻 | 奉 絢 | 麗 昫 古同眴

● 憓
恨也 懝 意 巘 山頂 山峰 䉛 古代炊器 譀 審判定罪貌

● 騽
馬鐵青 驎 䩕 石鼓文本作 獻字彙 器牲祭血塗 蕙 古同 萱 儌 遠貌

● 獻
引石鼓文作 獻字彙 灦 水名

上入 ● 歇
暫 | 蠍 毒蟲 動物名一種 鱖 大船 獗 短犬喙 也

新編《安腔八音》 / 67

上去●燕
　　名鳥
●鷃
　名鳥
●匽
　藏隱

上聲●忍
　　負辱
　　重—
●尹
　　治理
●偃
　　臥息
　　—
●繧緽
　　衣縫
●鰮鯤
　　魚鮧
　　—
　　古

●薺薺
　鼓全上
　聲—
●晱蝘
　視邪
　的蟬蟲
　昆—
●芛
　花初
　生也

●澠
　水名
●鄢
　侯周國代名諸
●蔫
　萎枯

如上平●淵
　深潭
　迸
　行也
●襺
　衣襟
　曲袖
　處—
●冁
　屬甌
　聚群鳥
●嫣
　美好
　容貌
●焉
　何也
●甗
　雷鼓

下入○

下去○

下上⊙

下平○

上入●閱
　—讀
　曆
●悅
　喜歡
　—
●咽噎
　—同
　咽噎

●狙
　獸葵名
　—
●蠮蠛
　腰同
　蜂蠛
　細
　—
　住食
　喉物
　嚨堵
●謁
　請拜
　求見

●鶪
　也色
　變

下平●然
　語是
　辭也
　又
●燃撚
　捏用
　取手
　指
●鵜
　鳥小

●鳶
　老俗
　鷹稱
●焉
　辭語
　—
　也憶
●嫣
　地蟲
　名又

●篤
　也黑
　竹
●蠓
　幼蝗
　蟲之
●桷椽
　承屋
　瓦的
　圓木

下上⊙

下去○

下入●悅說諠
　通喜
　說於
　字心
　之正
　諭字

●沿
　—岸
　革銅
　鉛—
　頓
　也頰
　須
●猿
　獸名
　如猿
　姻—
　故
　緣—

●嬿
　名姓
●肫
　肉狗
●巡
　—回
　游
　沿同
　沿橚

掀字母終

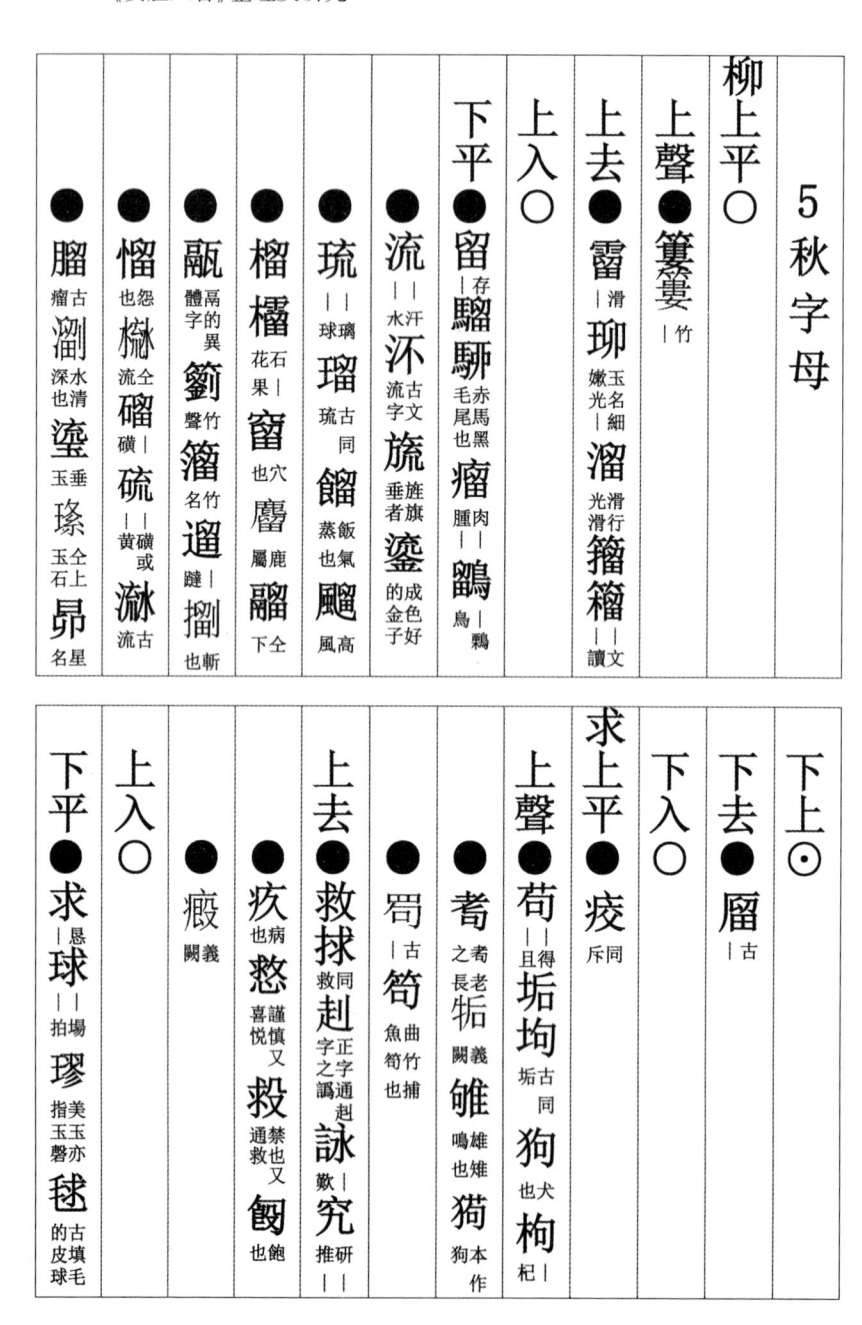

5 秋字母

柳上平〇

上聲●簨簍 —竹

上去●靁 滑玉名細 珋嫩光—溜光滑籀籀—讀文

上入〇

下平●留存毛赤馬黑 騮尾也 騳 瘤腫肉— 鶹—鳥鴂

●流—水汗流古文 沭古同 旇垂旌旗 鎏的成金色好字

●琉—球琍璃 瑠琉古同 餾蒸飯氣也 飅風高

●榴榴花石— 窗竹穴名也 廘麚屬鹿 䶅下全

●甌禹的異體字 劉聲—竹 籓簹—斬也 㓮

●愶—也怨 櫳流全 磂硫—黃磺或 㵧流古

●膅瘤古 㴾深水清也 鎏垂玉— 璨玉石上 昂名星

下上⊙

下去●屚—古

下入〇

求上平●疫斥同

上聲●苟—且得 垢古同 狗—犬枸杞—也本作

●犏之老耆長 牯闕義捕 雊雄雌也鳴 猳狗

●啁古—筍 筍魚曲筍也

上去●救捄救同 赳字正字通赳之譌 詠歌究—研推

●疢也病 慇喜悦謹慎又 殺救通禁又 餡—也飽

●瘢闕義

上入〇

下平●求懇—球—拍場 璆指美玉磬亦 毬的古皮填球毛

新編《安腔八音》 / 69

下入〇
●駂 馬八歲謂之—　鮥 魚名　臼 舂米臼　舊 日—木

下去●
舊舊 交母兄弟　舅 日—交母兄弟　砶 石—柏—木

下上⊙
䱵 魚名　鍒 鏊屬　跢 踢也

●
頪 冠飾貌　俅 恭順貌　綘 名蜀錦

●
笧 小籠也　觓 角弓矛飾貌　羝 急也緩持

●
裘 皮衣又姓　俅 柎樹也　綠 躁執

●
扚 緩也　梂 樸實櫟之　厹 矛三棱矛也

●
殊 終也　觓 角長貌　萩 茱萸子聚生成房貌

●
蟉 曲—盤蟺曲—蚪蟺　仇 姓也迫逼　越 迫逼也違

●
述 偶配　蠡蚪 蠮蟁類昆蟲　虬 古傳說有角之龍

氣上平●
丘 同丘阜高也　邱 同丘又姓　蚯 蚓—　疻 病也

上聲●
閌 訟也　貅 獸名　坅 同丘

上去●
口 嘴也　訆 扣也

上入〇
哼 物日乾

下平●
球 体圆物形立中同絞痰痛腹　疛 同

下上⊙
咎 過失罪過　怨 仇怨也毀　臼 叫古人具杵

下去●
樞 樞古同　鮲

下入〇
丟 遺失落去

低上平●
丟 遺失落去

上聲●
斗 八—星　貎 同鋚酒器也　阧 峻立也

70 / 《安腔八音》整理及研究

上去●宙宇仙胄甲軸畫夜畫出伏
上入〇味鳥喙 鈾元化學素 嗽味同
下平●樹木而不彫寒 櫥柜 裯粥密 襡被也
下上☉
下去●紂馬紂繒也又商紂王名 葤艸名 酎醇酒 詶咒詛
上聲●繡蒙也 稑稻稔實也 筱竹易根而死曰
下入●臚小腹病也
波上平〇
下入〇
上聲●否不也 剖破割也 殍餓死之人地名 邨
上去●胎豕肉醬也 吥吸受也 啅唾而不

上去●殈同字孵 髳髮貌髮好也
上入〇
下平●崩古國名縣
下上☉
下去〇
下入〇
他上平●抽拔也 笘瀧取酒也同篘 醭酒官 籔古濾酒器也
上聲●籨合竹相也 瘳病愈也
上去〇
上入〇

新編《安腔八音》 / 71

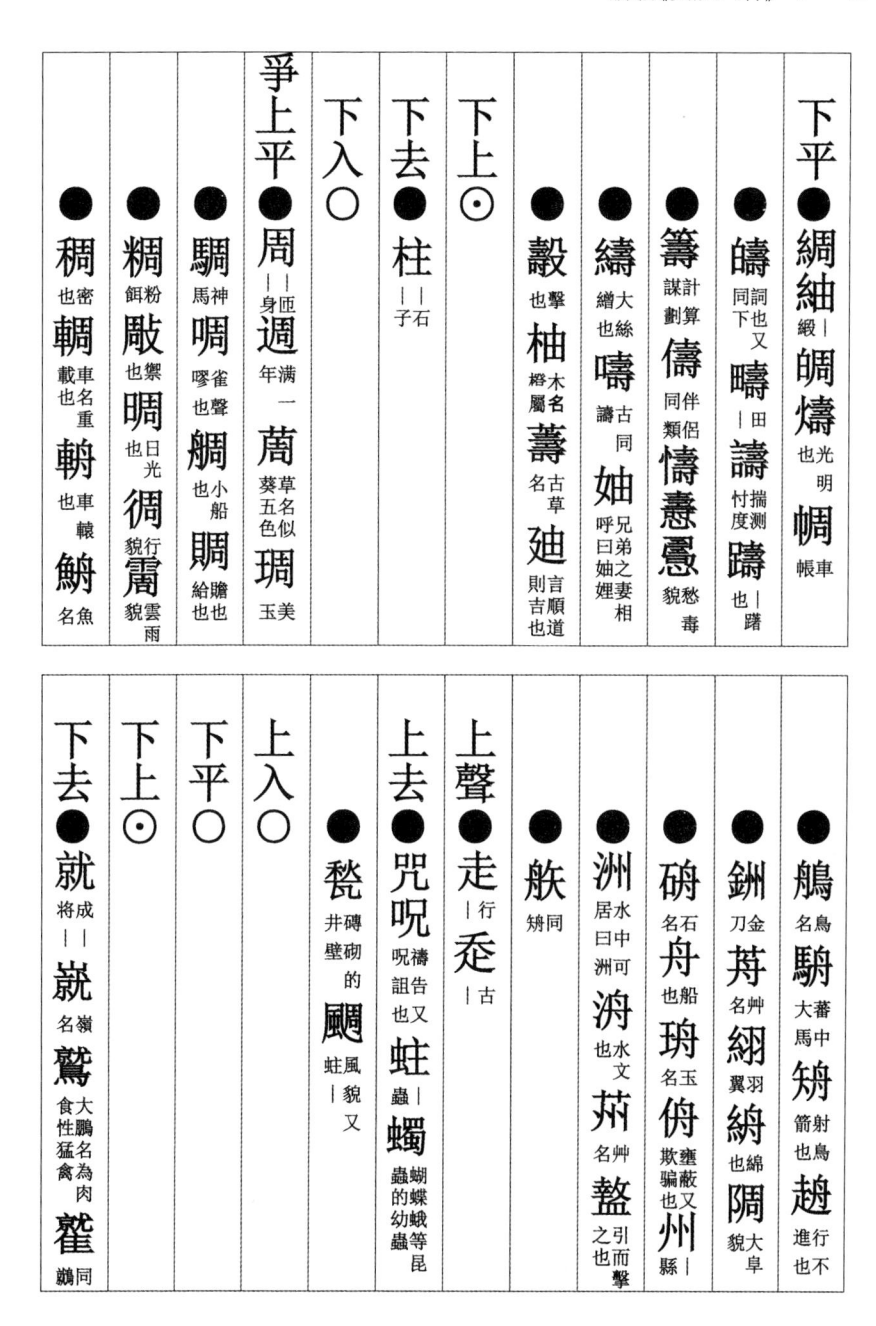

下平 ●綢紬綴ǀ 綢烆光明也 惆車帳
　　　　　幬同詞下也又 幬ǀ田 擣揣測 躊ǀ踏也
　　　　　籌謀計劃算 儔同類伴侶 懤憙懨貌愁毒
　　　　　繡繪大絲 嚋譸古同 妯呼兄弟曰之妯妻娌相
　　　　　瞉也擊 柚木名橙屬 薵古草名 廸言則吉順道也
下上⊙ 柱ǀǀ子石
下去●
下入○
爭上平●周ǀǀ身週 週年匝滿一 薗草名似五色葵 琱玉美給也贍也
　　　　　騆馬神 啁雀聲嘍也 翢ǀ小船行貌 賙贍也給
　　　　　糊餌粉 殿禦也 啁日光 倜ǀ雲雨貌行
　　　　　稠也密 輖車載名車也轅重 輈ǀ車 鯞魚名

下平○
下上⊙
下入○
上入○ 毻井壁磚砌的 颶蛀蟲又風貌又
上去● 咒呪詛呪禱也告又 蛀蟲ǀ 蠋蝴蝶蛾等幼昆蟲的
上聲● 走ǀǀ行 辵古同
　　　　　舛矯同
　　　　　洲水居中可曰洲 洀ǀ水文貌 艸艸名 盩引而擊之
　　　　　硐石名舟 珨玉名船 俴欺蔽騙也又 州ǀ縣大阜貌
　　　　　銂刀金 茻艸名 綯翼羽也綿 隝
　　　　　鵰鳥名蕃 駎大馬中ǀ 矧射鳥箭也 趙進行不也
下平○
下上⊙
下去● 就將成ǀ 崷ǀ名嶺 鷲大鵬名為食肉性猛禽 雤鵰同

●傶租賃諔諔也[illegible]就古就
下入○
時上平●收拾｜攸縣名在長沙⿰目攸斂容視貌修脩同修又幹肉
●羞進獻又羞愧也饈進獻也⿺風羞分也⿰車羞⿰車羞⿰車圭載喪車
●犫白牛又姓⿰扌丩古收
上聲●叟叜老者瞍目無瞳子睃仝上藪大澤又草野也
●⿱宀叉⿱交又⿸厂叟古叟
上去●秀｜茂清｜琇玉名美玉⿰亻秀行相待也繡綉抽｜錦｜
●⿰金宿生鐵衣也宿星座星｜歗嘯吹聲也
●獸走｜山｜嘼犍也象耳頭足厹地之形狩巡｜
●首｜級｜饰糗熬米麥也⿰酉臭面醜⿰食臭食物爛也
●臭臰臭而知其迹者銹仝鏥

上入○
下平●讐讎｜隙仇姓也酧酬｜謝｜勞囚｜禁
●泅｜水｜渡⿰言鬼棄也亦惡也⿰歹囚殘也⿰忄囚慮也
●雔雙鳥引申為伴侶⿰木州木名⿱囚心讎古作｜⿰舟囚角也
●犨牛息聲又姓讐雙鳥對鳴貌⿰魚囚魚名售出賣
●苬苬芝⿱林台古｜⿺辶囚古囚
下上⊙
下去●壽長命壽壽壽寿仝壽受收｜
●授｜權｜予綬印｜紫｜璹玉名⿰衤受衣名
●岫山穴也袖衣前襟也褎褏古同袖
●⿰虫受蟲名[illegible]古同受
下入○

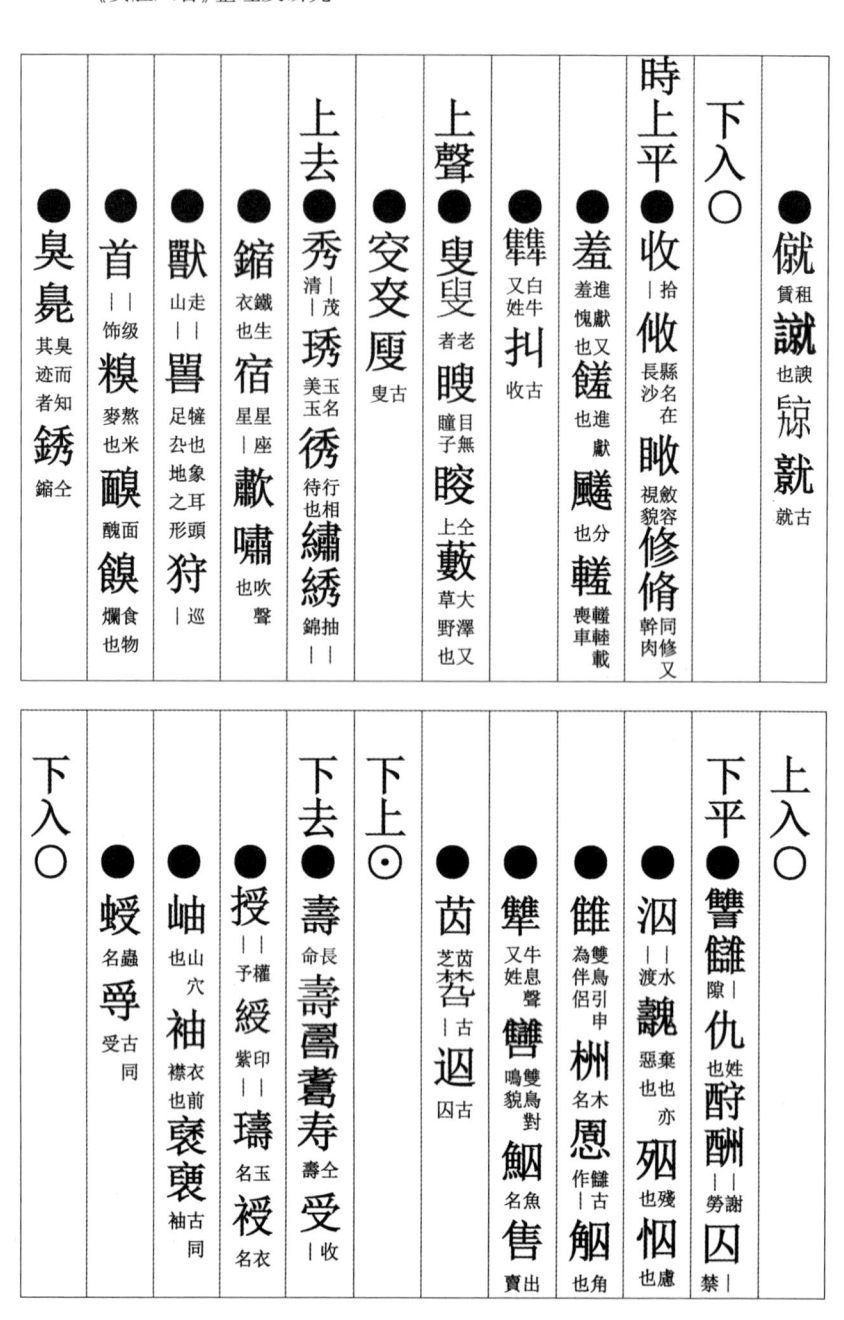

新編《安腔八音》 / 73

鶯上平 ●憂 憂愁也 穋鋤— 穋十筥也筥也 優—秀等

●歈又歈氣逆也慨也 鄾地名又姓 黝微青黑色 嚘聲歈

●薆名菜 憂愁貌 飍風聲 麀牝鹿也 呦鹿叫聲

●丝小微貌 忧憂苦貌 祒筒襪同 優憂 廲廲古文鹿字

●悥悥憂之中央 嚘同噯 纓張笄交之也

●襆也福

上聲 ●殹打— 嘔吐物也聲無 唂古嘔

上去 ●幼年小 泑湖泊澤名古 欽古— 靮靴—

●呦乾欲 詡逆言

上入 ○

下平 ○

下上 ⊙

下去 ○

下入 ○

蒙上平 ○

上聲 ●牡畜父也又花名 畝畝畞六尺爲步百步爲畞

●晦眸 眸古

上去 ○

上入 ○

下平 ●飂又風聲 高風貌

下上 ⊙颮

下去 ●謬妄言之者也狂言也 繆纏綢綿繆也

下入 ○

語上平 ○

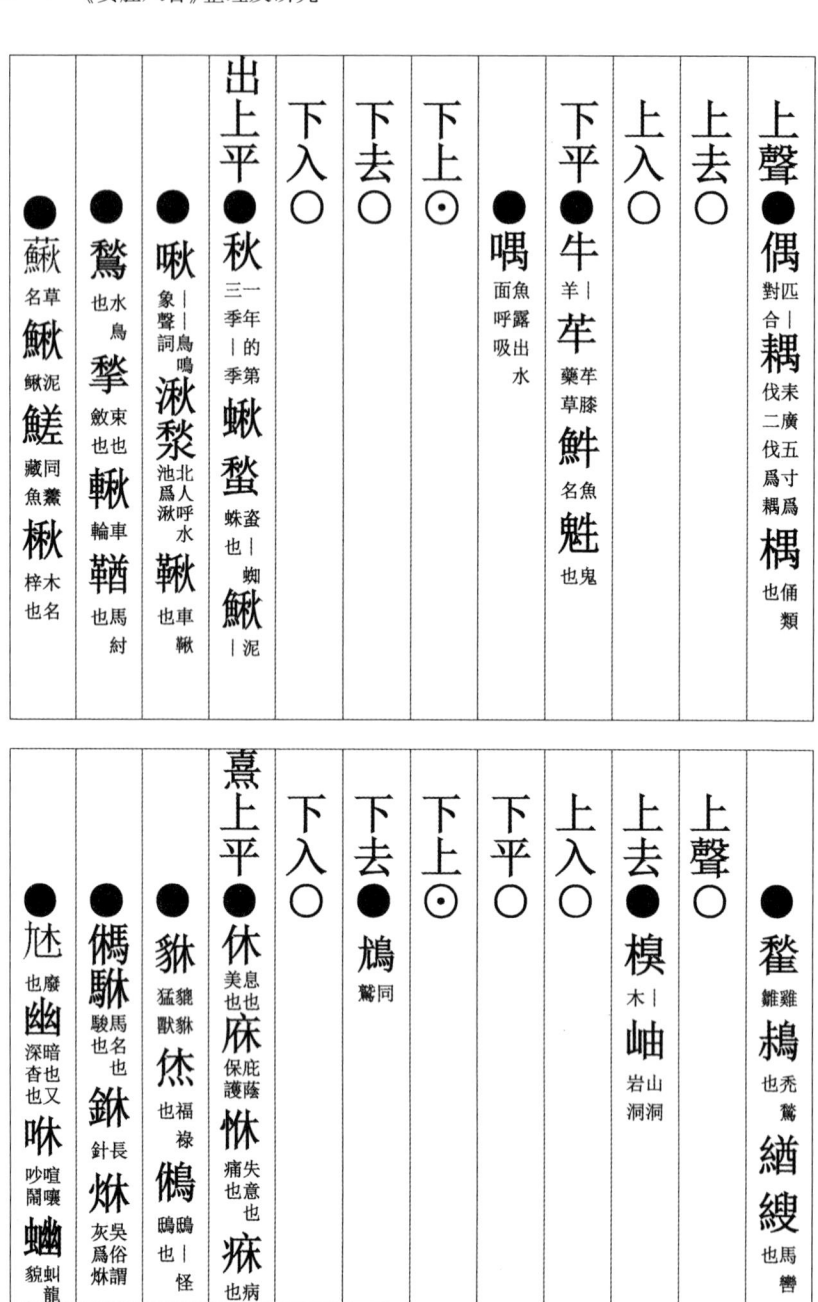

上聲●偶	上去○	上入○	下平●牛	下上⊙嵎	下去○	下入○	出上平●秋			
對匹合			羊露出	魚露出水			一年的第三季	啾象聲詞鳥鳴	鶖水鳥也	蕨草名
耦伐末二伐爲耦廣五寸爲耦			芣芣草膝藥草	面呼吸			鰍蛩蚕蜘蛛也	漱漆池北人呼水爲漱	揪斂束也	鰍鰍同鰲藏魚泥
偶俑類			鮏名魚魁也鬼				鰍泥	鍬車鍬也	鞦輪車馬紂也	楸梓木名也

上聲●鷇	上去●模	上入○	下平○	下上⊙鳩	下去●	下入○	熏上平●休			
雛雞也	木—			同鷲			美也息也	貅猛獸貅	鵂駣駿馬馬名也	尥廢也
鶖禿鷲也	岫山洞岩洞						庥保護庇蔭	烋福祿也	鉌針長	幽深暗也又杳也
鬉鬘馬鬘也							恷痛也失意也病	鵂鴞鴞—怪	烋灰吳俗爲烋謂	蚴吵鬧嚷嚷 蚴蚓貌龍

新編《安腔八音》

上聲 〇
上去 ● 齅 以鼻臭香 ｜ 嗅 全上 齆 同齅
上入 〇
下去 〇
下入 〇
下上 ☉
下平 〇
上入 〇
上去 〇
上聲 〇
如上平 〇
上去 〇
上入 〇

下平 ● 由 從也 油 牛煤 ｜ 尤 異也 訧 罪過也
● 犹 相似尚且 蚘 人腹中長蟲也 疣 瘤贅也 肬
● 獶 猱同 猱 獸名猴 蹂 躪
● 揉 搓擦 鞣 熟皮 猶 且況
● 酋 酒長官 瘤 息肉惡 蓲 草水邊也 蹜 行貌
● 栖 木名杉 茜 古以酒灌茅祭神 遊 遊玩
● 游 泳水 鮂 魚 攸 所也
● 悠 遠思 瀏 清水 貞 尊盛酒
● 烋 燒火 遒 疾行 酞 耳中聲也 郵 傳致信
● 萩 草名 曳 木生條也 擾 亂也 靦 下視深也 宑 不足
● 鯈 隨從 腬 面色柔貌和 獸 謀 薗 艸名
● 逌 攸古 迪 經過也 㽕 古文蕾

秋字母終

下上⊙	下去●	下入○				
又右佑祐宥 再边|保|神助|原 也也也也	囿侑宥酭 園佐相|空報|酒 |也也也也醹	迶婄有閑 貌行助相|又古同 也也祐古字文	趥鼬褎 走鼠|盛 也|貌飾 貌			

6 山字母

柳上平○	上聲○	上去●	上入●	下平●	下上⊙	下去●	下入●	
	鐵 聲鈴	鬚 也無 髮	蘭欄 花|杆|截斑 名惠攔爛闌 高||也門遮	瀾 映波 射水 光光 嚂 也誣言 矔 也視	爛 燦火 |光 珊 美如 石玉 瀰 或敗 作也 |辣 瀾 水洗 米	彰 爛同 |辣 著飯相 也	辣 辛味 䔧 上全 |刺 劃割 開開 挳 摔捋 也也 莿 |莿 也蒿	瑓 名玉 諫 促飾 也也

新編《安腔八音》 / 77

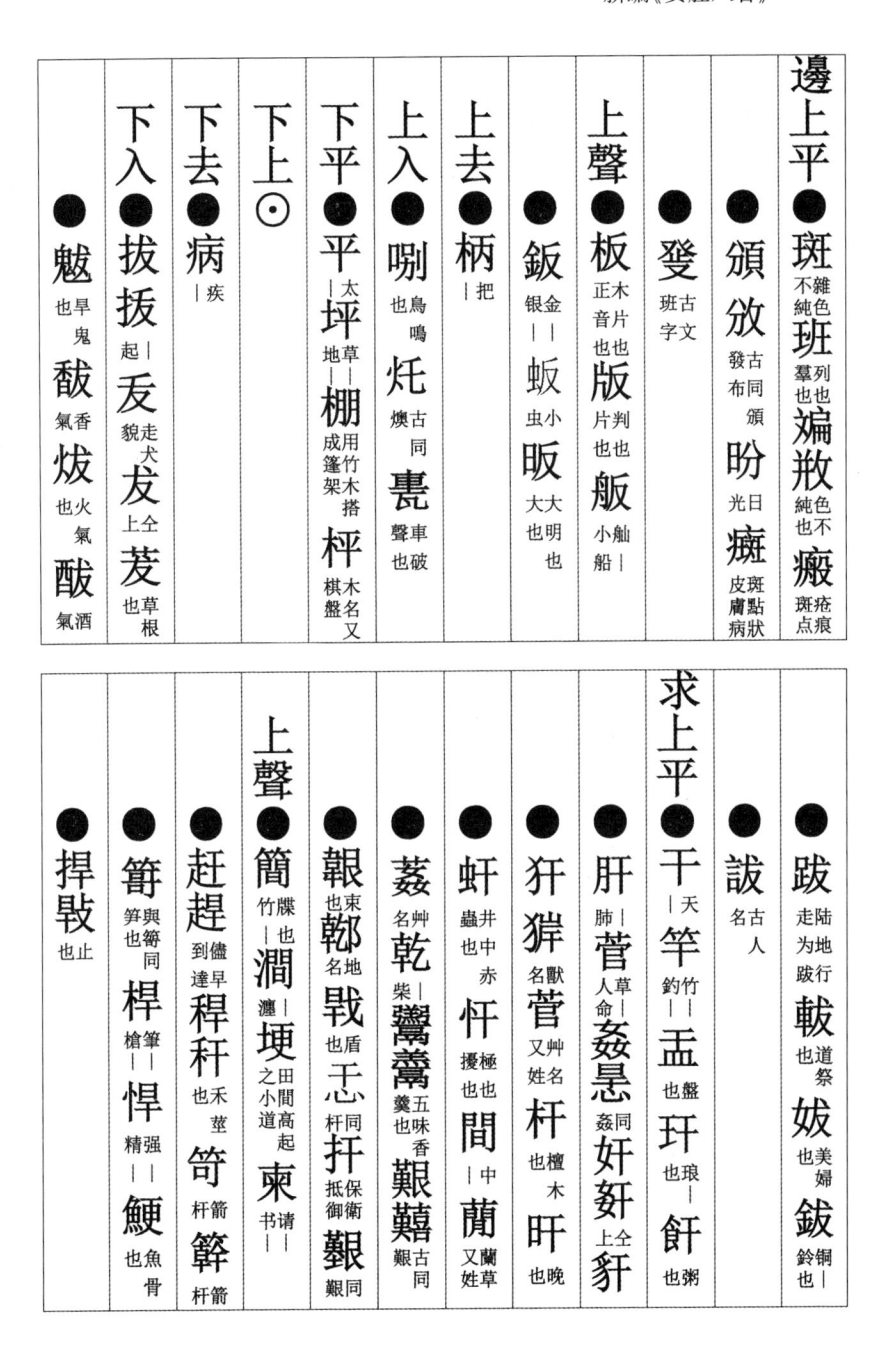

邊上平
●斑 不雜色列也／純色也／羣也
　編 色不純也
　扳 疵痕斑点

上平
●頒 發布／古同頒
　盼 日光
　瘢 皮膚斑點病狀

上聲
●登 班古字文

●板 正木片也／也
　版 片也判也
　舨 小舢船

上去
●鈑 銀金／
　蚖 虫小
　眅 大大也明也

上入
●唎 鳥鳴也
　炢 煆古同聲也車破

下平
●坪 太地／用竹木搭成篷架
　棚 棋盤木名又

下上
●⊙

下去
●病 疾

下入
●拔 起／走犬貌上仝
　犮 犬全
　茇 也草根

●魃 鬼旱也
　馝 氣香
　焙 火氣也
　醅 酒氣

求上平
●干 天釣竹／
　竿 盤也／盂
　玕 琅／
　飦 粥

●誠 古人名

●跋 走陸／為跋道祭行也
　軷 也
　妭 美婦
　鈸 銅鈴／也

●肝 肺人命／
　菅 草又姓名
　姦 上仝
　奸 姙

●犴 獸名
　豻 又姓
　矸 也檀木
　旰 晚

●虷 井中赤蟲也
　忓 擾極也
　閒 中蘭
　蕑 蘭草

●蕳 名艸／草
　乾 柴
　驚鷰 五味香羹也
　艱囏 艱古同

●靬 束也地名／
　銒 盾也同
　戵 杆抵御保衛
　扞 书请／
　靬 艱同

上聲
●簡 牒也竹／
　澗 瀝田間之小道高起
　埂 束

●趕 到儘早達
　稈秆 禾莖也
　笴 箭杆

●箰 筍與箰同
　桿 筆槍／
　悍 精強／
　鰥 骨魚

●捍戢 止也

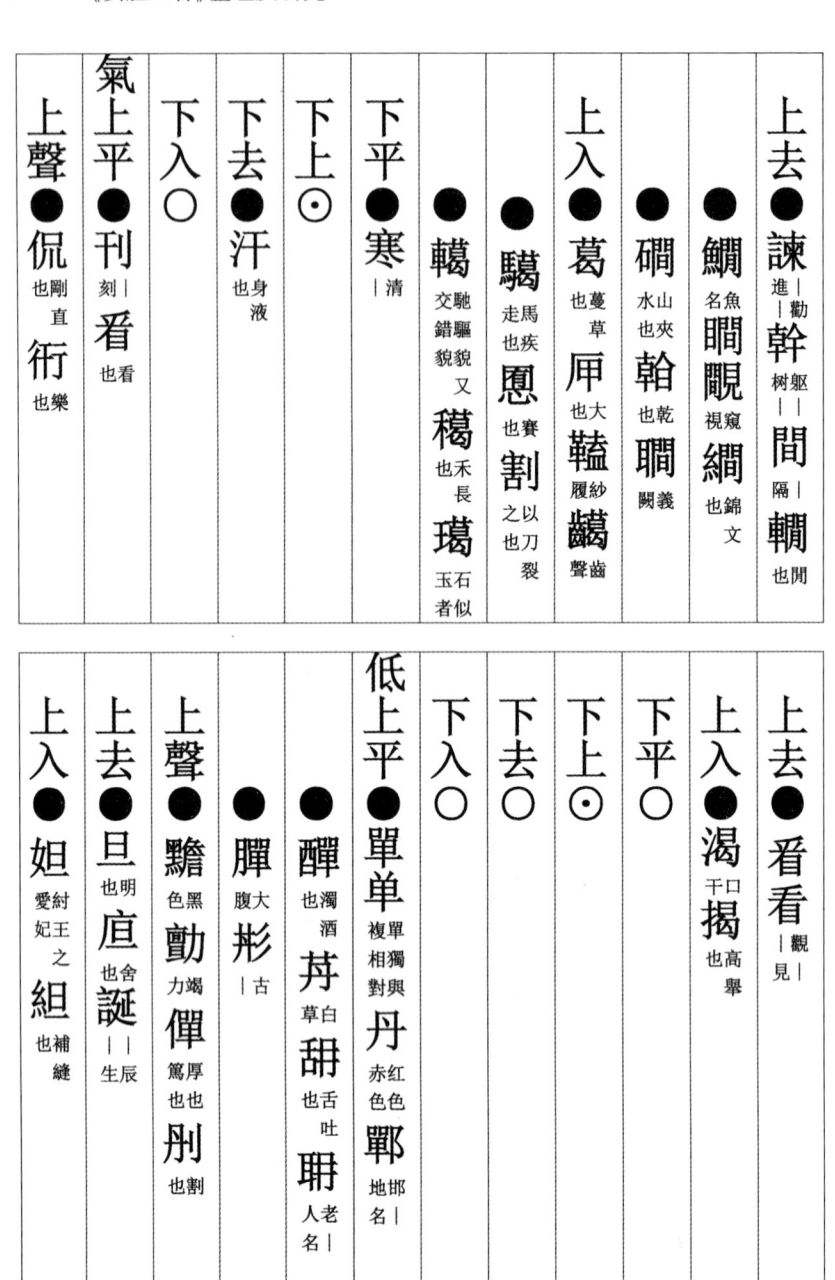

上聲●侃 剛直也 衎 樂也	氣上平●刊 刻也 看 看也	下入〇	下去●汗 身液也	下上⊙	下平●寒 清	轄 馳驅貌又錯貌 穭 禾長也 璃 似玉石者	●驫 走馬疾也 恩 賽割以刀裂之也	上入●葛 草蔓也 匣 大履紗義 齲 齒聲	●磵 山夾水也 翰 乾也	●鰥 魚名 睍 視 覰 窺 綢 錦文	上去●諫 進勸 幹 樹驅 間 隔 輔 閒也

上入●妲 紂妃愛王之 組 補縫也	上去●旦 明也 亶 舍生辰	上聲●黵 黑色 勳 力竭 僤 厚篤也 刐 割也	腪 大腹 彤 古	醰 濁酒也 芣 白草舌吐也 甜	低上平●單 單獨複相對與 丹 赤紅色 鄲 地邯名	下入〇	下去〇	下上⊙	下平〇	上入●渴 口干揭高舉也	上去●看看 觀見

新編《安腔八音》 / 79

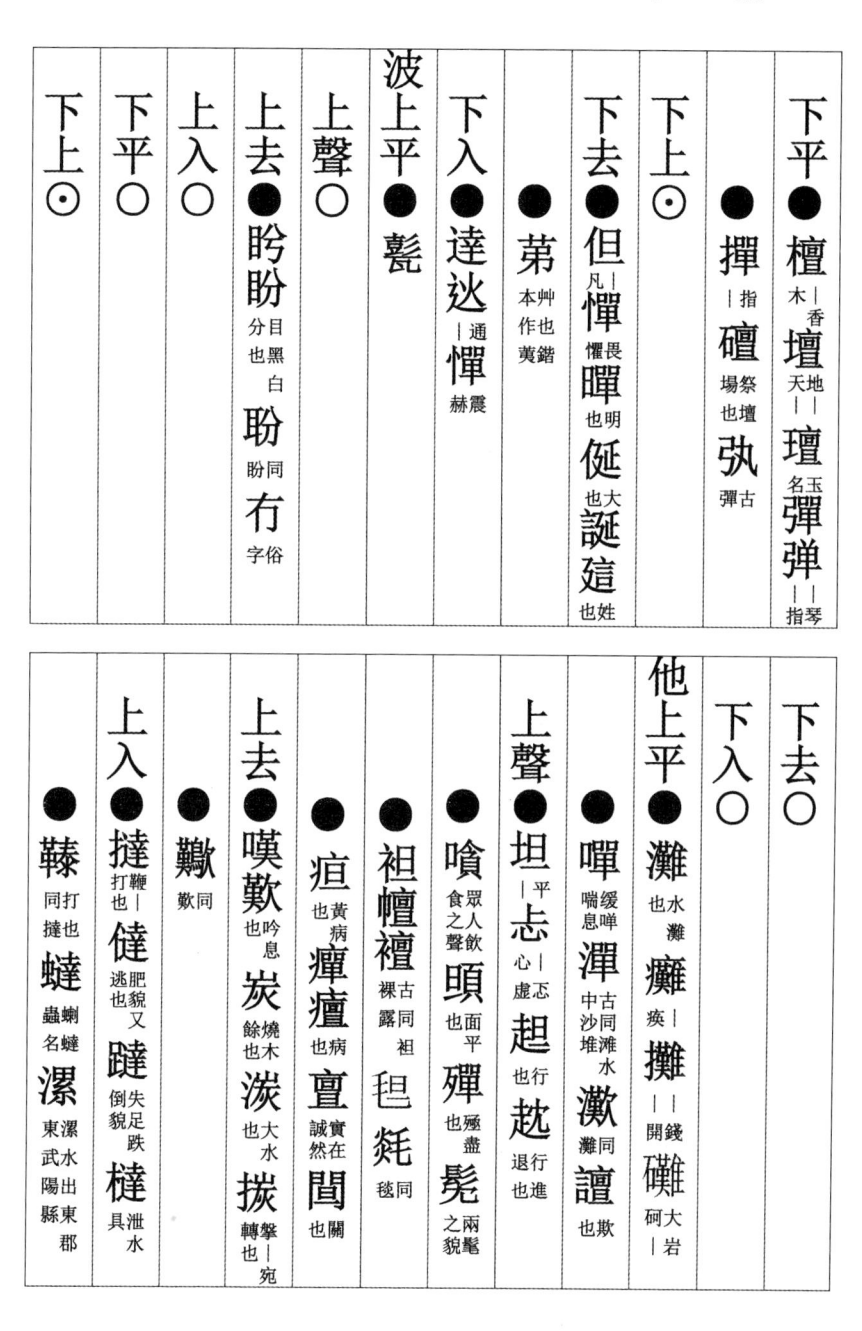

下平 ●檀 木香|壇 地天|壇 名玉|彈 弹|彈 指琴
　　 ●擇 |指 礃 場祭|彌 彈古　場也
下上 ⊙
下去 ●但 凡|憚 畏懼|暉 明|徎 大誕|誔 也姓
　　　　 也懼 也 也
下入 ●達 迖 |憚
　　　　　 通赫
　　　　　 震
上平 ●髦
上聲 ○
上入 ○
上去 ●眆盼 目黑|盼 盼同
　　　　 也分白
下平 ○
下上 ⊙

他上平 ●灘 水灘|癱 瘓|攤 開錢|𤁀 大岩
　　　　 也 也 | |礪 也
　　 ●嗶 緩嗶|潭 古同|漱 灘同|讙
　　　　 息 沙灘 也欺
　　　　　 中堆水
上聲 ●坦 平忐|頭 面|殫 殲盡|髳 兩髦
　　　　 也志 也平 之 貌
　　 ●噷 食眾|䞟 退進
　　　　 之人 也行
　　　　 聲飲
　　 ●祖 𣪘禮 裸古|袒 毯同
　　　　　 露同
　　　　　 祖
　　 ●疸 黃|癉 病|亶 實誠|閒 關
　　　　 也病 也 也然 也
上去 ●嘆歎 吟|炭 燒餘|淡 大水|㨊 轉幹
　　　　 息 木也 也 也轉
　　 ●歡 歎同
上入 ●撻 打|健 肥又|躂 失跌
　　　　 也鞭 逃貌 倒足
　　　　 打 也 貌
　　 ●鞹 同打|蟬 蟲𧎅|潔 東潔
　　　　 撻也 名蟬 武水
　　　　　　　 陽出
　　　　　　　 縣東
　　　　　　　 郡

下平 ●悒悬 誠懇是款 忔 古字

下平 ○

下上 ⊙

下去 ○

下入 ○

上平 ●爭 鬥

爭上聲 ●盞 燈 琖 玉爵也 盞盞 通甕 鬼名

上去 ●贊 見也又同意 囋 譏嘖嘲也 鄭 郡名

上聲 ●讚 稱頌揚美 攢 儲積蓄 趲 催逼促趕

井 水

上入 ●札 牒也 鴛 鳥雜毛色 蛩 蟲名如蟬而小 劄 同扎

● 縈 纏束也 軋 車行聲 扎 束纏

下平 ●殘 毀傷坏害 嗖 多也 孱 軟弱 潺 表演 潺 水流聲

●盞 盞也 努 全盞

下上 ⊙

下去 ○

下入 ○

日上平 ●譀 多言

上聲 ●赧 被愁皱皴 面破也 戁 恐懼

上去 ○

上入 ●饊 飯臭也

下平 ●難 艱難難 不容易 艱困

下上 ⊙

下去 ○

新編《安腔八音》 / 81

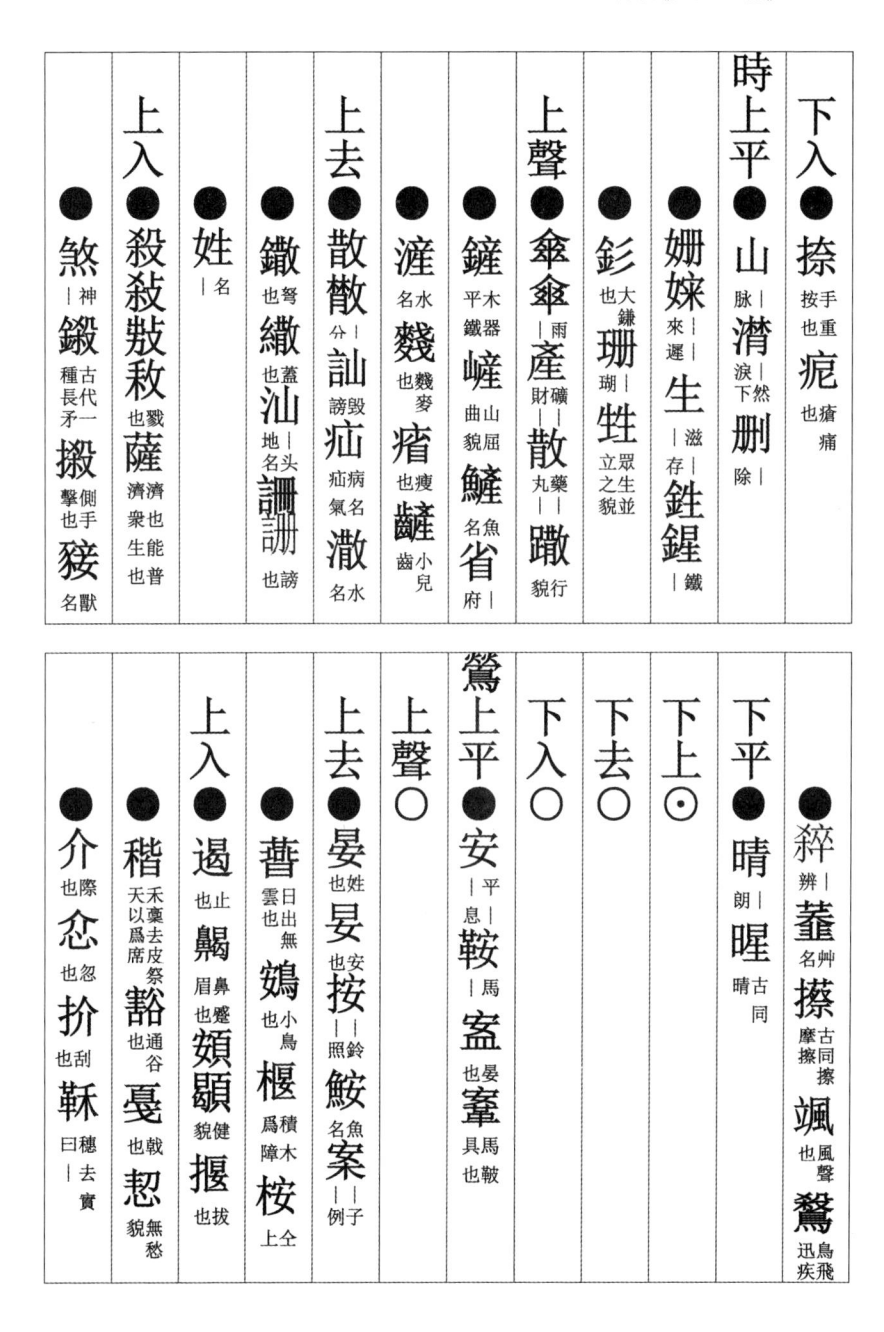

下入●捺|按手重也 疤|瘡痛 刪|除

時上平 山|脉|淚下然 濟|滋存

姍媣|來遲 生|立眾之生貌 鉎鋥|鐵

上聲●釤|大鐮也 珊|瑚名並

傘傘|雨產|財礦 散|丸藥 躦|行貌

鏟|平木鐵器 嵯|山屈曲貌 鱙|魚名省府

上去●漩|水名 糱|糱麥瘦也 齹|齒小兒

散散|分 訕|謗殷病名 疝|疝氣 澯|水名

鐝|弩也 纖|蓋也 汕|地名能普 訕訕|謗也

姓|名

上入●殺殺|戮 殺秋|濟濟衆生也 薩|薩濟也

煞|神 鍛|古代一種長矛 撒|側擊手也 獌|名獸

下平●睟|辨 蓋|名艸 擦|古同擦摩擦 颯|風聲也 鶩|鳥疾飛迅

下平 晴|朗 晖|晴古同

下上⊙

下去○

下入○

鶯上平●安|平息 鞍|馬具 盦|晏馬鞍也

上聲○

上去●晏|姓安也 晏|按|照鈴 鮟|魚名 案|例子

薔|雲也日出無 鵪|小鳥 榿|爲積木桉上全

上入●遏|止 齵|鼻齆也 頞顎|貌健 搹|拔

稭|禾麥去皮祭天以爲席 豁|通谷也 毼|戴也 恝|貌無愁

●介|際也 忩|忽也 扴|刮 秵|穗去實曰

82 / 《安腔八音》整理及研究

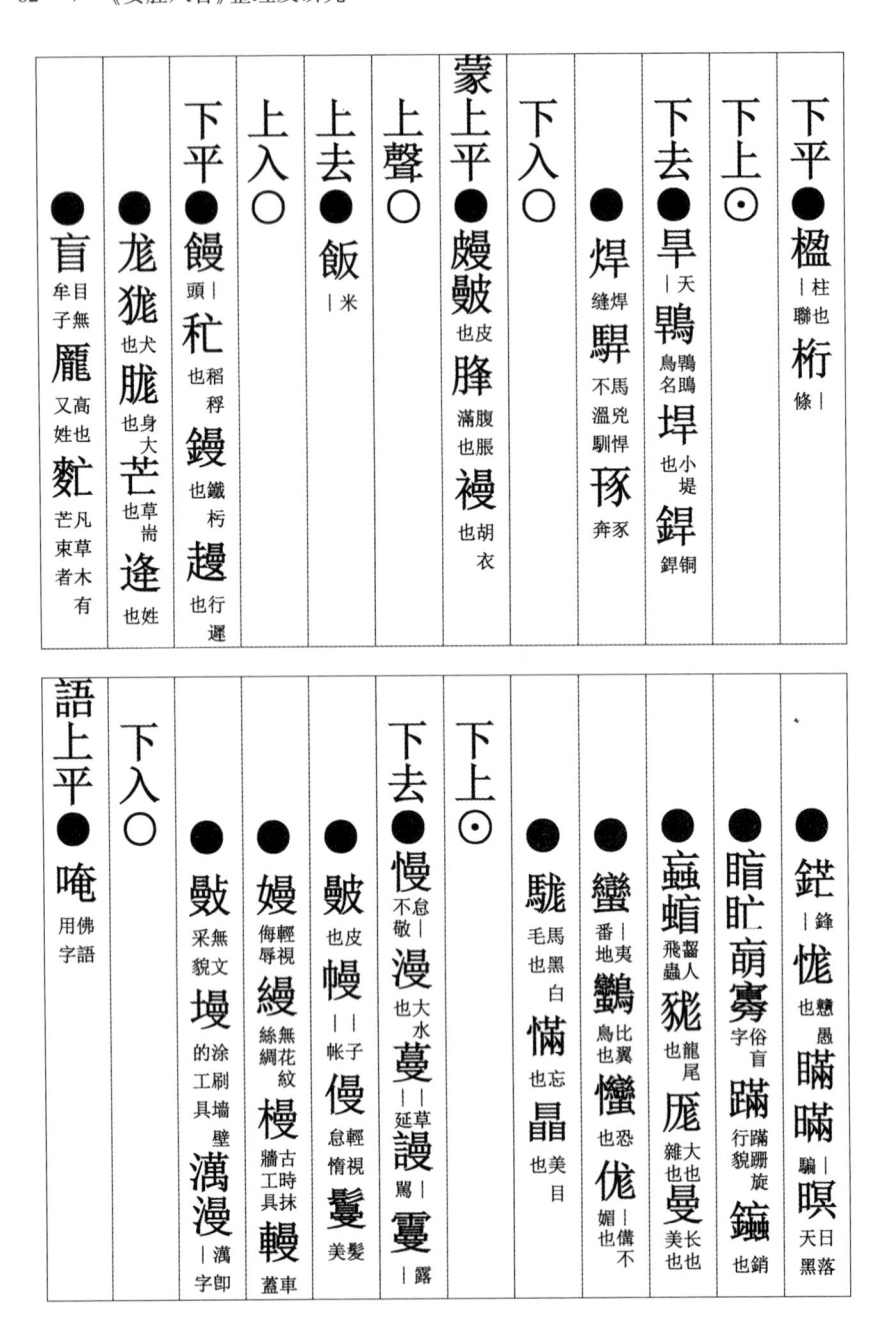

下平●	楹—柱也 桁—條
下上⊙	
下去●	旱—天 鴨—鳥鴨名 埠—小堤 銲—銲銅
下入○	焊—縫焊 駤—馬兇悍不溫馴 琢—奔豕
蒙上平●	鰻鮍—腹脹滿也 朘—皮胡衣
上聲○	
上去●	飯—米
上入○	
下平●	饅—頭也 秈—稻秫也 鏝—鐵杇也 趨—行遲也姓
	尨狵—犬也 朧—身大也 芒—草崇也 逢—姓
	盲—目無牟子 麗—高也又姓 籹—凡草木束者有芒
語上平●	唵—用佛字語
下入○	
	鈘—采貌無文 塴—的塗工刷墙壁具 滿漫—滿字卽
	嫚—侮辱輕視 縵—絲綢無花紋 楤—古時抹牆工具 轋—蓋車
	鈘—皮也 幔—帳子 僈—怠輕視惰工具 鬘—美髮
下去●	慢—不敬怠也 漫—大水 蔓—草延 謾—罵 霢—露
下上⊙	騳—毛馬黑白 眉—忘美目
	蠻—番夷地 鷚—比翼鳥也 懭—恐媚也 傸—儚不
	蟲蠚—蜇人飛蟲 豾—龍尾 庬—大也雜也 曼—长美也
	暗盱萠霧—字俗盲 蹒—蹒跚旋行貌 鏋—銷也
	鋩—鋒也 恾—戀愚也 瞞瞞—騙 暝—日落天黑

新編《安腔八音》 / 83

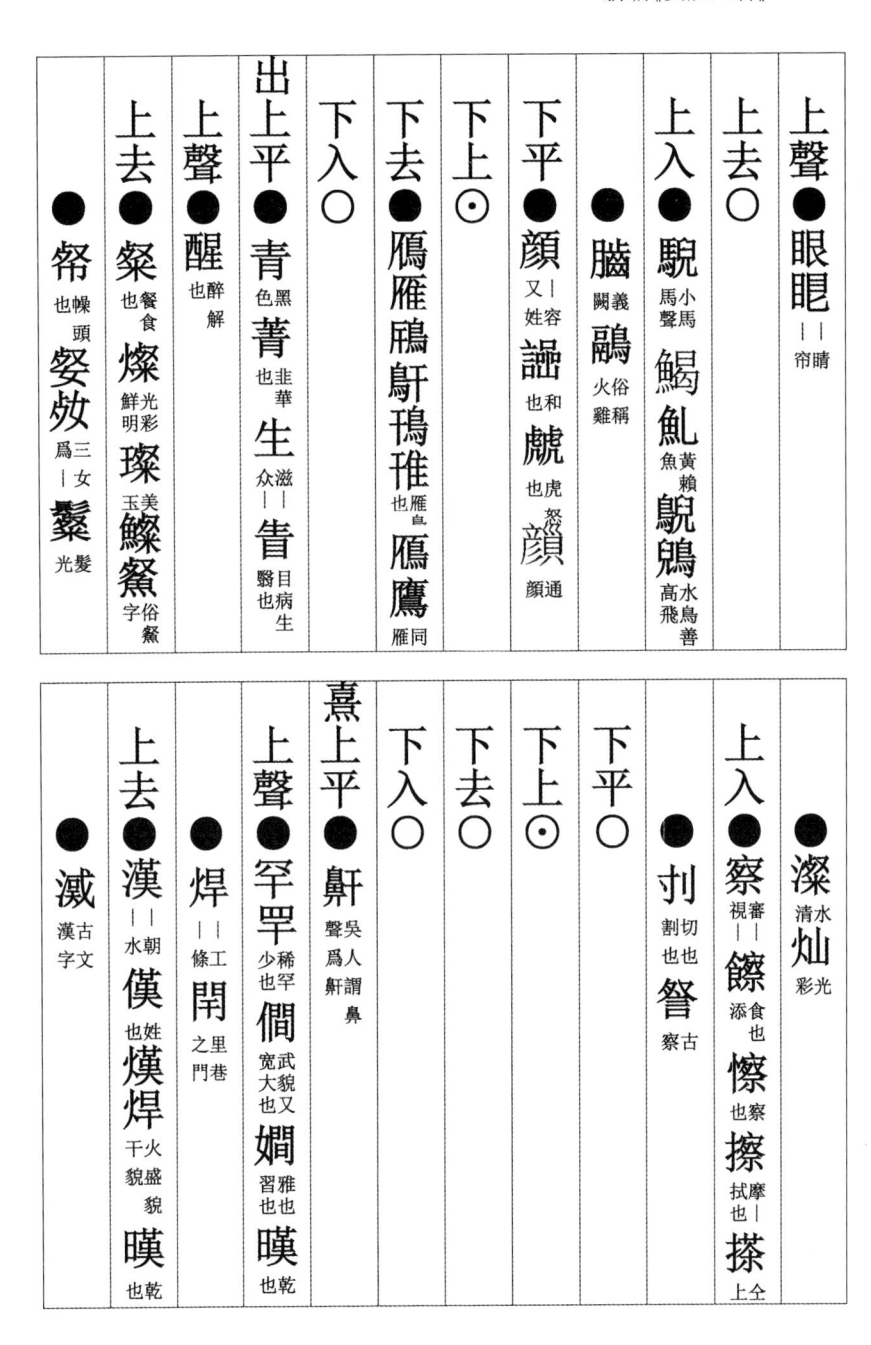

上聲 ●眼 睍｜｜ 簾睛

上去 ○

上入 ●馹 駬小馬馬聲 鰨鮔魚黃賴 鯢鵳水鳥善高飛

●臑 鶌闞義 火俗雞稱

下平 ○

下上 ⊙顏 讑又｜姓容和也 虤虎怒也 顏顏通

下去 ●鴈雁鴈鳽鴇雅也雁鳥 鴈鷹雁同

下入 ○

出上平 ●青菁色黑韮華 生众｜滋 眚目病也

上聲 ●醒也醉解

上去 ●粲餐食 燦鮮光彩明 璨美玉 鱌鰵字俗

●帑幪也頭 㜣爲｜三女 鬌｜光髮

上聲 ●瀺 灿光彩

上入 ●察審視 饎添食也 憏察也 擦摩｜拭也 搽全上

下平 ○

下去 ●刐割切也 訾察古

下上 ⊙

下入 ○

熏上平 ●鼾吳人謂鼻爲鼾聲

上聲 ●罕罕稀少也 閒宽大又武貌也 嫺雅也習也 暵乾也

上去 ●焊｜｜開條工｜之里門巷

●漢｜｜水朝姓也 熯火盛貌 焊乾貌 暵乾也

●滅 漢漢古文字

上入●喝嚛大怒聲也又瞎睗目盲也髻鬠貌禿

下平●𠳏物斗取

下平●寒韓冷又姓鶷鶷鳥名白|驦馬貌多藩籬又姓

●閑閒防御也懶靜貌

下上⊙欄木名鼾臥息也

下去●翰羽天雞赤也瀚||漠海䣧面黑洗滌同浣

●輴清酒也輪魚名骭骨脛

下入●浣紗衣||攀爬登

●盍曷何不褐㲎毛布閽府||

●搚擊也襩袍婦人也爐吹火轄管理治

●鞷同轄也鞍履也鼓敲也槛酒器鶡鳥名

●閣門戶旁也謁告也白也殟全韘鐵車軸頭

●顝骨肩也嗑多言也客聚合相合也勖勤也

●盍覆合也鵠鳥聲鷁色變也

●鮯魚名瑾石之似玉者溘突然蠚蜥蟲名也

●蠪蟲名也薺蘇貌欲睡鎑車鎑也

●盍覆合也鶡色淺白

山字母終

《安腔八音》

卷二
三坑開嘉賓歡

86　/　《安腔八音》整理及研究

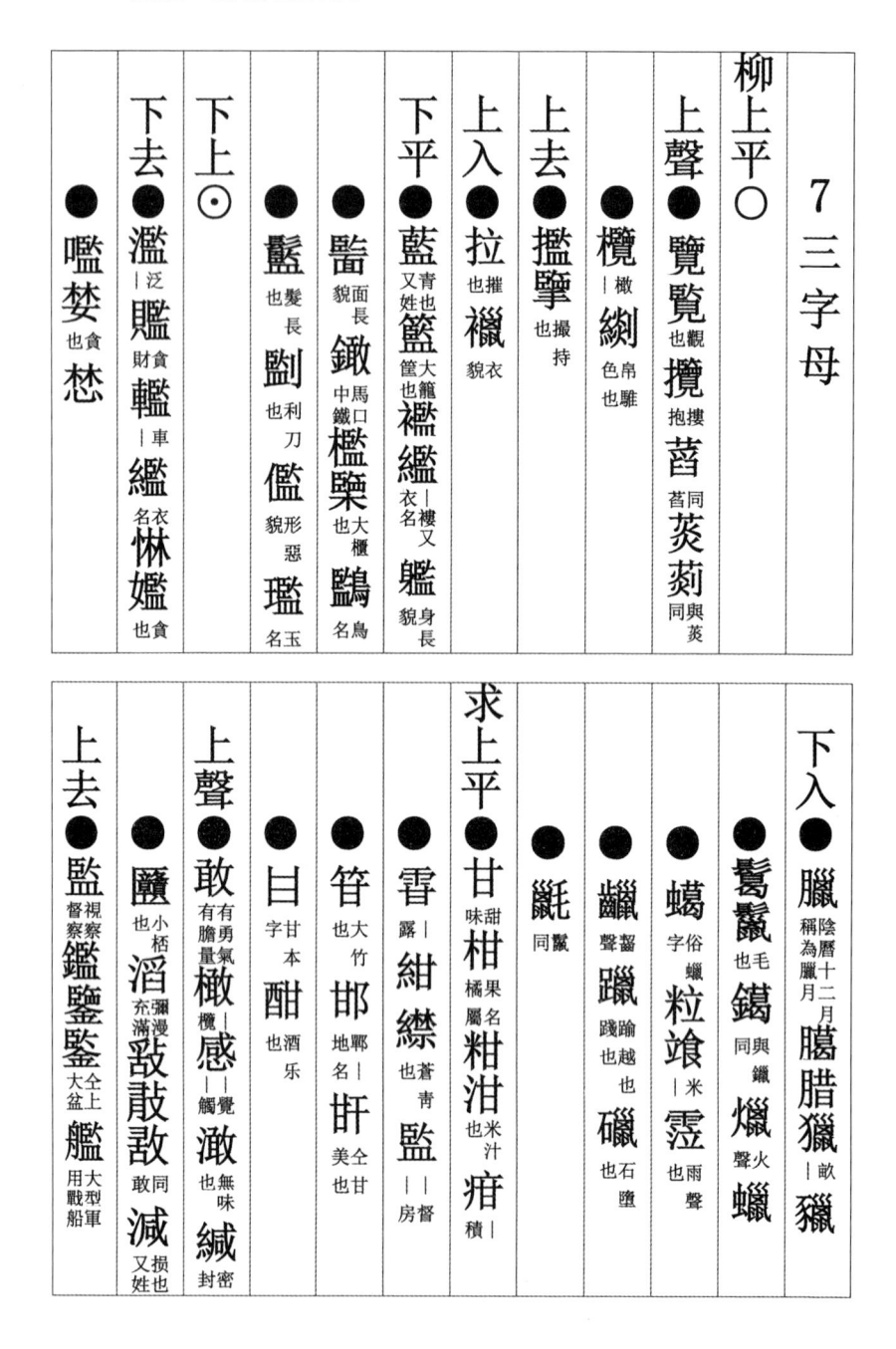

7 三字母

柳上平〇

上聲●覽覽觀攬抱摟菩同菸蒳同與菸

上去●欖橄紃帛色也

上入●拉攊襟衣貌擥攝持也

下平●藍青也又姓籃大籠笙也襤襤衣名又艦身長貌

齰面長貌　鐯馬口中鐵　檻大櫃榛形惡貌　鵂鳥名

藍髮長也　劉利刀　儖玉名

下上⊙

下去●濫泛貪貌　賺貪財　轀車　縿衣名　㑣貪也

●喊婪惏貪也

下入●臘陰曆十二月稱為臘月　獵　臘腊獵歃獵

鬖毛也　鑞鐵同與　爉火燭蠟

蠍字俗蠟粒粮米　靐雨聲

齫齶聲　蹱踰越也　硴石墮

鰿同齏

求上平●甘味甜柑果名橘屬柑泔米汁疳積

雷露　紺繎蒼青也　監房督

笘大竹　邯地名邘　甜美全甘也

目字甘本酣酒乐也

上聲●敢有勇氣有膽量　橄欖　感觸覺　澉無味　緘封密

●饏小栖彌漫充滿　歆散敢同又姓　减損也

上去●監督視察察　鑑鑒鉴大盆　艦大型戰船用軍

新編《安腔八音》 / 87

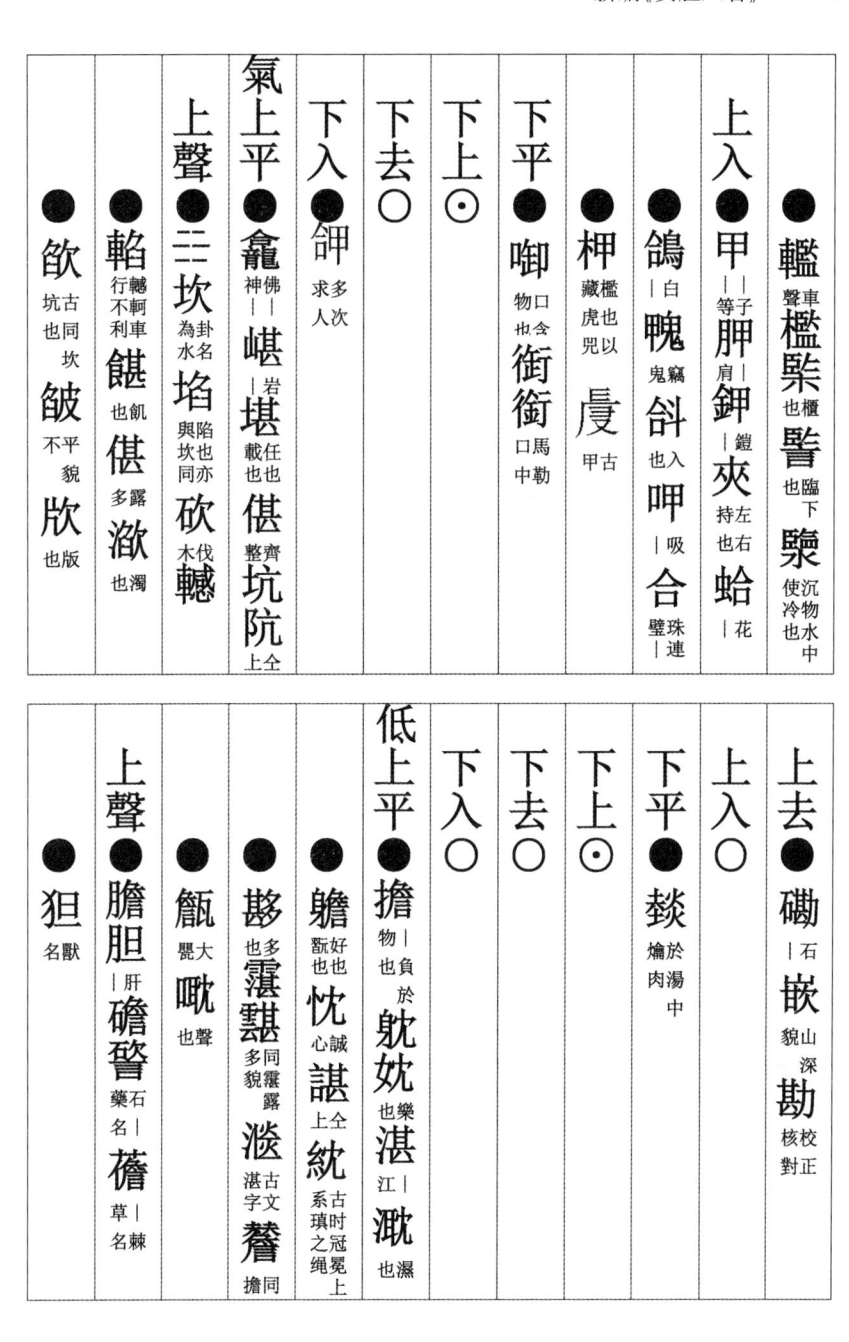

| 上去●轚檻紮醬鸒使沉物水中也臨下也櫃 | 上入●甲肝鉀夾蛤子等肩鎧持左右也花 | 下平●鴿魄斜呷合白鬼竊也入吸珠連璧 | 下平●枹虞藏檻虎咒也以古甲 | 下平●啣衡衡口含物也口中馬勒 | 下上⊙ | 下去○ | 下入●砰求多人次 | 氣上平●龕嵁堪儑佛神名岩任亦也陷亦載也整齊坑院上全 | 上聲●三坎垎砍轗為卦水名與坎同木伐 | ●鞈僋澉韂行不利車也多露也濁 | ●欱鈹欯坑古同坎也不平貌也版 |

| 上去●磝嵌勘石貌山深核校對正 | 上入○ | 下平●鰲燖於肉湯中 | 下上⊙ | 下去○ | 下入○ | 低上平●擔尤妠湛漱物也負於樂也濕江 | ●膽黵諶忱心誠也上全系古时冠冕上绳 | ●酖霴黮淡多也翳好也霪露多貌湛古文古字擔同 | ●瓵㕤㘁大聲也 | 上聲●膽胆礏礶薑肝藥石蘐草名棘名 | ●狚名獸 |

上去 ●担｜｜任當　瘖貌病呆

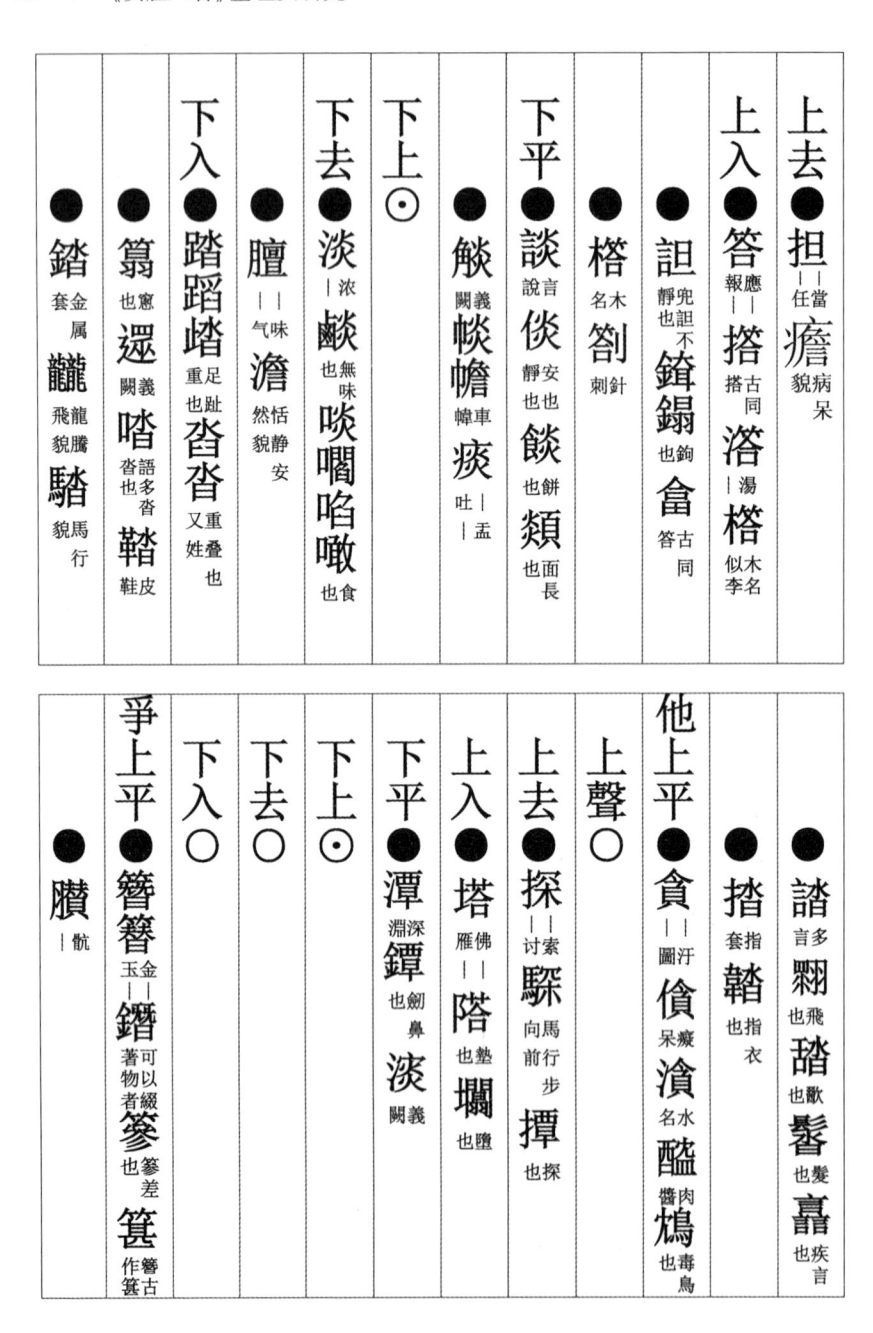

上入 ●答報應｜｜搭　搭古同　溚｜｜湯　橴似木李名

下平 ●談說言　佥靜安也　餤｜｜餅也　頬面長

●榙名木　剳刺針

●詽兜詽不靜也　鎿錫｜｜鉤也　畣答古同

下上 ●⊙

●鮟闕義　憸幨車幃　痰吐｜孟

下去 ●淡浓　啖無味也　啗嚪啿｜｜食也

膻｜｜气味　澹恬靜貌安然

下入 ●踏蹋｜｜足趾重也　沓沓又姓重叠也　㳠語多沓也　鞳鞋皮

●篡｜｜窗也　遝闕義　嗒｜｜語多沓也

●鎝套金属　龘飛龍騰貌　駨貌馬行

●諸言多　翻｜｜飛也　醋｜｜歡也　髻｜｜髮　譶｜｜疾言也

●搚套指　韜｜｜指衣

他上平 ●貪｜｜圖　儋汙　儓呆癡　濦名水　醓｜｜肉醬　鴆毒鳥

上聲 ○

上去 ●探｜｜討索　驂向馬前行步　撢｜｜探也

上入 ●塔佛｜｜　瑎｜｜墊也　墖｜｜墮也

下平 ●潭淵深　鐔劒鼻　淡｜｜闕義

下去 ○

下上 ●⊙

下入 ○

爭上平 ●篸篸金玉　鐟可以綴著物者也　籖｜｜籖差　篸篸古作

●䟃｜｜觥

新編《安腔八音》

上聲● 斬首也│塹天─壍│槧古時記事用的木板

上去● 譖譏也

上入● 匝周匝也│搯挖取也│恰正巧│洽剛剛│㾪剛接面─

下平● 零同冷│鎚香毬忽觸人也│啿似猿而白亦貓作貏字│戲

慚愧也│憖上全│獅

嶄嶃出突岩同│嶚高山峻勢

鼌也狡兔│鑱銳器│讒毀害善能也│儳不齊身長

巉高貌齴齒│艬名角│劖斷鑿也│鑱闕義

歉笑也│韂馬韂名角│銛鑱全扶

下上⊙ 鏨小鏨│棧道─│站足立

下去● 暫時甚│鏨同實│鐥小鏨名

●椹桑同實

下入● 雜亂混─襍│闐開閉門也│擸持─勢斷物也

鍘刀斷草也│籭戶簾也│蠢惡潠清水

上平● 卡關下腯城門閉│灘沸貌│矗群鳥

日上平○ 譁聲也

上聲○ 揥也擺

上去● 餲飯臭也│疤禿瘡下窟貌

下平● 南北喃唔同喃│楠木─諵諵詰諵也

下上⊙ 媤聲語也訟│柟木名│崊古南婣貌美

下去○

90 / 《安腔八音》整理及研究

下入●納 入也自外而入也 豽 文似狗豹有角貌 魶 貌食	
●鈉 化學元素 妠 娶也 抐 按物水中也 搦 搦打	
●魶 行貌 魶魶 魚名似鱉無甲有尾口在胸下 靹 駿馬內側鞦繩	
衲 僧衣也	
時上平●三叁 數名 杉 杉木 衫 長襟衫 釤 衫破貌	
上聲●攕 插也擊也	
彡 瞻視也 芟 刈草也 釤 大鐮	
上去●三 再復再三 卅 三十	
上入●彭 相接物也 颯 風聲 儳 儵 急快速速	
下平●獫 犬噬也	
下上○	
下去○	

下入●淊 湧起貌	
鶯上平●庵 小草舍也 菴 菴草名 鵪鶉 鶉 鶴 香氣	
●腌 膽 醃醶 小雞辨鵒鵪鶉 字俗鵪	
●諳 知也 譗 決語不也 諳與同諳	
上聲●俺 我也 揞 不昏明暗 晻 古晚字 揞 藏也	
上去●闇 關門黑暗 黯 昏暗 醃 醉聲也 魘 颶風	
上入●鴨 雞 押 按手語簽畫由上往下施加力量 壓 烟 藏火	
●陪 暗古同藏也	
下平●泖 流水下 押 押畫作古囲 閼 塞阻	
●罨 繪貌 黶 中黑也 鶃 鴨同	
下平●嵌 山深貌	
下上⊙	

下去〇

下入● 笚 竹相擊也 盒 盤屬槛也以藏虎兕 柙 匣

● 筻 名竹也玩 鯯 名魚 趨 貌走

● 盦盦 古同盦覆蓋也

三字母終

8 坑字母

柳上平● 更 五更 羹 五味和羹也

上聲● 鯁 食骨留咽中也 骾 咽─也 莖 枝柱

上去〇

下平〇

下上⊙

下去〇

下入〇

上去〇

上入〇

氣上平● 坑 山─ 鏗 撞也又聲也 矓 目不明 鏗 鐘聲 阬 坑仝

上聲〇

上去〇

92 / 《安腔八音》整理及研究

- 上入 ○
- 下平 ○
- 下上 ⊙
- 下去 ○
- 下入 ○
- 低上平 ○
- 上聲 ○
- 上去 ○
- 上入 ○
- 下平 ○
- 下上 ⊙
- 下去 ●鄭（又國姓名）

- 下入 ○
- 波上平 ●靐（雷聲） 鬅（屬甕） 丼（井中投物聲）
- 上去 ○
- 上入 ○
- 下平 ●彭（姓也） 膨（｜脹） 蟛（｜蜞） 評（｜批） 閛（開户）
- 𢪛（大力也） 萍（｜浮） 伻（使｜者） 怦（心聲） 軯（車聲）
- ●鼙（踢聲也、地聲也） 愵（自信好強）
- 下上 ⊙
- 下去 ○
- 下入 ●錚（沸炊聲也）
- 他上平 ●撐（｜船）

新編《安腔八音》 / 93

上聲〇

上去●毦 能遵行不 樘撐同

上入●榻橸 牀狹而長謂之榻 煬爤塌 爤也墮

● 韃靴 皮起也 俗做— 謁闒 多言也 闒上門樓

陪 搨 也墊打 也手打 爛 漫也墮 溻也淫

● 韡 毦 也相背 也食 鐧 騽 聲物墮 也逃 也馬不進行

● 餲 潔 撻 健 蹚 具也 泄水 名也打 蝲蟶 蟲名也打 怛痛也 蹚也足跌

● 樻 鞡 蝀 蟶蝲蟶 蟲名也 怛痛也

● 悥 — 攎 信誓字古 攎擊也 攤

下平●襌 祭服除名也長 覃味 賺 付買錢物也預

● 臉 入市直先 薄 藻海味 碍 地名石又 曇 花—

● 鑵 屬甑 瓢壜 — 酒 蕈 名艸 譚 姓也大也

下上⊙

下去〇

下入〇

● 譚 同與譚 醰 醇酒厚味 腪 美食味也 馦 氣香

● 鐔 也劒鼻 簟 席竹

坑字母終

9 開字母

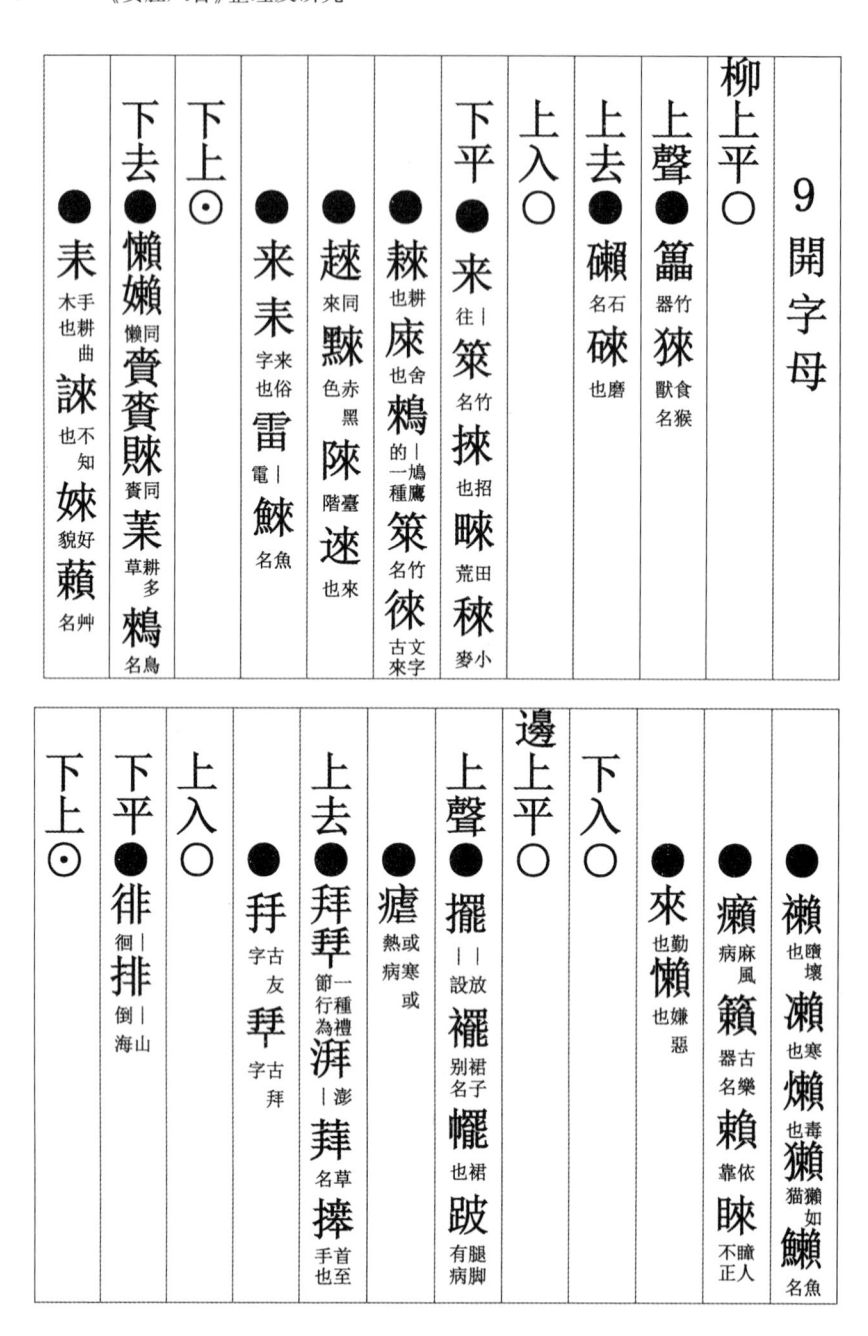

柳上平 ○

上聲 ●篚（竹器） 狹（猴食獸名）

上去 ●礦（石名） 碌（磨也）

上入 ○

下平 ●来｜往 筴（竹名） 挾（招） 睞（田荒） 秾（小麥）

●棘（耕也） 庩（舍也） 鵤（鳩鷹的一種） 筞（竹名） 徠（古文來字）

●趂（同來） 黙（黑赤色） 陳（臺階） 迷（來也）

来耒（字俗来也） 雷（電） 鮢（魚名）

下上 ⊙

下去 ●懶嬾（同懶） 賫賷（同賫 耕草多） 䳘（鳥名）

●耒（手耕曲木也） 誄（不知也） 媒（好貌） 藾（艸名）

襰（隤壞也） 瀨（寒也） 嬾（毒也） 獺（猫獺如人不瞳正） 鱱（魚名）

●癩（麻風病） 籟（古樂器名） 賴（依靠）

●來（勤懶 嫌惡也）

邊上平 ○

下入 ○

上聲 ●擺｜（放設） 襬（裙子別名） 欘（裙也） 跛（腳腿有病）

上去 ●拜拜（一種行禮為節） 湃｜（澎湃） 蓭（草名） 捧（首至也）

上入 ○ 抙（古友字） 拌（古拜字）

下平 ●徘（徊） 排｜（山倒海）

下上 ⊙

新編《安腔八音》

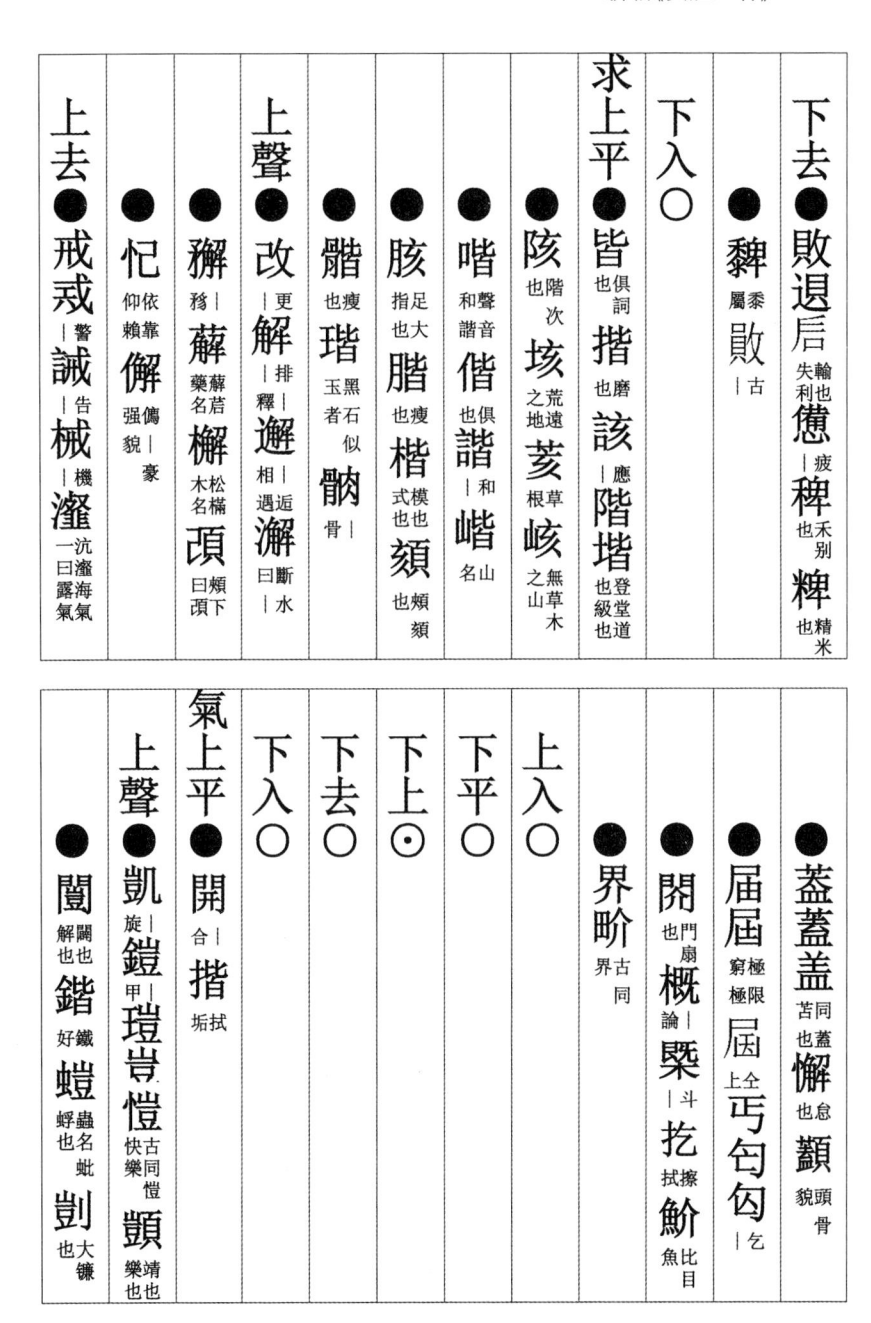

下去●敗退后
失利也 憊|疲也 稗|禾別也 粺|精米

下入○
●粺 屬敗 |古

求上平●皆俱詞 揩|磨應 該|階揩登堂道也 階|級也
陔|階次也 垓|荒遠之地 荄|草根也 峐|山無草木
喈|和聲 偕|俱也 諧|和 崡|山名 頬
胲|指大 腊|瘦也 楷|模式也 頬|頬也
骸|瘦也 瑎|玉黑者石似 骱|骨
改|更排 解|釋 邂|相近遇 澥|斷水曰
薢|藥名薢茩 欟|木松楠名 頠|頬下曰

上聲●忋仰依賴 儞|強貌 豪

上去●戒戒|警 誡|告 械|機 瀣|沆瀣海氣一曰露氣

下去○
●蓋蓋|同盖苦也 懈|怠也 顡|頭骨貌

下入○
●屆屈|窮極限 屆|極全上 丐匃|乞

下上⊙
●閉|門扇也 概|論斗 掅|拭擦 魪|魚比目

下平○
●界畍|界古同

上入○

下去○
●開合|揩 垢拭

氣上平●

上聲●凱旋 鎧|甲 瑎|豈 愷|古同愷快樂也 顗|靖樂也

●閬闢也解 鐯|好鐵 螚|蟲名蚍蜉也 剴|大鐮也

上半

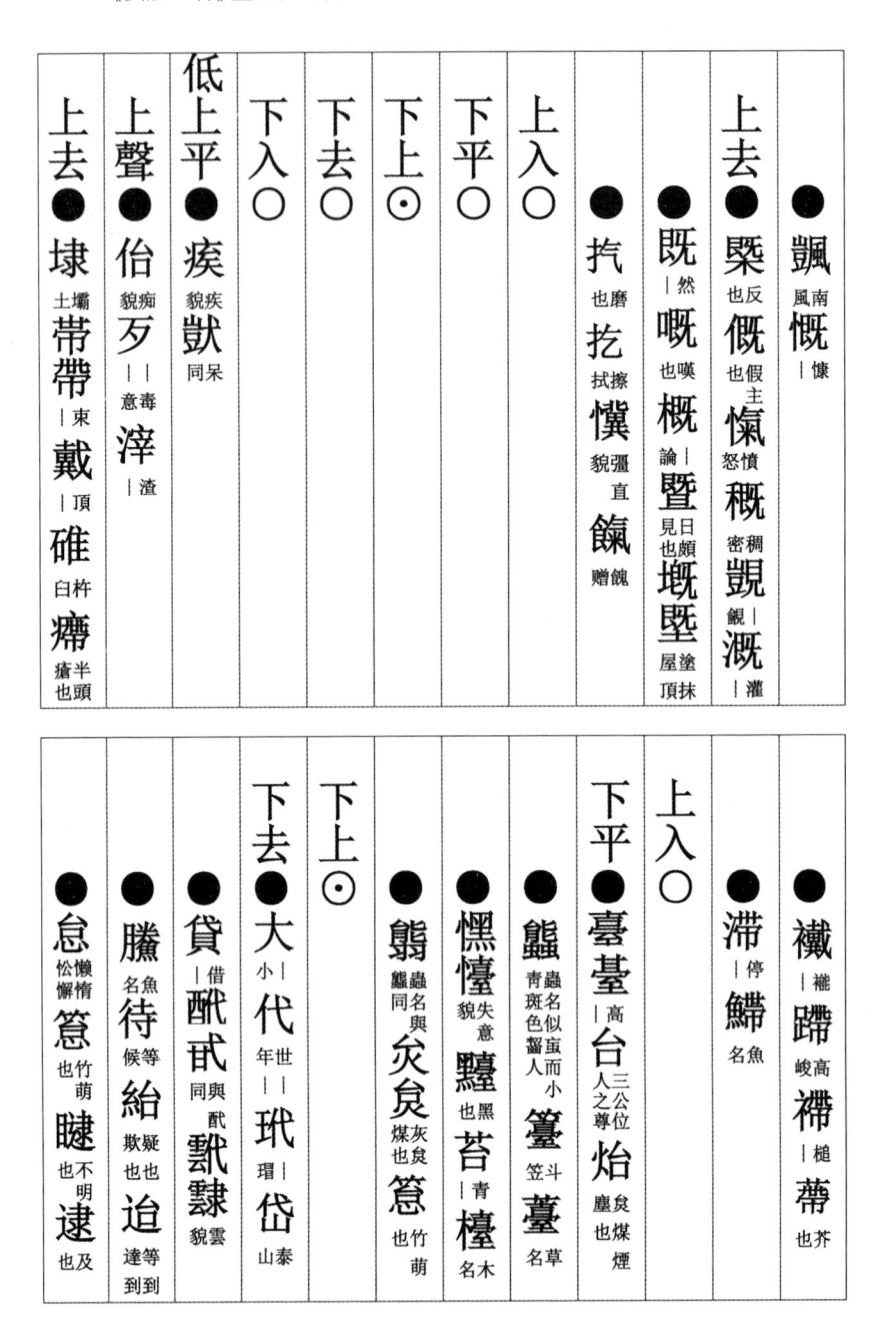

	●颷（南風）慷
上去	●槩慨（反也假主）慨（怒憤）慨（密稱）覷（鯢）溉（灌）
上去	●槊（然也嘆）概（論見也頰日）暨 墍（屋塗頂抹）
	●扢（磨也）扢（拭擦）懷（彊直貌）餼（贈餽）
下平 ○	
下上 ⊙	
下去 ○	
下入 ○	
低上平	●疢（疾貌）獸（同呆）
上聲	●佁（痴貌）歹（毒意）涬（渣）
上去	●埭（壤土）帶（束）戴（頂）碓（臼杵）癉（瘡半頭也）

下半

	●襨（褂）蹛（峻高）襨（槌）蔕（芥也）
上入 ○	●滯（停）鱎（魚名）
下平	●臺（高台三公位人之尊）炱（塵食煤煙也）
	●鮐（蟲名似蚩而小青斑色蜑人）䈛（斗笠）薹（草名）
	●憛（失意貌）驢（黑）苔（青）檯（木名）
	●翡（蟲名與）灸炱（灰食也）簹（竹萌）
下上 ⊙	
下去	●大（小）代（世）玳（瑁）岱（泰山）
	●貸（借）酞（貳）同酞 戴（隸貌雲）
	●騰（名魚）待（等候）給（欺疑也）迿（達等到到）
	●怠（松懶惰懈）簽（竹萌也）睇（不明也）逮（及也）

新編《安腔八音》 / 97

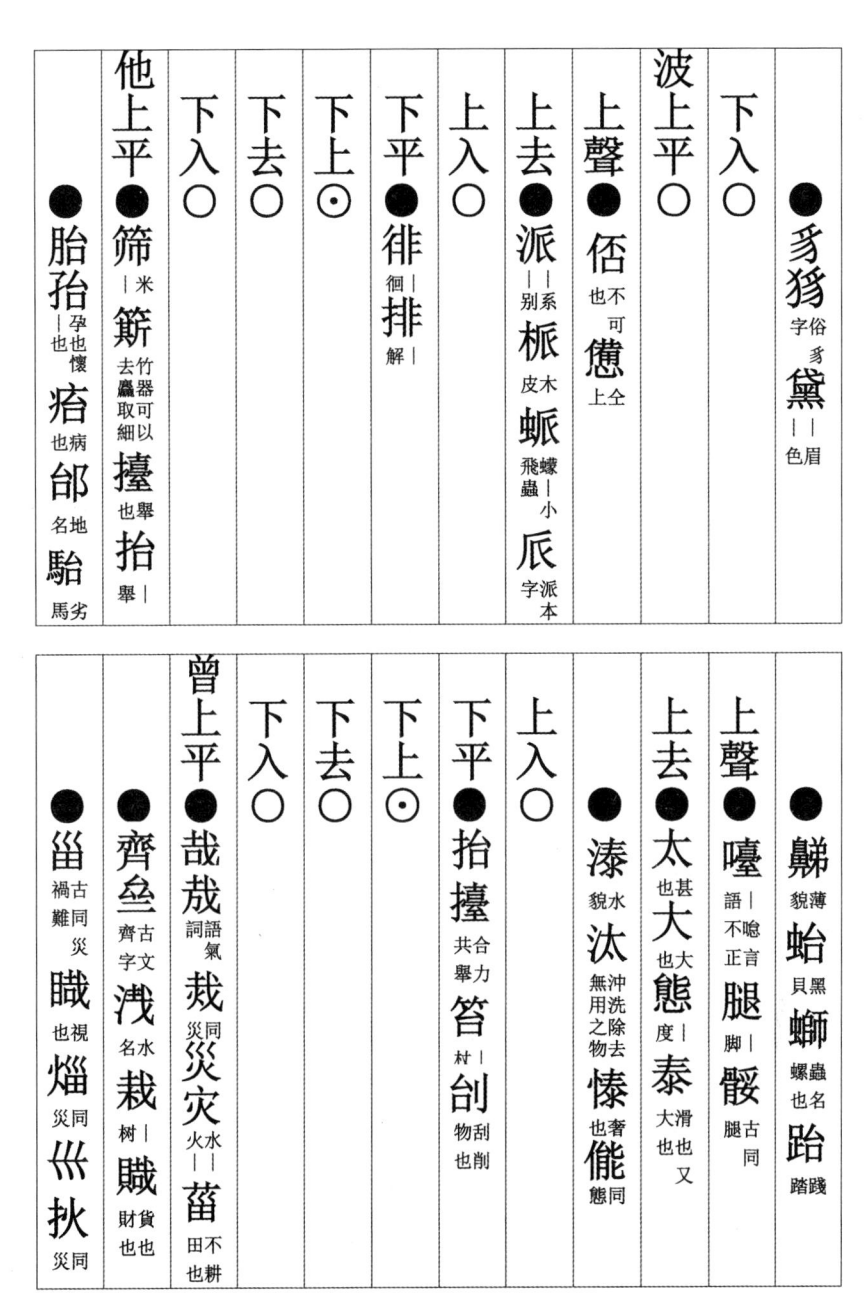

下入〇

●豸獖 俗字豸 黛—眉色

波上平〇

上聲●佁 不可僵也 上全

上去●派 系別 柡 木皮 蚍 蠓蟲—小 辰 本字派

上入〇

下平●徘 徊排解

下上⊙

下去〇

下入〇

他上平●筛 米籂 籚 竹器可以取細 擡 舉也 抬 舉—

●胎孾 孕也懷也 疳 病也 邰 地名 駘 馬劣

───

●鯯 薄貌 蛤 黑貝 蛳 螺蟲名 跆 踏踐

上聲●嚔 唵語—不正言 腿 脚— 骸 腿古同

上去●太 甚大也 汰 沖洗除去無用之物 態 大度也 又 大滑也 泰 大

上入〇 漆 水貌 傪 奢能 態 態同也

下平●抬 共合舉力 答 刡 刮物也削

下上⊙

下去〇

下入〇

曾上平●哉 詞語氣 栽 災同 灾 災—水—火 菑 田不耕也

●齊亝 齊字古文 溇 水名 栽 樹— 賍 財貨也

●甾 古禍難同災 䁦 視也 烖 災同 孖 災同

98 / 《安腔八音》整理及研究

上聲● 宰 毀 載（宰乘也） 殯 繹（滅抽絲也） 荤（羹菜也）

上去● 載（千難逢） 再 耳（三竭衰） 債（債負） 瘵（病瘍）

上去● 窜（烹也）

上入 ○ ● 载（ 钗染戴）

下上 ⊙ 豺（狼） 賊（同興財）

下平● 才（能力） 財（|錢） 賄（同財） 材（|木） 裁（|衣） 芽（草名）

下去● 在（存也） 寨（營山） 穄（屬矛|船） 儎

下入 ○

日上平 ○

上聲● 乃 迺（同乃） 弓（古文字）

上去 ○

上入 ○

下平 ○

下上 ⊙ 耐（忍|） 刚（彫古同） 奈（起經得） 柰（名果木）

下去● 檪（木立死也） 鼐鼎（三足两耳和五味之宝器也）

下入 ○ ● 襶（襶襪不曉事） 皆（無光|日|） 皆（明視也不）

下上 ○

時上平● 獅（|子猛獸也） 嘶（馬鳴也） 腮顋（俗字顋）

● 鰓（骨魚頰中） 鬌（小髮） 偲廝（役僕）

● 毢（毢毢羽貌張） 緦（古時制做喪服的細麻布） 撕（裂肺心）

● 摋（破爛也|衣） 偲（多才力也） 螄（|螺）

新編《安腔八音》 / 99

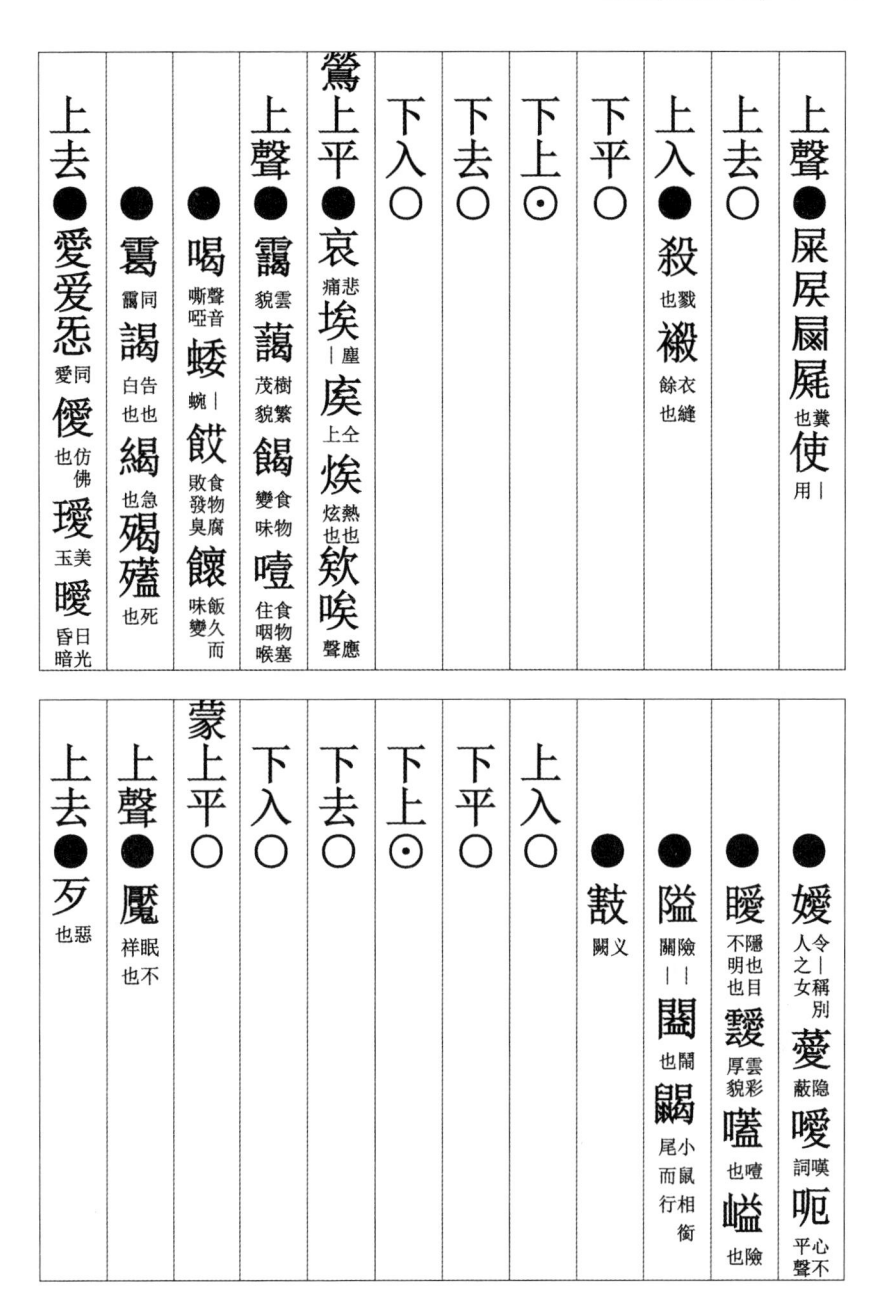

上去●愛爱悪 僾同愛也仿佛 瑷玉美 曖日光昏暗	●霭霭同 谒白告也 餲食急發臭也 殪死也	上聲●喝嘶聲音啞 蜈蜒 餀敗物腐發臭 饖飯久而變味	上聲●霭雲茂樹繁貌 餲食物變味 噎食物咽喉住聲應	驚上平●哀悲痛塵 埃—上仝 庱 烍炫熱也 欸歎住咽喉聲應	下入○	下去○	下上⊙	下平○	上入●殺戮也 褨衣餘縫也	上去○	上聲●屎屎扇屍糞也 使用—

上去●歹惡也	上聲●魘眠不祥也	蒙上平○	下入○	下去○	下上⊙	下平○	上入○	●鼓闕义	●隘關險— 閜閡也 鼺小鼠尾而行相銜	●曖雲彩厚貌 靉雲彩厚貌 嗑喳也 嶒險也	●嬡人之女稱別令— 薆蔽隐 嗳嘆詞 呃心不平聲

（上入）○

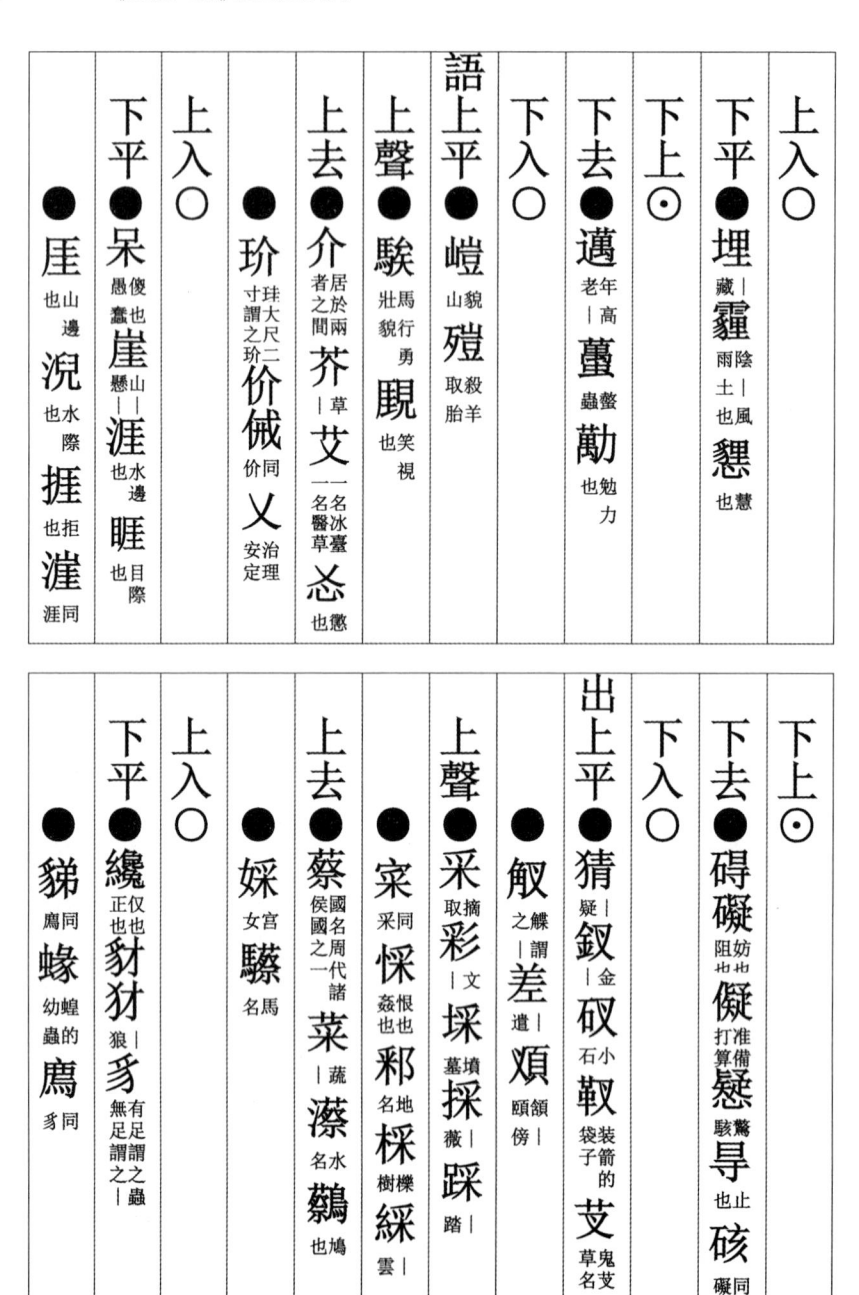

（下平）●埋　霾 藏陰｜雨土也｜風　懇 ｜也慧

（下上）⊙

（下去）●邁 老年｜高　蠱 蠢蟲｜螯　勘 勉力也

（下入）○

（語上平）●崿 山貌　殞 取殺胎羊

（上聲）●駿 馬貌行勇壯　覷 也笑視

（上去）●介 居於兩者之間　芥 草一名醫草　艾 一名冰臺　恋 也懇

（上入）○玠 寸二尺大圭之玠　价 同价　俄 安定治理　乂

（下平）●呆 愚傻 盫也　崖 ｜山懸　涯 ｜水邊　睚 ｜目際

（下平）●厓 山邊　浣 水際　捱 也拒　漄 涯同

──────

（下上）⊙

（下去）●碍 礙 阻妨也也　儗 准備打算　懸 驚也止　硋 礙同

（下入）○

（上平）●猜 疑｜　釵 金｜　砎 石小｜裝箭的袋子　艾 鬼草名艾

出（上平）●

（上聲）●采 取摘　彩 ｜文　採 墓墳｜薇　踩 踏｜

（上去）●蔡 侯國名周之諸　采 國名　菜 蔬｜　漛 名水　鶨 ｜雲

（上去）●寀 同　惨 恨也｜姦也　郏 地名｜　採 樹櫟｜　綵 ｜

（上入）○婇 女宮　驂 名馬

（下平）●纏 正也仅也　豺 狼｜　豸 有足謂之蟲無足謂之｜

（下平）●貐 鹰同　蠔 幼蝗蟲的　蔫 豸同

（舣之鰈謂｜　差 遣　頯 頤頷傍）

新編《安腔八音》

熹上平●哈 蚩笑也

上聲●海｜江 匼楒同楒酒器盛 烸｜鹽 燥 鹽字卽醢
醓醯鹽 肉醬也 怒聲

上去●頦頤 巴下 喊 喝哨也 嘞

上入●嗐 感歎詞或表惋惜

下平●孩 兒｜埈 荒遠之地 胲 足大指也 咳 歎詞表惋惜或後悔

上●猶 獸名 骸 骾骨也 胲 名器 諧 合也調也

下去●豥 豕四蹢皆白 骸 脛骨 痎 疾瘧也 䀭 階次

●噫 笑聲 𠵇 同與孩 屧 同骸 膪 瘦臞也

下上⊙

下去○

下入○

下上⊙亥 地支末位 跂 急行也 械｜機 懈 不懈努力

下去●解｜姓 獬 獸名｜豸 貊 獬駭｜驚

●劈 同與懈

●嬉妎 妒也 骱 小髋骨也 骼 也走

●翃 飛貌 恓 愁苦也 孩 動搖貌 齘 齒相切

●嚇 廉嚇不 駴 雷擊鼓也 蠚薤 菜似韭之

●害｜災

下入○

開字母終

10 嘉字母

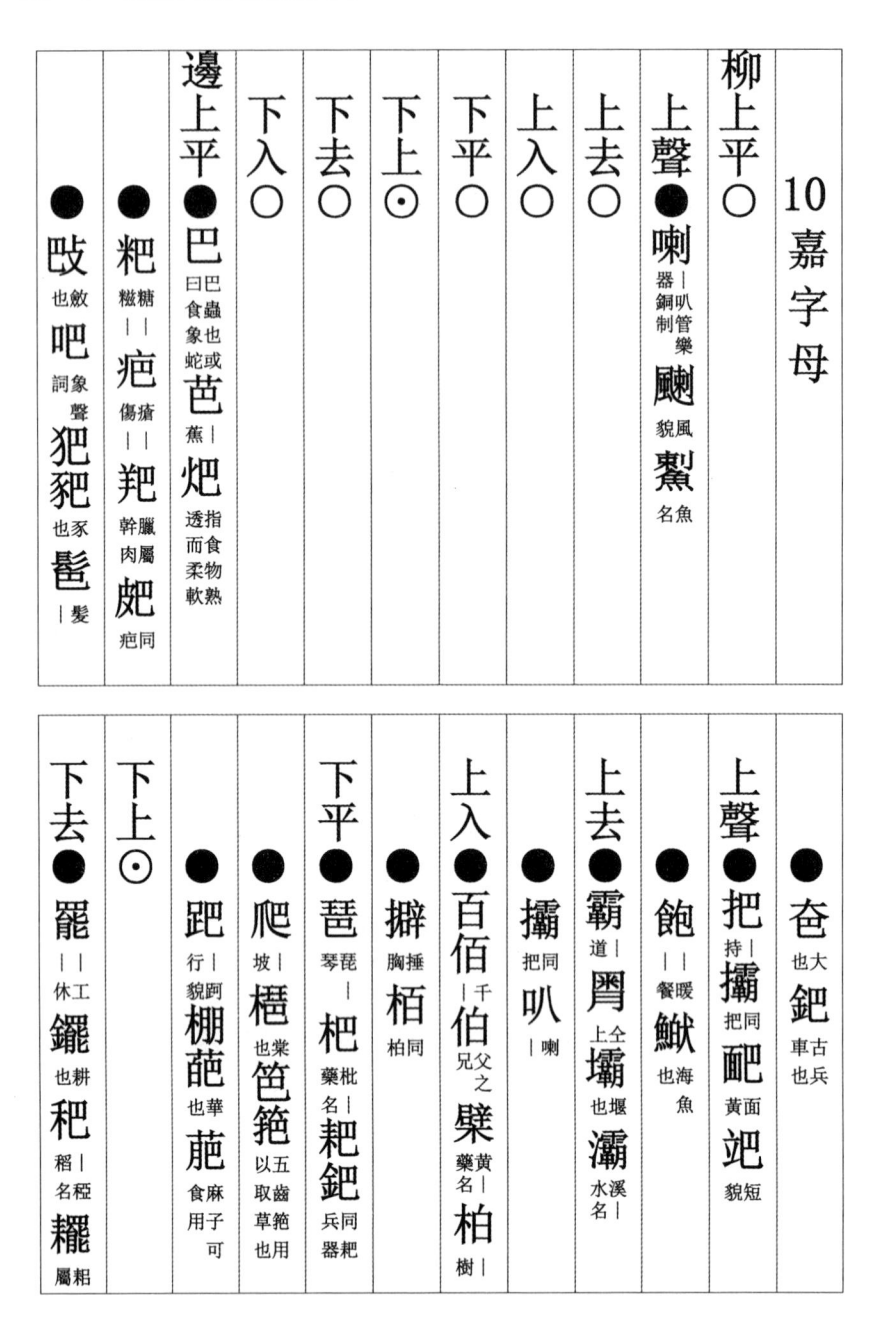

| 柳上平 ○ |
| 上聲 ●喇（器叭銅管制樂） 颰（貌風） 鯠（名魚） |
| 上去 ○ |
| 上入 ○ |
| 下平 ○ |
| 下上 ⊙ |
| 下去 ○ |
| 下入 ○ |
| 邊上平 ●巴（曰巴蟲也或食象蛇） 芭（—蕉） 炰（指食物透而軟熟） |
| ●粑（糍糖—） 疤（傷瘡—） 豝（幹臘肉屬） 妑（疤同） |
| ●吧（也斂） 吧（詞象聲） 犯犯（也豕） 髦（—髮） |

| ●奄 鈀（也大 車古也兵） |
| 上聲 ●把（持—） 欛（把同） 靶（黃面） 鈀（貌短） |
| 上去 ●霸（道—） 閂（上仝也堰） 壩（水溪名） 灞 |
| ●飽（—暖餐） 鮁（—海魚） |
| 上入 ●百佰（千父之伯兄） 檗（藥名黃—） 柏（樹） |
| ●攦（把同叭） 叭（—喇） |
| 下平 ●琶（琵—） 杷（藥枇名—） 耙鈀（兵器同） |
| ●搿（胸搥） 桕（柏同） |
| ●爬（坡—貌阿） 棚萡（也棻菲） 笆（以五齒箶用也） 箵（取麻草子可食） |
| 下上 ●跁（行貌） |
| 下去 ●罷（—休工） 耙（稻—名稉） 耀（屬粗） |

新編《安腔八音》 / 103

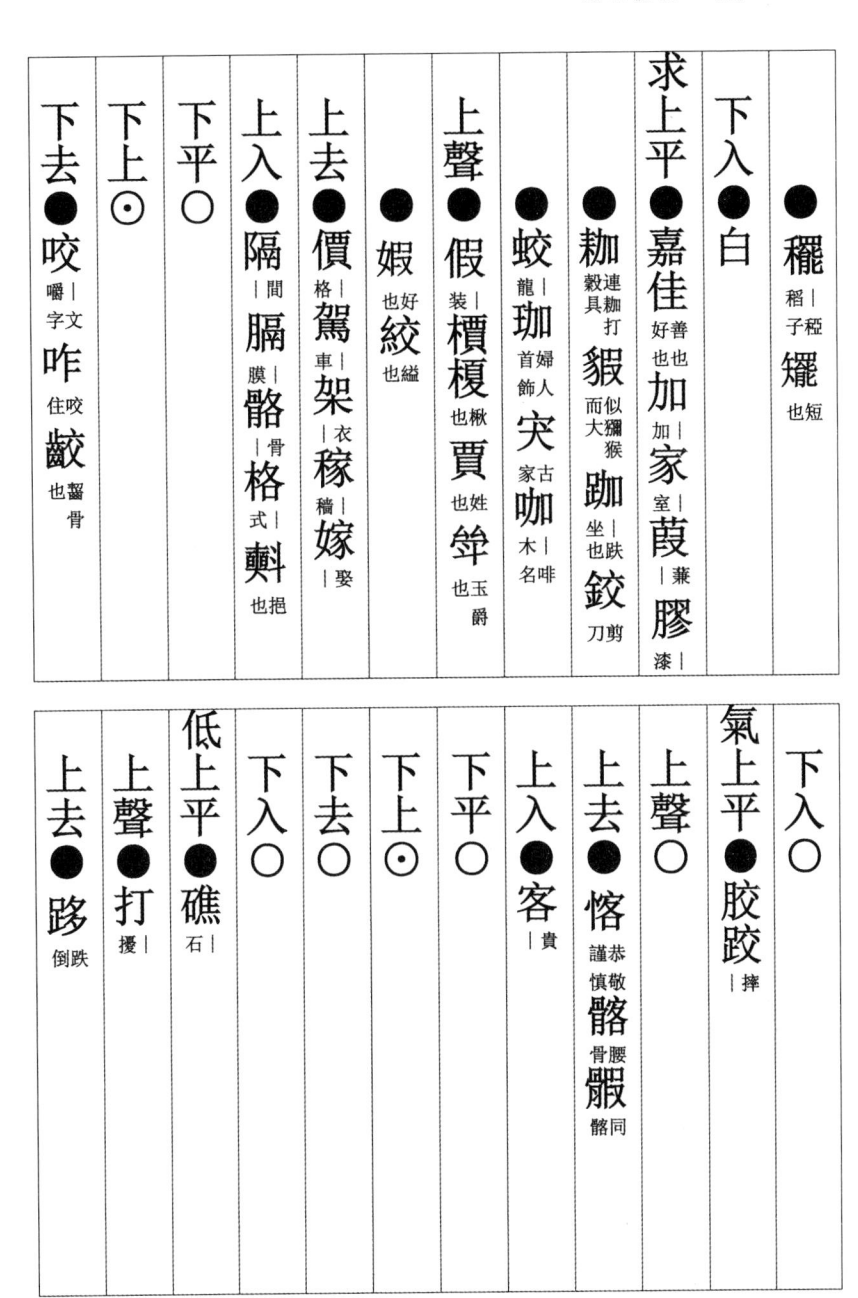

上半部（自右至左）：

- ●穤　稻子稃也短
- 下入　●白
- 求上平　●嘉　佳　加　家　葭　蒹　膠　漆（好善也／加室也／兼）
- ●刜　貏　跏　鉸（穀連刜打具也／而大獼猴似／坐也趺／刀剪）
- 上聲　●蛟　珈　宊　咖（龍／首飾婦人／家古／木名啡）
- ●嘏　好絞也繈
- 上去　●價　駕　架　稼　嫁（格車架／衣稻／娶／式也／也抱）
- 上入　●隔　膈　骼　格　轥（間膜／骨／式／也抱）
- 下平　〇
- 下上　⊙
- 下去　●咬　齩（嚼字文／住咬／也齧骨）

下半部（自右至左）：

- 下入　〇
- 氣上平　●胶　跤（摔）
- 上聲　〇
- 上去　●恪　骼　骸（謹慎恭敬／骨腰／骼同）
- 上入　●客（貴）
- 下平　〇
- 下上　⊙
- 下去　〇
- 下入　〇
- 低上平　●礁（石）
- 上聲　●打（擾）
- 上去　●跤（倒跌）

104 / 《安腔八音》整理及研究

| 上入●牘 牀也牋 壓迫 | 下平●茶 奶 蹉難進時貌行 躇行小態兒 | 下上⊙ | 下去●大 廳政 | 下入●汐 潮海夕日汐 | 波上平●脬 膀胱也 | 上聲⊙ | 上去●怕 懼也儑 帕 杷手古同 | 上入●拍 驚岸濤 | 下平〇 | 下上⊙ | 下去〇 |

| 爭上平●查 問考 渣滓子 柞滓也通作渣 齇齇字俗 | ●兕 宅古同 | 下入●宅 住 鵪名鳥 恡驚詫 詫謳異 咤叱怒也 | 下去〇 | 下上⊙ | 下平〇 | 上入●妊 少古女同妊 | 上去●蚱 蚱|藏魚也 鮓 蛭全上 薟 鯗同藏魚 | 上聲⊙ | 他上平●他 人別 拕開拕貌抄 | 下入〇 |

新編《安腔八音》／ 105

上去 ○	上聲 ○	日上平 ●疤瘯 甲疮也痂	下入 ●藥 海鳥縣	下去 ○	下上 ⊙	下平 ●蘇 正齒不	上入 ●仄續 平業 霄雨貌 昃仄同	上去 ●乍凸 日止也一 詐騙 迮逼 詐憨語也	上聲 ●早蚤 日出 晅跳	●魰巚 字俗巚 穭稻赤也紅

上入 ●𥯤 睫毛長貌 眼撒手网 擦全 橐零小雨貌	上去 ●刜 也刺 嘎嘶啞音嗄	上聲 ○ ●𥻤 磨以麥成屑蒸 愬字古莎	●梁 木名棠 莎草可入藥 蛶莎雞蟲名 勒樂器鞨	●帲 也細絲 紗紡棉 痧氣脹 髿鬇美也髮	時上平 ●砂 細石子 沙石鯊魚 裟裂 犁名牛	下入 ○	下去 ●拿挈 也牽引 𡥧同兒 伢童	下上 ⊙	下平 ●俐 字那俗	上入 ○

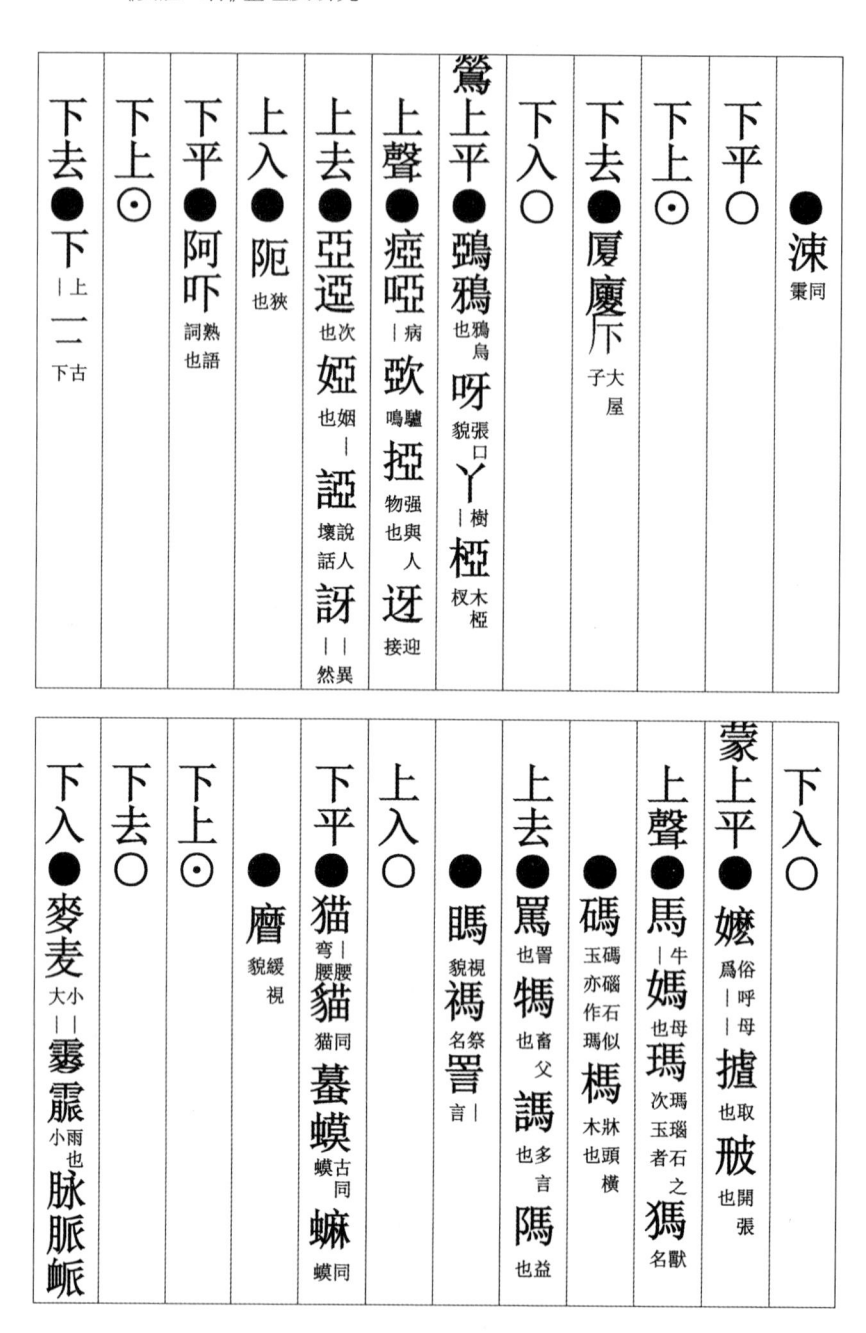

下去●下上二下古	下上⊙	下平●阿吓詞熟也語	上入●阤也狹	上去●亞逗也次婭姻—諲壞說話人訝——然異	上聲●瘂啞—欯病鳴驢強物與人迓接迎	鶯上平●鴉鴉也鴉鳥呀貌張口丫—樹椏木枒杈	下入○	下去●厦廎厈子大屋	下上⊙	下平○	●涷霟同

下入●麥麦大—䨦霢小雨也脉脈脈	下去○	下上⊙	下平●猫弯腰貓貓同蟇蟆蟆古同蟆蟆同	上入○	上去●罵禡也罵畜父也譕多言隬也益	上聲●碼也罵玉碼亦作瑪似玉石者杩木牀頭橫	蒙上平●嬤爲俗呼母也母——玛玛瑠次玉瑪名獸摭也取 鮍也開張	下入○

（Note: 下平 column also contains: ●膺貌緩視; 上入 column contains: ●䁔貌視禡名祭罶言）

新編《安腔八音》

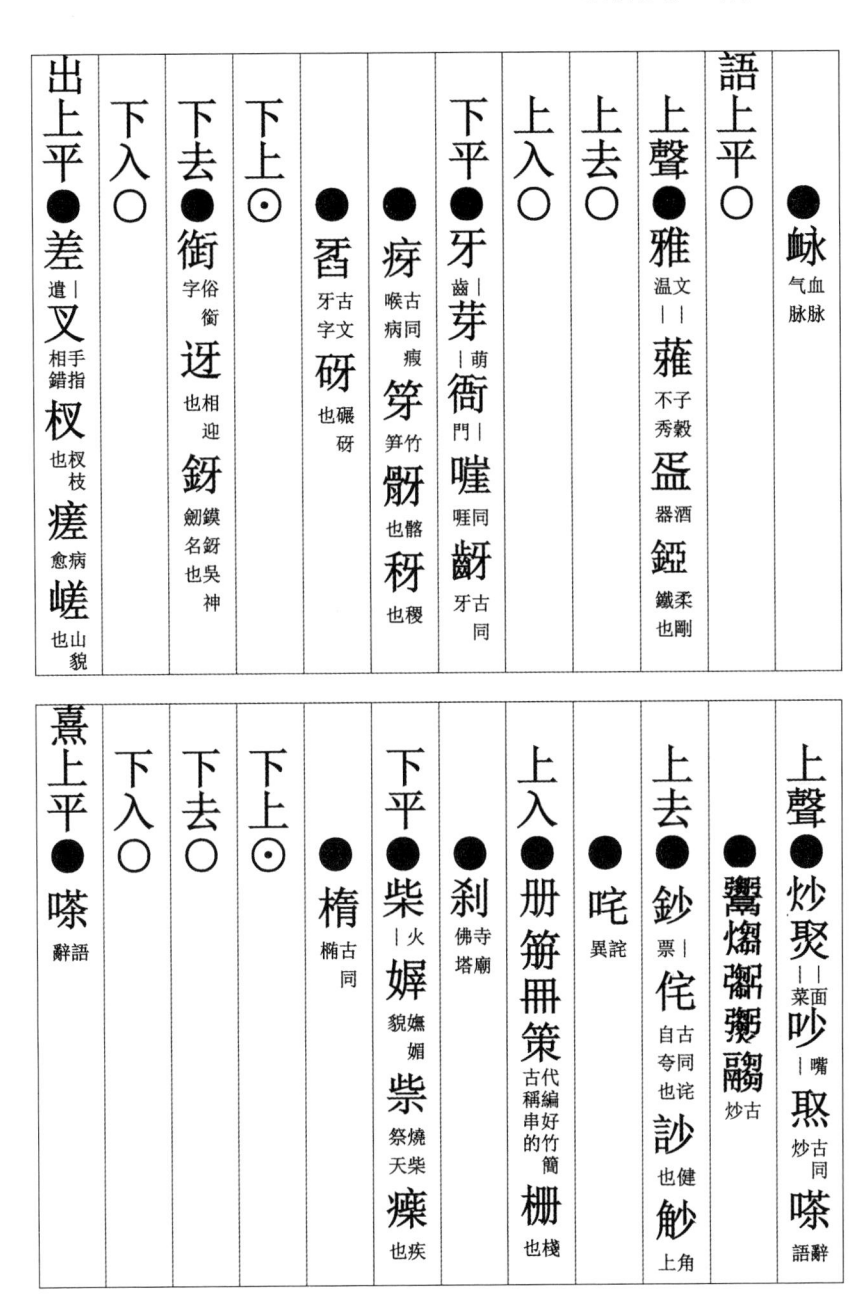

語上平 ○
● 峣 气血脉脉

上聲 ●
雅 溫文— 薤 不子秀穀 盉 器酒 鎠 鐵柔也剛

上去 ○

上入 ○

下平 ●
牙 齒芽—萌門 衙 哇同 齾 齾牙古同

下上 ⊙
● 舀 牙古字文 砑 也碾砑

下去 ●
痄 喉古同瘦病 笴 笋竹 骱 也骼 秺 也稷

下入 ○

下去 ●
衔 字俗衔 迓 也相迎 釾 剡鏌釾名也吳神

下上 ⊙

下入 ○

出上平 ●
差 遣—相錯手指 叉 杈也杈枝 瘥 愈病 嵯 也山貌

上聲 ●
炒 聚—菜面 吵 —嘴 聚 炒古同 嚓 語辭

上去 ●
鈔 票— 侘 自古同诧夸也诧 訬 也健 魦

上入 ●
册 箳册策古代編串好的竹簡 栅 也棧

下平 ●
柴 火— 媠 貌嬔媚 祡 祭燒天柴 瘥 也疾

下上 ⊙
● 橬 楢古同

下去 ○

下入 ○

熏上平 ●
嗏 辭語

如上平●也 詞語辭疑 邪耶 上全 殷 聲擊中	下入〇	下去●夏 季|暇 閒|下面|婋 子也|嫛 㪔 夏古	下上⊙	●硋 也厲石	●騢 雜馬毛赤白 椵 霞彩 鍜 鎧鎧也|頸	●遐 葉荷豬公 嗄 詞語字俗恩 愲 跟履	下平●霞 彩朝|蝦虾鰕|魚瑕|垢遐週|疵	上入〇	上去〇	上聲〇

下上⊙	下平〇	上入〇	上去〇	上聲〇	無上平●曰 詩說云子|	下入〇	下去〇	下上⊙	下平〇	上入〇	上去〇

下去〇
下入〇

嘉字母終

11 賓字母

柳上平〇
上聲〇
上去〇
上入● 西｜鼓｜
下平● 陵｜江凌｜欺夌｜也越箋｜竹綾｜綢緞羅
● 菠薐｜菜菠崚｜山凌｜晨稜｜鳥名
● 鮫｜名魚薐｜薐同棱｜憐颰｜風大棱｜威
● 輘｜輾車過輪蕳｜時姓有也蕳如相戰如國踜｜貌行
● 硥｜石硥貌硥棱｜帶馬腹瘭｜病｜風瘮｜病風
● 趢｜也越錂｜名金厸｜鄰古同靈｜也靈巫
● 稜｜棱同犇｜火磷遴遴｜選｜鏻｜貌健

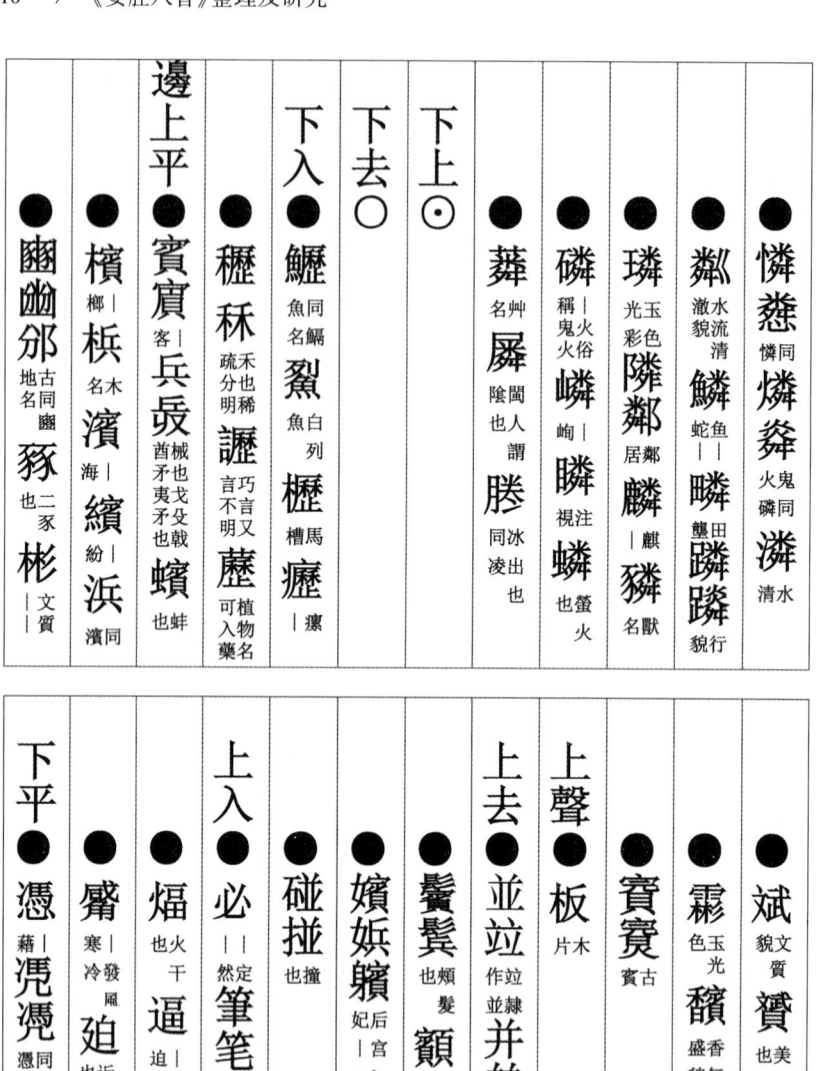

下上⊙	●憐慈 憐燐舜 火鬼 濂 清水／同鬼磷也／燐舜 同燐／溦 清水
	●粦 鱗隣 田蟹蹓／蛇魚／蹤蹒 行貌／澈水貌流清
	●璘 隣鄰 麒麟 居鄰／光彩玉色／麟獜 獸名
	●磷 粦 閩人謂火俗稱鬼火／瞵 注視／蟒 螢火螏
	●葬 屏 勝 陰也同冰凌出
下去○	
下入●	●鱧 鯛同名／魚白列／櫪癃 馬槽癃
邊上平	●櫪秝 禾疏分明也／稀也／謰 言不明巧又／蘆 植物名可入藥
	●賓賓 客兵戛／酋矛夷戈矛戟也／螾 蚌
	●檳梹 椰木名也／濱繽 紛也／浜 濱同
	●豳幽邠 古同幽地名／豩 二豕也／彬 文貌

上聲●	●斌 文貌寶也美好／鬢 冰冰仌 冰本字
	●霦 玉光色／馩 香氣盛貌／虨彪 虎文彪也
	●寶寶 古賓片木
上去●	●板
	●並竝 作竝并相從也／并 俱也／倂 列也斥棄也／儐 出客接實
	●鬢鬃 頰髮也／額 憤慎／擯 棄也／髻 上仝
	●嬪姘嬪 妃后宮／臏 骨膝蓋
上入●	●碰揰 撞也
	●必 然定／筆笔 述事而書之也／陝 或作隙地裂也
	●煏 火干也／逼 迫／偪堛 全上／咇 言多
	●髕 寒冷發風／廹 近也／囻 閉也
下平	●憑 藉凭凭 凭同憑同／馮湣 作凭通

新編《安腔八音》 / 111

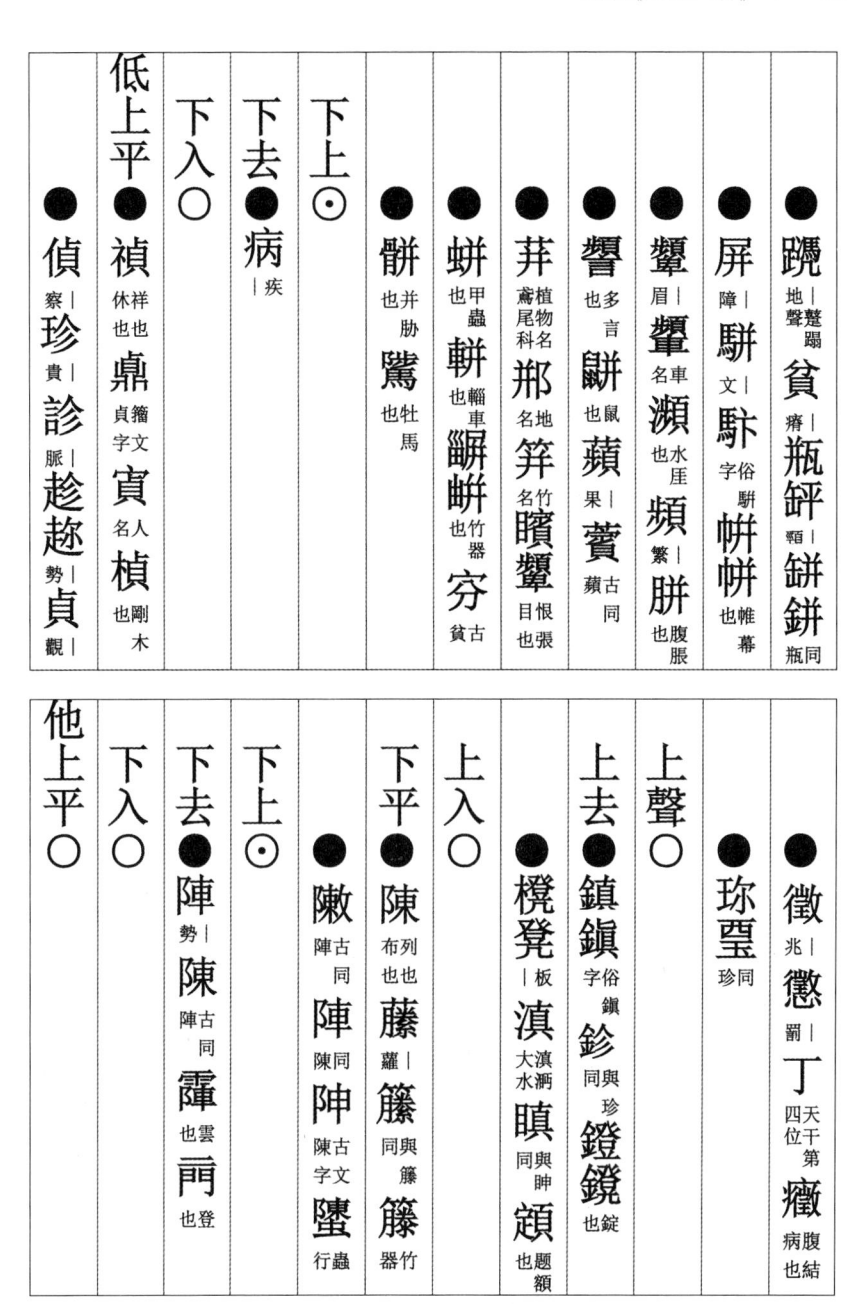

● 蹟｜地聲蠘踢　貧｜瘠　瓶評｜瓿｜　缾鉼同瓶

下上⊙ 屏｜障　駢駢｜文字俗駢　帡帡｜帷幕

● 顰顰｜眉　瀕｜水厓　頻｜繁　胼｜腹脹

下去● 病｜疾　響｜多言　餠｜鼠　蘋果　蕡蘋古同　餅｜腹脹

下入○ 荓｜植物名　筭｜竹器名地　曠顰｜目恨張

下上⊙ 蚲｜甲蟲　耕｜輞車　𩐈𩐈｜竹器也　分貧古

低上平● 禎祥也　休也　鼎｜籀文　貞字｜　寅｜人名　楨｜剛木也　骿｜并胁　驚｜牝馬

● 偵｜察　珍｜貴　診｜脈　趁趂｜勢　貞｜觀

他上平○

下入○

下去● 陣｜勢　陳陣古同　霆｜雲雨也登

下上⊙ 瀙｜　陳｜陳古字文　螶｜行蟲

下平● 陳｜布列也　藤｜　籘同與籘　籐｜器竹

上入○

上去● 橙凳｜板　滇｜滇湎　鉁鉁｜同與珍　鐙鏡｜也錠　瞋｜同與眴　頵｜題額

上聲⊙ 珍璆｜珍

● 徵｜兆　懲｜罰　丁｜天干第四位　癥｜病腹結也

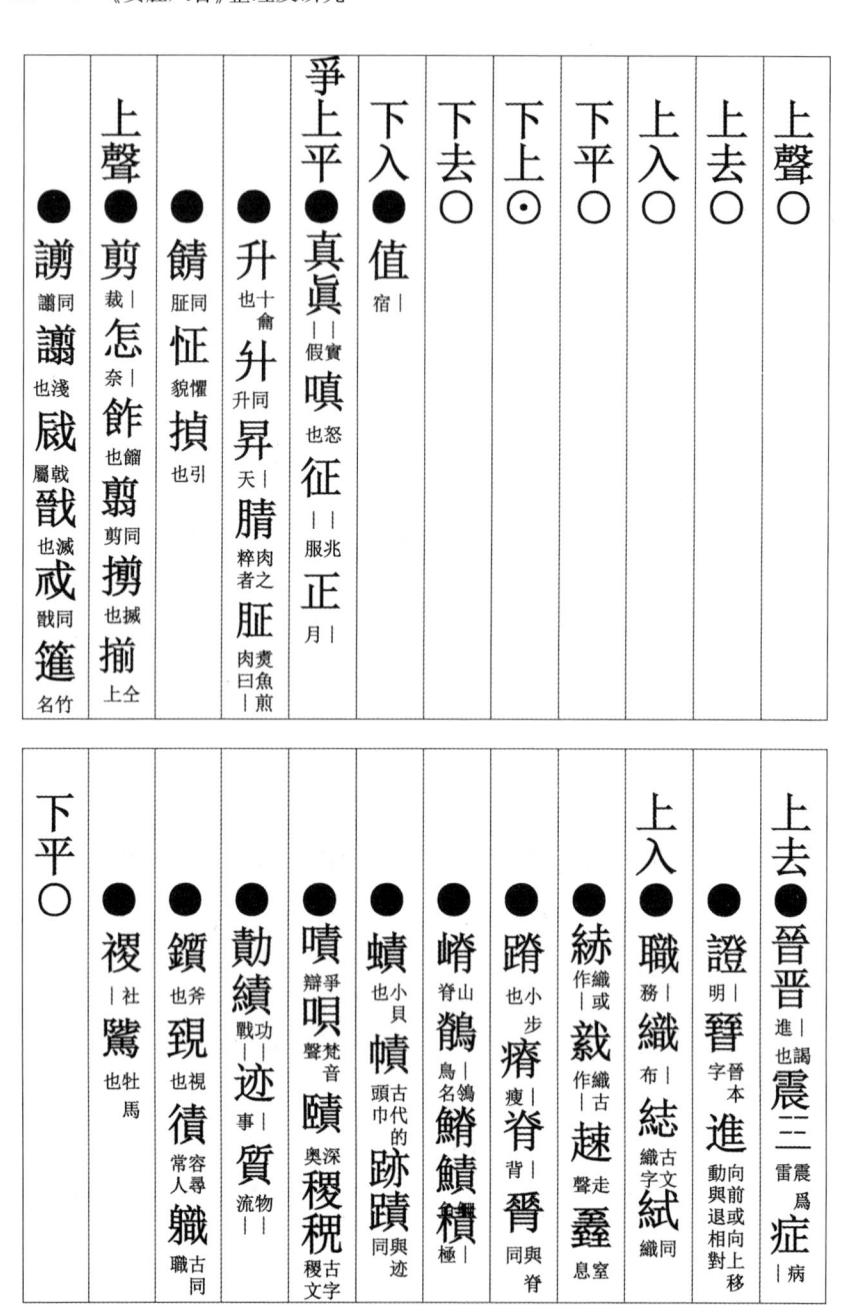

上聲〇

上去〇

上入〇

下平〇

下上⊙

下去〇

下入●值│宿

爭上平●真 眞│實 假 嗔│怒 征│兆 正│月 服

●升 十兪也 升│同昇 昇│天 脄│肉之粹者 胜│魚煎 肉曰│

●錆 脡同 怔│貌懼 揁│引

上聲●剪 裁也 怎│奈也 飵│餰同 剸│剪同 撋│也撋 揃│上全

●謭 謭同 諓│也淺 戬│屬戟 戒│也滅 戬同 篷│名竹

下平〇

●襫│社牡馬 驚│也

●鑽 斧也 覡│視也 債│常容尋人 職│職古字同

●勣 功事 迹│質物流 稷稬│稷古文

●嘖 爭辯聲 唄│梵音奧深 磧│質物流 稷稬│稷古文

●螏 也小貝 幘│頭巾古代的 跡蹟│同與迹

●嵴 脊山 鵲│鵲鳥名 鮨鰆鰆│極

●蹢 也小步 膌│瘦脊 晉│同與脊

●絺 織或作 穀│織古文布 赻│走 蠢│息室聲

上入●職 務│織 絟│古文織字織同

●證 晉│明字晉本 進│向前或向後退與向上移動相對

上去●晉 晋│進也 謚 震│雷震為 症│病

新編《安腔八音》 / 113

上 ⊙
下 ●盡盡 終完
去 盡止結
　 尽 上仝
　 爐 盡同

下 ○
入

下 ●盡盡
去 終完
　 止結
　 尽
　 上仝
　 爐
　 盡同

上 日
平 ○

上 ○
聲

上 ○
去

上 ○
入

下 ○
平

下 ⊙
上

下 ●認
去 知｜

下 ●日 駅
入 陽太 也驛傳
　 也 匿
　 　 躲隱
　 　 藏藏
　 　 搦
　 　 也按
　 　 榻
　 　 名木

● 柩 溺 糊 惱 怒
名木 愛水 餅粉 傷憂 痛鬱

時 ●懾 鱷
上 也愧 鯢魚
平 饕 而名
　 物食 小似
　 休 醜
　 溺古 憂同
　 字文 貌懾
　 堊 羅
　 和水 也黏
　 也土

● 广 身
倚病 軀身
也也 媚 娠
　 有身
　 孕懷
　 辛 低
　 酸｜
　 莘
　 多眾

● 騂 辨
色馬 古辨
也赤 同
駾 辨
多馬 仰用
貌眾 便角
誎 也低
也致 字驛
言 本
佚
貌行

● 疣
疣疣
意也
陳 古同
列陳
睽
高｜
升阰
阰登

● 新 薪
｜舊 ｜年
紳 申
上仝 訴
｜｜
紬 伸
木自 展
日髠 呻
吟呻

● 紳
｜士
珅
名玉

● 銑
澤金
者之
跣
腳赤
燊
兒盛

上 ●腆 胝
聲 也肉 胝
脹 脹古
也同

上 ●信 迅
去 箋｜
　 ｜迅雷
　 及掩
　 頤耳
　 作｜
　 也張
　 眴 凶古
　 目

● 譙 訊
也抒 也問
啊 訊
同興
汛
期｜
仞
信古

● 訊訛 信古文

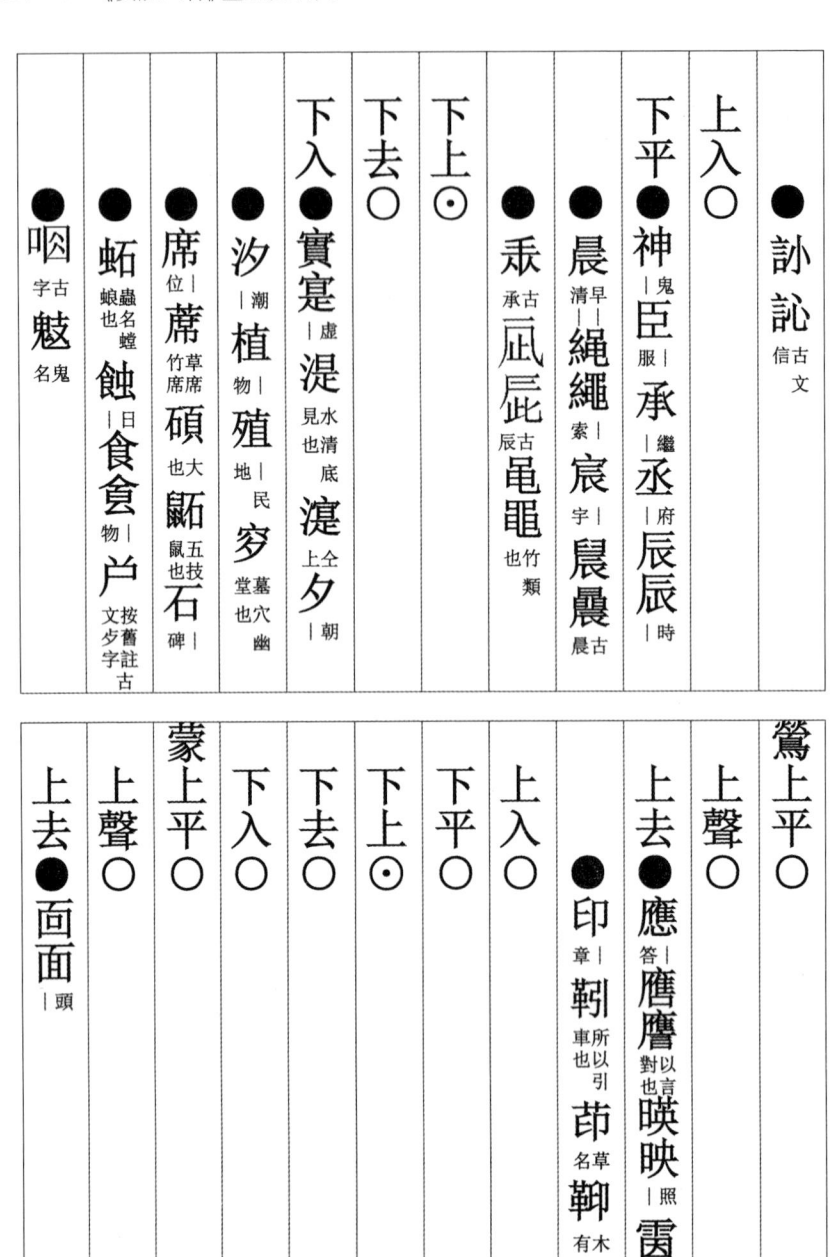

上入 ○

下平 ● 神鬼服 臣｜承繼 承｜丞府 丞｜辰時 辰

● 晨清早 繩｜索 繩 宸｜宇 宸 晨｜古晨 農

● 乘古承 凪｜辰 凪 屁｜竹類 黾 黽

下上 ⊙

下去 ○

下入 ● 實虛 寔｜水清底見也 湜｜上全 湜 夕｜朝 夕

● 汐潮 汐｜物 植 殖｜地民 殖 夕｜墓穴幽 夕

● 席位 席｜草竹席也 蓆 碩｜也大 碩 鼯｜鼠五技 鼯 石｜碑 石

● 蚰蟲名蟶也 蚰 蝕｜日食會 蝕 食｜物 會 戶｜按舊註古夕字 戶

● 咽古字 魃名鬼

鶯上平 ○

上聲 ○

上去 ● 應答 應 鷹｜鷹 鷹 暎｜照 暎 映 霯｜也氣 霯

● 印章 印 靮｜車所以引 靮 茚｜名草 茚 鞘｜木屐有足也 鞘

上入 ○

下平 ○

下上 ⊙

下去 ○

下入 ○

蒙上平 ○

上聲 ○

上去 ● 靣面｜頭

新編《安腔八音》／ 115

上入●覓覓｜睍也邪視	
下平●民眾｜眠安長｜瞑昏｜暗目	
下上⊙	
下去○	
下入●蜜蜂｜蚆也黑蜂藌同蜜密密瞇｜秘	
出上平●滵水流疾貌幎以巾可共覆物鼏同蜜謐誩靜	
出上平●親敖嫲疏｜稱穪稱俩重量輕	
上聲●蕅名艸冄稱古	
上聲●笓帘｜	
上去○	
上入○	
下平●睉塗畦稻田也堁塍膡艞同與塍	

下上⊙	
下去○	
下入○	
如上平○	
上聲○	
上去○	
上入○	
下平●人｜家仁｜道德義忎仁古字文魜名魚	
下上⊙	
下去○	
下入○	

賓字母終

116 / 《安腔八音》整理及研究

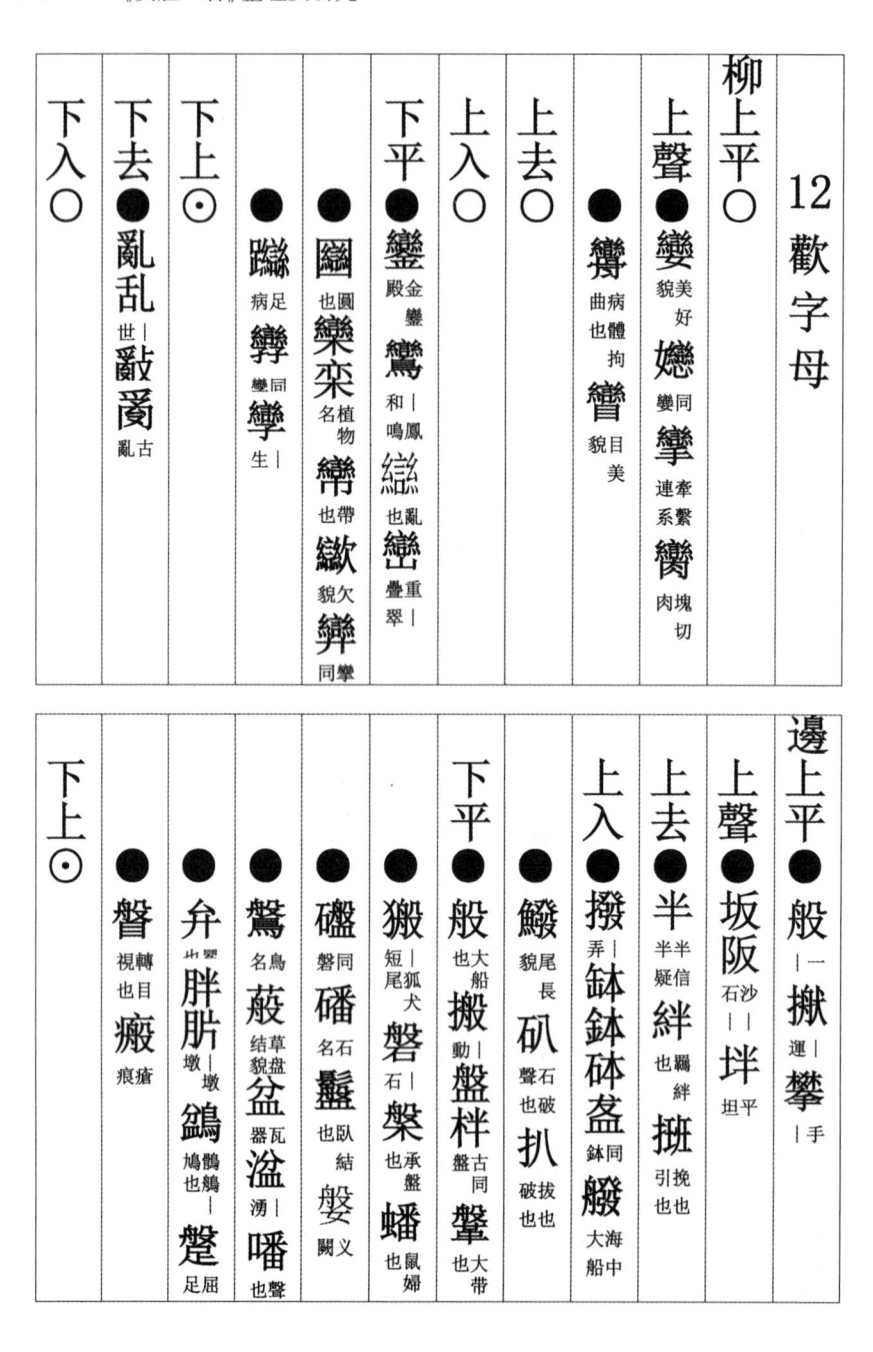

12 歡字母

柳上平〇
上聲 ●孌 美好貌 嬾同孌 變牽連繫 孌 肉塊切
上去 ●孌 病體拘 孌 目美貌 孌曲也
上入〇
下平 ●鑾 金鑾殿 鸞鳳鳴和 孌亂也 孌重疊 孌欠貌 孌同孌
下上 ⊙
下去 ●亂乱 敵䦈 亂古世
下入〇

邊上平 ●般一搬 掫一攀 運一手
上聲 ●坂阪 沙一石 坢坦平
上去 ●半 半信半疑 絆羈絆也 搬引挽也
上入 ●撥 弄一鉢鉢 体盂 鉢同鏺大海船中
下平 ●䰧 尾長貌 矶聲石破也 䮽拔也
下平 ●般大船也 搬動一 盤一样 古同盤 槃承盤也
下平 ●媻 短尾狐犬 磐磻同磻 槃一 蟠也鼠婦 一帶
下平 ●礚 磐同礚 磻名石也 蠜臥結䰧义
下平 ●鸞 名鳥 菝草盤結貌 盆瓦器 溢湧一 皤一聲
下平 ●弁 胖肸墩一 鵌鶌鳩也 鐾足屈
下上 ⊙ 瞥 視轉目也 瘢痕瘢

新編《安腔八音》

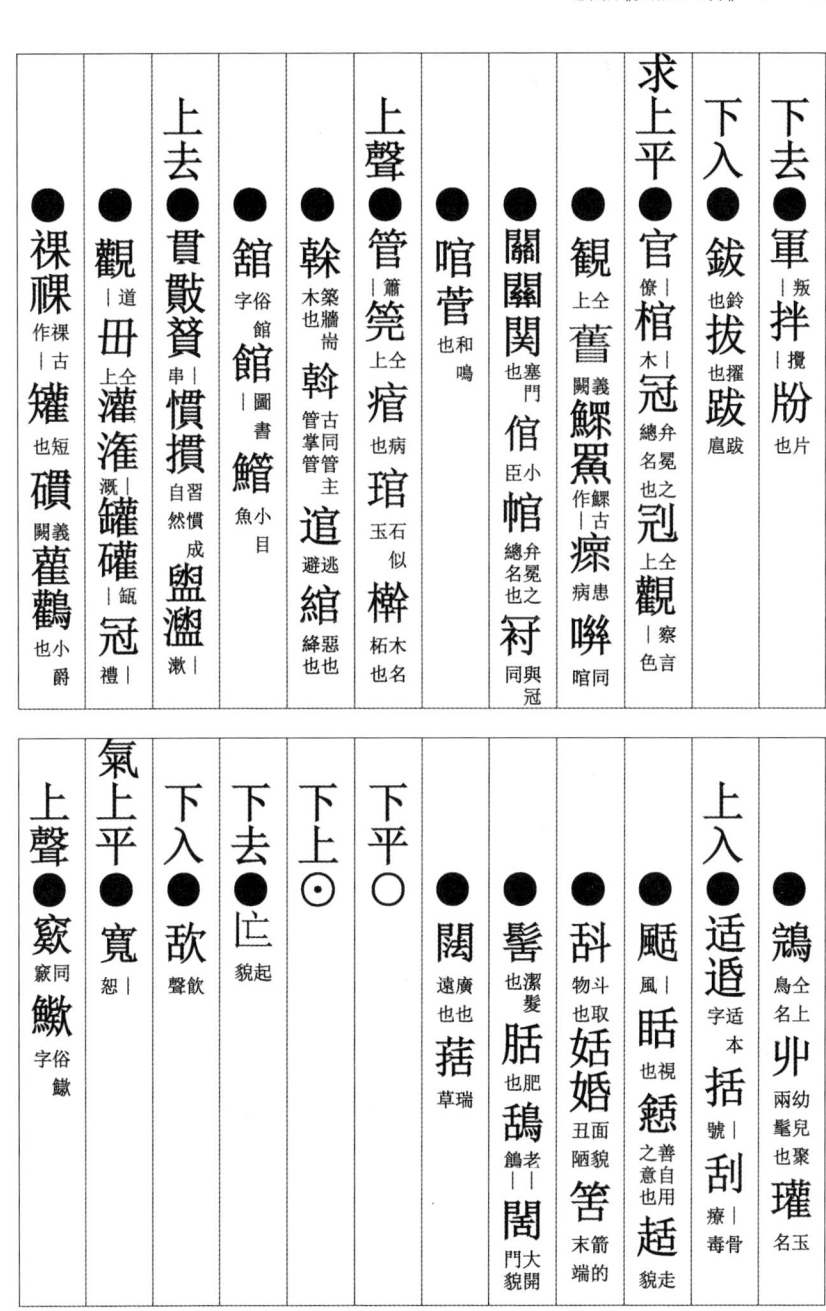

下去●軍|叛攪也拌|扮片也

下入●鈒|鈴也拔擇跋|虐跋

求上平●官僚|棺木|冠弁冕總名也冠|上全觀察色言

●觀上全舊義關|鯤古作鰥|瘵病患喀同喧

關關關|塞門也佋|帢小冠臣興同

●喧菅也和鳴

上聲●管簫笐上全痯病也琯玉石似椊柘木名也

●榦木築牆尚也幹古同管主管掌管|逭避逃也|綰惡絳也

●舘字俗館|館圖書|鱨魚小目

上去●貫串慣|慣慣習自然成撋|盥盥漱|

●觀道|田上全灌漼|罐瓴|冠禮|

●裸裸作裸古|㸑也短碩關義蔉鸛也小爵

上入●鴰鳥全名上卯幼兒兩髦也㝡瓘名玉

●适适字本号|刮療毒骨

●颩眍也視慰之意自用

●斜斗取物也姞婚丑面陋貌笞末箭的端

●髻潔髮也肐肥也鴣鴣老|閛門大開貌

●闊廣遠也莚草瑞

下平〇

下上⊙

下去●亡起貌

下入●欤聲飲

氣上平●寬恕|

上聲●窾窾同鰍字俗鱢

118 / 《安腔八音》整理及研究

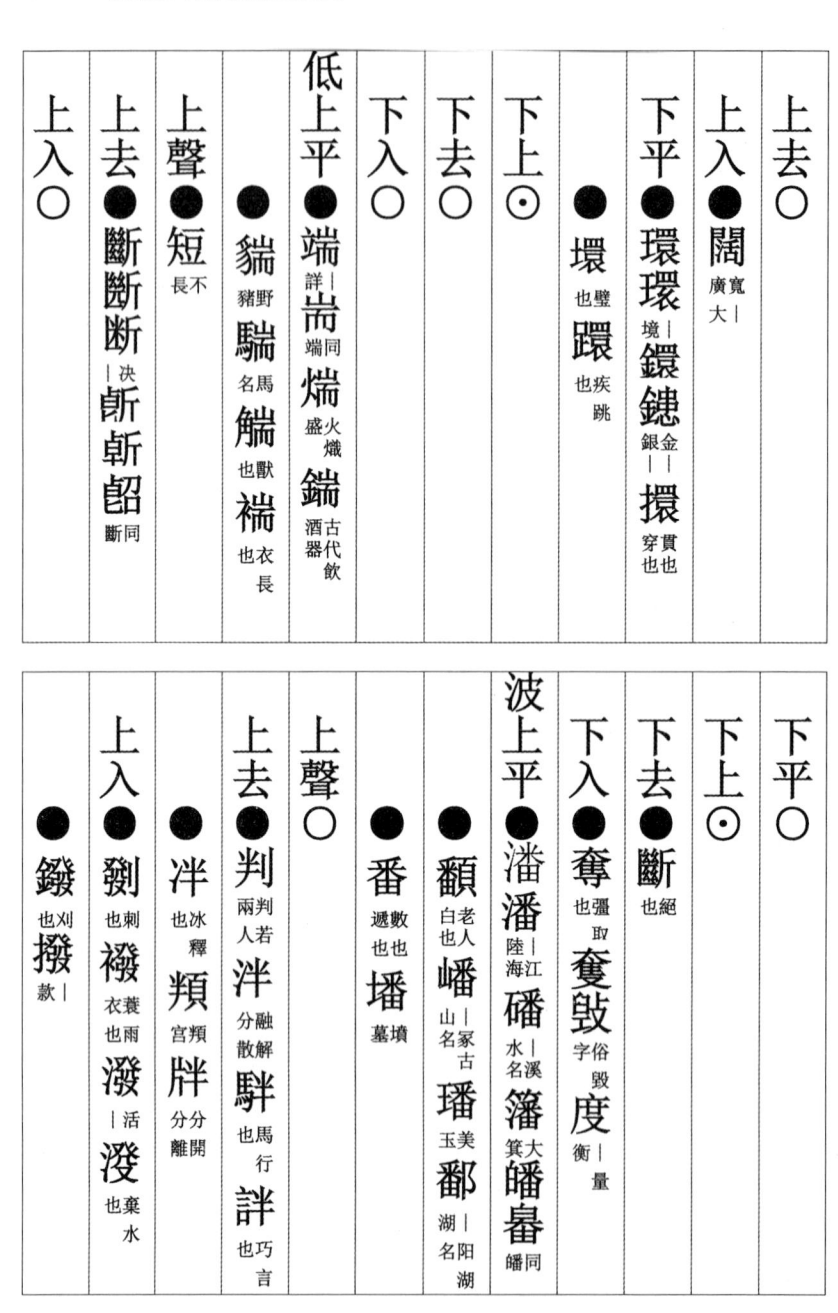

上去	上入	上去	上聲		低上平	下入	下去	下上	下入	下平	上入	上去
○	○	●斷斷斷|斷斬斳 決断同	●短 長不	貒 豬野名馬 鍴 餦也獸 襡也衣長	●端耑 詳|端同 耑 火熾盛 鍴 古代飲酒器	○	○	⊙●壞 躞 也璧 也疾跳	●環環|鐶鍰鐶 境|銀|穿也 貫也金	●闊 廣寬|大	○	○

下平	下上	下去	下入	波上平		上聲		上去	上入		
○	⊙	●斷 也絕	●奪取 奪鼛 俗毀 度字 衡|量 彊	●潘潘 陸海江 磻 水名溪 籓箻畚 番同	嶓 山名冢古 瑶 美 鄱 玉 湖|名阳湖 額 白老人也	●番 遞數也也 墦 墓墳		●判 兩判人若 泮 分融散解 姅 也馬行 詳 也巧言	●泮 也冰釋 頖 宮頖 胖 分分離開 劉 也刺 襏 衣襏雨也 潑|活 泼 也棄水	●鏺 撥 款|	

新編《安腔八音》 / 119

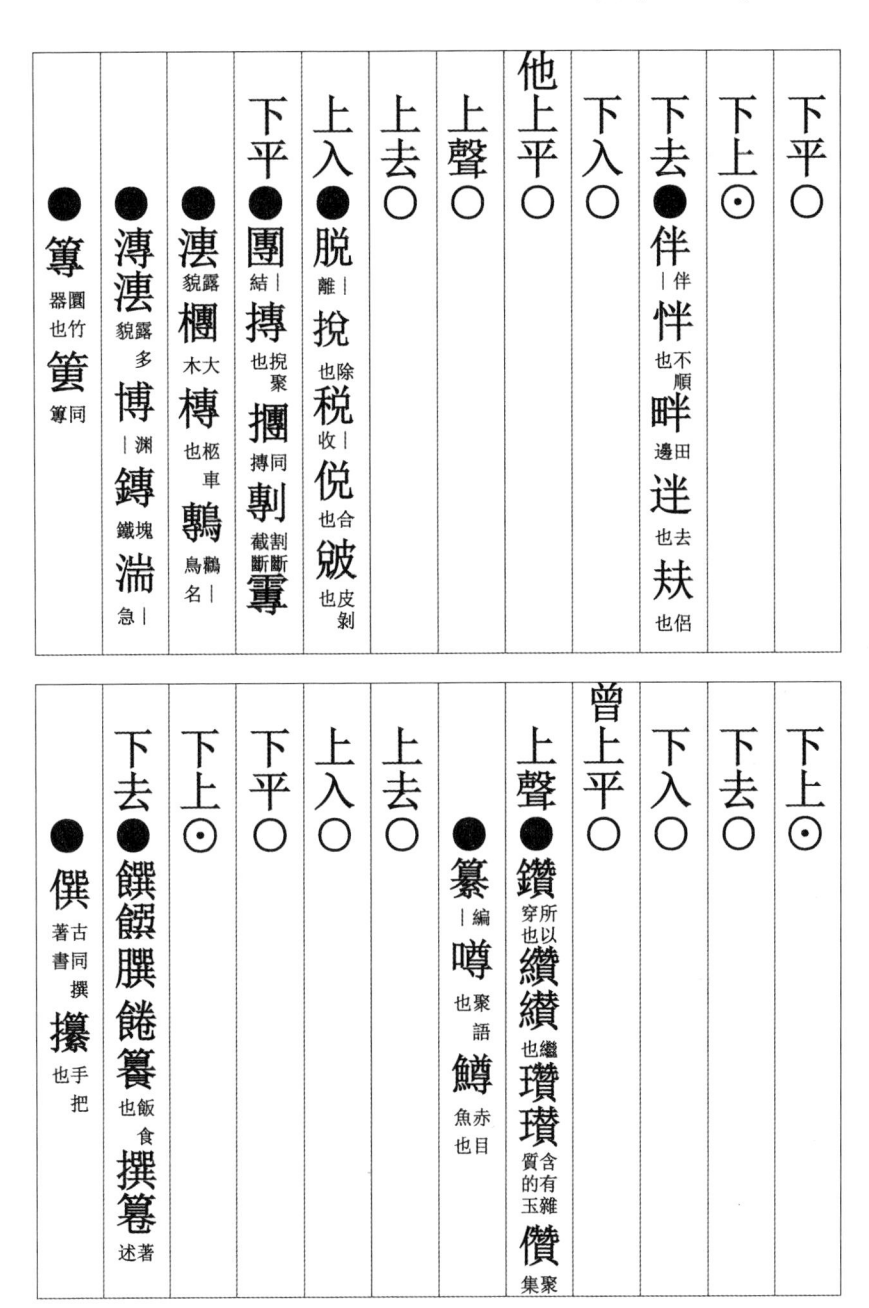

下平 〇

下上 ⊙

下去 ●伴｜伴也不順 伻｜邊田 畔迣｜去也侶

下入 〇

他上平 〇

上聲 〇

上去 〇

上入 ●脫｜離也 挩｜除 稅收 倪｜合也 皷｜皮剝

下平 ●團｜結也 搏｜捄聚 摶同 剸｜截斷 割斷 剬

凓貌露 櫥｜木大 槫｜枢車 鷏｜鳥鵜 名

溥溥貌露多 博｜淵 鎛｜鐵塊 湍急｜

●簙器圓也竹 簨同

下平 〇

下上 ⊙

下去 〇

下入 〇

曾上平 〇

上聲 ●鑽穿也所以 纘繼也 瓚含有雜 質的玉 儹聚集

上去 〇

上入 〇

下平 〇

下上 ⊙

下去 ●饌餕膴餞簒｜飯食 撰篹述著

●僎著書古同 撰 攥手把也

下入 ○	
蒙 上平 ○	
上聲 ●滿滿滿 盈也 溢 籓籓 同竹器 澌 闕義	
上去 ○	
上入 ●抹 摩也 秣 秣馬屬兵 妹 妹嬉 怽 忘也	
下平 ●鰻 魚也 鱇 獌 狼屬	
下上 ⊙	
下去 ○	
下入 ●末 路也 帓 足衣 昧 舂米碎 硃 石碎	
語上平 ○	
上聲 ○	
●頼 健也 顟 視也 鶄 鳥名 肳 目冥遠	

上去 ○	
上入 ○	
下平 ●頑 固也 貦 好訟也 姏 俗字姏 癟 手足麻痺	
●癲 病痺	
下上 ⊙	
下去 ●玩 翫 松懈習忽而 忨 食也	
下入 ○	
出上平 ●餐 飱 食也 飧 鉎 鉎 重量輕也 篓 签 取魚竹器	
●荃 名艸 拴 縛也 佺 偓佺古仙人名也 牷 牛純色 痊 愈	
●詮 釋也 踡 蹲踞曲伏 悛 止停 飻 豆飴	
上聲 ●喘 息歘 促呼吸 古同喘急	
上去 ●爨 褒 煮食物 爨 燒以火 篹 奪 篹 古同	

新編《安腔八音》 / 121

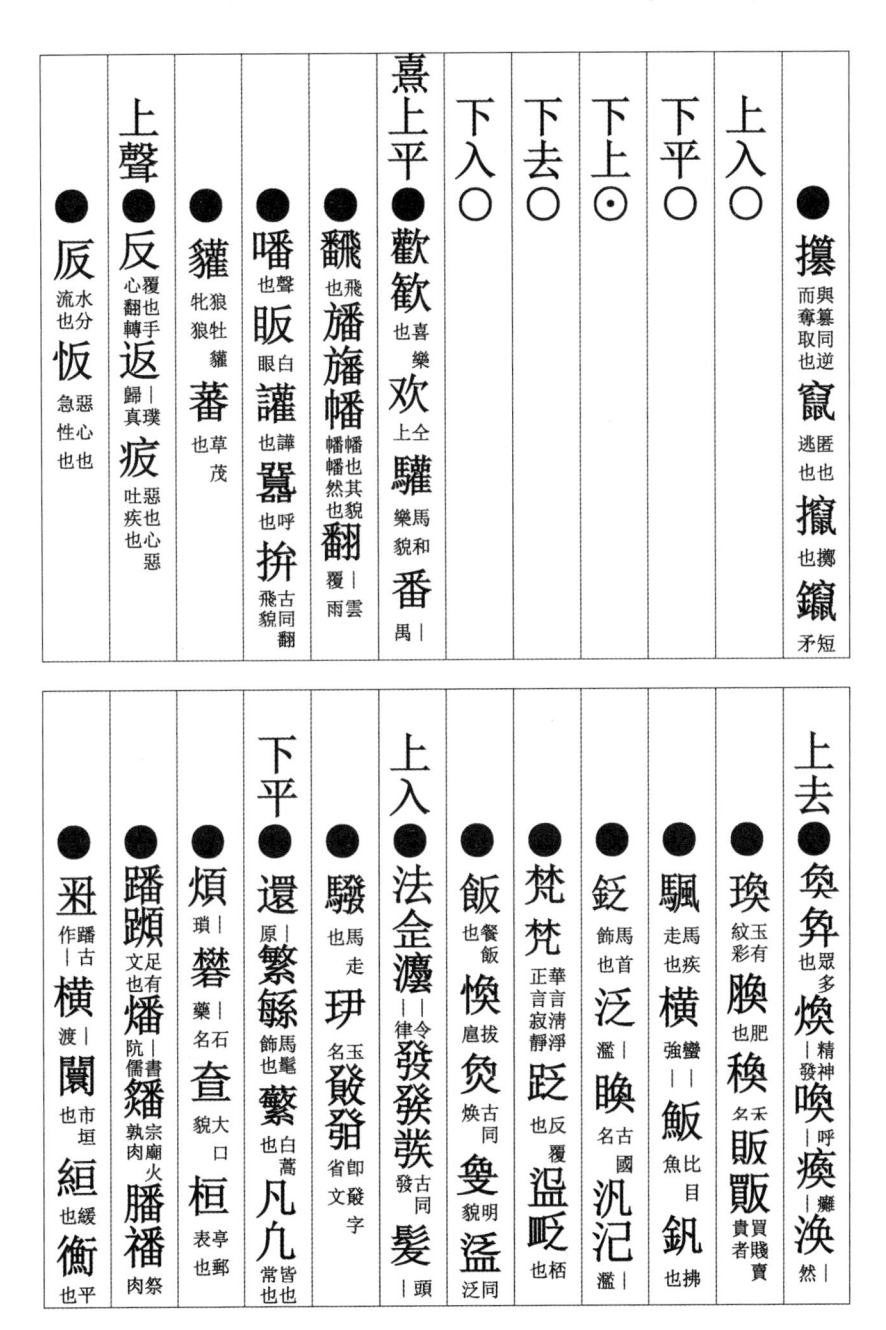

● 攛 與篡同逆而奪取也 竄 匿也逃也 攩 擋也 鑹 矛短

上入 ○
下平 ○
下上 ⊙
下去 ○
下入 ○

熏上平 ● 歡歡也喜樂 欢 全上樂 驩 馬貌和 番 雨
● 飜 飛貌 旙 幡也 幡 幡幡其貌然也 翻 古同翻
● 嶓 聲也 販 白眼 謹 譁也 囂 呼 拚 飛貌
● 獾 牝狼 牡 獾 蕃 草茂也

上聲 ● 反 覆也翻轉也手心也歸真璞 返 疲 惡疾也吐心惡
● 反 水分流也 恨 惡性也急心也

上去 ● 奐 眾多也 異 煥 發精神 喚 呼 瘓 癱 渙 然
● 瑛 玉有紋彩 腴 肥禾 販 買賤賣貴者
● 騵 走馬疾 橫 強蠻 鈑 魚飯拂
● 鈜 飾馬首 泛 濫 映 古國名 汎 汎濫
● 梵 梵華言清淨正言寂靜 跂 反覆也栖 溫 畎
● 飯 餐飯也 悒 拔庢 灸 古同 奻 明貌 溋

上入 ● 法 金濾 律令 發 癹 古同發 祾 頭髮
● 駿 馬走也 玔 玉名 毀 即毀字 翁

下平 ● 還 原也 繁 飾馬髦 繫 白蒿也 凡 幾皆常也
● 煩 瑣 礬 藥石名 查 大口貌 桓 亭郵表也
● 蹯 文也足有熻宗廟火熟儒書院 蹯 肉祭
● 丕 作蹯古 橫 渡也 闤 市垣也 絙 緩也 衚 平也

下上⊙

下去●患 ｜得｜失 范 草也 範 古時出行前祭路神的儀節 幻 ｜覺

●犯 ｜人 緩鬆 古文緩字 豢 ｜養 圂 同溷 宦 宦官

●悶 古患字 犽 犯古作｜ 厶 幻古作｜

下入●伐 擊也殺也 筏栰 竹｜ 閥 門｜ 垡 耕地翻土

●訹戕 竚也 疺 瘦也病也 罰 ｜懲 乏 缺｜ 活 ｜命

●⿰面舌 短面也 苦 草名 橃 海中大船 佸 會也

無上平●壪塆 山｜ 彎 引弓開弓 ⿰木彎 曲木 灣 台｜ ⿴囗彎 水｜

●⿰虫彎 蟲名 ⿱䜌刀 削也

上聲●宛 宛然在目 碗 飯｜茶｜ 苑 所以養禽獸囿也 琬琓 國名用字

●椀 同碗 腕 手｜ 盌 同碗 涴 水流曲折蜿蜒 惋 歎惜憾恨

●豌 ｜豆 惌 讎也恚也本作怨或作惌 ⿰面宛 眉目之閒美貌

●踠 騾馬等腳與蹄相連接的彎曲處 綩 古時冠冕上的紐帶 剜 挖削

●晼 目凹陷貌 畹 田二十畝也 豋 即豌豆

●晚 目視貌 綰 惡也絳也 騗 與涴同 婉 说话曲折含蓄

●菀 草木茂盛 阮 姓也 ⿰阝宛 義闕 ⿰女完 義闕 莞 草也可爲席

●唍 小笑貌 脘 胃府也 綄 纏繞 睆 眼睛鼓出

●挽 挽留 晚 ｜上 晼 ｜晚日將落貌 ⿰免且 晚本字

●輓 同挽 ⿰虫完 蟲名 娩 分｜ 梡 案板

●皖 安徽省簡稱 捥⿱夗手掔 義掔音同

上去〇

上入●癹𤼵癹 以足蹋夷艸

下平●灣 台｜

下上⊙

下去 ●萬 蜂一名萬蓋蜂類衆多動以萬計 万 個數目一千十

●蠆 毒蟲名形狀似蠍而尾部較長 換 兌改二

●購 也贈貨 曼 柔美延長

下入 ●襪 衣足 韎 出韎韐蕃人北土 韤袜 襪同

●曰 說文也文言文用於

歡字母終

《安腔八音》

卷三
歌須於金杯孤

13 歌字母

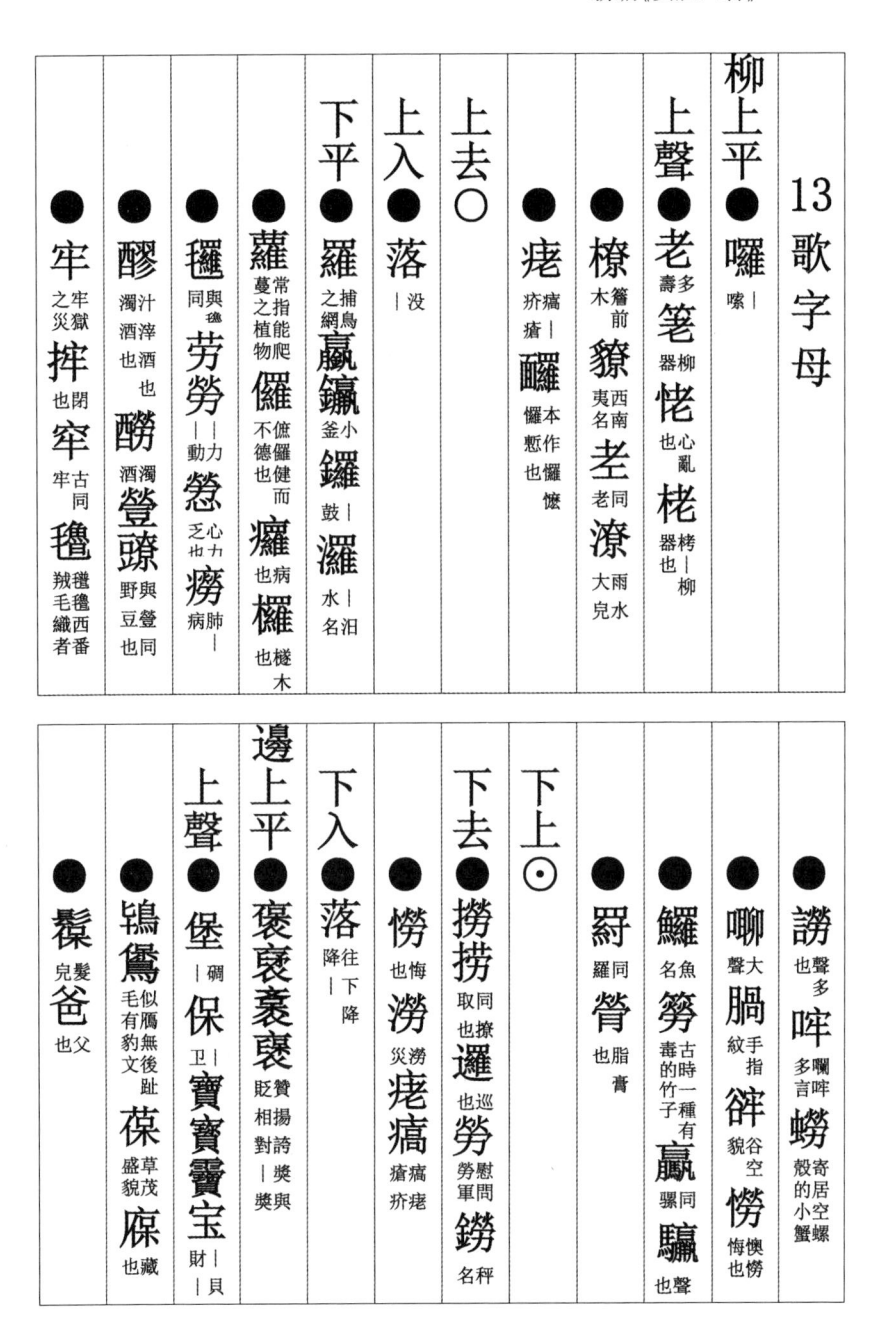

柳上平 ●囉 嗦|

上聲 ●老 壽多 笔 柳多 姥 心亂也 栲 栲|柳器也

●橑 篝前 獠 夷西南 老同 潦 大兒水雨

●疥 疥瘡 曬 曬懯也 本作曬懯

上去 ○

上入 ●落 |没

下平 ●羅 捕之鳥網 贏 釜小 鑼 鑼|鼓 灑 水|名汨

●蘿 常之指植能物爬 儸 倅儸也不德健也而 癱 病|樸 欏 木

●羅 同與 蟧 劳劳|動力 慫 心|乏也力 癆 病|肺

●醪 濁汁淳酒酒也也 醪 酒濁 登 野與豆也同 醪

●牢 牢之獄災 挌 挌|閉也 牢 牢古同 氁 氁|毛西者番織

下上 ⊙

下去 ●𦡎 羅同 臂 脂膏也

●鱺 魚名 篘 古竹時子一有種的 贏 驢|聲

●唎 聲大 䚡 紋手貌指 惏 谷空悔同懊怓

●謗 多聲也 哗 多嘮言唎 蟧 寄殼居的空小蟹螺

下入 ●落 往|降下降

下入 ●𤊶 也悔 潦 災潦 疥 瘡瘡疥

●撈 撈|撈擦取也也 遷 巡|邏也勞慰軍問 鋜 名秤

上平 ●褒 褒襃|襃贊相揚誇對|獎獎與

上聲 ●堡 堡|礮 保 衛| 寶 寶寶寶宝 |財|貝

●鴇 似鷹毛有豹無文後趾 葆 草盛茂貌也藏

●𩑩 兒髮爸父也也

126 / 《安腔八音》整理及研究

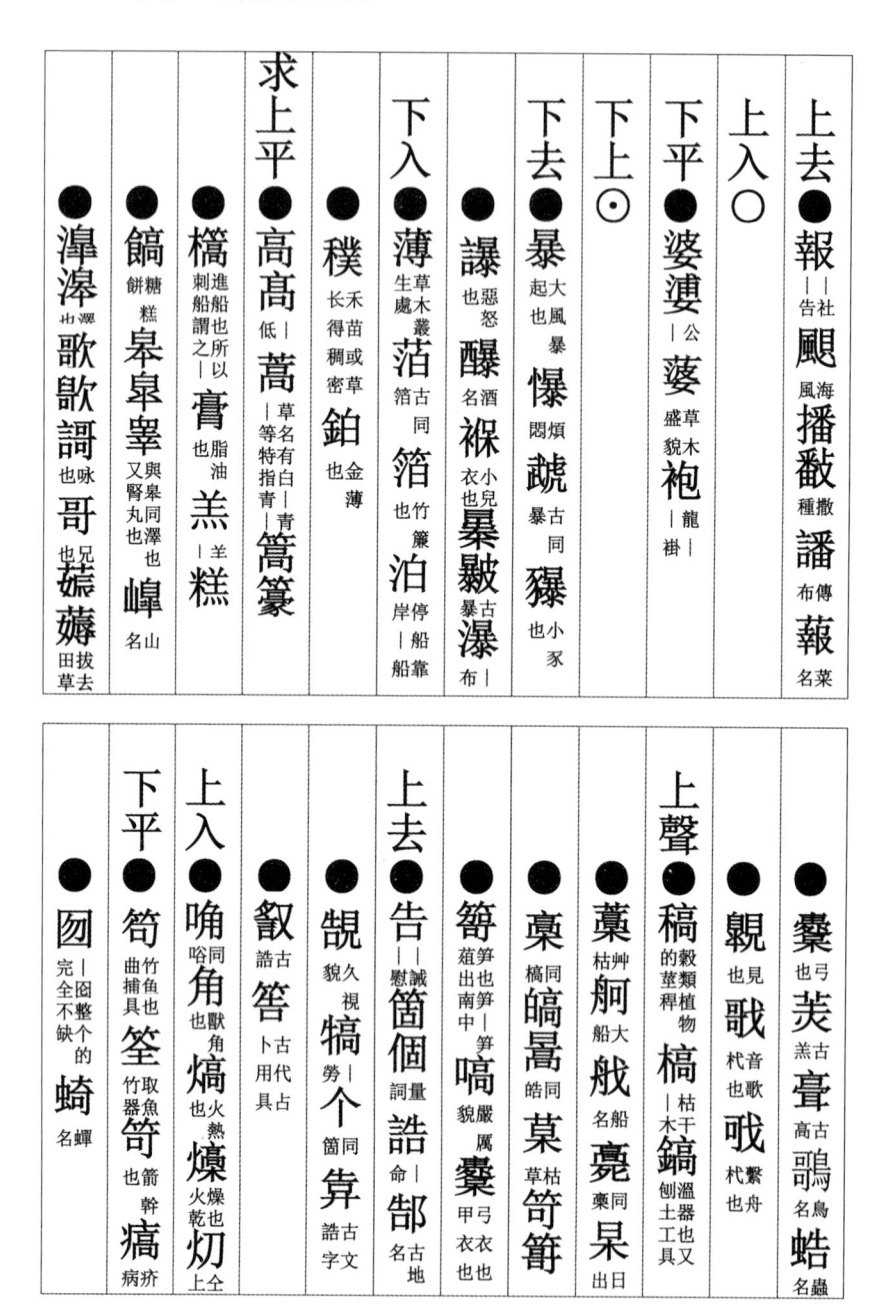

上去●報—告社 颰播敠謠藗
風海種撒布傳名菜

上入〇

下平●婆逡—公 蔘盛草袍—龍掛
貌木

下上⊙

下去●暴大風暴 爆煩 皻
起也悶也古同小豕

下入●謼惡怒 釀酒 裸 箔古同
名衣竹簾
也小兒暴皺 瀑
也岸停船靠 布—
船

下入●薄草木 苖
生處 箔古同 泊
竹簾 停船靠

●穛禾苗 鉑金薄
长得稱或密也
草

求上平●高高— 蒿草名有白
低— —等特指青 篙簍

●檁進船也所以 膏脂油 羔羊
刺船謂之 也 糕

●饀餅糖糕 皋皋辜 嶨山名
與睾丸同澤也

●澤澤山澤 歌歌謳 哥兒 嫶薅
也詠也 也 田拔草去

上聲●藁弓 芫羗古 韋高古 鵠鳥
也 名 名虫

●覯見 哦音歌 哦
也 代繫也舟

上聲●稿穀類植物 槁枯于 舸大 戟
的莖稈釋 木鎬刨 船名 冀
溫器也又 甲衣也
土工具 出日

上去●告誡 箇個語— 誥—命 郜古地
名古
詞量
文字

●覞久視 犒勞 个同 卉
貌— —軍 箇

●叡—答 古用具
ト代

上入●唝哈 角—獸也 熰火熱也 炒火燥也
角 燐燥乾也 灯上全

下平●笱竹曲捕具 筌竹取魚器也 笱箭幹 㾫病疥

●囫整個的 蜥名蟬
—囫完全不缺

新編《安腔八音》 / 127

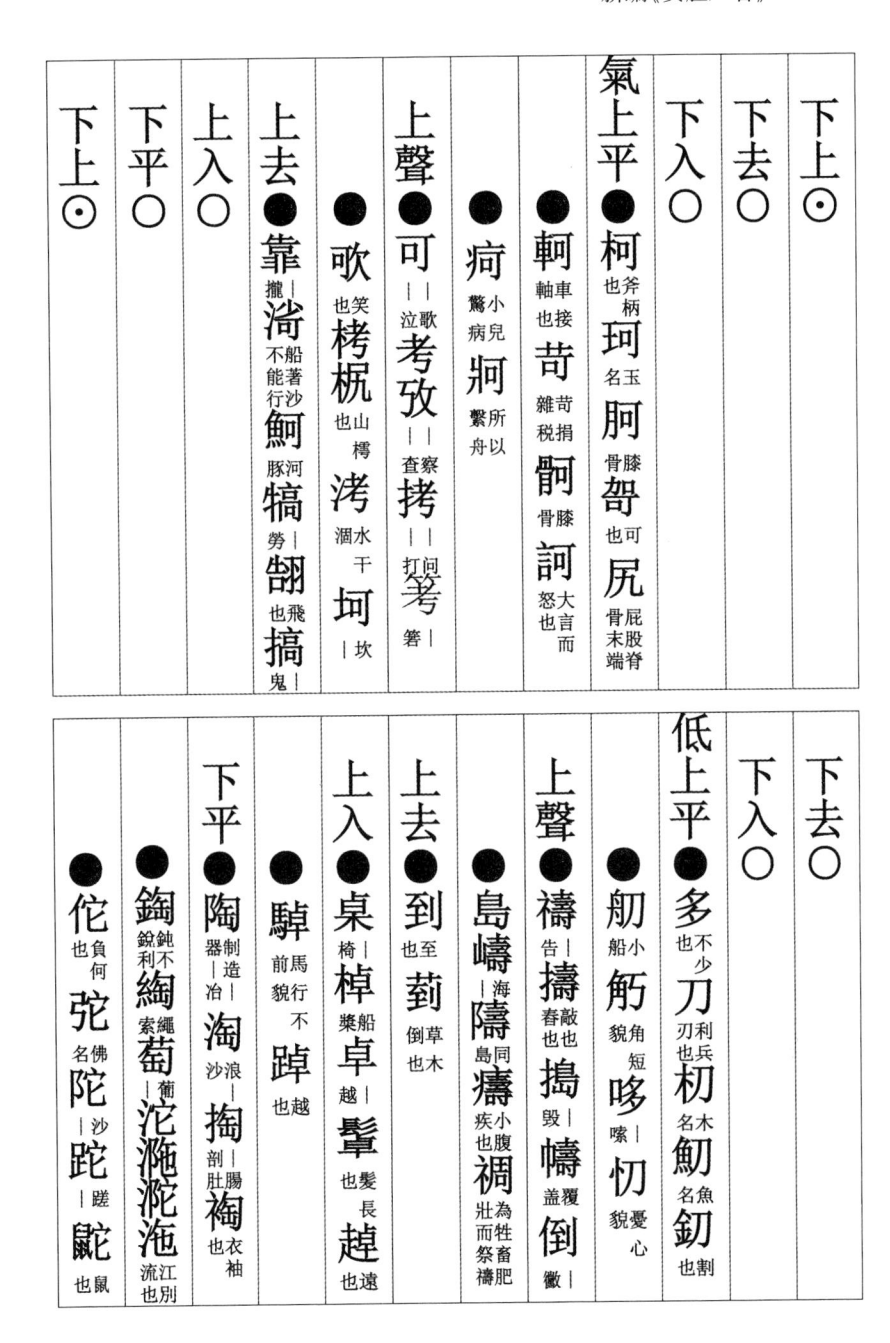

氣上平●柯｜斧柄也 珂｜玉名 胛｜膝骨 舸｜可也 尻｜屁股骨末端脊
軻｜車軸接也 苛｜雜稅苛捐 軻｜骨膝 訶｜大言而怒也
疴｜小兒驚病所以繫舟
上聲●可｜｜泣歌也 考攷｜｜查察拷｜｜問答筈
歌｜笑也 栲柷｜｜山樗 洘｜｜涸水干 坷｜｜
上去●靠｜攏船著沙不能行 魺｜河豚 犒｜勞飛也 翱｜搞｜鬼
下平○
下入○
下去○
下上◉

低上平●多｜不少 刀｜利兵刃也木名 魛｜魚名 剉｜割
舠｜船角短貌 哆｜嗪 忉｜憂心貌 倒｜
上聲●檮｜擣｜春敵也 擣｜毀也 幬｜蓋覆貌 倒｜懲
島嶹｜｜海島同 隱｜｜小腹疾也 癉｜為牲畜肥壯而祭禱
上去●到｜｜至也 菿｜草木倒也
上入●桌棹卓越｜｜｜船樂 髦｜髮長也 趠｜遠
下平●陶｜器制造 淘｜沙浪 掏｜剖腸 褈｜衣袖
騊｜前馬行貌 踔｜越也
鋼｜鈍不銳利 綯｜索繩葡｜葡 沱淹沱汜｜｜｜｜流江也別
佗｜負何也 駝｜名佛陀｜沙 跎｜蹉 鼧｜鼠也

128 / 《安腔八音》整理及研究

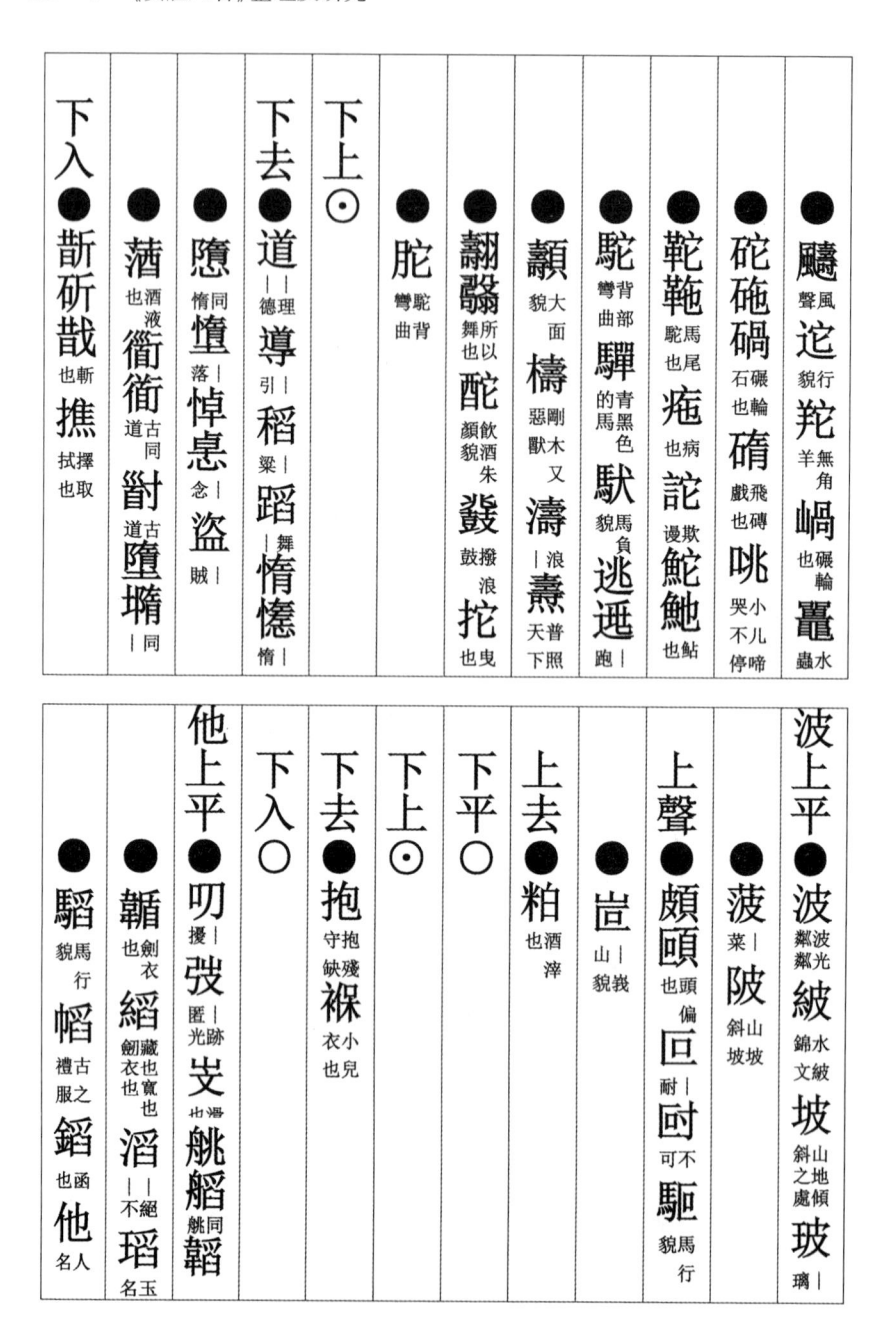

下入		下去	下上						
●蕲斫斲 斬也 攄 擇取拭也	●蒲 酒液也 衕 同道也 尌 古道 墮 墦 同	●隋 惰同 悼 愒 念落惰也	●道 理 導 引 稻 粱 蹈 舞惰 憶 惰	●⊙	●陀 彎曲駝背	●翻 翾 舞貌 酡 飲酒顏貌朱 鼗 鼓撥浪 扡 曳也	●顩 大面貌 檮 剛惡獸木又 濤 浪天普下照	●駞 彎背馬青黑色曲部的 駪 馬負貌 逃 跑 迱	●鞑 鞰 彎曲馬尾也 駞 碾病也 詑 欺謾 鮀 鮧 鮎也	●砣 硪 碾石也 碣 飛磚戲也 咷 小兒哭不停啼	●飍 風聲 迡 行貌 羟 羊無角也 嶇 碾輪也 黿 蟲水

下入	他上平	下去	下上	下平	上去	上聲	上平
●騒 馬行貌 幍 古禮服之 謟 他名人	●鞱 剑衣也 綯 藏衣劍也 謟 不絕玉名	●叨 擾 弢 匿跡光也 㚥 湯也 鮡 鞱 同鮡 鞱	●⊙ 抱 守抱缺殘也 裸 小兒衣也	●⊙	●粕 酒滓也	●豈 山貌巍	●頗 頤 頭偏也 叵 不可耐 駏 馬行貌	●菠 菜 陂 斜山坡	●波 波光鄰鄰 綾 錦文綾水 坡 山地傾斜之處 玻 璃

新編《安腔八音》 / 129

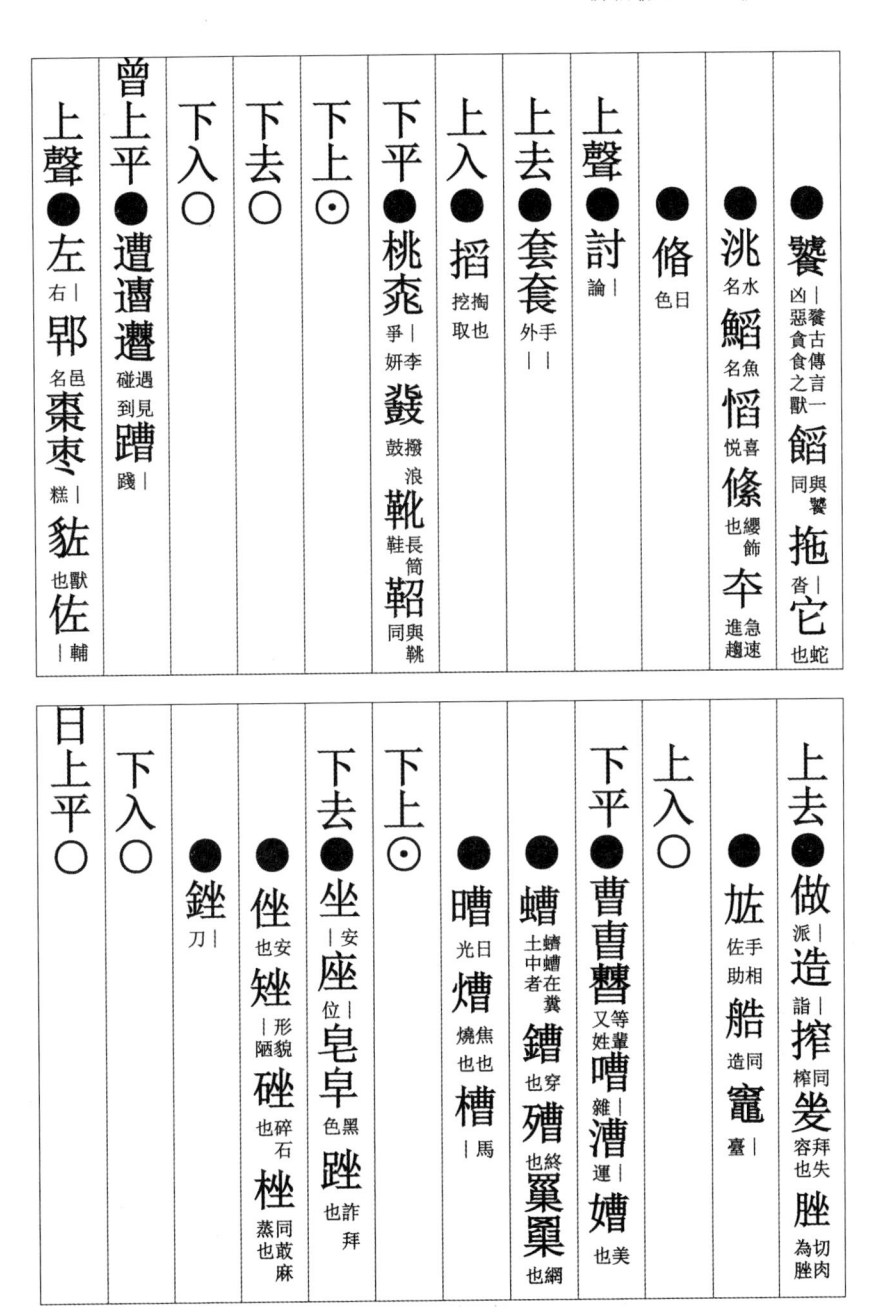

●	饕	饕古傳言一凶惡貪食之獸
	餉	與饕同
	拖	沓－它蛇也
上去●	討	論－
	佫	色日
上去●	套套	外手－
上入●	搯	挖掏取也
下平●	桃洮	爭妍李
	鼗	鼓撥浪與鞀同
	靴鞀	鞋長筒
下上⊙		
下去○		
下入○		
曾上平●	遭遭遭	碰遇到見蹧－踐
上聲●	左	右－
	郍	名邑棗－糕
	菾	獸也佐－輔

上去●	做	派－詣造－搾同榨 夎拜容也失脞為切胵肉
	胵	
	旆	佐手助相艁同造－寵臺
上入○		
下平●	曹曺曹	蠐土中者又姓錯－穿雜運也終網也美
	蠐	
	嘈漕嘈	
	鎈殂嬲鷘	
下上⊙	嘈	光日熸焦燒也也馬
	槽	
下去●	坐座	蠐蠐在糞等輩位色黑詐拜
	皂皁	
	脞	
●	剉	也安矬坐安也形陋貌碎石同蔽麻蒸也
	矬	
	硓	
	桻	
●	銼	刀－
下入○		
日上平○		

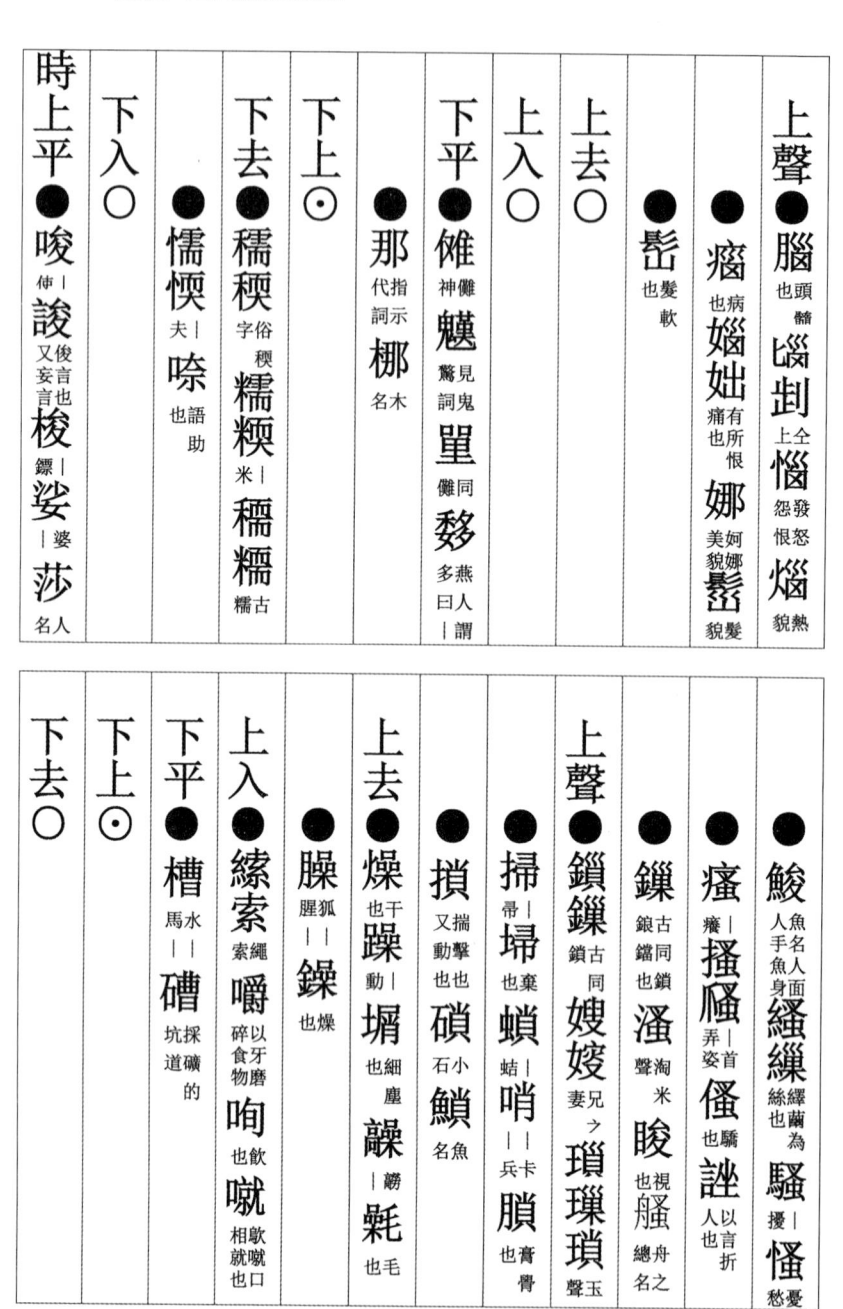

上聲 ●	腦	頭髓也
	匘朼	全發怒上；怨恨也
	惱	熱貌
●	瘤 嫋妣	病也；痛也，有所恨；美貌婀娜
	髳	髮貌
●	髟	髮軟也
上去 ○		
上入 ○		
下平 ●	儺魌	儺神見鬼驚詞；同儺，燕人謂多曰—
	那 量 㩦	
下上 ⊙	那梛	代詞指示；木名
下去 ●	糯稬	俗字稬米；糯糯古
下入 ○		
	懦愞 唻	夫—；語助也
時上平 ●	唆	俊言也；又妄言也
	誜 梭鏢 娑婆 莎	人名

●	鮻 繅繹	魚名，人面人手魚身；絲繹為繭也
	騷慅	擾—；愁憂
●	瘙 搔艘 傞誃	癢—；—首弄姿；以言折人也；驕—
上聲 ●	鎖鏁 嫂娞	古同鎖；兄妻—；—瑣瑣玉聲
	鏁 溞 睃 艘	銀鐺也古同鎖；淘米聲；視也；舟之總名
上去 ●	掃埽 螦 哨 膪	帚—；棄也；蛄—；兵卡—；膏骨也
●	揌 碎 鯮	揣擊也又動也；石小—；鯮魚名
上去 ●	燥躁 塴 襶 耗	干也燥；動也；細塵也；鞒—；毛也
●	臊 鐰	狐腥—；燥也
下平 ●	槽 硨	馬水—；坑道採礦的
上入 ●	繰索 嚼 響 嗽	索繩；以牙磨碎食物；也飲口；相歇嗽也就
下上 ⊙		
下去 ○		

鶯

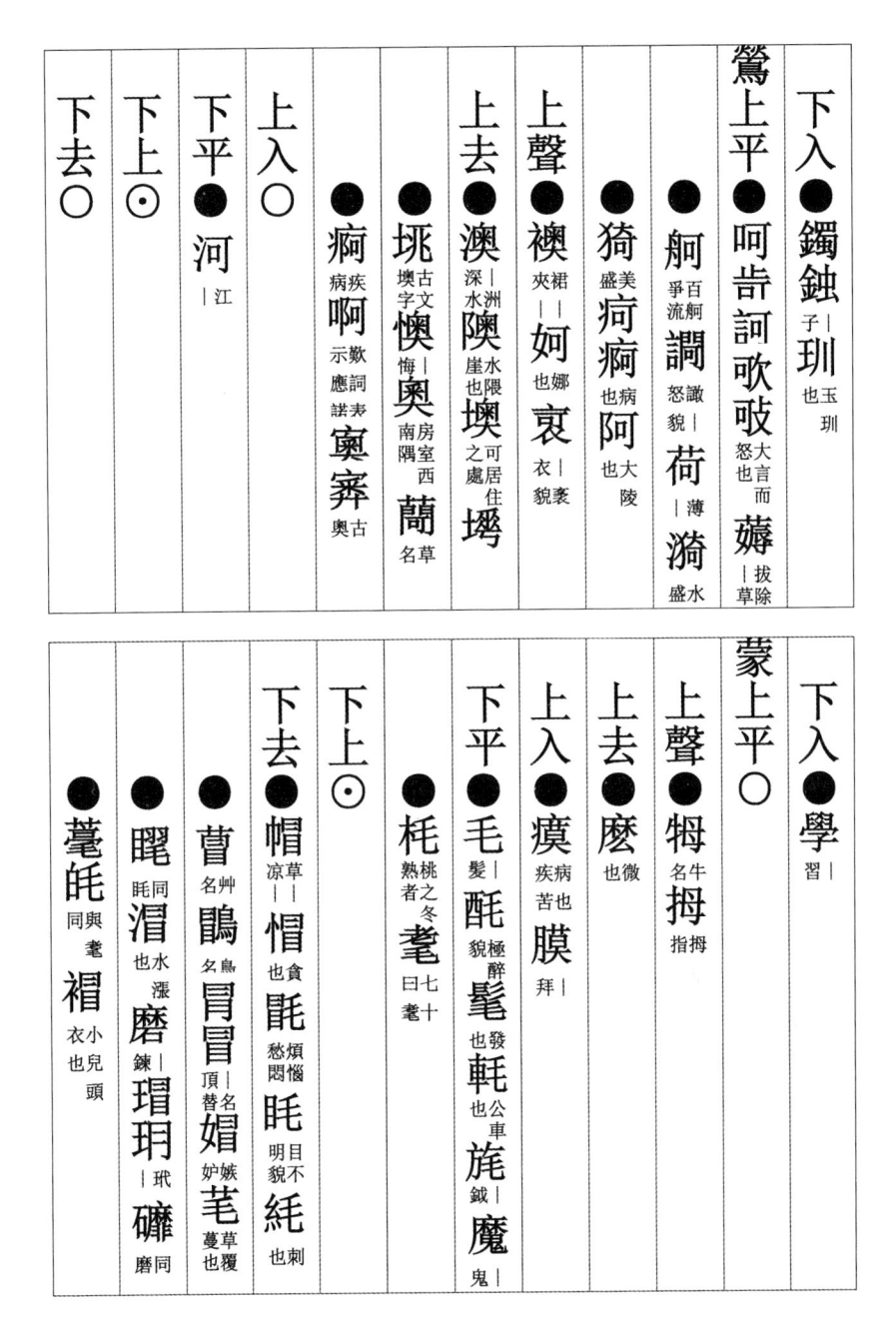

下入 ●鐲鈾 釧子玉也釧

上平 ●呵啃訶欬哎 訶大言也 薅拔除草 怒也

上聲 ●禊 祴裙夾也 婀娜也

上去 ●猗 病也疴 阿大陵

上聲 ●舸 百舸爭流 調譏誚 怒貌 荷薄 漪盛水

上去 ●澳 深水隈崖可居住之處 隩南室西南隅 蔄草名

上去 ●垇 古文墺字 懊悔 奧房室 墺

上入 ●瘂 疾病 啊歎詞 示應諾夷 奧古

下平 ●河 江

下上 ⊙

下去 ○

蒙

下入 ●學 習

上平 ●牳 名牛 拇指拇

上去 ●麽 也微

上入 ●瘼 疾病苦也 膜拜

下平 ●毛髮 氉貌極醉 髦髮也 耗公車 旄 鉞魔鬼

下去 ●帽 涼草 愲也貪 眊愁煩悶 眊目不明貌 絅也刺

下上 ⊙

下去 ●枆 桃熟者冬日耄七十

上入 ●睸 眊同 湄水漲 磨錬 瑁玳 礦磨同

●薹耗 同興耄 裻衣也小兒頭

●蓸 名艸 鵲名鳥 冒冒頂替 媢嫉妒 芼草覆蔓也

下入●莫 其莫妙名

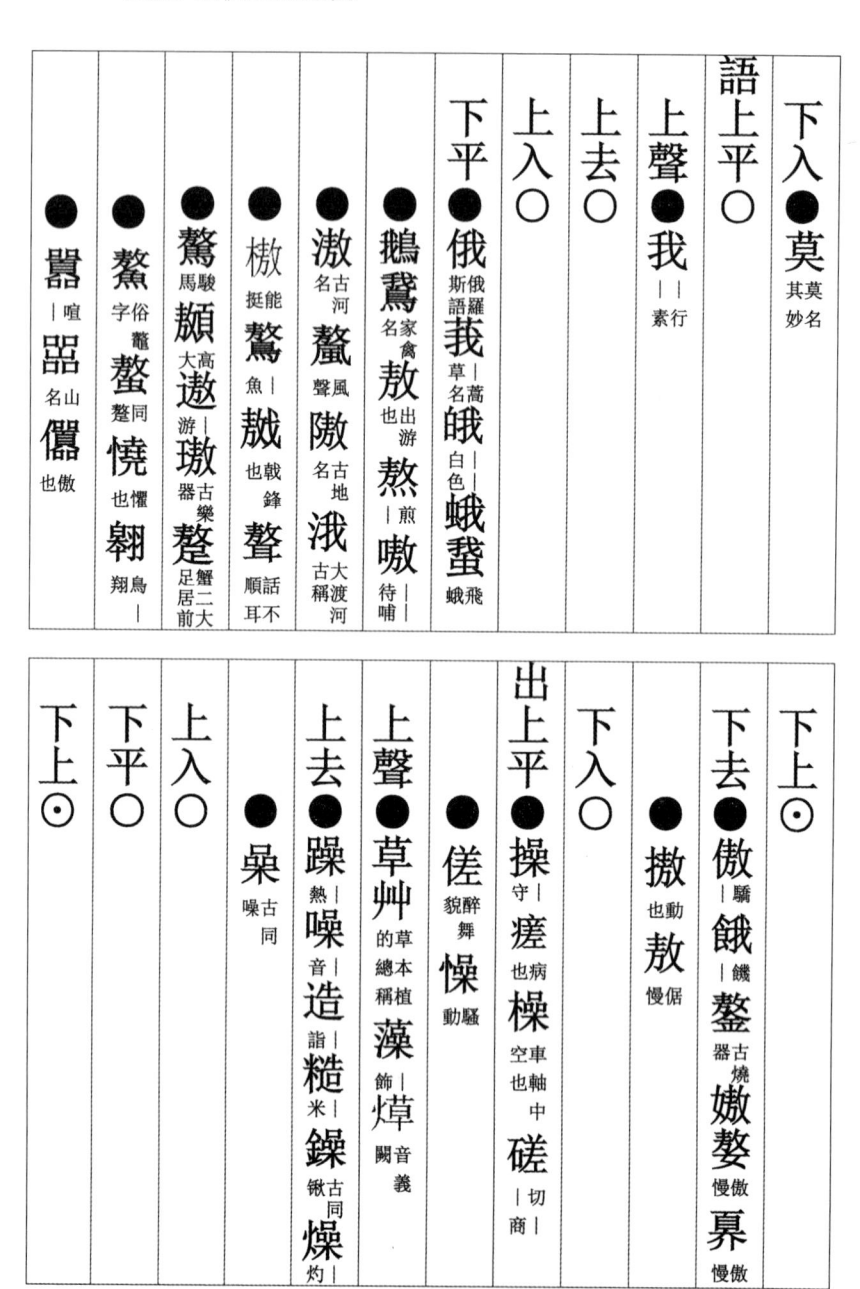

語上平○

上聲●我 ─素行

上去○

上入○

下平●俄 俄羅斯語 哦─草名蒿白色 蛾蠶 蛾飛 ─煎哺 敖熬嗷 待哺

●鵝鵞 家禽名也出游

●激鰲 古河名大渡河古稱 鱼─载锋也 隧─順話耳不 鋒聲

●檄 挺能 鷔─ 魚名也

●驚 駿馬 顤─ 遨─ 璈古樂器 聲─蟹二大足居前

●鰲 字俗竈同鼇 憢─懼也 翱翔鳥─

●囂─喧 嚻 名山 儦傲也

下上⊙

下去●傲 驕─ 餓─饑 鏊古燒器 嫩嫯翶 慢傲

下上⊙

下入○ 撒 敖─ 慢倨也動

出上平●操 守─ 瘙─病也 檪車軸中空也 磋─切商

上聲●草艸 草本植物的總稱 藻─飾 燥音闕義

上去●躁 噪─熱音 造─詣 糙米 鏷鍬古同燥灼

上入○ 槀噪古同

下平○

下上⊙

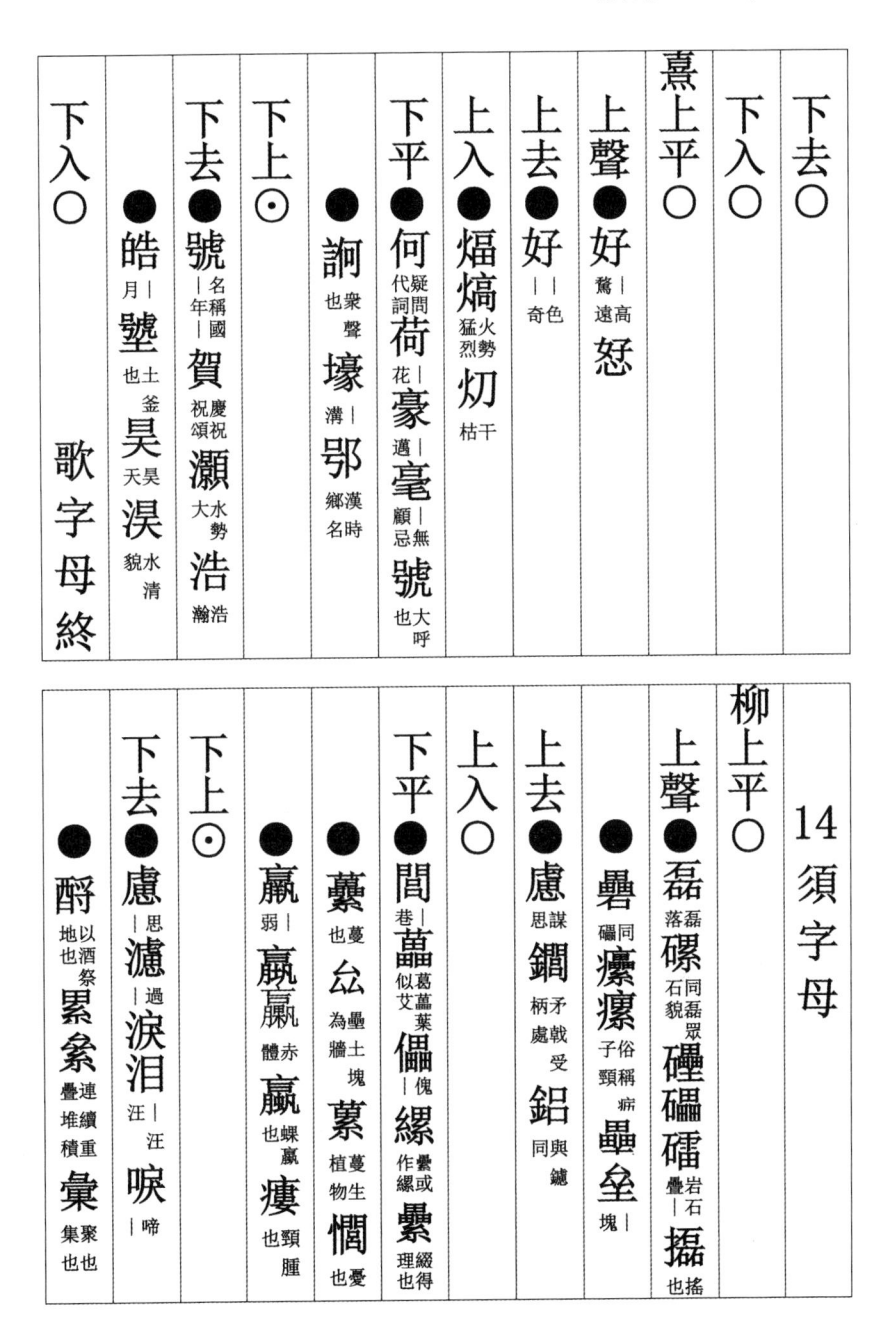

下去〇

下入〇

熹上平〇

上聲●好（驚高）　怒（遠）

上去●好（奇色）

上入●焐熇（火勢猛烈）　炂（枯干）

下平●何（代詞疑問）　荷（花邁顧忌）　豪毫（無）　號（也大呼）

下上⊙詗（衆聲也）　壕（漢時鄉名）　鄂（溝—）

下去●號（名稱國年）　賀（祝慶頌祝）　灝（大水勢）　浩（瀚浩）

下入〇皓（月—）　塈（土釜）　昊（天昊）　淏（水清貌）

歌字母終

---

14 須字母

柳上平〇

上聲●磊（落磊石貌眾磊）　礫（同磊）　礨礨（岩石疊）　擂（搖—）

●壘（礌礌石貌　俗稱頸痳子）　瘰瘰　罍（同壘）　塊（—）

上去●慮（思謀）　鋼（矛戟處受）　鋁（同與鑢）

上入〇

下平●閭（巷閭）　藟（葛葉似艾作傀）　縲（疊疊或）　纍（理得綴也）

●藟（蔓也）　垒（為牆土塊）　蘽（蔓植物生）　瘰（頸腫也）

下上⊙羸（弱—）　贏贏（體赤）　蠃蠃（螺蠃也）

下去●慮（思—）　濾（過—）　淚（泪—）　唳（汪—啼）

下入●酹（以酒祭地也）　累絫（連堆續積重）　彙（集聚也）

134　/《安腔八音》整理及研究

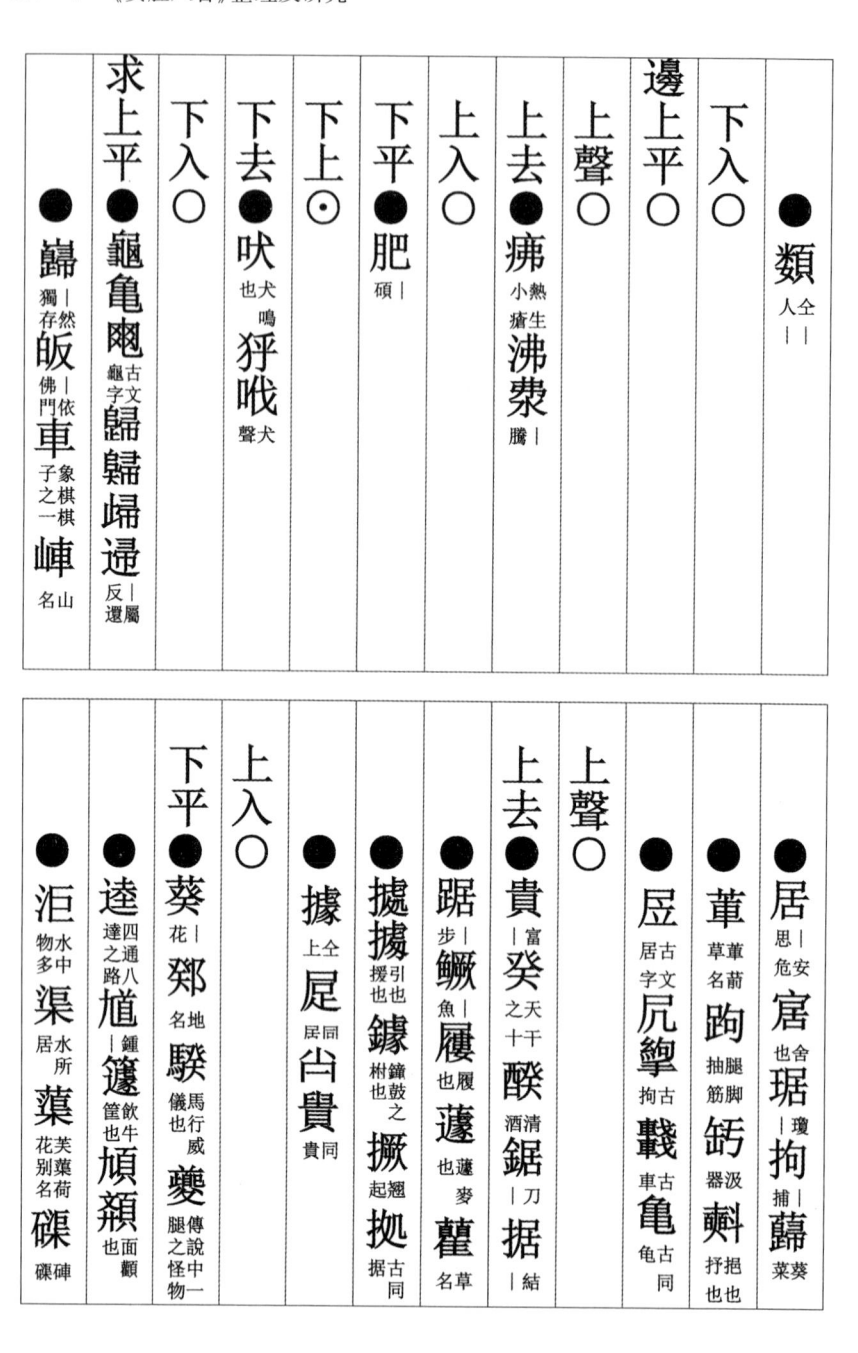

●類 仝人—

下入○

邊上平○

上聲○

上去●痱 熱生小瘡 沸霈 騰—

上入○

下平●肥 碩—

下上●⊙

下去●吠 犬鳴也 狖哎 犬聲

下入○

求上平●龜龜鬮 龜古文 歸歸媯遝 反屬還

●歸 獨存然 佛門依 車 象棋子之一 峏 山名

●居 思安也— 宮舍也 琚拘— 韣捕 菜葵

●車 草莗名莳 跔 抽腿筋腳 銡斝 器汲揥也也

●屈 居古字 凥挐 拘古 戴 車龜古同

上聲○

上去●貴 富天之— 癸十干 酸 清酒刀 鋸 結—据

●踞 步— 鱖魚履之 屨蹍 也蹍麥 蘆 名草

●攄 攎撄 攎引也也 鐻 鐘鼓柎也 撅翹 起拋 据古同

●據 上仝 屄 岜 與貴同

下入○

下平●葵 花地 鄒 馬行威 駿 儀也 夔 傳說中一怪物腿

●逵 四通八達之路 籧鍾 筐飲也牛 頎頵 也面顥

●洰 水中 渠 居水所 蘉 花芙蕖別名荷 磲 磲硨

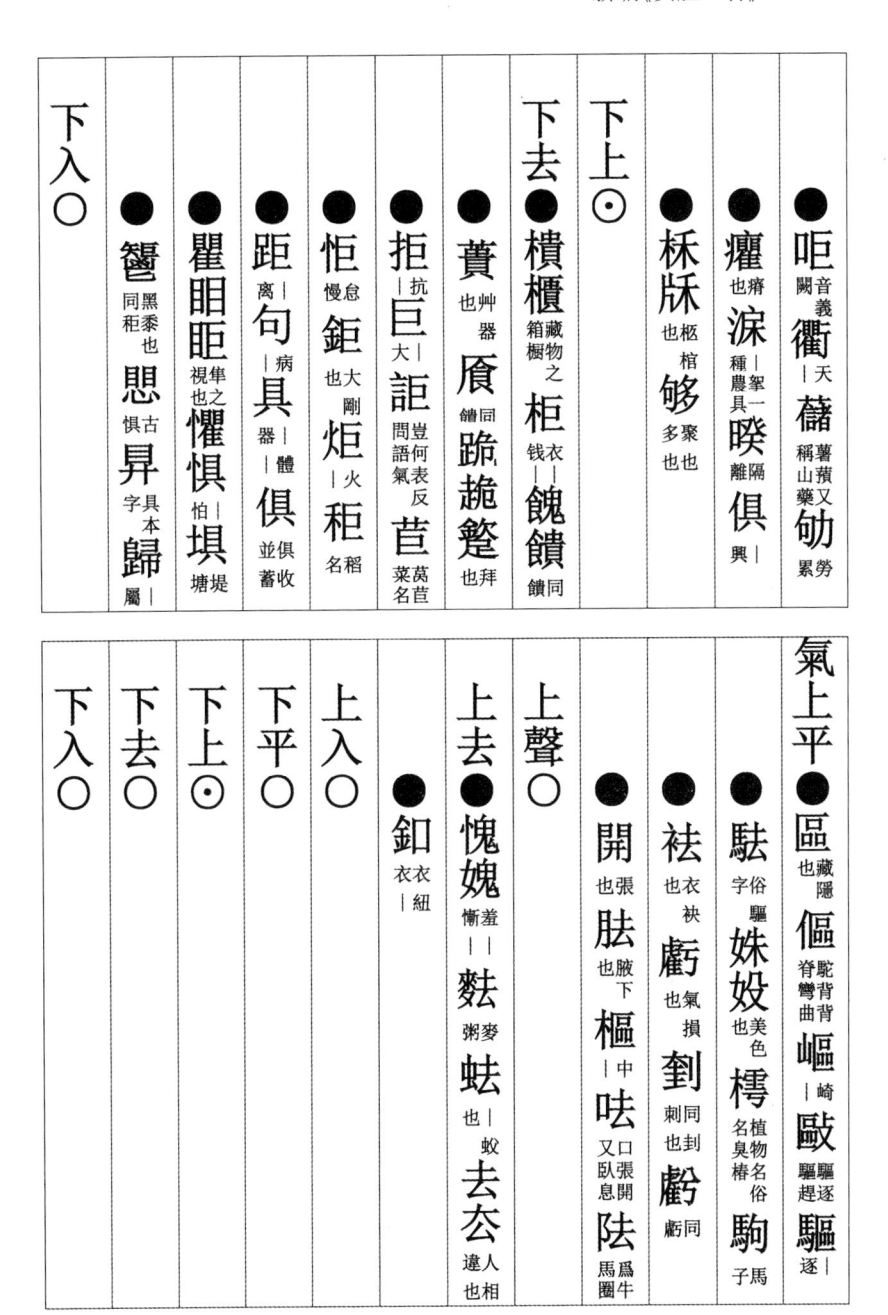

氣上平●區也藏隱 傴－崎脊彎曲 軀駈驅逐
駝背背 毆驅趕
●嫗字俗驅 姝妁美色 樗植物名俗名臭椿 駒子馬
●祛也衣袂 虧氣損 剢同剚刺也
上聲●開也張 肶腋下 樞中張息又臥 呿口張開
上去●愧媿慚羞 麩粥麥 蚣蚣蚊去厺違人相
上入●鈕衣紐
下平○
下上●
下去○
下入○

●呿音義闕 衢天薯蕷又稱山藥 劬－累勞
●癯涼種農具 暧離隔 俱興
●柸柮也樞榲 够多聚也
下上●
下去●櫃藏物之箱橱 柜衣钱 饙饋同
●黃艸器 厬饌 跪拜也
●拒抗巨詎豈何表反問語氣 苣菜茞菜名
●恒怠慢也 鉅大剛也 炬火杔稻名
●距离－句病－具器－俱－體並著收
●瞿眙眗視隼也之 懼怕也 塊塘堤
●饟黑黍也 㥜惧古字具本 歸屬
下入○

136 / 《安腔八音》整理及研究

調	字
低上平	●猪豬｜動物名 誅｜筆伐 蛛｜蜘蛛 黿｜口 追｜赶
上聲	●塠｜堆古同
上去	●著｜眼急 箸｜笠斗 齒｜煙器盛物於曰
上入	○
下平	●除｜務盡惡 搥｜胸頓足 儲｜蓄
下上	⊙
下去	●箸｜筷子 磙｜磙磙 墜｜墜落 堕｜毀坏古通塚
	●隧｜道洞 磙｜落 蔚｜菱草茂盛 雲｜雲貌
	●縋｜縣城而下 鏨｜毀坏 膇｜足腫
	●燧｜石鑿 壑｜地文 隊｜列 鏸｜耳
	●鎚｜上仝

調	字
下入	○
波上平	○
上聲	○
上去	●啡｜息臥 咂｜唾貌 詖｜叱聲 屁｜放
上入	○
下平	○
下上	⊙
下去	○
下入	○
他上平	○
上聲	●瘟｜風痕病
上去	●硾｜繐古同內 挡｜筀竹器

新編《安腔八音》 / 137

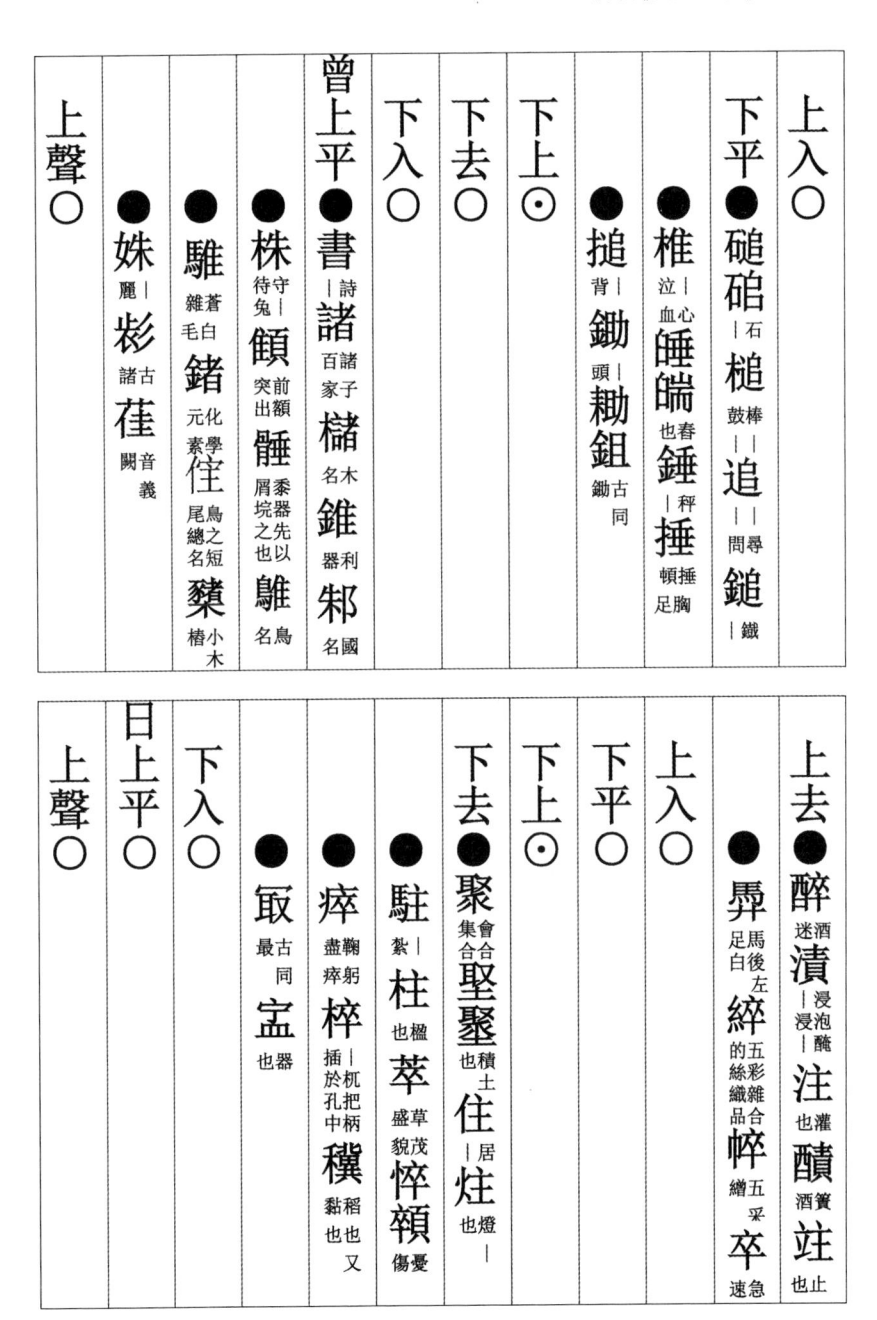

上聲〇

●姝 麗— 彩 諸古 荏 闕音義

●雛 雜蒼 毛白 鋙 化學元素 住 鳥尾總名 櫾 小木椿

●株 待守兔 傾 前額突出 膗 黍屑坑之也以

曾上平●書 詩—百家—子 諸 諸子 櫧 木名器利 錐 邾 國名

下入〇

下去〇

下上⊙

●搥 背—頭 鋤 耡鉏 鋤古同

下平●碓 石碓 槌 鼓棒— 追 —問尋 鎚 —鐵

●椎 泣—心血 睡 端—春也 錘 —秤 捶 頓足捶胸

上入〇

上聲〇

日上平〇

下入〇

●冣 最古同 宲 器也

●瘁 鞠盡瘁躬 椊 插於杌把柄孔中 糳 黏稻也又

●駐 縶—也櫺 柱 萃 草盛貌 悴 傷憂 頷

下去●聚 集會合 堅堅 積土也 住 居 炷 —燈

下上⊙

下平〇

上入〇

●歝 馬足白後左 綷 的五絲彩織雜品合 綷 繪五采 卒 速急

上去●醉 迷酒漬 —浸漬浸醃 注 —灌也 醊 酒寶 疰 —止也

138 / 《安腔八音》整理及研究

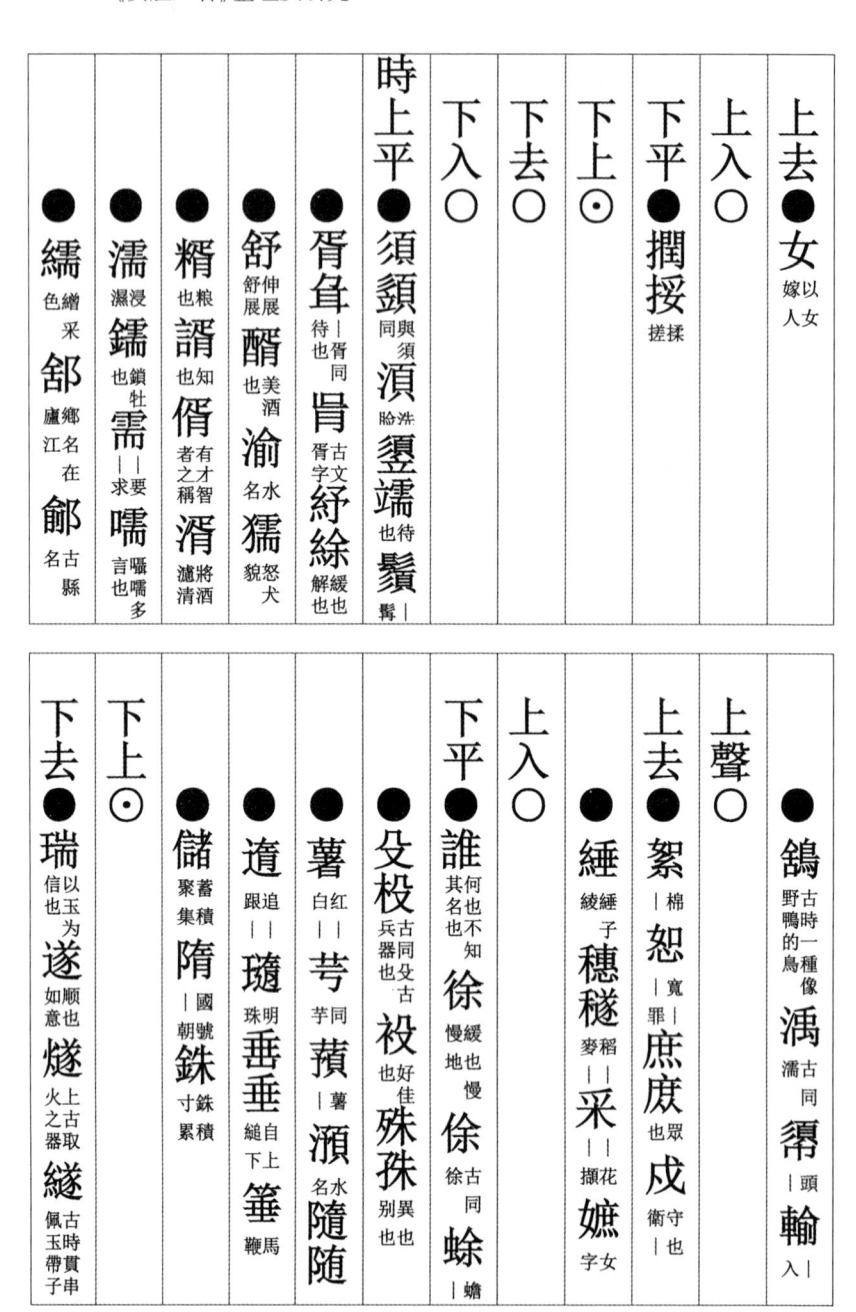

上去●女 嫁人 以女

上入○

下去○

下上⊙攔捼 搓揉

下平●須頞 同與須洗臉也 鬚髯 鬍鬚 鬢鬓 待也 鬂

下入○

下去○

上平●時 胥旮 古文紓綠 待也 胥同 胥字 紓緩解也

舒䣯 舒伸展也 渝 名水 猭 怒犬貌

粞餚 也粮知 有才智者之稱 湑 濾酒將清

濡鑐 濕浸也 鎖牡也 嚅 |求要 言也 嚅嚅多

繻邰 色繒采 鄉名在 盧江 酃 古縣名

上聲●鳹 古時一種鳥像野鴨的 溤 濡古同 霺 |輸頭 入|

上去●絮恕 |棉 |罪 |寬 庶庹 也眾 成守衛也

上入○綞穗稂 綾繂子 麥稻稾 采 |擷花 嬤女字

下平●誰 其何也名不知也 徐 慢慢也地 徐古同 蜍 |蟾

下入○

下去●殳殳 兵器也 古同殳 役 好佳也 殊 別異也

薯 白| 苧同 蕷 |薯 溵 水名 隨隨

遃 跟追 璛 珠明 垂垂 繩自下上 箠 鞭馬

儲聚蓄積集積也 隋 |國朝號 銖 |銖寸累

下上⊙

下去●瑞信也 以玉为 遂順也如意 燧 火上古取之器 繸 佩古玉時帶貫串子

新編《安腔八音》/ 139

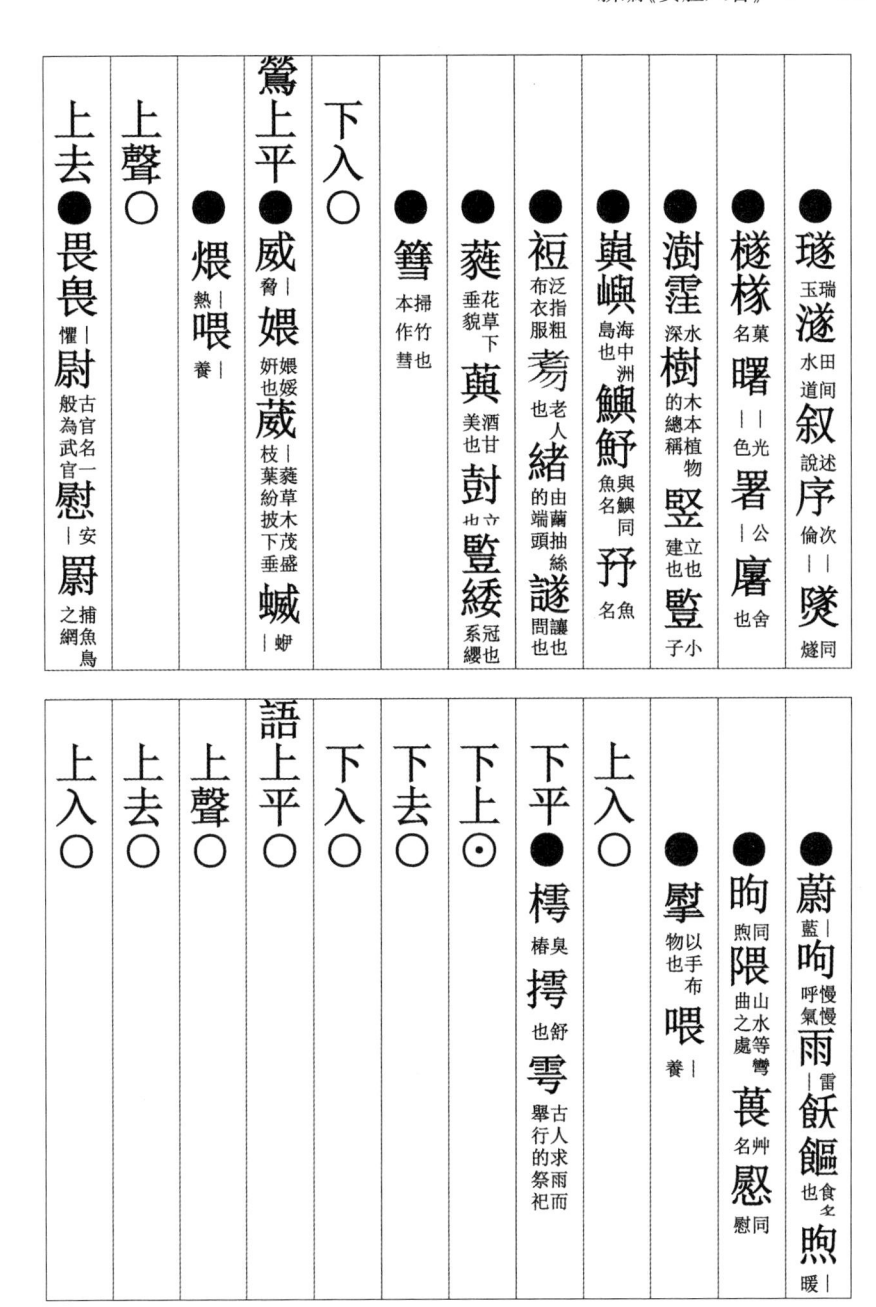

● 璲玉瑞 遂水田間道 叙述說 序倫次 燧同燧

● 檖菓名 橡色光 曙 廜公舍

● 澍水深 霏樹木本植物的總稱 豎建立也 豎小子

● 輿島海中洲也 嶼 鰜魚名 鱙與鰜同 矛名魚

● 袒泛指粗布衣服 荋花草甘美也 緒老人由繭頭抽絲的端 謎問讓也

● 薐酒甘美貌 黈 尉立也 豐 綏冠系纓也

● 箮本作彗 掃竹也

● 威脅也 娪娪媛妍也 葳草木茂盛紛披下垂 鹹蜉

● 煨熱 喂養

鴬上平

上聲 ○

上去 ● 畏畏懼 尉古官名一般為武官 慰安 罻捕魚鳥之網

● 蔚藍 呴呼氣 喂慢慢雷雨 飫食多也 饇 煦暖

● 昫同煦 隁山水彎曲之處 蔉艸名 慰同慰

● 擎物也 喂以手布養

下平 ● 樗臭椿也 摀舒也 雩古人求雨而舉行的祭祀

下上 ⊙

下去 ○

下入 ○

語上平 ○

上聲 ○

上去 ○

上入 ○

下平									
●魚 漁|捕魚也 瀺|捕魚也 虞|預料（混|龍雜）	●隅 堣|隅古通 愚|蠢 娛|樂（城角|落）	●众 古文虞字 叡|池水編離養魚 灸|魚古作	●鮫 鯊|二魚 魚古也	下上⊙	下去●寓 遇|遭 禺|獸名猴屬 御|醫（寓同偽）	●語 言詞也 馭|駕憲 厲|寓同偽裝	下入○	出上平●趨 走快步 趄|斜佰也刈草 蒭|芻穉之謂	●䳢 魚鷹即鳩 雛|雞鶵 搊|彈撥 ●鸚 名鳥 趣|向

上聲	上去	上入	下平	下上	下去	下入	熏上平	
●犒 敲牛猪聲	●處 處処|地方場所 娶|娶嫁娶 趣|趣趕疾	●觜 鴟觜舊頭上角觜也 趣|同趣疾 迍|也口嘴	○ 蟎|趣蟎屬蟎	○	⊙	○	○	●虛 虛|空也無 噓|吹欷 歔|也望盱 ●吁 息歎 訏|誇大言也 紆|又曲也姓 疔|也疔病 ●覷 見|

新編《安腔八音》

| 上聲 ○ | 上去 ●諱—避 緯—經 喟噴 歎古息同喟 蒯又草姓名 | 上入 ○ | 下平 ○ | 下去 ○ | 下上 ⊙ | 下入 ○ | 如上平 ○ | 上聲 ○ | 上去 ○ | 上入 ○ | 下平 ●如 洳濕潮 儒家— 襦短短襖衣 薷耳木 |

| 下上 ⊙ | ●嚅—小孩幼兒 子可教兒 懦夫 伽從 笳竹—可入藥 | ●茹 茹含苦辛 袽袾袽敝 衣也 帠大巾又 指手巾 駕鳥名 鴉鵒 | ●鴛 馬行徐 而疾也 俞俞愈姓 也榆樹 愉快 | ●瑜 瑾名美玉 與渝 違改背變 鋀礦黃 石銅 | ●鯢 覰鯢欲 得也 寙 穿挖鑿鑿 祔也美 庴相舉手 | ●歔歟 歌名巴歟 逾媮越也 媮美 䮷馬紫色 | ●與 疑同歟 詞歟 欸敔 全車中裝載 之處物 腴腴 肥腹下的肉 | ●旗 旗泛指帆 箇—喂牛田 的圓筒 奐—須 荑荑植 物名予余 人稱代 詞我代 | ●餘 剩— 橋短梁上 木物 籇孺 也乳 子 畲畬 | ●野田也三歲治 蝓 蝸牛卽 也蝎 |

下去●踰逾趜竁超越過喻曉比知諭手
●預壑譽榮聲豫忬安古同豫
●梮檥裕寬富美銣之鈿謂蕻美甘
●與贈蘋山藥蕷澳水名腧羊
●鯩也餅瘉也病癢舉翔羊母
下入○
無上平○
上聲○
上去○
上入○
下平●爲為作濿水名韋皮柔違背也庚
●圍闈包宮幃也香囊梲枅帷帳

●葦蘆幃古文匯鬼魁也煒盛明貌
下上⊙
下去●謂語渭水名蝟動物名鯝魚名為同
下入○
●位地繼也忘

須字母終

15 於字母

氣上平〇

上聲〇

上去●去厺 —來

上入〇

下平〇

下上⊙

下去〇

下入〇

鶯上平●於扵 詞語也助

上聲〇

上去〇

上入〇

下平●于 為對了于 迂—回 竽 古代奏樂器吹 盂盂—痰　●鈝 錞鈝樂器如鐘鈝以和鼓形 雩雩 也羽舞 芋 頭—　●俞 為空中木舟也

下上⊙

下去〇

下入〇

出上平〇

上聲●櫨 虞同

上去〇

上入〇

下平〇

144 / 《安腔八音》整理及研究

								下上⊙
							下去〇	
							下入〇	
於字母終								

									16金字母
求上平●金｜今｜鑫 玉古 長金	砬●藥石 也藥名	下入●立 志｜笠 斗｜办 崩｜山 高貌 芷草名也白	下去〇	下上⊙	絑●訖針線 止也之 痲 疝病 也 臨 時 淊 寒谷也又	下平●霖 甘｜秋 及｜皆 時雨也 淋 雨也 鬱 大｜山 林｜琳 玉美	上入〇	上去●楞 青楞 頭	柳上平〇

新編《安腔八音》／ 145

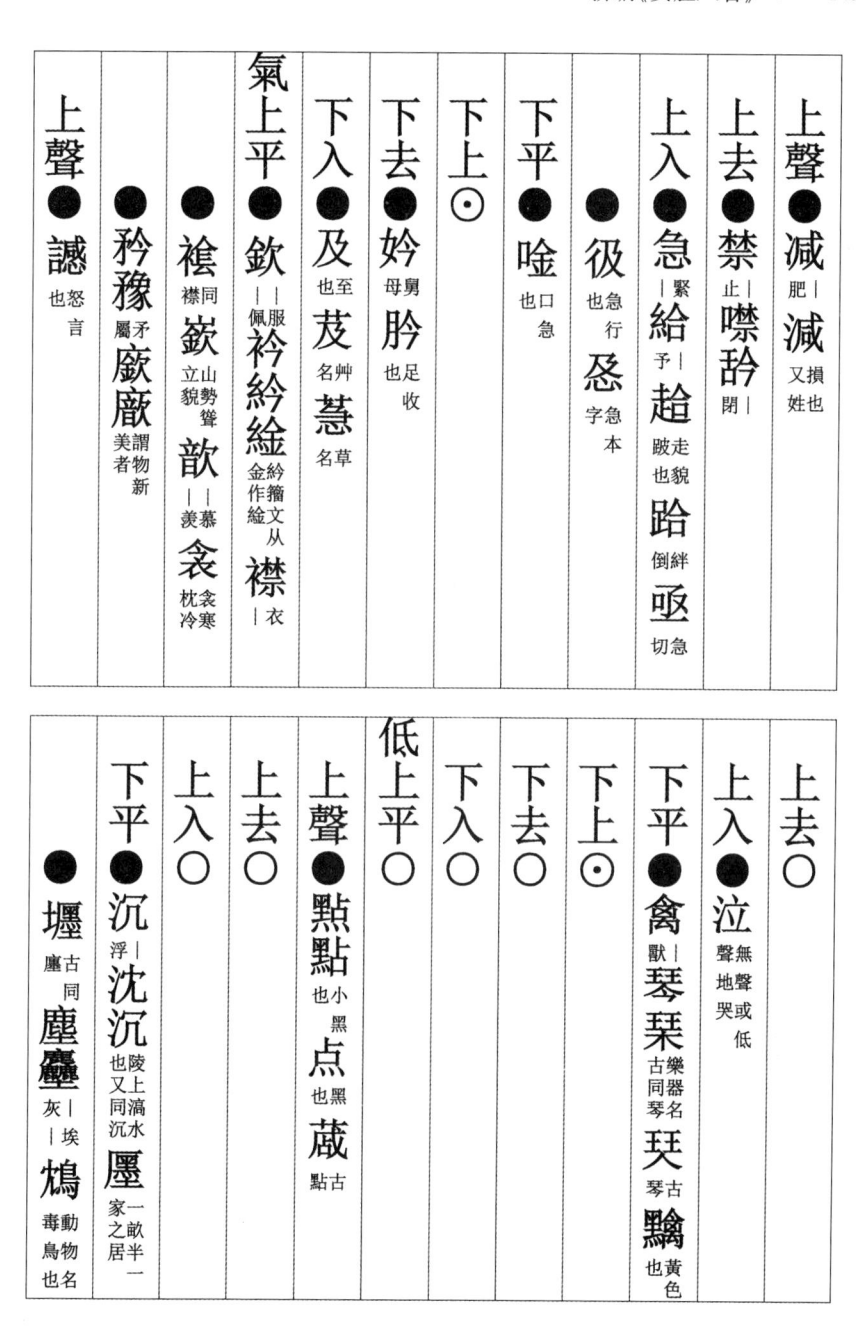

上聲 ●減 減|肥 |損又姓也

上去 ●禁 噤|钤 止|閉

上入 ●急 給|緊予 趂跛走貌 跲倒絆 呕切急

下平 ●唫 口急也

下上 ⊙

下去 ●妗 胗母舅 足也收

下入 ●及 芨至也 蕙艸名

氣上平 ●欽 衿|佩服 紟給紟籀文从金作繪 襟|衣

襘襘同立山勢聳貌 歛|羡慕 衾衾冷枕寒

矜豫屬矛 廞廞謂物新美者

上聲 ●譃 怒言也

上去 ○

上入 ●泣 無聲地哭或低

下平 ●禽 獸 琴栞古同琴樂器名 琹古琴 黸黃色也

下上 ⊙

下去 ○

下入 ○

低上平 ○

上聲 ●點 點小黑也 点黑也 蔵點古

上去 ○

上入 ○

下平 ●沉 沈沉浮也又同沉水陵上滿 壓家一畝之居半一

●壣塵古同 壥|埃灰 鳩毒鳥動物也名

下上	下去	下入	上聲	曾上平	上聲	上去	上入
⊙	●朕 賤也皆自稱朕 䑓 舟之縫理也古同眹 䑓古同	○	○	○	○	●浸浥漫 入透又投 脊 髓椎 縶馬	●執執执 持守也 緝 偵 靱字即執

●馽 足絆也馬用具 楫概 划船 緝 偵 靱字即執	●鯝 角多貌 輯 車聚集 茸 房屋修理 識 也和	●戢職 官一 咠 衆口喧嘩 呭 口吻也 舓 言讒	●腈 脊同 誯 也謀 蟄 一驚	下平 ○

下上	下去	下入	上聲	上去	上入	下平	下上	下去
⊙	○	●習 鳥類頻頻試飛拍動翅膀 溜 水貌 慴慄 恐畏慄慄	○	○	○	○	⊙	○

日上平 ○ ●入 集古同 譅 喪膽懼 ●集纍 於群鳥樓止樹上 籍 貫一 襲 擊一 熠 耀光

新編《安腔八音》 / 147

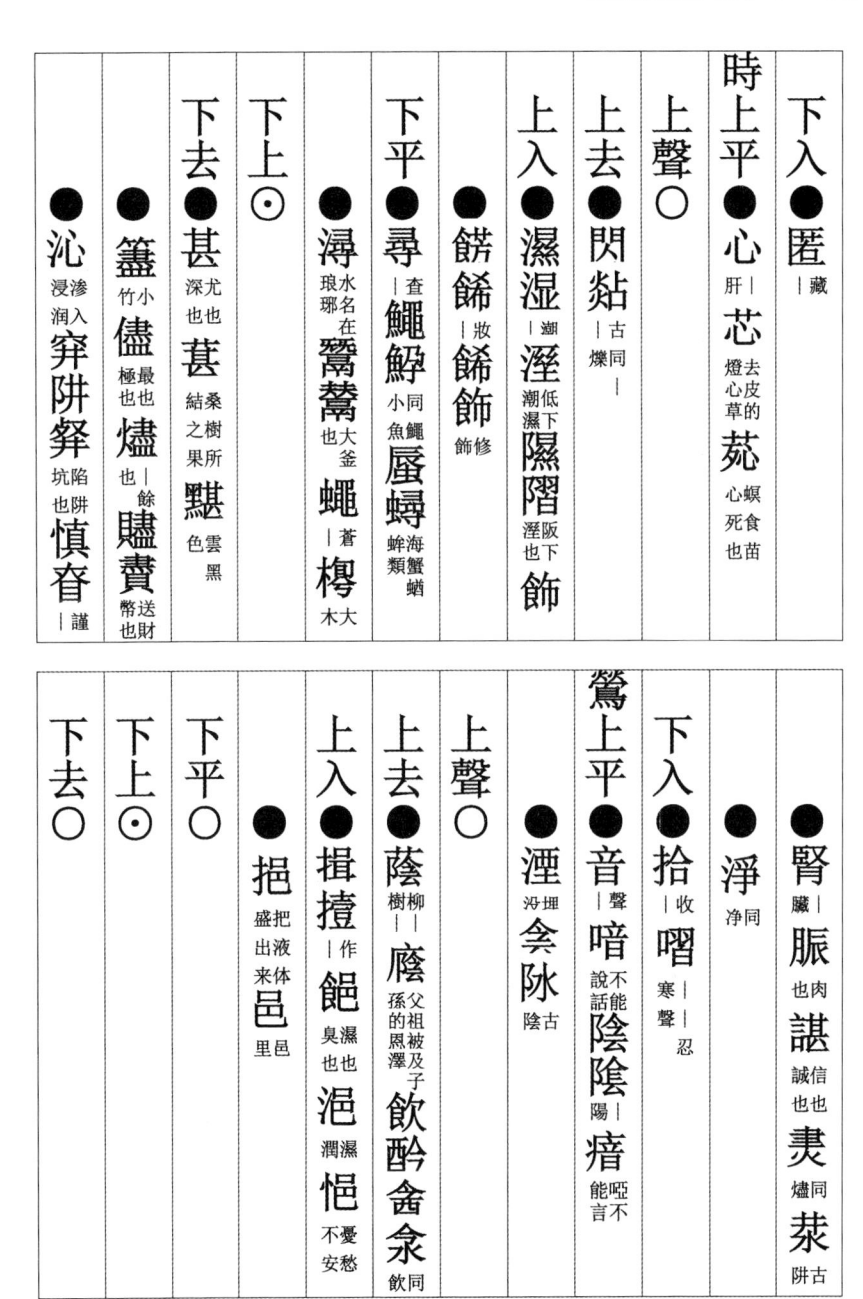

下入●匿｜藏

時上平●心｜芯｜去皮的燈心草 蕊｜心螟食死也苗

上聲○

上去●閃䀹｜古同｜爍

上入●濕湿｜潮低下濕 隰隰｜阪下 飾

下平●餙餙｜飾 餙｜妝飾 修

下尋｜查 鯝鯦｜同小魚鯝 蜃蟫｜海蟹類蜻蜴

下上⊙潯｜水名在琅琊也 鷟鸑｜大釜也 蠅｜蒼 樗｜木大

下去●甚｜深也 尤也 甚｜結桑樹之果所 黬｜色雲黑

●簦｜竹小也 儘｜極也 最也 燼｜餘也 贐賮｜幣送財也

●沁｜浸滲潤入 穼阱羍｜坑陷也阱也 慎奞｜謹

●腎臟｜肉也 脈｜ 諶｜誠信也也 裘｜同爐 豢｜古阱

下入●拾喿｜收 ｜忍 ｜寒聲

●淨｜净同

鷟上平●音喑｜聲 ｜說話不能 陰陰｜陽 瘖｜不能啞言

上聲○湮奔阽｜汐埋 陰古

上去●蔭｜柳樹 廕｜父祖被及子孫的恩澤 飲酖衾叅｜同飲

上入●揖擅｜作 館｜臭也濕也 㴇｜潤濕 悒｜不憂安愁

下平○

下上⊙挹｜盛把出液来体 邑｜里邑

下去○

148 / 《安腔八音》整理及研究

語上平 ○
上聲 ○
上去 ●趨 低首疾謂之
上入 ●吸吜｜噏 古同歛收斂｜汲 從井裡打水｜伋 階等也通作級
下平 ●笈 書箱負從師｜級 第等也合｜歛｜泣 哭
下上 ⊙啦 聲送舟｜伋 思考敏捷
下去 ●吟唫｜詅 詠｜岑 山小而高也
下入 ○
○尖 古岑字从今省｜黔 色黑

出上平 ●深 深與淺相對｜侵 蝕｜駸 行疾貌馬｜諗 語私也
上聲 ○
上去 ●藻 蒲藕之類也｜琛 珍寶｜鰻 魚名｜櫋 同櫋
上入 ○
下平 ○
下上 ⊙踝 病也｜暧 日光也
下去 ○
下入 ○
熏上平 ●馨 蘭之香如｜歆 喜愛｜廞 陳列
上聲 ○

新編《安腔八音》

上去○

上入●翁——動張 念——合也 歆收斂 瀹瀹吸進 聲水疾

下平●臑熊熊古字文

下上⊙

下去○

下入○

如上平○

上聲○

上去○

上入○

下平●壬天干的第九位 淫蕩——姦——亂 滛婬霪——雨

● 庄下也 駌鳥戴胜 訨信也 妊念也 妊 媵懷子也

● 瘂病名入同集

下上⊙

下去●任重——賃租也 絍機縷也 刃鋒也 牣滿也

● 仞古代計量單位一尺八尺或七尺 訒難言也 軔礙車也

● 焦怔忸忸念思也也 楒薩也 韌柔軟而結實

下入○

● 疢也熱病 入三入分木

金字母終

17 杯字母

柳上平〇

上聲●蕊藥蕊─草木實節生也屢屢─誄─人之功德述前也　壘─軍壘也壘述

上去〇●壘瘰瘰病也筋結也心疑蕊也誦誄古同

上入〇

下平〇

下上⊙

下去〇

下入〇

邊上平●盃杯盃─酒杯古同桮　籉竹器棓古同棓棒古同

上聲〇●吥吸也─鉎缶吹貌颩─風飛翔飛

上去●貝寶─瑣水名堰障水藥名母　唄梵音聲元化學素背部─琪飾貝

上入〇●輩輩百網發車若為輩無義組魳名魚　跰貌急行耗多毛貌褙披霞衣貌柿林片削下木也　沛塞外水名出邊西南入東番汗海　裴又長姓貌

下平●培養─賠價同─揹擊押棓名木　榙姓哀多聚也

下上⊙

下去●珮玉珮也佩服─齝邶名國背偝─向

新編《安腔八音》 / 151

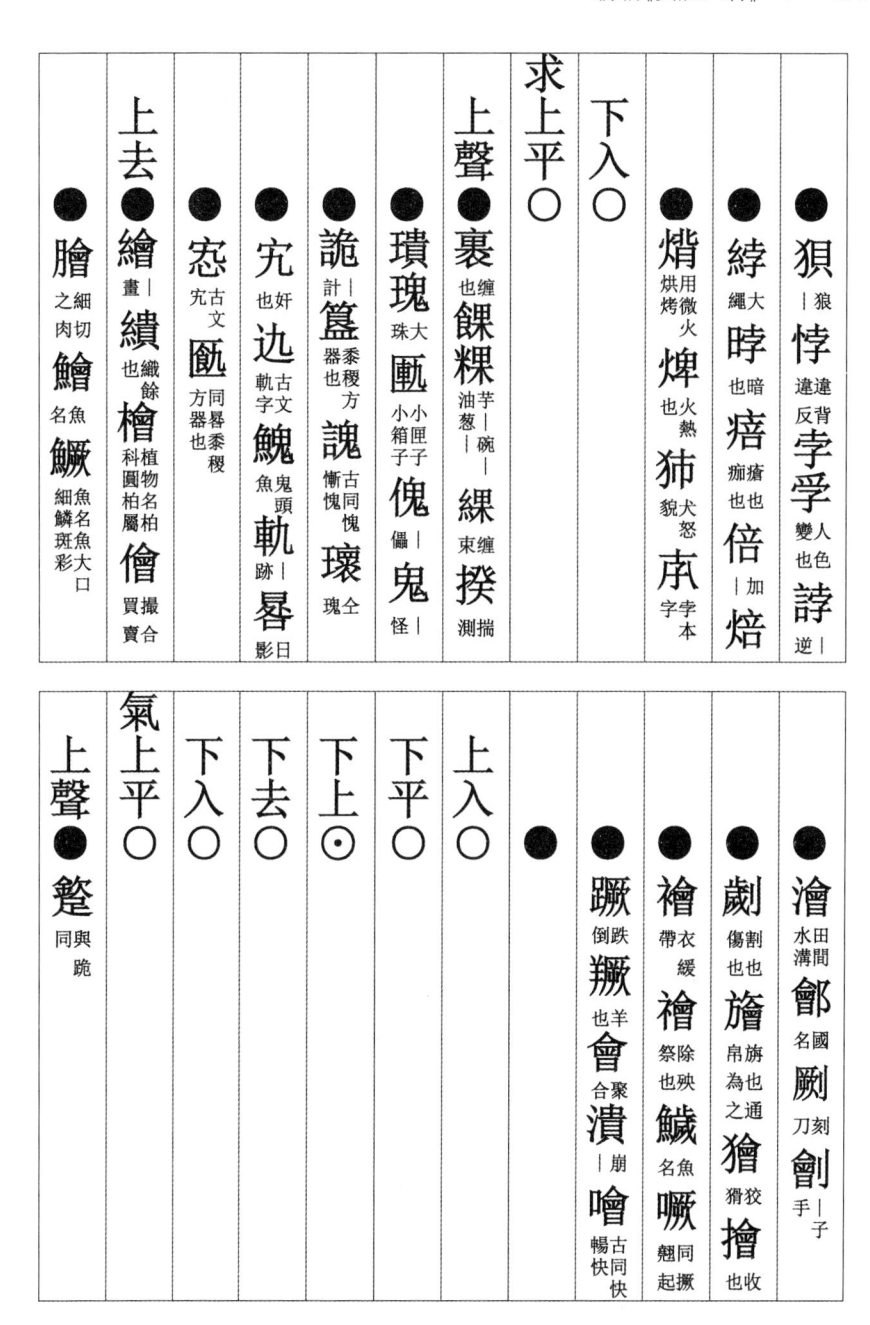

●狠｜狼悖違違孛人色字變也誖逆詩｜

●絟繩大也痞痂瘡也倍加焙

●焎用微火烘烤也烠火熱貌狒犬怒字夲

下入〇

求上平〇

上聲●裏也纏餜芋｜碗｜粿油葱｜纙束纏撥測揣

●瓌珠大瓌甌小匣子傀偶｜鬼

●詭計｜簋黍稷器方也謉古同愧慚愧瓌全瑰

●宄奸也边古文軌字鮑魚頭｜軌跡也晷日影

●㝕宄古文甌方器也同罍

上去●繪畫｜繢纖餘也檜植物名柏科圓柏屬會買賣撮合

●膾細切之肉鱠魚名鰔魚名細鳞斑彩大口

上入〇

下平〇

下上⊙

下去〇

下入〇

氣上平〇

上聲●簆同興跪

●澮田間水溝鄶國名剮刀刻劊｜子創｜手

●劇割也劌傷也旛帛旐為之通獪狡也擓收

●襘帶衣緩襘祭除殃也鱥魚名噦翹起撅

●蹶倒跌也鱥羊也會合聚潰｜崩噲古同快暢快

152 / 《安腔八音》整理及研究

下上⊙	下平○	上入○	上去●懟譵 古同懟 怨也 霴 雲黑貌 霴 同霴 瘝 困極也	上聲○	低上平○	下入○	下去○	下上⊙	下平○	上入○	上去○

曾上平○	下入○	下去●被 ‖子單	下上⊙	下平●皮 剝取獸者謂之皮革 裴 垂衣長下貌 笶 也箅	上入●怺忲 怵同 怌 版也 肺 金臓也	上去●配 偶匹也 霈 ‖充 雨多貌 怖 恨怒 悅貌不	上聲○	波上平●酏醅 醉飽也 坯 ‖土 胚 ‖囊胎 妧 胚同	下入○	下去○

新編《安腔八音》 / 153

上聲〇聲頦（以物質錢） 叡（楚人謂卜問吉凶曰—） 嚽（吃也 古同啜）
●嗫喊（聚縮嘴唇而吸取） 誶（斥責 責罵） 咀（嚼也 又—咒）
●粹（米精） 祟（神禍也） 晬（嬰兒滿百天 或一周歲）
上去〇
上入〇
下平〇
下上⊙
下去〇
下入〇
日上平〇
上聲〇
上去〇

上入〇
下平●搁挼（揉搓）
下上⊙
下去〇
下入〇
時上平●雖（然—） 帷（田器） 綏（—撫） 浽（—溦 小雨） 荽（菜香）
上聲〇
上去●歲歲歲（三百六旬有六日以閏月定四時成歲也） 稅（斂也 租也） 說（述也 宣人意也） 悅（巾佩） 祟（祭小 神禍）
●睡（覺也） 唾（—罵 —液 唾沫） 涶（同唾） 涗（澄水清）
●腄 膗（腄同）
上入〇

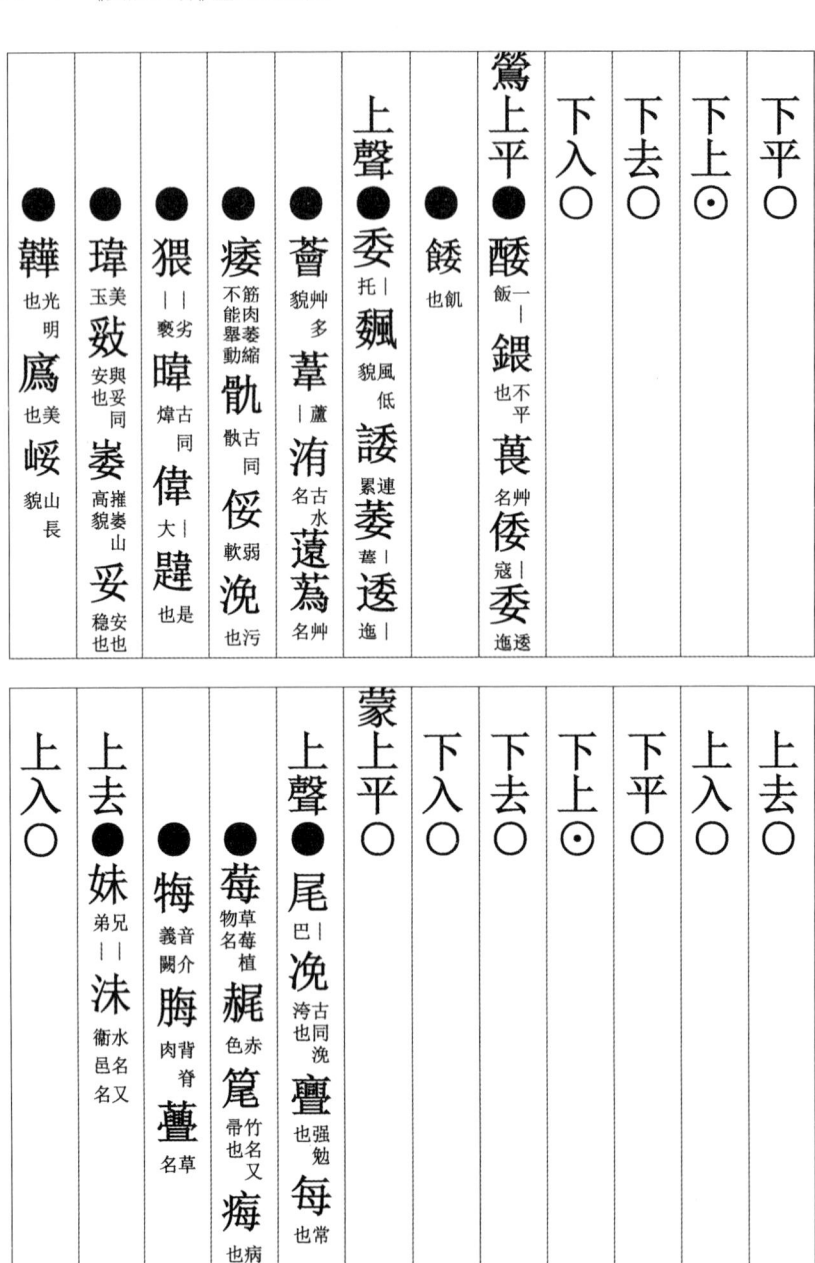

| 下平 ○ | 下上 ⊙ | 下去 ○ | 下入 ○ | 鶯上平 ● 餒飢也 | 上聲 ● 委托— 飆風低貌 諉連累萎— 透逶 | 薈艸多貌 葦—蘆 洧古同水名 蔏蔿艸名 | 痿筋肉萎縮不能舉動 朹古同欪 俀軟弱 浼污也 | 猥—褻劣 暐古同煒 偉—大韙是也 | 瑋美玉 娄催娄高貌山 妥安與妥同 妥安稳也 | 韡光明也 媺美也 峗山長貌 |

| 上去 ○ | 上入 ○ | 下平 ○ | 下上 ⊙ | 下去 ○ | 下入 ○ | 蒙上平 ○ | 上聲 ● 尾巴— 浼古同洧污也 亹强勉也 每常也 | 莓草莓植物名 楣赤色 筤竹名又帯也 痗病也 | 楣音義闕肉介 胓背脊肉 薑草名 | 妹兄弟— 沬水名又衛邑名 |

新編《安腔八音》 / 155

下平 ●梅 鹿—花 枝幹也 又—個也 霉—雨之言 媒—如婦言 妁

上入 ○

下平 ○

下上 ⊙

下去 ●徽 面垢也 煤 石炭曰煤 鋂 大鎖也 腜 婦始孕兆

下入 ○外 與內相對 裡或

下入 ○

下上 ⊙

下去 ●彊 通與彌 酶 酒母也 玫瑰 玉名 媒 漢或作—

出上平 ●吹 推發其本字以氣聲也 炊 煙— 籥 樂人以籥中氣吹今作吹管

下入 ●眛 不昏暗明也 晦 月盡也 魅 螭魅獸身人面四足

上聲 ○呴 同吹呼也 推—崇廣

下去 ●梅 酒母 麴— 槑 梅古文字 坆 梅古同

上去 ●翠 青綠色 翡 同與翠 脆 易斷 脺 脆古同

下入 ●腜 色深黑 尨 老物也精 魋 彪同 鯡 義有闕音

上聲 ●烽 毛獸細也 焠 堅刃也刀 潫 新水狀也 漼 清同也潫

上去 ○

上聲 ○ 惴 憂愁恐懼

語上平 ○

上入 ○

熏上平 ○

下平 ○

下上 ⊙

下去 ○

下入 ○

上聲 ●火（水）伙（伴）夥䴔（計）毀（壞滅）誽（也謗）

上去 ●誨（教）悔慝（後）匯（水回合也）矗（同興顧）

上入 ○磺（顧同）

●煅（也火）煇（煅同）斐（五色相錯貌）匪（徒）嬰（也惡）

●頎（面肥貌）洍（水流貌）濟（入水貌）痏（也病）

夙（色火發）

下平 ○田回（俗返回字也回同）廻洄（水回旋而流）

徊（徘）駓（馬名）茴（茴香草名）蛔蜖（蛔同蟲與）

●鷗（鳥名）痐（腹中長蟲）

下上 ⊙

下去 ●會会（合也）繪（糠）靌（雨也）滙匯（器也）

下入 ●憎（心惡也）

如上平 ○

上聲 ○

上去 ○

上入 ○

下平 ○

新編《安腔八音》 / 157

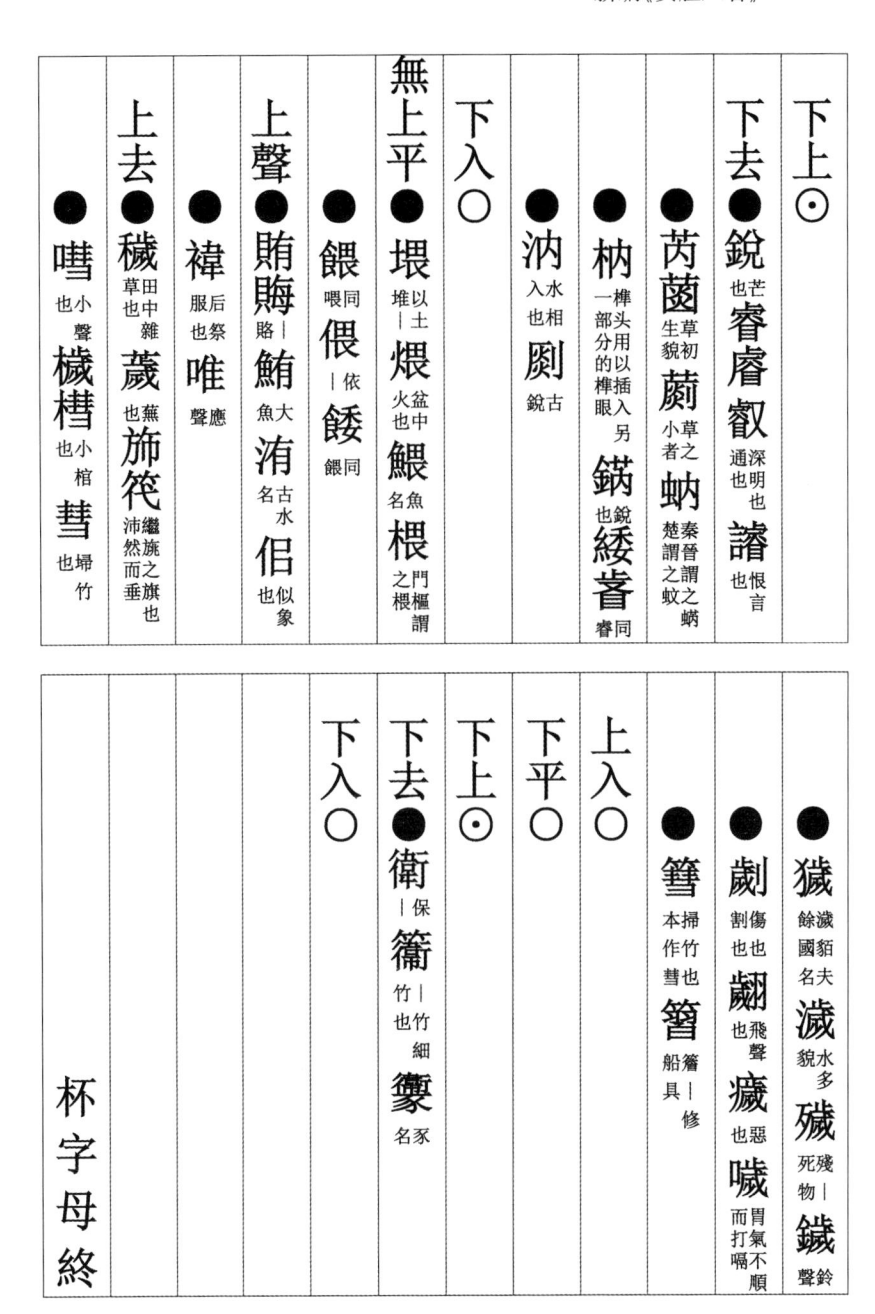

下上⊙
●銳芒也睿深明也通也叡諳恨言

下去
●芮草初生貌菌小草之蔄蚋秦晉謂之蚋楚謂之蚊

●枘樺头用以插入另一部分的樺眼鎈銳也綏睿睿同

下入○
●汭入水相也剜銳古

無上平
●壈以土盆中火也鰥魚名根門樞謂之根

上聲
●賄賂｜鮪大魚名洧古水名也侶似象

●餧喂同偞｜依餒餧同

●禕服后祭也唯聲應

上去
●穢草田中雜也薉蕪旍也篲沛然繼旐之旗也

●嘒小聲也檓小棺也彗帚竹也

●獩餘國名濊水多貌殰死物殘｜鐬鈴聲

●劇傷也翽飛聲也癳惡也噦胃氣不順而打嗝

●篲掃竹也篲本作篲篲｜修船具

下平○

下上⊙
●衛｜保籓竹｜也細篅蒙名冢

下入○

杯字母終

18 孤字母

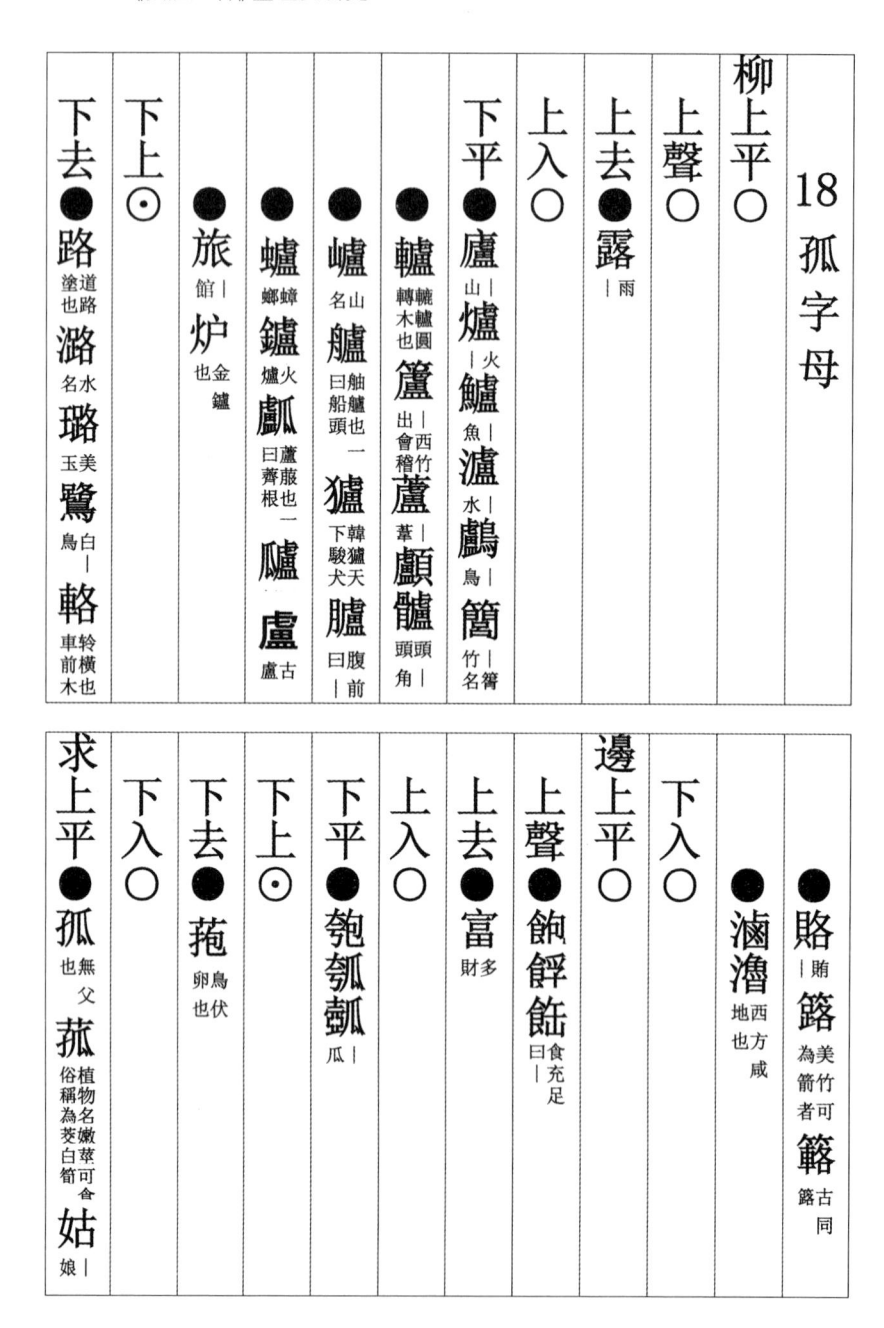

柳上平〇

上聲〇

上去●露 —雨

上入〇

下平●廬 山— 爐 火— 鱸 魚— 瀘 水— 鷺鳥— 簬 竹—箸 轤 轆—木也圓 艫 船頭也 舳—曰 蘆 出會稽—葦 顱 頭— 髗 頭角

爐 鑪 火爐 飍 蘆菔根也— 臚 韓犬— 膐 腹前 駿天曰—

鑪 鎯鐺 — 爐 爐火 甗 — 甗 鑪 古

旅 館—炉 也金鑪

下上⊙

下去●路 塗道也路 潞 名水 璐 玉美 鷺 鳥白— 輅 車前橫木也

邊上平〇

下入〇

●滷 滬 西方 地也 咸

●賂 賄— 簵 美竹可為箭者 簬 簬古同

上聲●飽 食充足 餘 饇 曰—

上去●富 財多

上入〇

下平●匏 瓠 瓟 瓜—

下上⊙

下去●菢 鳥卵伏也

下入〇

求上平●孤 無父也— 菰 植物名嫩莖可食俗稱為茭白筍 姑 娘—

新編《安腔八音》 / 159

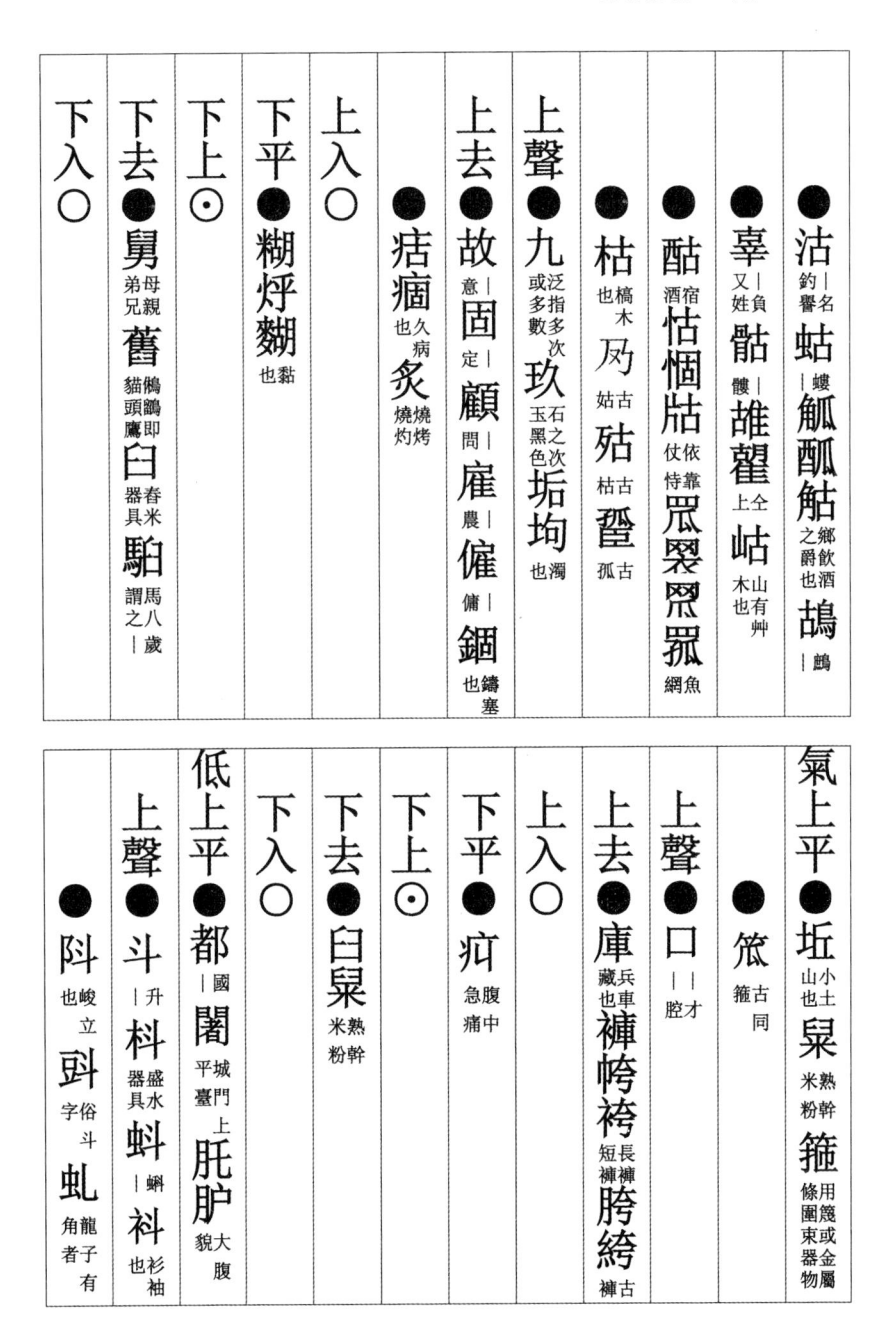

【上半】

● 沽 名釣響　蛄螻　䖬酤鮕 鄉飲酒之爵也　鴣鷓

上聲　● 辜 負姓又　骷 體雄䫂　岵 山有艸木也

上去　● 酤 酒宿　怙惆𢗊 仗恃依靠　𦉫𦉈𦉏 網魚

上入　● 枯 橋木　𣎴 姑古　殆 枯古　孤

上去　● 故 意定問　固顧　雇僱傭　錮 鏽塞也

上聲　● 九 泛指多次或多數　玖 石玉黑色之次　垢 濁也　均

上入　● 痼 意久病　炙 燒燒灼烤

下平　⊙ 糊 烀䴵 也黏

下上　⊙

下去　● 舅 母親弟兄　舊 鵂鷂即貓頭鷹　臼 舂米器具　駒 馬八歲謂之—

下入　○

【下半】

氣上平　● 坵 山小土　塇 米熟粉幹　箍 用篾或金屬條圍束器物

上聲　● 笠 箃古同

上去　● 口 腔才

上去　● 庫 兵車藏也　褲䘭袴 長褲短褲古　胯綺 褲

下平　⊙ 疳 急腹痛中

下上　⊙

下去　● 臼 粿 米熟粉幹

下入　○

低上平　● 都 國閤 城門平臺上　朒臚 大腹貌

上聲　● 斗 料 升盛水器具　蚪 蝌蚪也　袾 衫袖也

斢 也峻立　𣎴 俗斗字　虬 龍子有角者

下入○	下去	下上⊙	●儲 備	●薔 薇 荄 本虎植杖物草	●塗 糊用 途 酴 酒酒曲母 誺 不諭不言了也 荼 菜苦 捈 美玉也臥引	●瘏 致疲病勞倦 瘀 病也 瘝 全上 徒 司師 槐 名木	下平 ●圖 謀 回 畫古 圙 同菟菟草菟名絲	上入○ ●斁 厭厭倦棄	上去 ●妬 因別人好而忌恨 蠢 蟲木中 妊 少女也
●杜 也甘棠 土 黃壤 荰 香草蘅	●度 法 渡 水 鍍 金 斁 塞閉也也 肚 掛牽腸								

上入○	上去 ●吐 握哺髮 兔 俗兔字 菟 菟丝植物名	上聲○	他上平○	下入○	下去○	下上⊙	下平 ●浮 沉 烰 上熱升氣	上入○	上去○	上聲○	波上平○

新編《安腔八音》／ 161

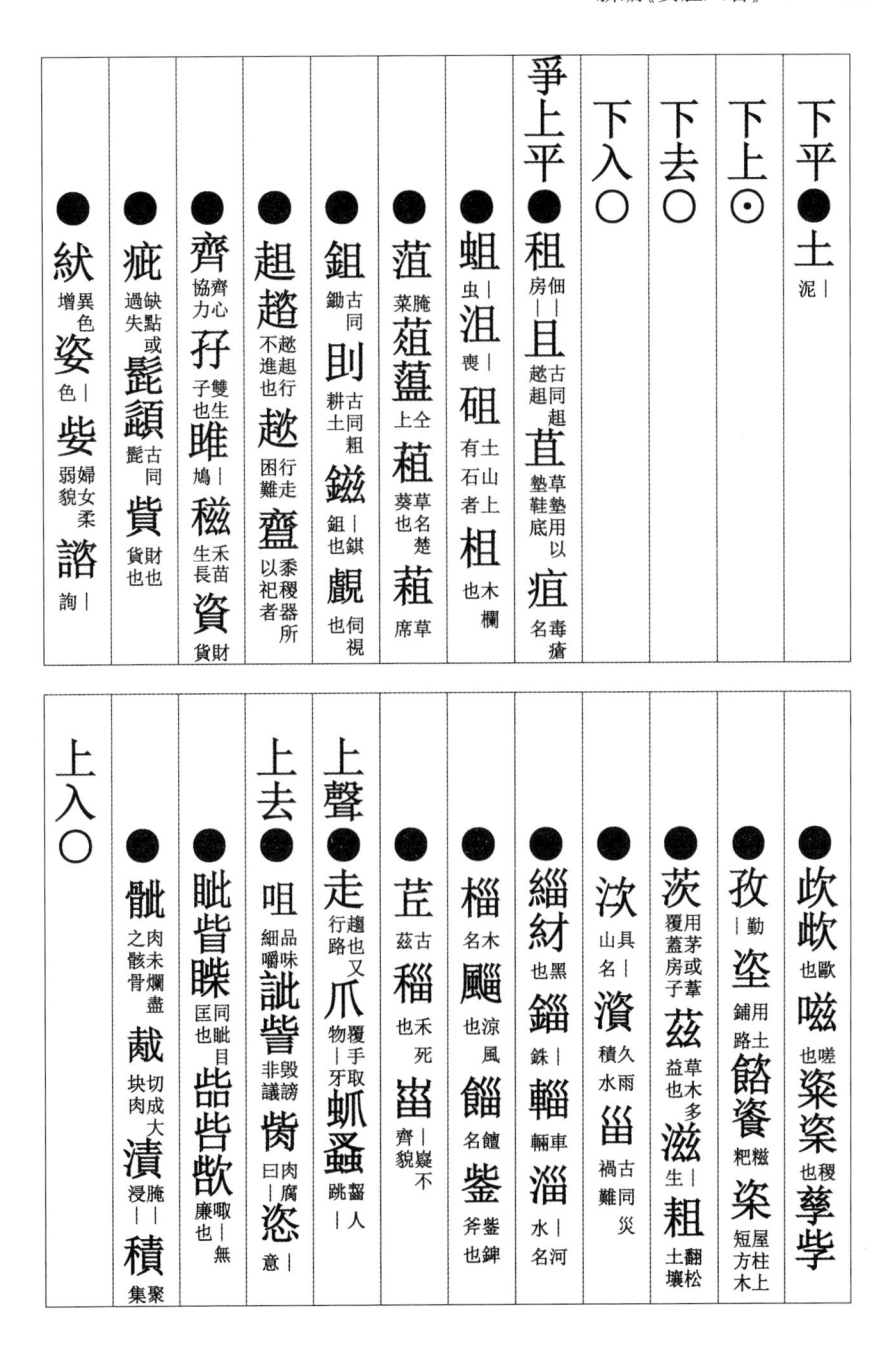

下平●土 泥|

下上⊙

下去○

下入○

爭上平●租 房|佃|趄|趑古同趑 草墊用以墊鞋底
　且 草墊用以墊鞋底
　苴 草墊用以墊鞋底
●蛆 虫|沮|喪 砠 有石者山上 疽 名毒瘡毒瘡名
●萡 菜萡蓙腌 蓙全上 葙 草名楚葵也 藉 席草
●鉏 鋤古同 則 耕土古同粗 鎡 鎡錤 覰 伺視也
●趄 趑雙生子也 趨 行走困難 盦 器所以祀者
●齊 協力齊心 孖 雙生子也 秨 禾苗生長 資 貨財
●疵 缺過失或點異 髭頾 髭古同 眥 貨財也
●紤 增異色 姿 色| 婑 弱貌婦女柔 諮 詢|

上入○

●骴 之肉骸未爛盡 戴 切成大塊肉 漬 浸|腌| 積 集聚
●貲 眥古同 佌 皆目 啙 啙欤廉|無
●咀 品味細嚼 訿訾 訿毀譸非議 胔 日|肉腐意
●走 趨也又行路 爪 覆手取物 蚇蟴 齫人齒跳|
●苴 茲古禾也死 畄 齊齹貌不
●榍 名木 颸 涼風也 餖 名鑪 鐟 斧鑿鋒也
●緇紂 黑也 錙 銖車銖 淄 水名河
●汱 具山名 濱 久雨積水 甾 禍古同災
●茨 覆用茅蓋房子或葦 茲 益也草木多 滋 生 粗 土翻壤松
●孜 勤| 坴 用土鋪路 餈 糍粑 柒 屋柱短方木上
●欢欤 歎也歎 嗞 嗟也 粢粢 稷也 孳孳

162 / 《安腔八音》整理及研究

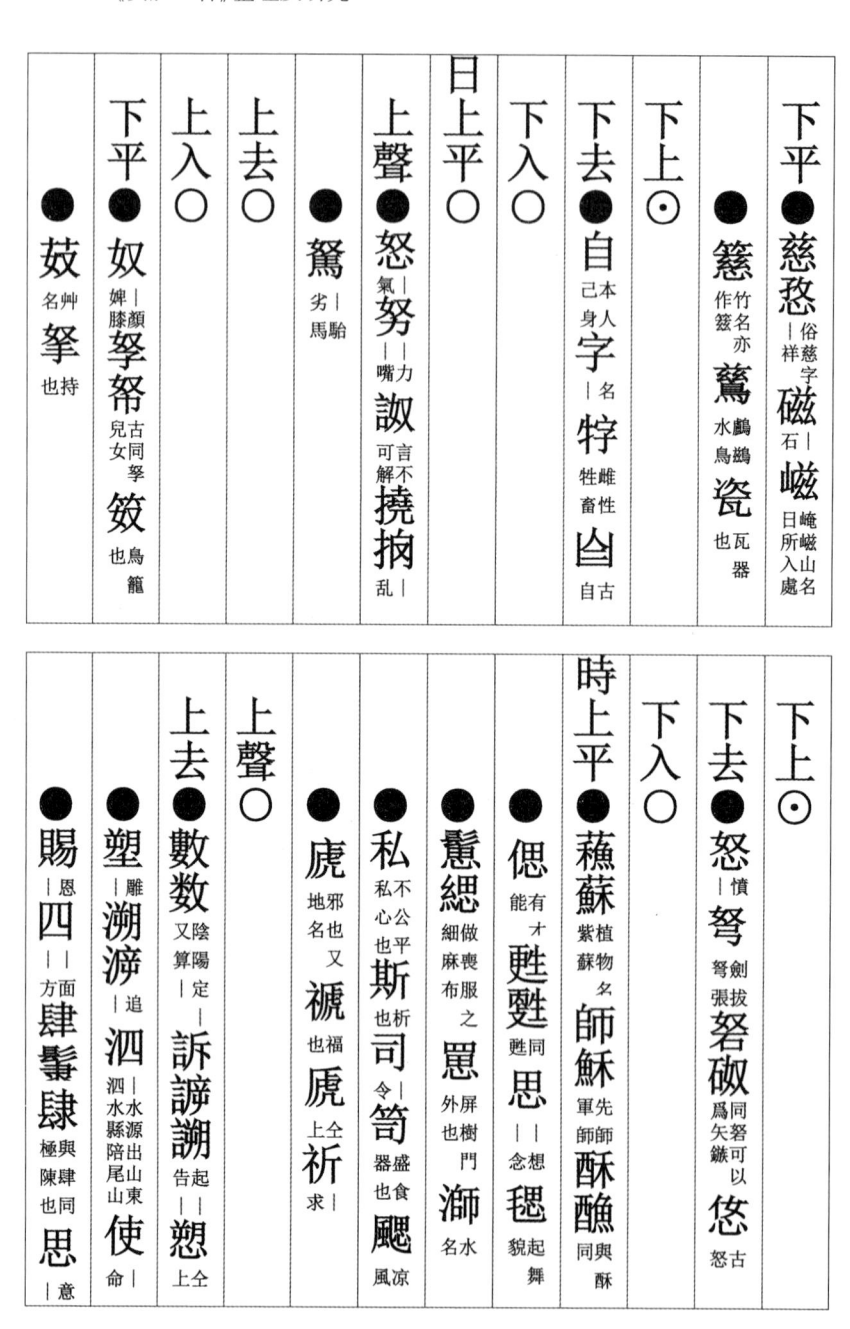

下平 ●慈怼 —俗慈字祥 磁—石 嵫—崦嵫山名日所入處

下平 ●簽 竹名亦作簽 鷀 水鸕鷀鳥 瓷 瓦器也

下上⊙

下去 ●自 己本人名 牸 牲雌畜性 囟 自古

下入○

日上平○

上聲 ●怒 氣努 呶—嘴力言不可解 撓搯 乱

上去○

上入○

● 駑 劣馬駘

下平 ●奴 婢—顏膝 孥帑 古同孥兒女 筊 鳥籠也

● 茲挐 名艸也持

時上平 ●蕬蘇 植物名紫蘇 師穌 先師師軍 酥醾 同與酥

● 偲 能有才 毸毸思 同毸念想 罳 屏樹門外也 澌 貌起舞 名水

● 颾緦 細做麻喪布服之 罳 盛器食也 颷 風涼

● 私 私不公心也平斯 司—令 筍

● 虎 邪也又地名 裶虎 上全祈求

上聲○

上去 ●數數 又陰算陽定 訴謉謏 告上全起 慇 上全

● 塑 雕溯 追 涑 泗水源出山東陪尾山 使 命

● 賜 恩四—方面 髴肆 與肆同陳也 思 意極興

新編《安腔八音》／ 163

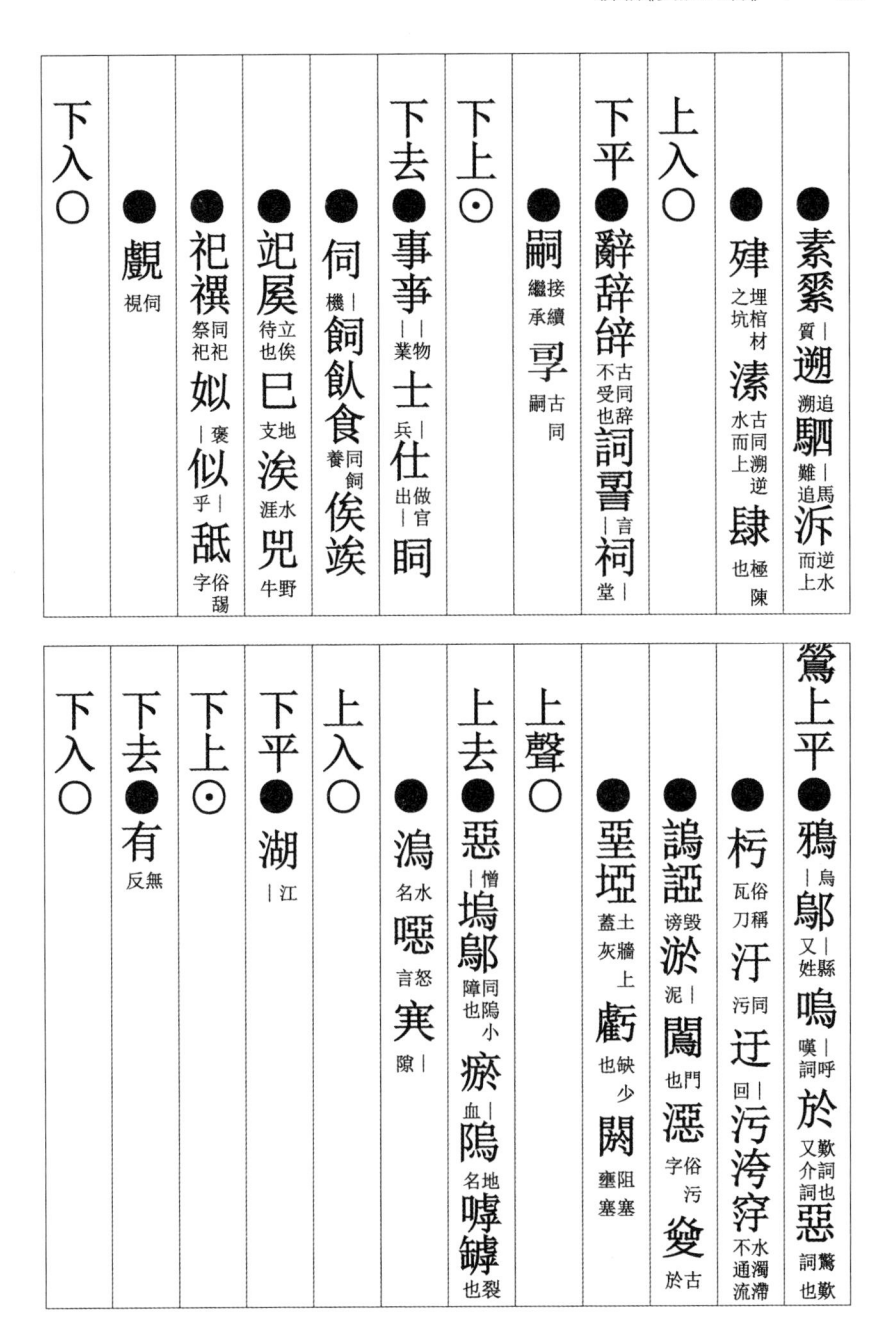

下入 ○

●覤 視伺

下去 ●祀襈 同祀祭 姒 ─褒乎 舐 俗字惕

下上 ⊙妃屎 待立也俟 巳 ─支地 涘 水牛涯野 兒

下去 ●伺 機─ 飼飤 同飼養 俟竢

下去 ●事事 ─業物 士 ─兵出做官 侗

下上 ⊙嗣 繼接承續 孠 古同

下平 ●辭辞辝 不受也辭 詞嗣 言祠堂─

上入 ○

●殔 之埋棺坑材 溹 古同溯逆水而上 隶 也極陳

●素 ─質 遡 ─追溯難追 泝 逆而上水 駟 ─馬

鷔上平 ●鴉鴉 ─烏又縣姓 嗚 ─嘆呼詞 於 ─歎介詞也詞 惡 ─驚歎詞也

上聲 ●杇 瓦俗刀稱 汙 ─污同 迂 ─回污 洿 ─水不濁通流滯

上聲 ●諤誣 ─谤毀 淤 ─泥閼 惡 俗字污 燮 於古

上聲 ●堊 蓋灰土牆 墟 ─也缺少 閼 塞阻塞

上去 ●惡 ─憎 塢鄔 同塢障也小 瘀 ─血隖 ─名地 嘑 罅 ─也裂

上去 ●濣 名水 噁 ─言怒 寠 ─隙

下平 ●湖 ─江

下上 ⊙

下去 ●有 反無

下入 ○

蒙上平	○
上聲	●卯𫑡又地支名茂也 昴昴白虎星宿 卯卯全
上去	○
下平	○
下去	○
下上	⊙
下平	○
上入	○
上去	○
語上平	○
上聲	○
上去	○
上入	○

下平	●吳吳也姓 琟又劍名 琨─美石 鋘銀─山名 蜈蜈─
下上	⊙
下去	●五數─名 伍一隊 加四
下入	○
上聲	●梧─桐 鼯鼯─作蜈蜈亦
上去	●吾我也 珸琨─美石 祦福 娪美女 齬齒不相值也
出上平	●粗糲大也疏略也 籠麤同粗 超遠行也
上聲	●草艸草也 百
上去	●醋黑米─ 措施─ 錯誤─ 鎈上全次─第─
	●欲古列通有序次排 枏門榍─ 刺刺針入刺插 鬂─鬚
上入	●莿艸芒木 㓨物割 湌口興液也同 束次全

新編《安腔八音》 / 165

下平〇

下上⊙

下去〇

下入〇

熏上平● 夫丈—官名子 砆古同趺玉的石像肤肌—膚肤
● 孚采信為人所服也 荂—罘罢山之罘名
● 袚襟衣前也 蘁地—薂散布傳布也 敷—施布敷
● 蔽華名之通也 桴脊—謂屋也 翠今車之翻痛—也病
● 枹槌鼓外郭 郭—城郭
上聲● 呼嘑罅歔古同呼嘑鳴呼 魊貌鬼
上去● 富貴—職副付赴—款蹈湯火—歌 賦—
● 訃告傳—師 洧紅中斗 賵以財助喪也

● 籔聲逆風 嚭之假嚭謂

上入〇

下平● 胡咽亂也何也又 髯鬚—椒椒糊蝴蝶—葫蘆
● 箹箏箭室箍—珊瑚餬飩與飩同寄食也 鳧野曰鳧家曰鴨
● 扶攵同扶字扶持定文隸 鈇斬刀之草芙花名蓉
● 夫詞語助也 蚨青蟲名 跗腳背同附狐狸
● 狐洴浡同與洴弓弧也 乎文言助詞表疑聲問
● 符號壺—茶 呼—嗚呼同 虖犬—
● 盬痫器中也物阻咽也 蕽草名木檯—戲嗚呼於—同
● 嶌壺古 濤鳧全上 鳧映全上

下上⊙

下去● 父母—輔助導婦娘女負—勝扈—跋

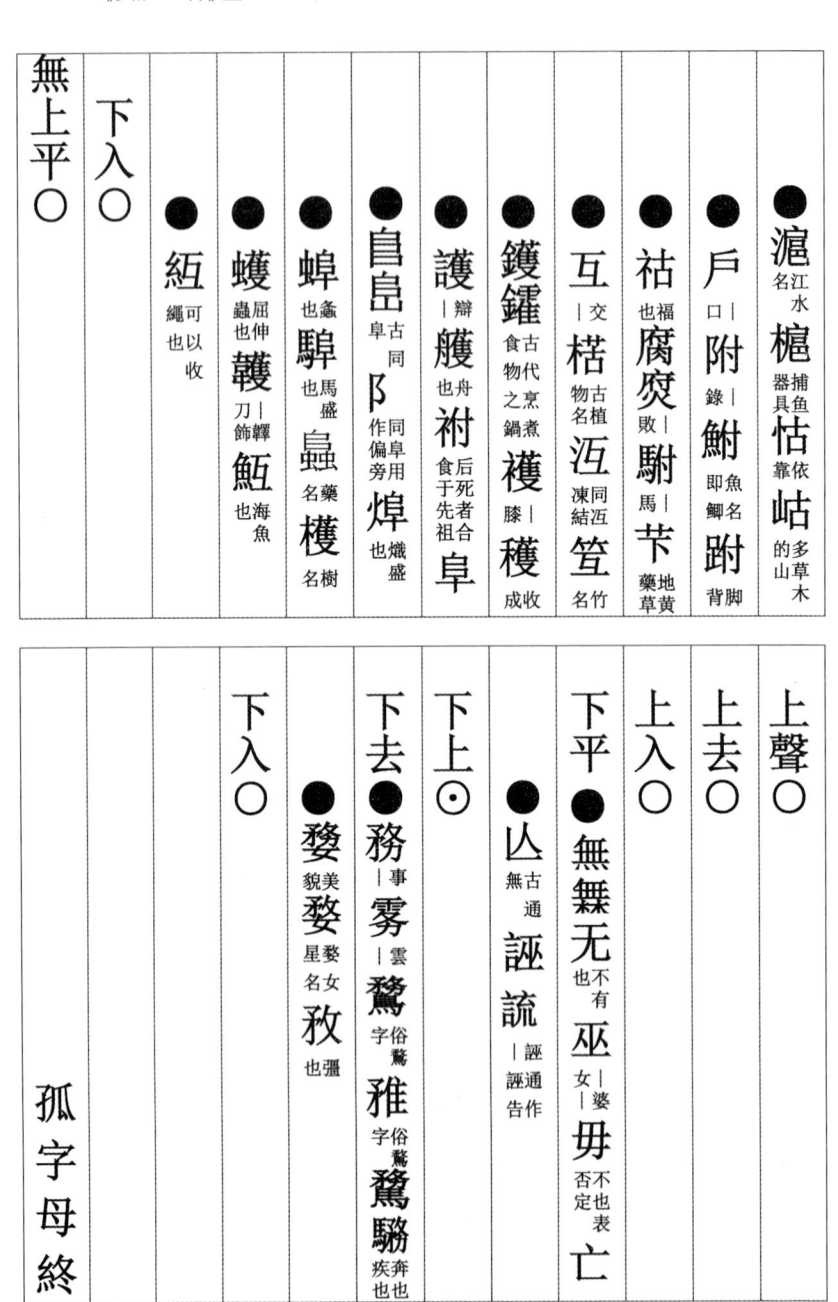

上聲○	上去○	上入○	下平●無䍲无也不有 巫女婆 毋否定也表亡	下上⊙ 仄無古通 諀諽誣通作告	下平●互交 梧涸同涸凍結 笒竹名	上去○ 祐福也 腐胲敗馬芐藥地草黃 駙	上去○ 戶口 附錄 鮒即魚名鯽 跗背脚	上聲○ 滬名江水捕魚器具 㭴靠依 岵多草木的山
下入○	下去●務事通 霧雲 鶩字俗鶩 雅字俗鶩 騖奔疾也	下入○ 媻貌美 媻星名女 孜也彊						

無上平○ 絙繩可以收 蠖蟲屈伸也 䗞刀飾轝 鮭海魚名藥 蜳也龜 蟲蠡名樹 楃 皀阜古同 卩同阜作偏旁用 焊燉盛也 護辮也舟 臄膝袧 阜食于死者合先祖 鑊鍾古代烹煮食物之鍋 穫成收

孤字母終

《安腔八音》

卷四
燈砧牽光川輝

19 燈字母

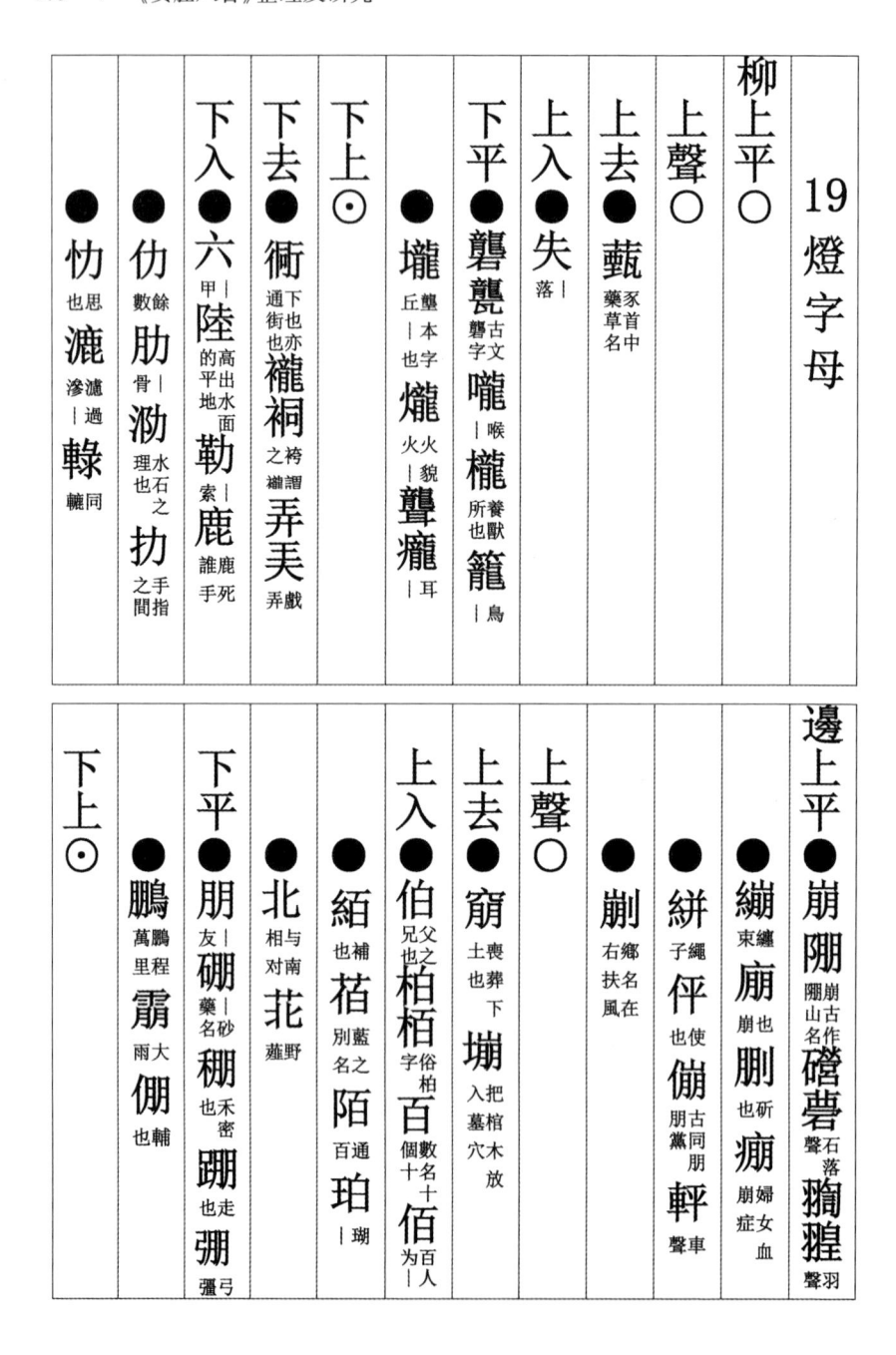

柳

上平 ○

上聲 ○

上去 ●甍 豕首中 藥草名

上入 ●失 落|

下平 ●礱礱 古文礚字 | 喉 櫳 養獸所也 籠 | 鳥

下上 ●壟 丘| 爖 火貌 | 聾 耳聾|

下去 ●衕 下通街也亦 襱祠之袴謂 | 弄芙 弄戲

下入 ●六 甲 | 的高出水面 平地 陸 | 勒 索鹿 鹿死 誰手

下去 ●仍 數餘 | 朌 骨 理也 泐 水石之 扐 手指 之間

下入 ●忉 也思 瀧 滲濾 | 過 勑 轆同

邊

上平 ●崩 掤 崩山名 古作 礤礱 石落聲 鵳𪃿 羽聲

上聲 ○

上去 ●絣 子繩 | 伻 也使 儞 古同朋 軯 聲車

上入 ●繃 束纏 | 廂 崩也 掤 斫崩 痭 婦症女血

上入 ●伯 兄也 柏栢 俗柏字 百 個數名十 佰 人為百

上去 ●窉 土喪葬 也把下 塴 入把 墓棺 穴木 放

下平 ●絣 也補 茫 別藍之 陌 百通 珀 | 珊

下平 ●北 相与 南対 苉 蘴野

下平 ●朋 友補 硼 藥砂 | 密 棚 禾 | 也 蹦 也走 嘣 彊弓

下上 ●鵬 萬鵬 里程 霦 雨大 倗 也輔

新編《安腔八音》 / 169

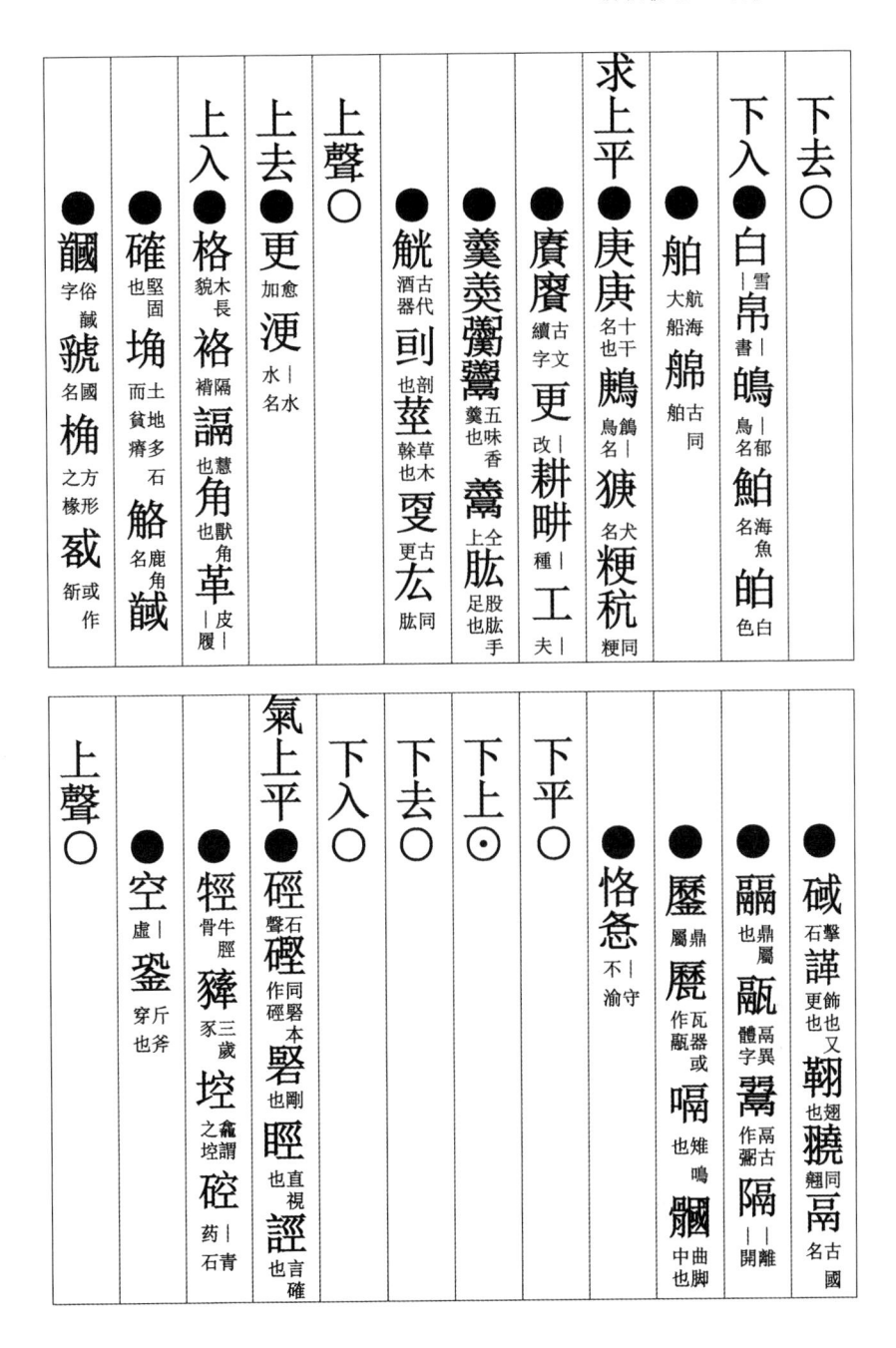

下去〇
●碱 譁擊石|也 靮翹|同 翹翹 鬲古國名
●䰛 鼎屬|也又體字作鬻 鬻隔|開離
●鬲 鼎屬 瓾瓦器或作瓶 嗝雉鳴也 䰜中曲腳也
●恪忩 不|守 |渝
下平〇
下上〇
下去〇
下入〇
氣上平●硜硜石聲同磬作硜本剛也 硁直視言也 謡確也
●牼牛脛骨 㹊豕三歲 㸯㾁謂之㸯 䂴葯|石青
●空虛| 銎斤斧穿也
上聲〇

求上平●庚庚十干名也 鶊鶊鳥名 粳秔同粳
●舶大船航海也 艊舶古同
下入●白雪書也 鵅鵅鳥名郁 鲌海魚名色白
下去〇
上聲〇
上去●更愈加 浭|水水名
上入●格木長貌 裕襺隔也慧 諽慧也獸角|皮|履 角革|
●確堅固也 塙土地多石而貧瘠 觡鹿角名 貀
●䰞字俗䰞國名 槲|之方形橡 蚚或作

●魼古代酒器 刂剖也 莖草木幹也 夏古同 玄股肱手足肱肱
●羹羹古文字 㷇羹五味香 胑|全股肱上肢
●賡續|字文 更改|耕 畊|種|工夫
●庚庚十干名也 鶊鶊鳥名 粳秔同粳

上去●揹 刁強難迫	
上入●客賓字 刻苦服也 剋削同 尅剋 欬 喀嗽咳	
下平●殼 省文殼字 鶯名鳥 鬢長髮甚也 聲車聲 剛古文刻字	
下上⊙	
下去○	
下入○	
低上平●登 高攀 燈灯輝火煌 燈美貌女 璒玉石似	
鴛名水鳥 䁬笠盖也 䀹悴䀹貌 颭聲風	
瞪甚病 荖草金荖 丁木聲伐 東相對與西	
鼇貌毛亂 冬天也憂 佟 零貌雨	
上聲○	

上去●棟梁 鋥劍磨鋥光出 凍餕	
上入●德惠惪 仁心 髑牛相觸也 得得到	
下平●淂水一曰貌水 髑龍 財同得 尋作古尋	
慰行也有所 恆得古德	
下平●騰滕升飛 滕水向涌上 媵行貌 蹾	
瞪也白 橙皮汁 甏同全瓨合	
潒浪波 螣也黑虎 澄而水清靜瞪視直貌	
筒竹抄寫 銅也赤金 銅小鍋鏽 瘆疼胗痛	
根旁木門 膯振敬 籘器竹 膯複寫魋鬼空中 筩同筒	
●螣者蛇似龍	
下上⊙	

新編《安腔八音》／ 171

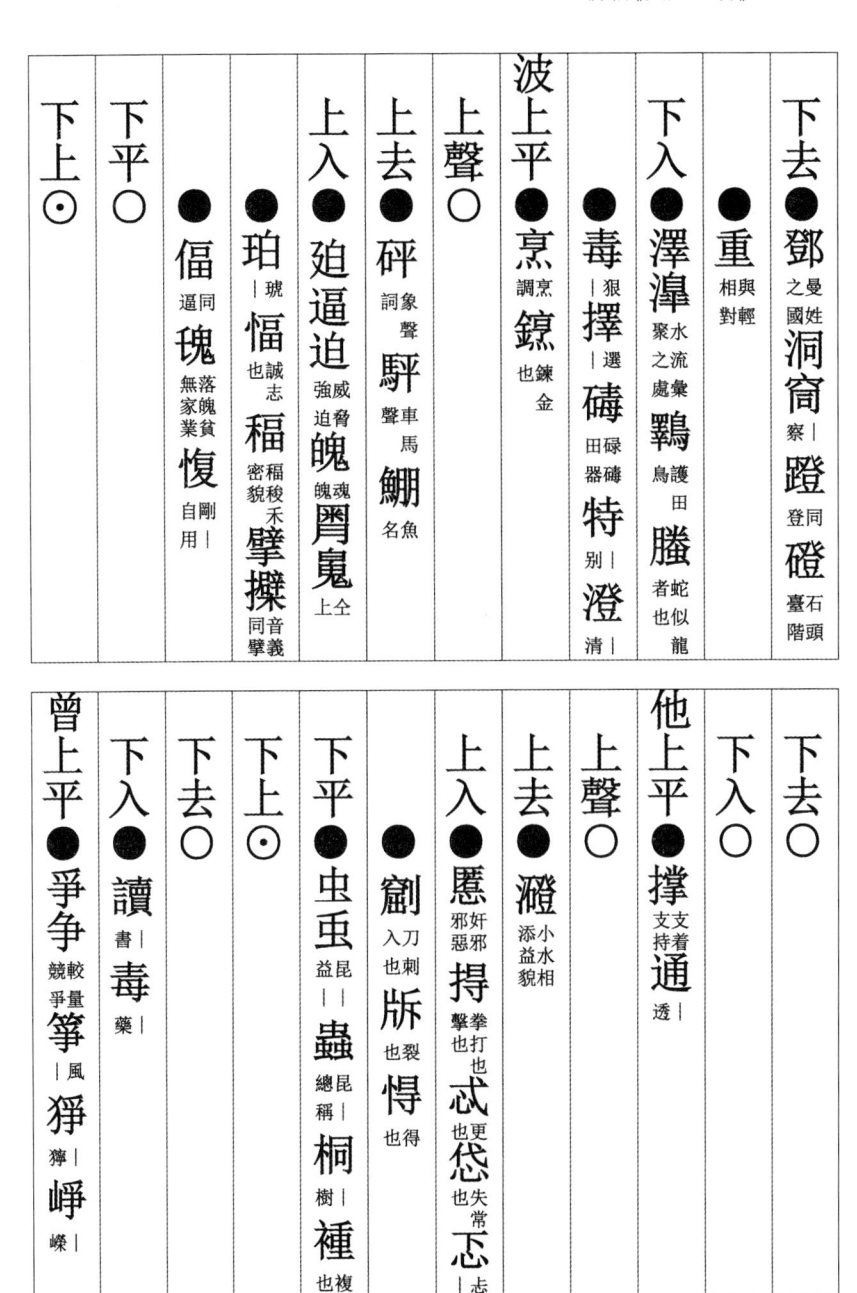

下去●鄧 之曼姓國 洞窞 察— 蹬 登同 磴 臺階石頭
下去○
下入●澤滰 聚水之流處彙 鷤 鳥護田者也 螣 蛇似龍 毒 狠— 擇 選— 磾 田器碡 特 別— 澄 清—
●重 相與對輕
波上平●烹 調— 鏡 鍊金 也
上聲○
上去●砰 詞象聲 駍 車聲馬 鰤 魚名
上入●迫 逼迫 迫 強威脅迫 魄 魄魂 胃鬼 上全音同義 珀 琥— 愊 誠志也 稲 稲稼禾密貌 擘 攦
下平○
下上⊙ 偪 同逼 瑰 落無魄家貧業 蝮 自剛— 用

下去○
下入○
他上平●撐 支支持着通透—
上聲○
上去●澂 添小水益相貌 懸 邪奸邪惡 拰 擊拳打也也 忒 也更失也常 忐 志—
上入●劖 入刀刺也也 㡹 𧗻裂也得 悊
下平●虫 䖵 益— 蟲 昆總稱— 桐 樹— 種 複—
下上⊙
下去○
下入●讀 書— 毒 藥—
曾上平●爭 爭 競較爭量 箏 風— 獰 獰— 崢 嶸—

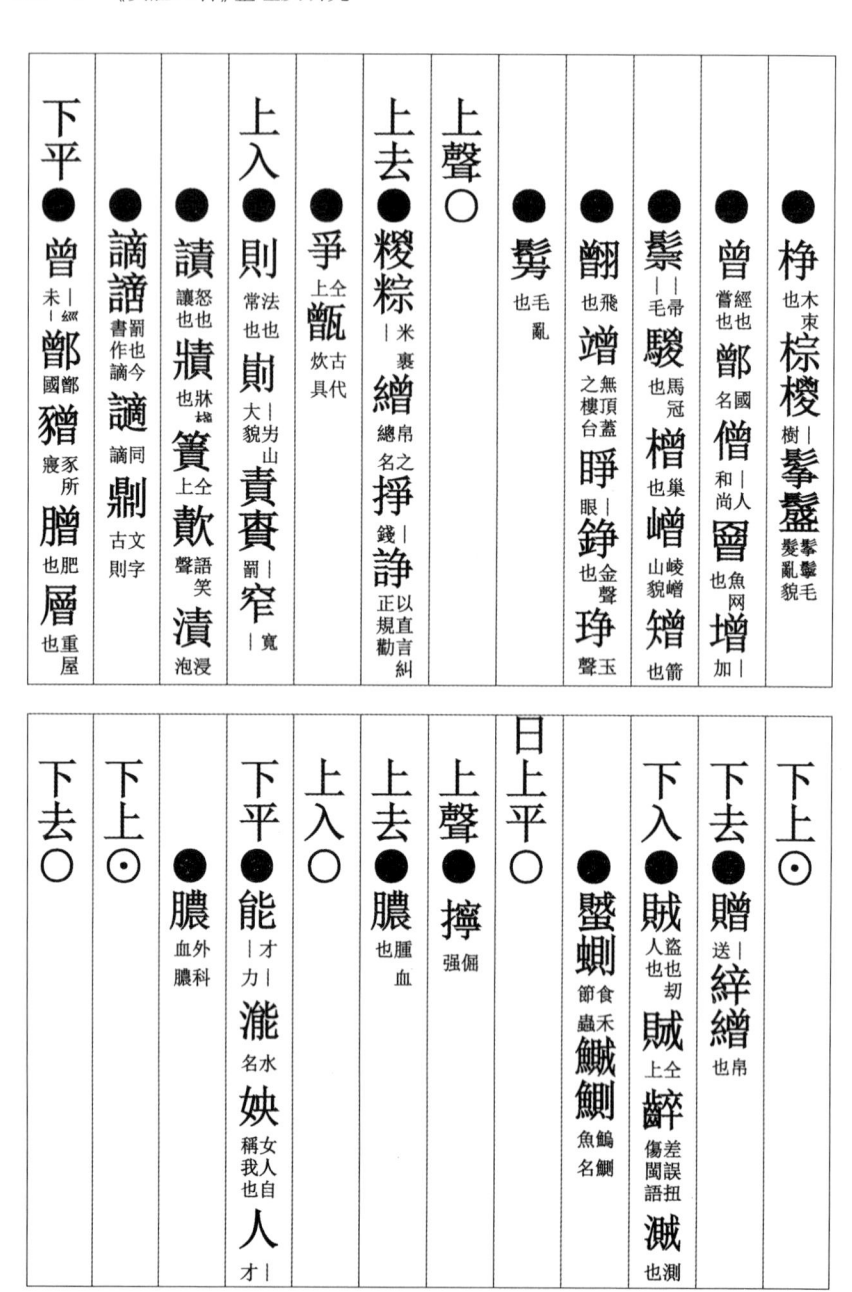

下平	●曾 未—經 鄫國名 矰瘦豕所 膌肥也 層重屋也
	●謫譖 罰也今書作謫 剔譖同古文則字
	●讀 讓怒也也 蕡牀歉上全聲語笑 漬泡浸
上入	●則 常法也也 崱屶山大貌 責賁罰— 窄寬—
	●爭 上全甑 炊古具代
上去	●糉粽 米裏 繒帛總名之 挣錢— 諍正規勸以直言糾
上聲	○
	●髼 毛亂也
	●翱 飛也 矰無頂蓋之樓台 睁眼— 錚金聲玉聲也
	●鬃 帚— 駿馬冠 嶒巢也 礧山貌嶒 矰箭也
	●曾 嘗經也也 鄫國名 僧和尚人 罾魚网— 増加—
	●栟 木束也 椶梭樹— 拏髼髮亂貌毛 盠髼毛貌

下去	○
下上	⊙
	●膿 血外膿科
下平	●能 才—力 瀧水名— 姎女人稱自我也 人才—
上入	○
上去	●膿 腫血也
上聲	●擰 强偪
日上平	○
	●蟹蜤 節食蟲禾 鰔鯽魚鯽名
下入	●賊 人盜也也却 賊上全 崒傷誤斟語闌 滅也測
下去	●贈 送— 綷繒也帛
下上	⊙

新編《安腔八音》/ 173

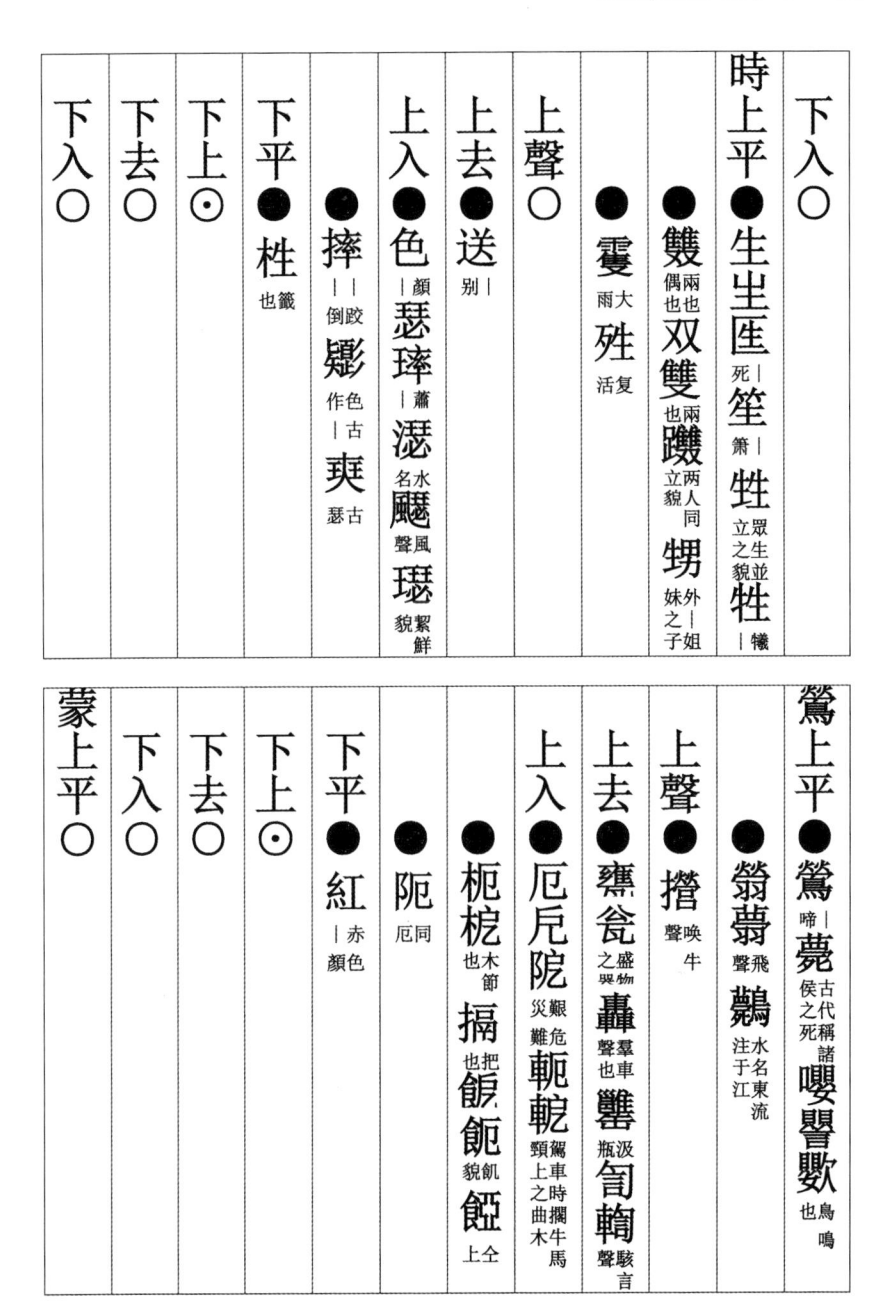

上段（自右至左）：

- 下入○
- 時　上平●生　生匡死复　笙｜簫　甡眾生並立之貌　牲｜犧
- 上聲○　霙雨大　殑活复
- 上去●送　別｜
- 上入●色顏色　瑟璀蕭｜瑟古　瀒水名　颭風聲　璱鮮繁貌
- 下平⊙栍也籤
- 下上⊙　摔｜｜倒跤　彲作色古　爽瑟古
- 下去○
- 下入○

雙偶也　雙兩也　躑兩人同立貌　甥外｜姐妹之子

下段（自右至左）：

- 鶯　上平●鶯啼｜　薨古代稱諸侯之死　嚶譻歎鳥鳴也
- 上聲●揞聲喚牛
- 上去●甕之盛物　轟聲車也　罋瓶汲聲
- 上入●厄尼陀災艱危難　軶駕車時攔牛馬頸上之曲木
- 下平⊙紅赤顏色
- 下去○陀厄同
- 下入○
- 蒙上平○

翁翥飛　鵝鵝
搞也把飯飽飽也飢貌饉上全
梔梡也木節

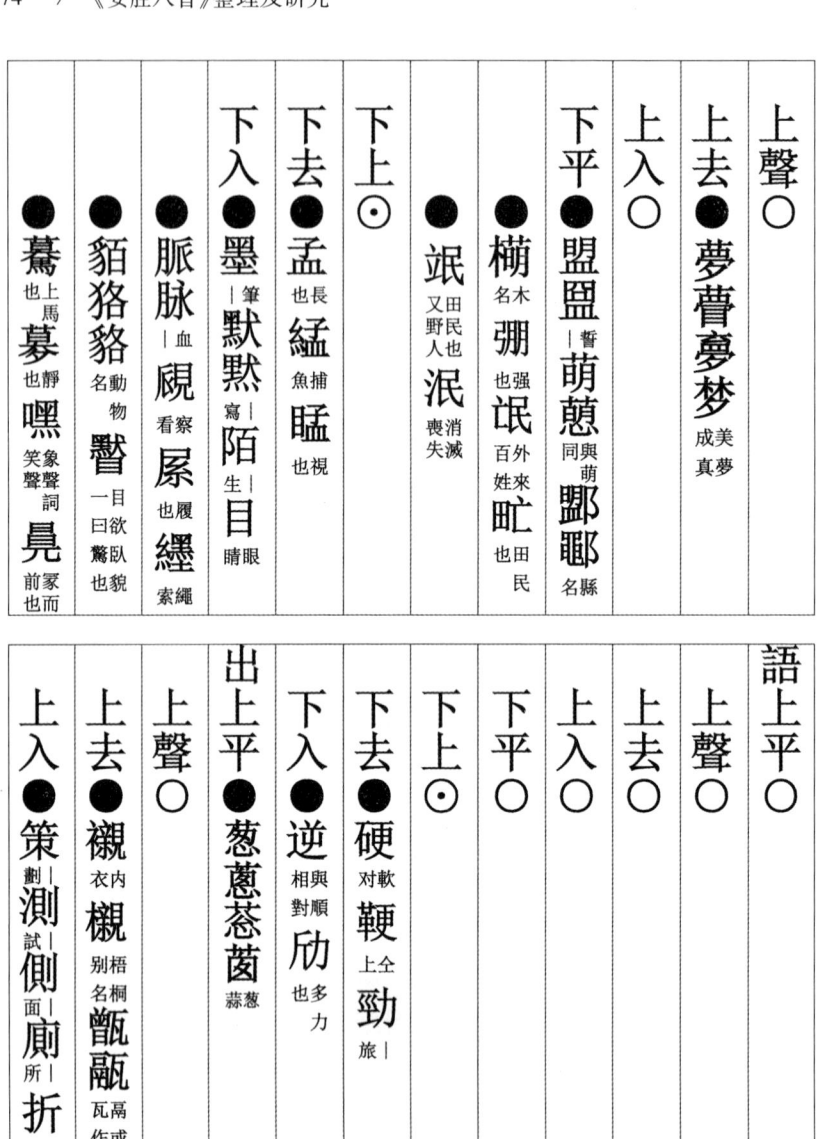

上聲○	
上去●	夢瞢夣梦 成美真夢
上入○	
下平●	盟䀦－萌䕄 誓強 同與萌䕄 鄸鄸 縣名
●	㭴 木名 䜲 外來百姓也 甿 田民也
下上⊙	泯 消失喪滅 呡 田民也又野人
下去●	孟 猛－ 捕魚也 䁛 視也 長也
下入●	墨 筆－ 默默 陌生 目睛眼
●	脉 血－ 覓 看察也 屐 履也 縋 繩索
●	貊貉 動物名 瞀 一曰欲臥驚貌目
●	慕 上馬靜也 嘿 象聲詞笑聲 昙 冡而前也

語上平○	
上去○	
上入○	
下平○	
下上⊙	
下去●	硬 對軟 鞭 勁 上仝 旅－
下入●	逆 相與順對 劜 多力也
出上平●	蔥蔥蓯茵 蒜蔥
上聲○	
上去●	襯 衣內 櫬 梧桐別名 甂瓹 瓦或作甂 䥶 炊器也
上入●	策 劃－ 測 試－ 側 面－ 廁 所－ 折 斷－ 坼 墢 開裂

新編《安腔八音》

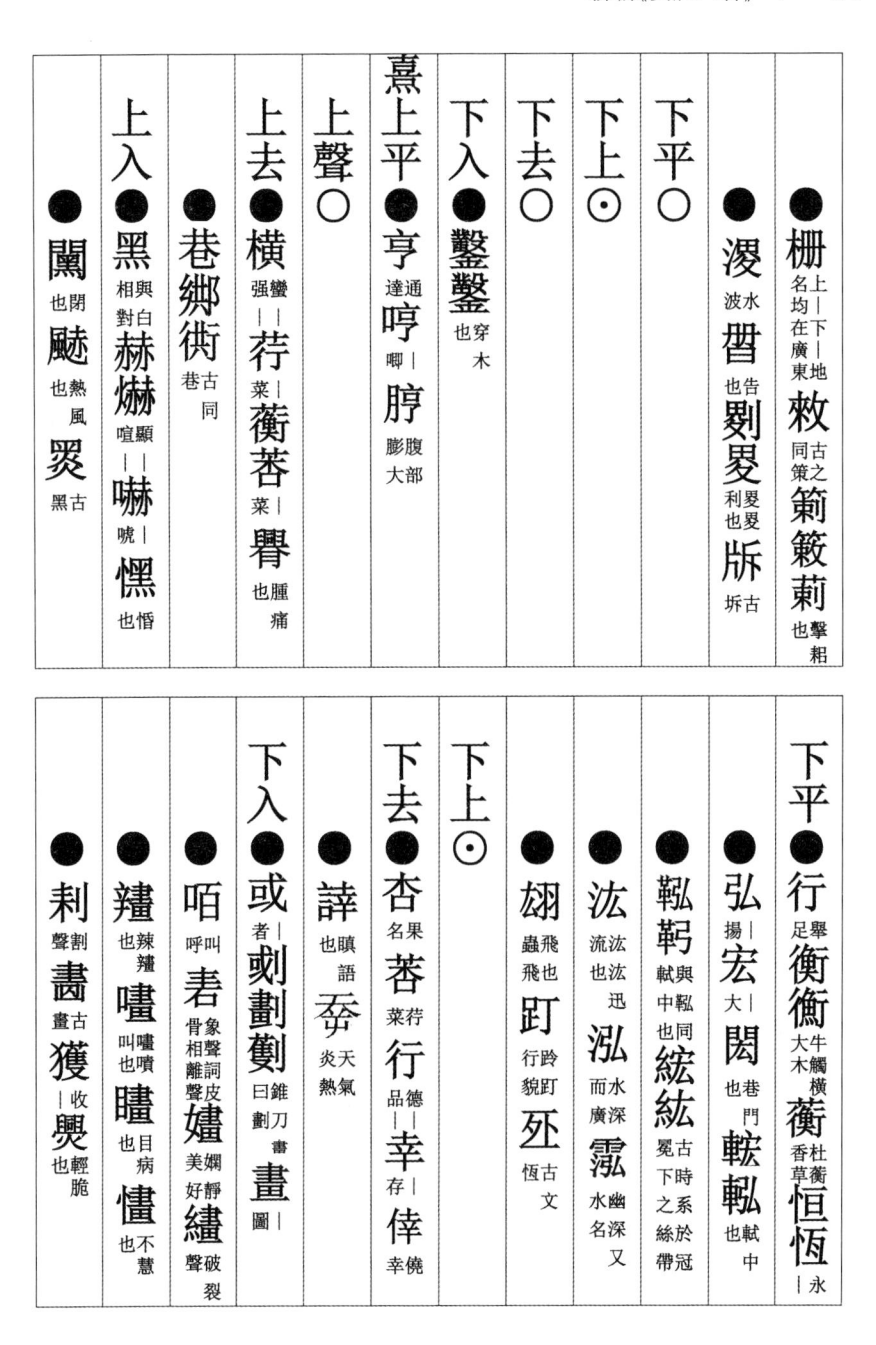

下平〇 ●栅 上─下─地名均在廣東 敉 古策之同 箭 籤 莉 擊也 粗

下平〇 ●行 足舉 衡 衡 牛觸大木橫 蘅 香草蘅 恆 恆 ─永

下平〇 ●弘 揚也 宏 大 閎 巷門 軯 軯 中 也

下上⊙ 鞁 鞁 與軓同 絃 紘 冕古時之系於絲帶冠

下去〇 汯 汯汯流也迅而水深 泓 水深幽 霳 水名又

下上⊙ 翃 蟲飛也飛 趶 行貌趶 死 恆古文

下上⊙ ●鑿 鑿穿木也

下去〇 杏 果名 荇 菜荇 行 德行品─ 幸 存─ 倖 幸倖

下上⊙ ●亨 通達 哼 唧─ 脖 膨腹大部

下入● 諻 瞋語 夻 炎天熱氣

上聲〇

下入● 或 者也 剨 劃 剨 錐刀書曰劃─ 畫 圖─

上去● 橫 強蠻─ 莕 菜莕 蕃 菜─ 䫌 ─腫痛也

下入● 耂 象聲詞骨相離聲皮 嬧 嫻靜美好 繡 聲破裂

上入● 巷 鄉 街 古同巷

下入● 咟 呼叫 嘈 叫嘈也 瞳 目病也不慧

上入● ●黑 與白相對 赫 煊顯─ 嚇 唬─ 憪 ─惛也

下入● 瀧 辣瀧也 嘮 嘮嘖叫也

下入● 闟 閉也 飍 熱風 翼 黑古

下入● 剌 聲割 畫 畫古 獲 ─收 熞 ─也輕脆

●惑 不定也 心疑

籔 度也 尺手

攫 取

燈字母終

| 柳上平○ | 上聲○ | 上去○ | 上入●猜 食狗吃狗 舐犬也小 狫 食犬 舐 字俗暍 | 下平○ | 下上⊙ | 下去○ | 下入○ | 求上平○ | 上聲○ | 上去○ |

20 砧字母

新編《安腔八音》 / 177

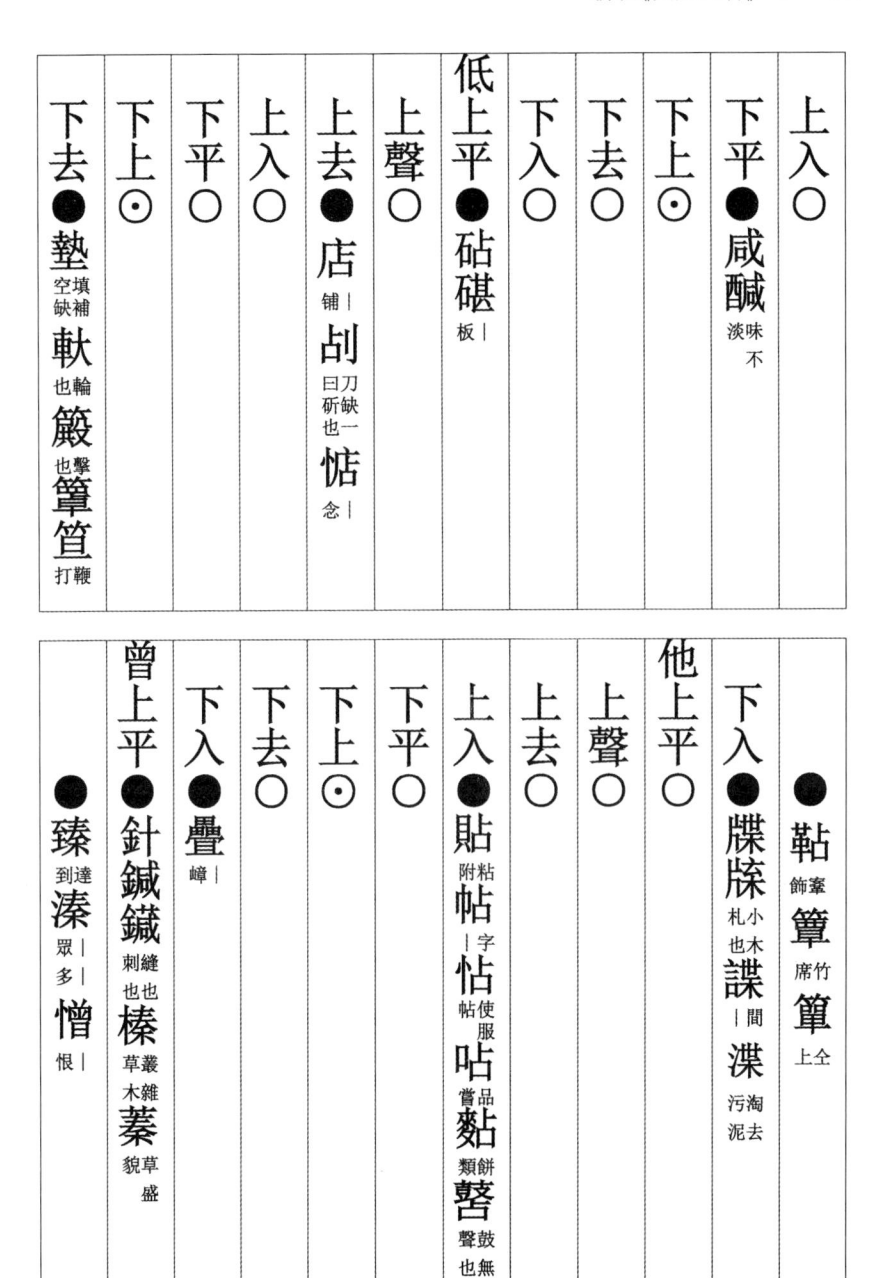

- 上入 ○
- 下平 ● 咸 鹹（淡味不）
- 下上 ⊙
- 下去 ○
- 下入 ○
- 低上平 ● 砧 碪（板）
- 上聲 ○
- 上去 ● 店（鋪）　刮（刀缺曰斫一也）　惦（念）
- 上入 ○
- 下平 ○
- 下上 ⊙
- 下去 ● 墊（空填缺補）　軏（輪擊也也）　簸 簟 笪（打鞭）

- ● 鞊（飾睾）　簟（竹席）　笪（上全）
- 下入 ● 牒 簃（小木札也）　諜（間）　渫（污淘泥去）
- 他上平 ○
- 上聲 ○
- 上入 ● 貼（粘附）　帖（字帖使服）　恬（品嘗）　黏（餅類）　醰（鼓聲無也）
- 下平 ⊙
- 下上 ⊙
- 下去 ○
- 下入 ● 疊 嶂
- 曾上平 ● 針 鍼 鐵（縫刺也也）　榛（草木雜叢）　蓁（草盛貌）
- ● 臻（到達）　溱（眾多）　憎（恨）

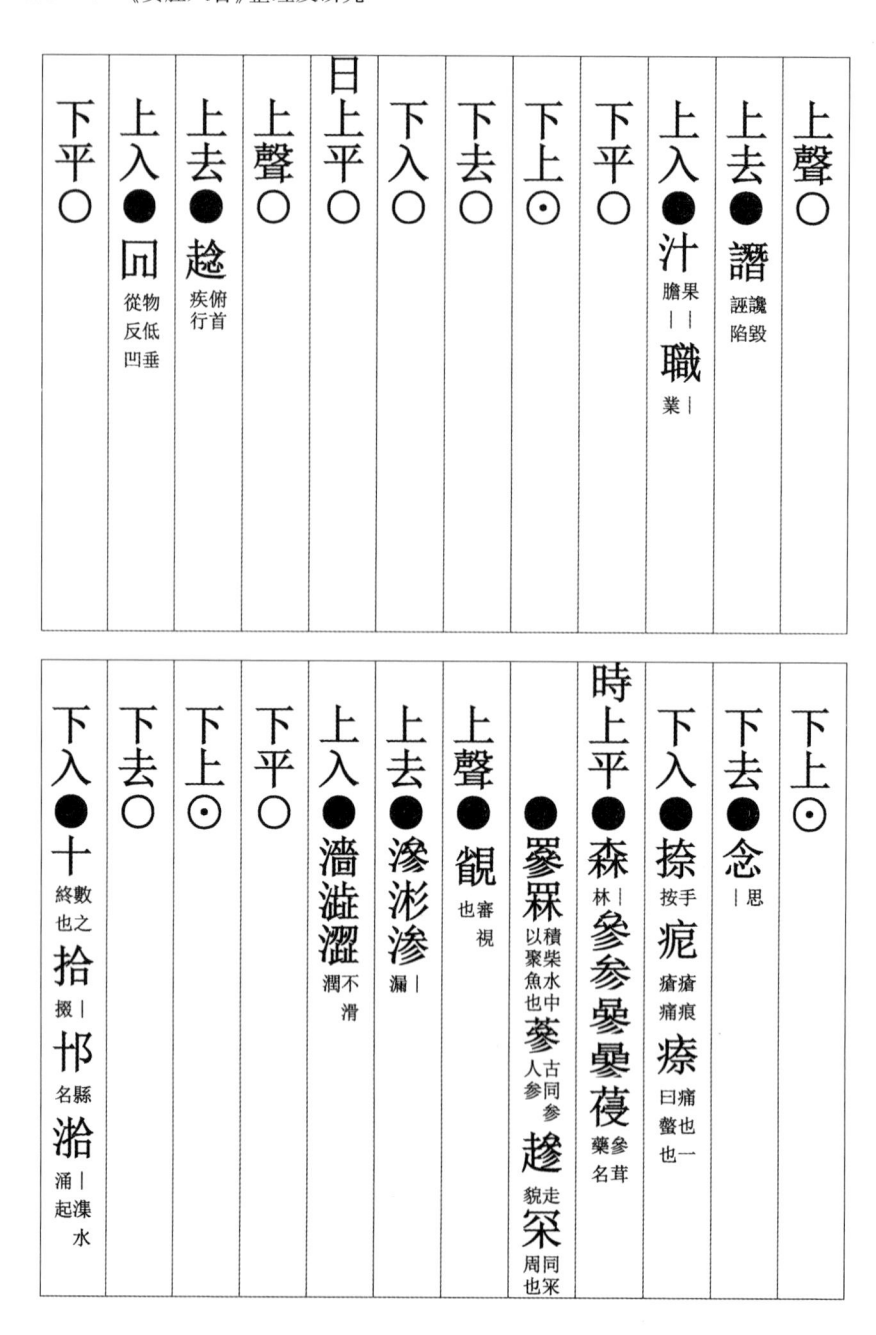

下平○	上入●冚 從物反低凹垂	上去●趝 疾俯行首	上聲○	日上平○	下入○	下去○	下上⊙	下平○	上入●汁 膽果‖職 業‖	上去●譖 誣讒陷毀	上聲○

下入●十 終數也之 拾 掇‖邖 名縣 浿 涌‖起溁水	下去○	下上⊙	下平○	上入●濇濇澀 潤不滑	上去●滲洴滲 漏‖	上聲●覾 也審視	時上平●森 林‖參參憂憂蒛 蓡古同參人參藥參名茸 趚貌走罙周同罙也	下入●捺 按手疦瘢痛痕療 曰痛聲也‖	下去●念 ‖思	下上⊙

上入〇	上去●懺 悔—	上聲〇	出上平〇	下入●狹 隘—	下去〇	下上⊙	下平〇	上入〇	上去●爛 火同 苗焰	上聲〇	鶯上平●陰陰 無天 雨—
								下入〇	下去〇	下上⊙	下平〇

砧字母終

21 牽字母

柳上平○

上聲○

上去○

上入○

下平○蓮（花植物名）　鰱（—魚）

下上⊙

下去○

下入●裂（破開衣服）　劙（擇削減也又）

邊上平●班（斑—級）（班—馬）　岈（剖割之以刀也）　瓪（瓜瑞）

上聲○

上去○

上入●八（破也分也）　仈（姓也）　玐（玉聲）　釟（治金也）　馱（八歲的馬）

下平●扴（判木也）

下上⊙

下去●辦（處理公）

下入○

上聲○

求上平○

上去○

上入●鍥　鏴　鎝（以為器鐫刻金玉也）　結（締也）

下平○

下上⊙

下去●縣　县　県（縣借之為縣州）

新編《安腔八音》

氣上平 ●牽 附—會強
上聲 ○
上去 ○
上入 ○
下平 ○
下上 ⊙
下去 ○
下入 ● 儑 暴強
低上平 ○
上聲 ○
上去 ○
上入 ○

下平 ● 填填 也塞
下上 ⊙
下去 ● 殿殿 也擊聲 靛—蓝青 碇 的拴石船桩用
下入 ● 諜—間 渫 污淘泥去 ●有 鲣 堅實堅硬 名魚 淀 滓渣
波上平 ● 蹳 行跂貌
上聲 ○
上去 ○
上入 ○
下平 ○
下上 ⊙
下去 ○

182 / 《安腔八音》整理及研究

下入	○
他上平	● 蜒（同蚕，動物名，竹蜒科，雙殼）蚕（全上）
上聲	○
上去	● 鮎（鯰同）
下平	○
下上	⊙
下去	○
下入	○
爭上平	○
上聲	○
上去	● 瀍（法令也）薦荐（艸獸之所食，又推—）

上入	● 節（年—日—）
下平	● 榛（或落葉灌木喬木）
下上	⊙
下去	○
下入	● 截戳（截然不同）巉（猿類長毛善走）剿（斷物也）節（竹—）
日上平	● 蟻（蟹梭子）
上聲	○
上去	● 乳（分泌器官奶）囡（古作嫻—，乳也）穀（同穀）
上入	○
下平	● 鯰（魚名）
下上	⊙

新編《安腔八音》

下去 ○

下入 ● 鱛鮀（魚名鯢而小似）

上聲 ○

上去 ○

時 上平 ● 先（—早）

上入 ● 塞塞空寞寒窸寨瘠虱（貌動子—）

●籑（蟲名竹編的捕魚器具）穡（—稼）澁（澀同）

●濇澁嗇（今卜—不滑）

下平 ● 柱榛（籤也聚木曰榛 前後—業 榛同）

下上 ⊙

下去 ○

下入 ○

鶯 上平 ○

上聲 ○

上去 ○

上入 ● 搚抑（扼同 壓按）

下平 ● 閒（閉月光而見）

下上 ⊙

下去 ● 限（界期—痕垠 也門閾）

下入 ○

蒙 上平 ○

上聲 ○

上去 ○

上入 ○

下平 ○	下上 ⊙	下去 ○漫 散迷 相與 對稀 疏	下入 ●密密	出上平 ●千 萬—	上聲 ○	上去 ○	上入 ○	下平 ●田 野— 滇 縣古 名— 蠶 食—	下上 ⊙	下去 ○	下入 ●賊 物竊 之盜 人財 鱵鯛 魚烏 也鯛

熹上平 ○	上聲 ○	上去 ●莧 菜—	上入 ●血 —氣	下平 ●還還 回返 來回	下上 ⊙	下去 ○	下入 ○	

牽字母終

新編《安腔八音》

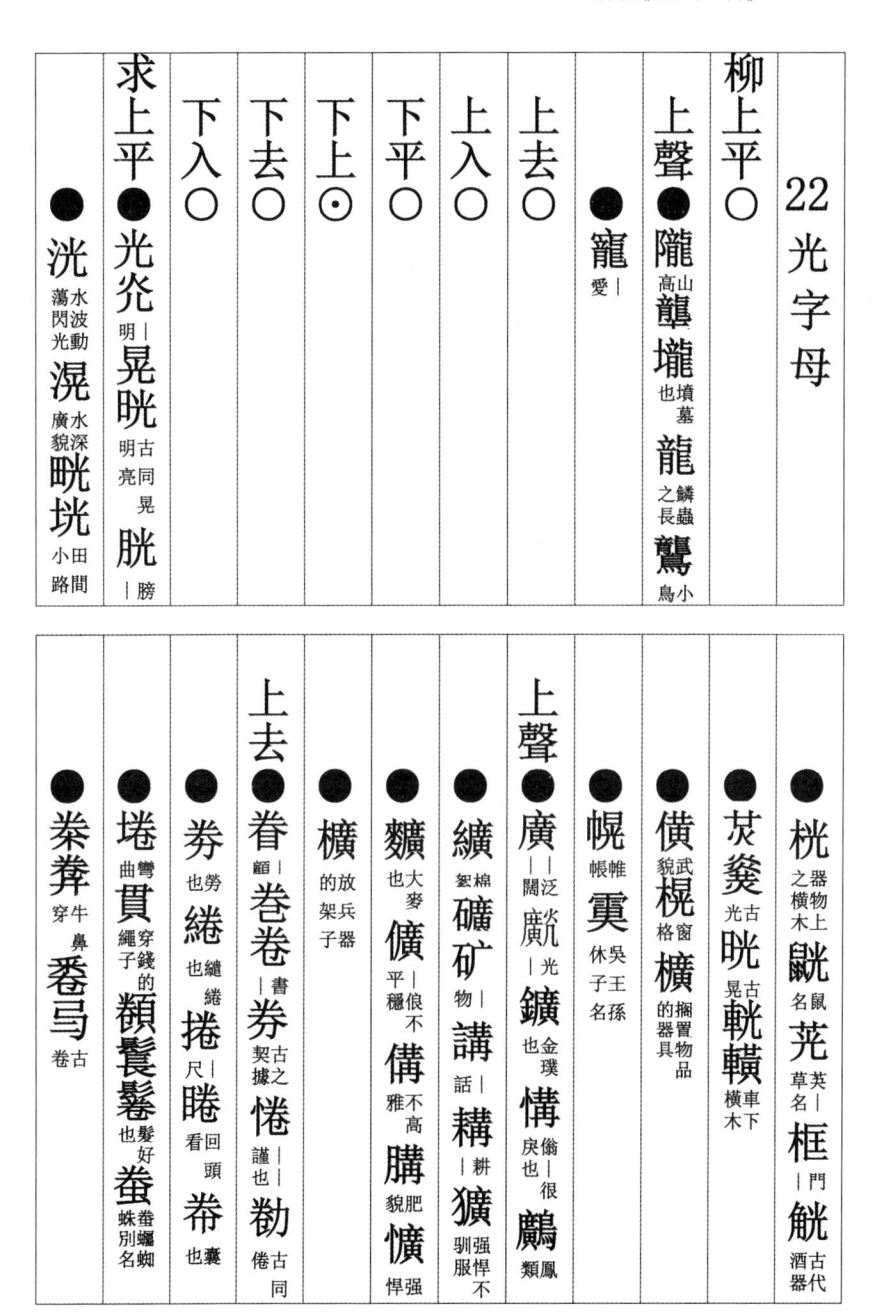

22 光字母

柳上平〇

上聲●隴壠壙_{高山}墳墓也 龍_{鱗蟲之長} 鸗_{鳥小}

●寵_愛

上去〇

上入〇

下平〇

下上⊙

下去〇

下入〇

求上平●光炛——晃晄_{明古同晃}胱——_膀

●洸_{蕩水波閃光動} 滉_{廣貌水深}晄垬_{小田路間}

上聲●廣——_{闊泛廞}——_{光也}鑛_{金璞物} 鸝_{類鳳}

●幌_{帳幃}幌_{休吳王子孫名}

●僙_{武貌}梡_{格窗}槦_{掤置物品的器具}

●芡羮_{光古}晄_{晃古}軦_{車橫木下}

●桄_{器物橫木上之名}茪_{鼠莞草名英——}框_門觥_{古代酒器}

●毹_{牛鼻卷} 瓹_{卷古}

●埢_{曲彎}貫_{穿繩子錢的也}頯_{鬢髮好} 鬠_{蛛卷別名蜘}

●券_{也勞}綣_{也繾繾}捲_{尺——看} 睠_{回頭}帣_{也囊}

上去●眷卷卷_書券_{契古據之}惓——_謹勌_{倦古同}

●橫_{的放兵架子器}

●䴰_{也大麥}儣_{平穩很不}備_{雅不高}膦_{貌肥}憬_{悍強}

●纊_{絮棉}礦矿_物講_話耩_耕獷_{強悍不馴服}

186　/　《安腔八音》整理及研究

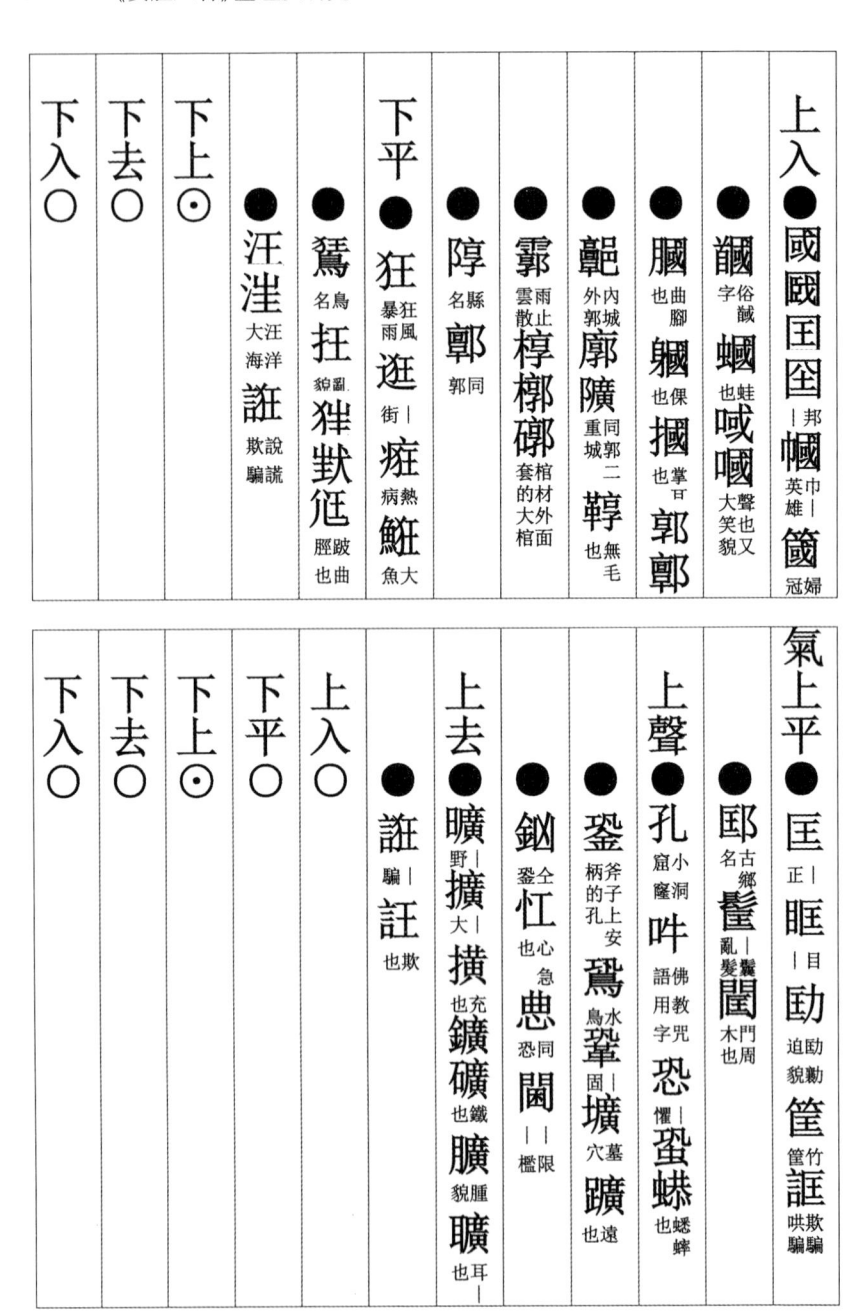

上入　●國國囯｜幗 邦英雄巾｜箇 冠婦
●膕 字俗鹹｜蟈喊啯 大聲也又笑貌
●膕 曲腳也 膕摑 掌目｜ 郭郭 也無毛
●䶑 内城外郭同 椁槨椁 棺材外面套的大棺 重城二
●霩 雨止雲散

下平　●障 名縣郭同
●狂 狂風暴雨 逛 街｜ 痓 熱病 鯓 大魚
●鴛 名鳥 䊵 貌亂｜ 狚 狅 脛跛也曲
●汪洼 大汪洋 誑 欺說騙謊

下上　⊙
下去　〇
下入　〇

氣上平　●匡 正｜眶 目｜勋 迫勋勤貌 筐 竹筐｜誆 哄欺騙騙
●邙 名古鄉｜鬘 亂髮䰀 閫 木門周也

上聲　●孔 小洞竅 吽 佛教咒語用字 恐 懼｜蛩 蟋蟀也 鴛 鳥水｜鞏 固｜壙 穴墓 躣 遠也
●銎 斧子上安柄的孔 銎忥 全也心急｜悤 同恐 閌 ｜限 檻

上去　●曠 野｜擴 大｜搄 充也 鑛 鐵｜朧 貌腫 礦 耳｜

上入　〇
下平　〇
下上　⊙
●誆 騙｜誆 欺也
下去　〇
下入　〇

新編《安腔八音》

低上平 ○
上聲 ●董 監督 管理 朣 肥— 曈瞳暚譗𩕐 禽獸之踐處踏
上去 ●懂憧 心神不定
下平 ○
下上 ⊙
下去 ○
下入 ○
波上平 ○
上聲 ●捧拌 兩手托着 琫 佩刀上飾 唪 大笑聲 㱷 死也
上去 ●籓 風聲 萋 草木茂盛貌 織 紡—
上去 ○

他上平 ○
上聲 ●黨 佣儻異也 倘 如果假使 懂惝 失意貌 冢塜 —墓
下去 ○
下入 ○
下上 ⊙
下平 ○
上入 ○
上去 ●儻 統籌兼顧 寵 寬敞愛— 爥 明亮 曠 明白
上入 ●臘 明月不也 躺 卧—
下平 ○

下上◉	〇
下去	〇
下入	〇
上平	〇
曾 上平	〇
上聲●	總 緫 縂 摠（共統結也） 種（早種晚熟之穀物） 踵（腳後跟）
上去	〇
上入	〇
下平	〇
下上◉	瘇 腫（腫脛氣足也） 煙（火燒起） 夂（終古文字） 穗（束禾聚也）
下去	〇
下入	〇

時 上平	〇
上聲●	竦（蕭恭敬敬） 聳（高直立起） 悚（恐害懼怕）
上去	〇
上入	〇
下平	〇
下上◉	〇
下去	〇
下入	〇
鶯 上平	〇
上聲●	擁 雍 揞 攏（抱也） 臃（腫—） 雝 䨺（塞—）
上去	〇 ● 畓（培田也 與壅通） 灉（古河名）

新編《安腔八音》 / 189

下去○	下上⊙	下平○	上入○	上去●懜 昏昧無知貌	上聲●頤 殟繫頭也	蒙上平○	下入○	下去○	下上⊙	下平○	上入○

●睨 視也 脓 脹也 況 寒水也	上去●放 肆也 釋解也 況 發語辭 貺 賜與也 軦 黃軦蟲名	●銃 氣容貌 況 寒水也 俩 失意貌 仿 籀文字	●昉 明也 旅 制瓦器 怳 大悟然 㶅 水銀 永 水聲也	上聲●訪 問 = 髣 髴靠也 彷 彷彿 仿 相牽也 做 仿造	●禧 同祊 坅 古	●雺 雪盛貌 釾 古時量器 口方 彷 忌也害也 妨 碍 =	●舫 肥脂也 朒 肉開閒 萠 明日翌日 謊 說話 詤 =	●慌 忙張 = 畬 浪不要精貌 盇 開明也 艕 舟 = 育 膏	●祊 門內旁邊設祭處 秴 地名禾 稁 同荒凶年空也	熏上平●方 人品行端正 坊 石作 = 芳 花草香气 荒 蕪 荒 同與荒	下入○

上入〇	下平●皇帝鳳凰—輝— 凰煌惶恐不安 惶廟城	如上平〇	下入〇
	●徨彷徨猶徘徊也 趨 喤小兒聲 蝗虫 鍠	上聲●勇敢—湧水從下向上冒出 勐古同惠—慫恿 恿也怒	
	●鑠鐘鼓聲 篁竹林 鷎鳥名 黃殿名又姓色	●戟戚同與勇 憑慫也 涌涌同 踴踴躍— 趙—	
	●媓娥—相傳為堯女舜妻 磺硫—藥名 橫闌木 也	●傛俑木從葬偶 衞巷道也 蛹蟬甬 甬道	
	●潢積水池也 璜半璧玉聲 觵校學	上去〇	
	●簧彈—相 癀病疸 徨病也 楻古同艎 船也	上入〇	
	●獷又花卉也 逞 觳黃卵中 崖艸木妄生	下平〇	
	●皇古皇也 錄鐘聲 丞穀野 驦騜同	下上〇	
	●雞也華榮	下去〇	
下上〇		下入〇	
下去〇		無上平〇	

新編《安腔八音》／ 191

上聲 ●彺 來古同往 迋 欺古通誑 敼 曲同也枉裒 网
上聲 ●罔網罓 作罓古 枉 —費心思 惘 意失 輞 車輪 邊週
上去 ●魍 —說中魍的古怪傳物 罓 罓古字文 宧 往 —來
上入 ○
下平 ●尫 君帝 黃 —之五一色 亾 亾 忘 忘 滅—
下上 ⊙
下去 ●旺 盛— 王 稱統干治 望 塱 翌 皇 望古字文
下入 ○

光字母終

23 川字母

柳上平 ○
上聲 ○
上去 ○
上入 ○
下平 ⊙
下上 ●戀恋 眷— 愛—
下去 ●劣 惡— 跡— 捋 也手捋 埒 牆矮 胻 也肋肉 銟 曰六兩—
下入 ●捋 名木 騂 斑白毛 駤
邊上平 ●奔 走— 犇 上仝 驣 奔同字俗驣 驦 也走
●逩 奔同 賁 勇虎士— 分 野開 躋 同輿奔

上聲●本—根 㪿本古

上去○

上入○

下平○

下上⊙

下去●餅 字俗飯

下入●勃 貌變色 渤 洋名海海 哱 吹氣聲口尚也與脣同 胇 胇肠 口濾 吻 嘴脣合也 啹 胁 脗 貌風驟

●浡 貌旺盛 餑 吹沸聲也 饽 馽 馬牛尾一角 艴 貌

●麸 屑麥也 餑

●舥 色怒也

求上平○

上聲●捲 斂收|| 饋 也饌 捲圈 成曲木制的孟 捲 也轉

下入●掘 挖|| 楒 斷木也濁亂也又 涒 趣 走尾無也

下去●倦勍|| 疲

下上⊙

下平●藿 脊行曲貌 嫿 孈 孈 美貌 顴 艫 艫 骨|

上入●蕨 可|食菜 拳 木黃華也頭 齤 齒缺也 蹉 拳縮曲伏 齤 骨輔

上去○

●繭 蠶|眉| 緄 也繡帶 橺 混 也棧戎混夷名西

●輥 輥|同 鐉 輥|金上仝屈也 滾 港 水名一曰水迴旋貌

●袞 上仝 懐 惺悁也 滾滾 亂大貌水流來卷重土

●裷 之古巾帕蓋時物也 諓 明語也不 鯀 也大魚 袞 於畫衣龍

●倔 強|犹 貌短也殞 殛 机 木無枝也 軝 持車轄端者

氣上平○

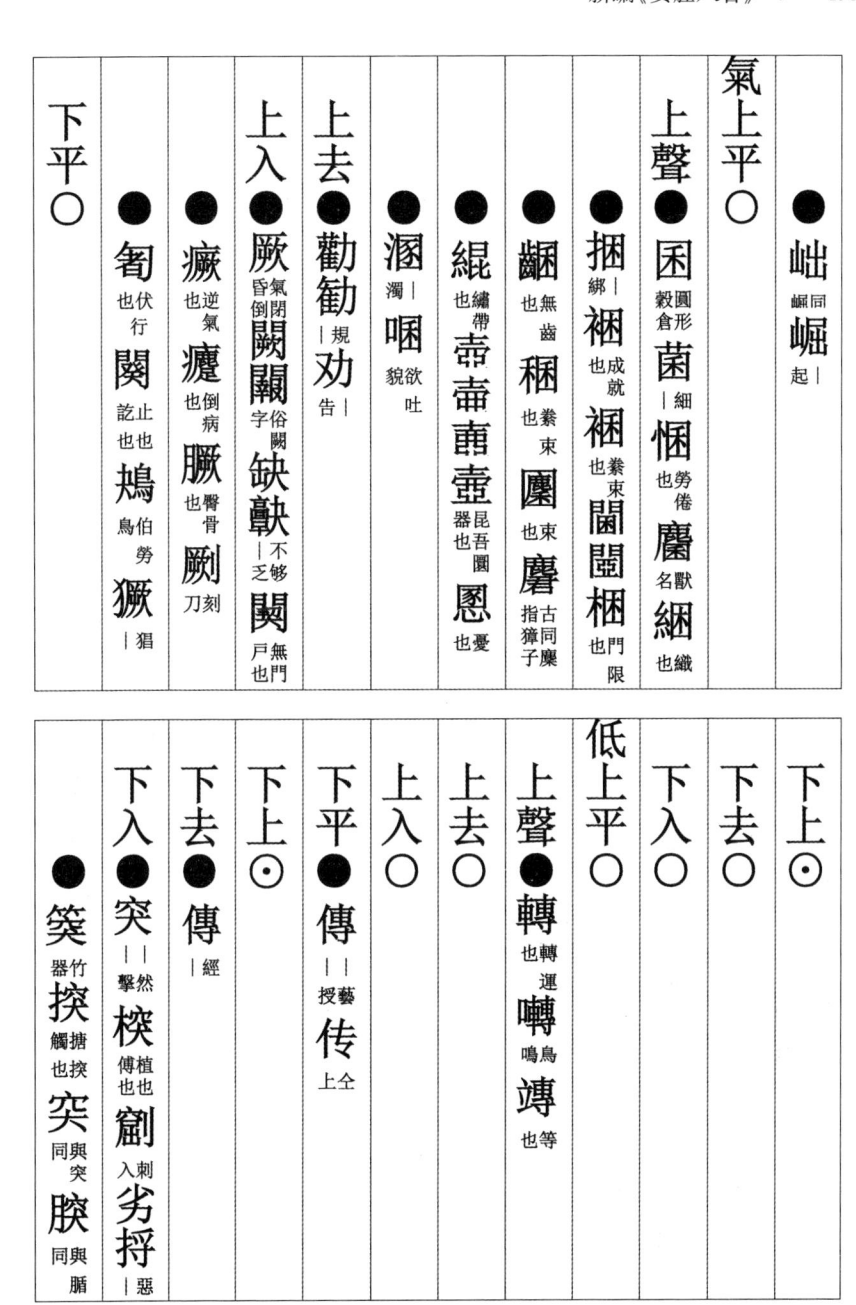

●岫 崛同｜起

上聲●

困穀圓倉形 菌｜細 悃勞倦也 麕名獸也 綑｜織

●捆綁也 裍成就也 圜｜束 闉閽梱｜門限

●齫無齒也 稛纂束也 圜｜磨 指獐子古同麇

●綑繡帶也 壺壺壺器也昆吾圜 恩｜憂

●溷濁｜ 咽｜貌欲吐

上去●勸勸｜規劝 告

上入●厥昏氣閉倒字 闕闕俗闕字 缺歃｜不够 闋戶無門也

●瘱逆氣也 癟倒病也 厥醫骨也 劂刀刻

●萄也伏行 闅訖止也 鳩鳥伯勞 獥｜猎

下平○

下上⊙

下去○

下入○

低上平○

上聲●轉轉運也 嚩鳴鳥 竱｜等也

上去○

上入○

下平●傳｜授藝 传上全

下上⊙

下去●傳｜經

下入●突擊然 樸傅植也 劀入刺 劣捋｜惡

●筅器竹觸搪也 挨｜挨 突同興突 胅同興脜

波上平 ○

上聲 ○

上去 ●汐 潮夜 潮間 ─海

上入 ○

下平 ○

下上 ⊙

下去 ○

下入 ●勃 發─ 浡 旺盛 貌

他上平 ○

上聲 ○

上去 ●篆 書─ 瑑 文飾 也

上入 ●禿 鷲─

下平 ○

下上 ⊙

下去 ○

下入 ●椽 ─筆子

曾上平 ●專 亘─ 塼 古動 也 篅 上全

上聲 ●准 傾斜 不平 準 所以 揆平 取正 也 隼 祝鳩 也

上去 ○

上入 ●茁 成長 壯 拙 不靈巧 笨─ 咄 逼人 灶 火不 燃

笛 生竹 貌筍 詘 枉曲 也 輟 停止 學─ 剟 削刪 也 斷

諁 不多言 襈 破繼 衣實 悐 愁憂 憂 也

畷 小田 道間 罬 捕鳥 車也 覆 隘 ─隔

啜 飲─ 茶吃 歠 飲也 歠 歠 嚽 嚽 口不 正也

新編《安腔八音》 / 195

上去〇	上聲●軟輭娛愋奭 軟同 柔也 柔美貌 弱也 縮也	日上平●堰 古宮時殿外牆	下入●絕 對	下去〇	下上⊙	下平●全全泉洤鯨駺 文仝 篆仝 水 魚名 白馬黑唇	蠱 蛛茅蜘也	下上●啐 驚聲也	●逫懇怈戛朘 走貌 愁憂貌 面短 骨閒髓也	●饎粊鵋 設諸神祭 壇泣也 毛羽夷纖也 鳥名鷄鳩	●嚵呪綴掇嘖 啜古同 緝連也 摘取拾取 噴也水

下去〇	下上⊙	下平〇	上入〇	上去〇	上聲●笋笋箰笛簜 也竹 胎也 生竹筍貌 器竹	時上平〇	下入●蚓蚰蠯 血鼻出	下去〇	下上⊙	下平〇	上入〇

調類	鶯韻	蒙韻
上平	○	○
上聲	● 韞（蘊包含藏）穩（定）穩 縕縕（色赤黃）胭（也合）	○
上去	● 褞（舊亂絮麻）饐（也飽）刎（殺自也割）隕（也墜落）	● 問（無問愧心）
上入	● 殞（命也落）碩（也憂愁）憤 霣（實雨雷）惲（厚渾）	○
下平	● 胭（也口邊）吻 霈（實古字文）	● 門（户）們（俺我）掆（自問心）悶（字俗悶）
下上	⊙	⊙ ● 璊（赤玉色）瑰（名玉）橗（名木）糜（也粥）
下去	○	○
下入	○	○

新編《安腔八音》 / 197

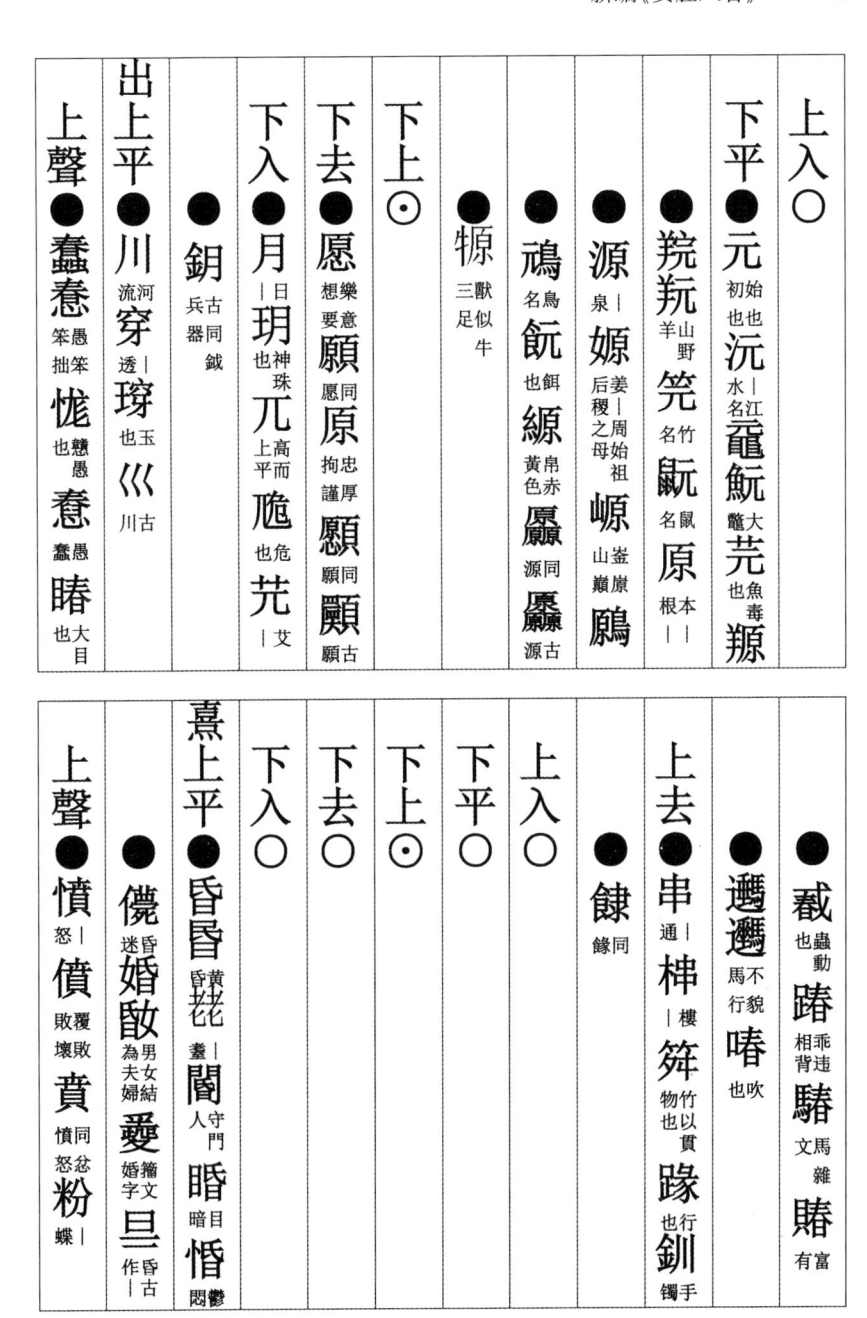

上入○

下平 ●元 初始也 沅 水名—江 黿 大魚毒 芫 蒝

●羱羱 山野羊 筅 名竹鼠 䶉 根本— 原

●源 泉— 嫄 姜—周始祖后稷之母 㟻 山巔 鶢

●鴝 名鳥 䭈 餌也 縓 帛赤黃色 願 源古 厵

●惷 獸似牛三足

下上⊙

下去 ●愿 想要 願 願原同 原 忠厚拘謹 願 願古 顯

下入 ●月 日—神珠 玥 上平 兀 高而危也 厃 艾—

●鈅 兵器 古同鉞

出上平 ●川 河流 穿透— 瑞 玉也 巛 古川

上聲 ●蠢惷 笨愚拙笨 恅 慧愚也 憃 蠢愚 瞗 大目

●截 蟲動也 踳 乖違相背 蹰 文馬雜 賰 有富

上去 ●邁邁 馬行不貌 啍 吹也

上去 ●串 通— 梀 樓— 笧 竹以貫物也 躅 行也 釧 鐲手

上入○ ●餗 餘同

下平○

下上⊙

下去○

下入○

熏上平 ●昏昏 黃花 闇 守門人 瞎 目暗 惛 悶鬱

●儐 昏婚 敃 男女結為夫婦 籀文婚字 夒 昏古作— 旦

上聲 ●憤 怒— 僨 敗覆敗壞 賁 憤怒同忿— 粉 蝶—

上部

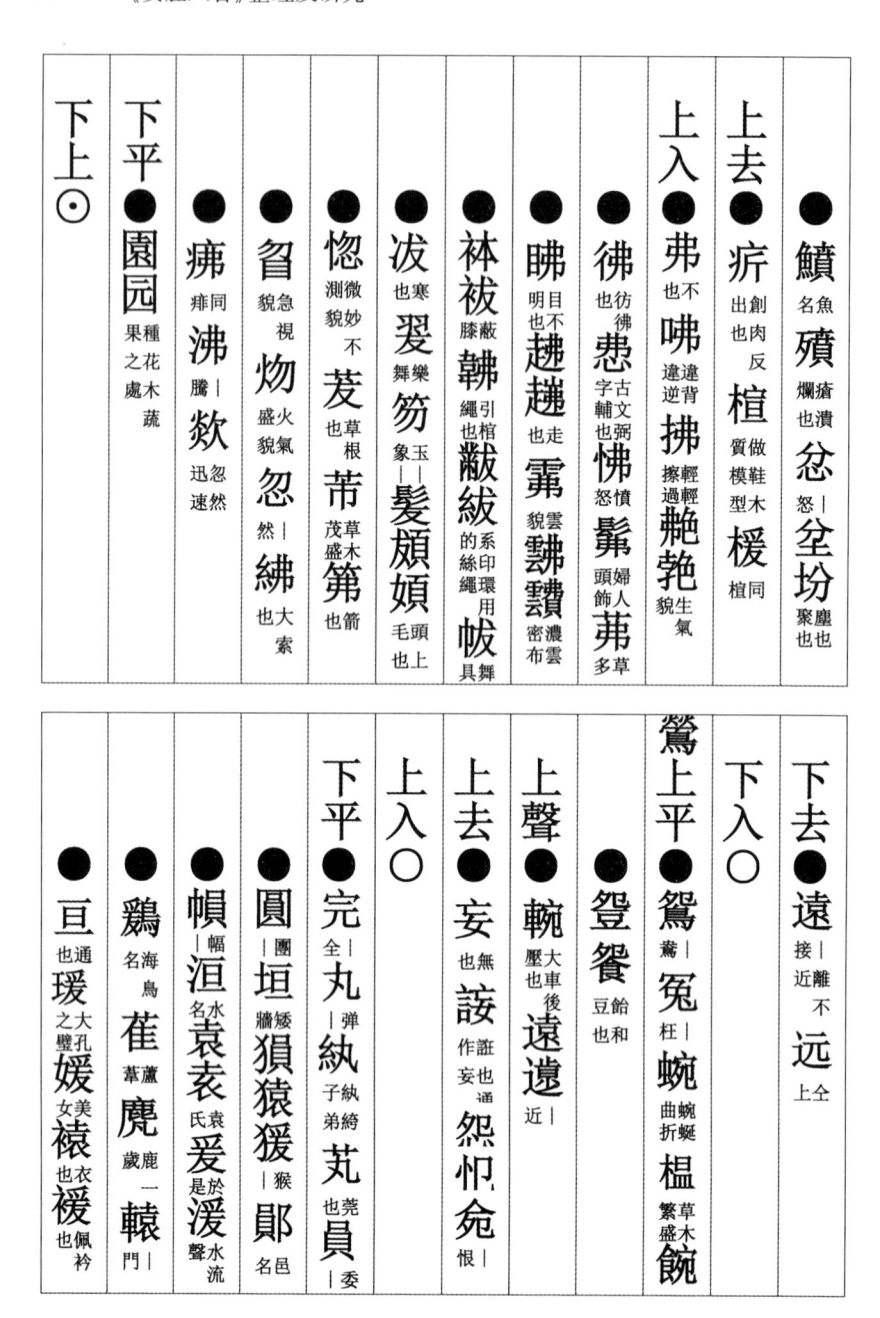

●鱨 名魚
殯 爛瘡潰也

上去●疪 出創肉反
楦 質做鞋模型木
　 楦同

忿— 怒
坌 聚塵也也

上入●弗 不
咈 違違逆背
字古文弼也
拂 擦輕過輕
觥艵 貌生氣

●彿 彷彿
悂 怒憤
髴 頭飾婦人
芾 多草濃雲密布

●睇 目不明也
趡趡 走也
霈 貌雲
韡韡 濃雲密布

●枈袚 膝蔽
韍 繩引棺也
綍絨 系印環用
帗 具舞繩也

●泼 寒也
翇 舞樂象玉
笏 —髮頒頒毛頭也上
苐 —第草根也箭

●惚 微妙不
怳 貌急視
忽 —然草木茂盛也

●窅 測也
沸 盛火氣貌
歘 —然迅速

下平●園 果種之花
園 處木蔬

下上⊙

下部

●鱨 名魚
遠 接近離不远 上仝

下入○

●鴦上平 鴛鴦
冤枉
蜿蛇曲折蜒
榅 繁盛草木
饌

●驣 大車後壓也
遠邅 近

上聲●輓
登 餞豆飴和也

上去●妄 無也
誑 作妄也通
怨忱 恨也

上入○

●丸 彈子弟絝
納 綺莞員也委

下平●完 全
圓 —垣矮牆
狁猨 —猴
郧 名邑

●幀 —幅
洹 水名於
袁 袁氏爰
湲 聲水流

●雞 名海鳥
萑蘆葦
麑 鹿一歲也
轅 門—

●亘 通也
瑗 大孔壁
媛 美女
褑 衣—佩衿也

新編《安腔八音》／199

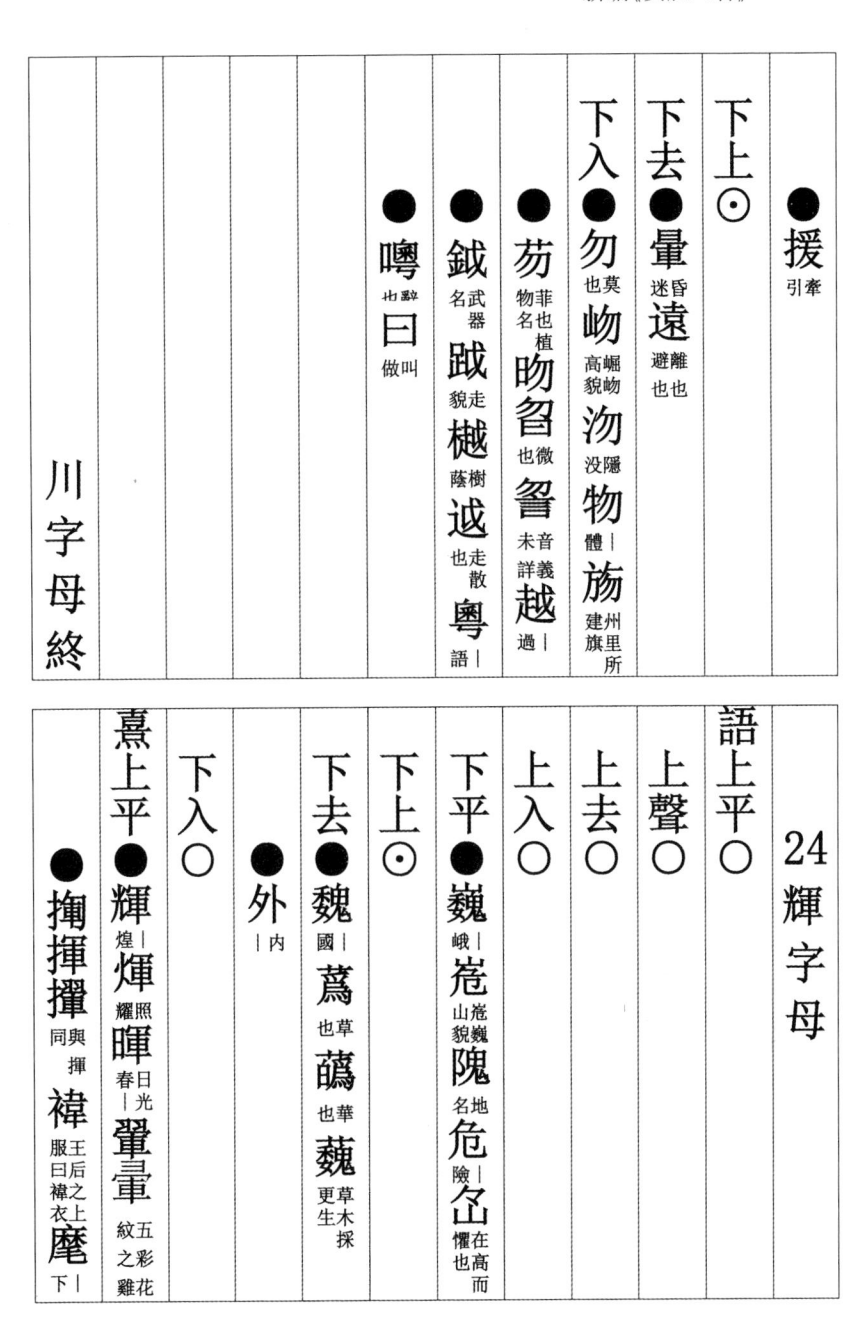

● 援 引牽

下上 ⊙

下去 ● 暈 昏也迷遠 離也避也

下入 ● 勿 莫也岈 崛岈高貌汭 沒隱物體 䒚 建州旗所里

● 艻 菲也物植名物名吻 微也召 音未義詳謽 越過

鉞 武器名 跋 走貌樾 樹蔭也迤 走散也粤 語 |

● 嘮 也叫做 曰

川字母終

語上平 ○

上聲 ○

上去 ○

上入 ○

下平 ● 巍 峨 | 岜 山巍貌隗 地名危 | 岌 在而高懼也

下上 ⊙

下去 ● 魏 國 | 蔿 草也薳 華 | 蘶 草採木更生

下入 ○

● 外 | 內

下入 ○

熏上平 ● 輝 煌 | 煇 照耀暉 春日 | 光翬 翚 五彩紋雞花

● 摀 同揮揮 與褘 王服后曰之褘上衣麾 下 |

24 輝字母

				下入〇	下去〇	下上⊙	下平〇	上入〇	上去●潰 水音 潰繪 出大	上聲〇	●灰 上仝	●崴徽 語— 葦 菜— 褌 也祭 灰 化灰 凡物火
輝字母終												

《安腔八音》

卷五
燒銀恭缸根俐

25 燒字母

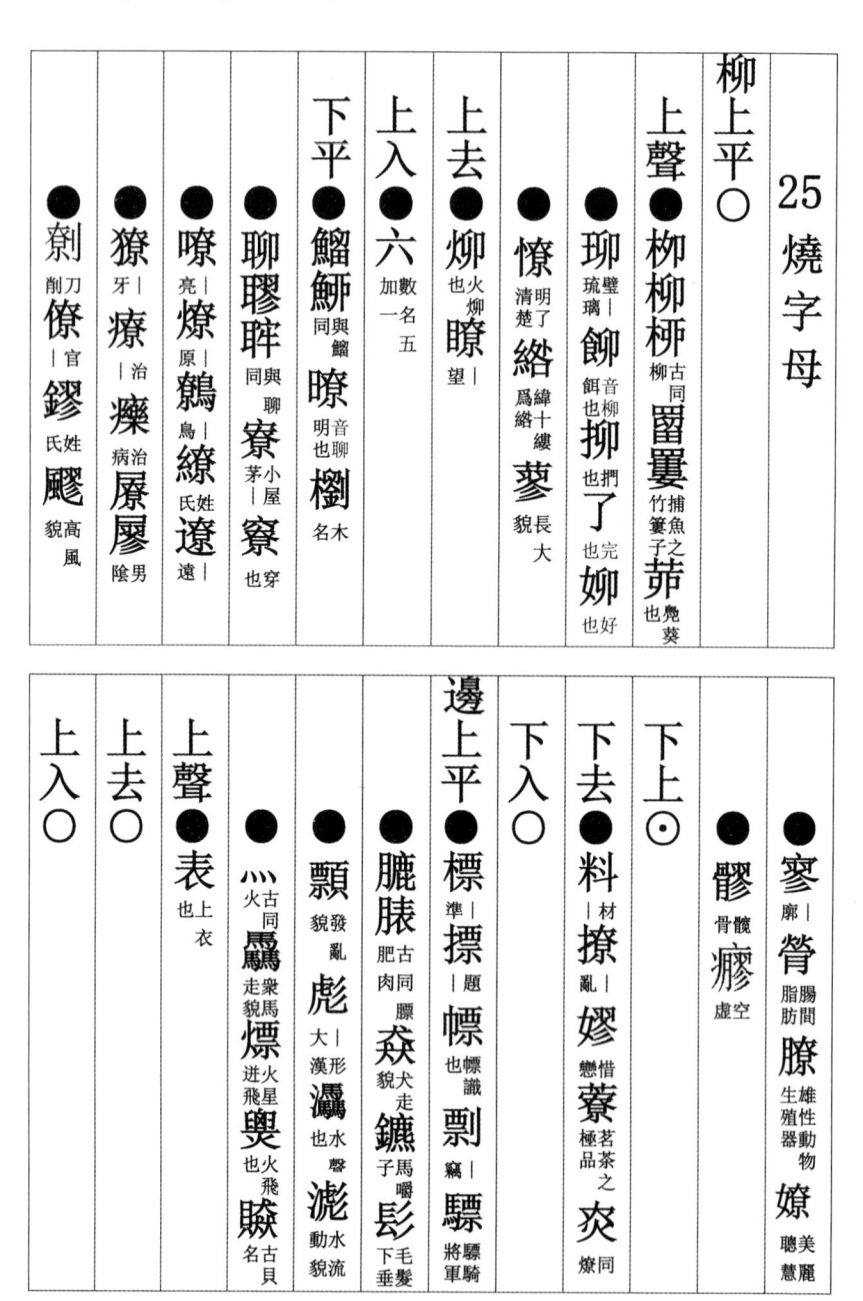

柳上平〇

上聲●柳柳栁柳古同 留甹 竹捕篓魚之 萠也蘢葵

●聊琉璃 飼音柳 餌也把了也完 姠好

上去●烳也火烳 瞭望

●憭清楚 絡爲絡十縷 蓼長大貌

上入●六加一數名五

下平●鰯同鰡 暸音聊明也 橑小屋茅也穿 寮名木

●聊聊眸與聊也穿 寮名茅小屋 寮

●嘹亮燎也 鷯原鳥姓氏 繚遠

●獠牙療 瘵治病 屪陰男

●剽削刀 僚官姓氏 鏐颮貌高風

邊上平●標準標 題也幖識 剽幖竊將軍騎

下入〇

下去●料材亂 撩惜戀 蔘茗茶之極品 炙燎同

下上⊙

●髎骨髓 瘳虛空

●蓼廊 臂脂腸肪間 膋雄性生殖器動物 嫽聽美慧麗

●膘朘肥肉古同膘貌 猋犬走貌子馬嚼 髟毛髮下垂

●顠發亂貌 彪大形漢 瀌水貌 瀅動水流貌

上聲●表也上衣

上去〇

上入〇

●灬古同火 驫衆馬走貌进飛 熛火星飛也 䐲名古貝

新編《安腔八音》 / 203

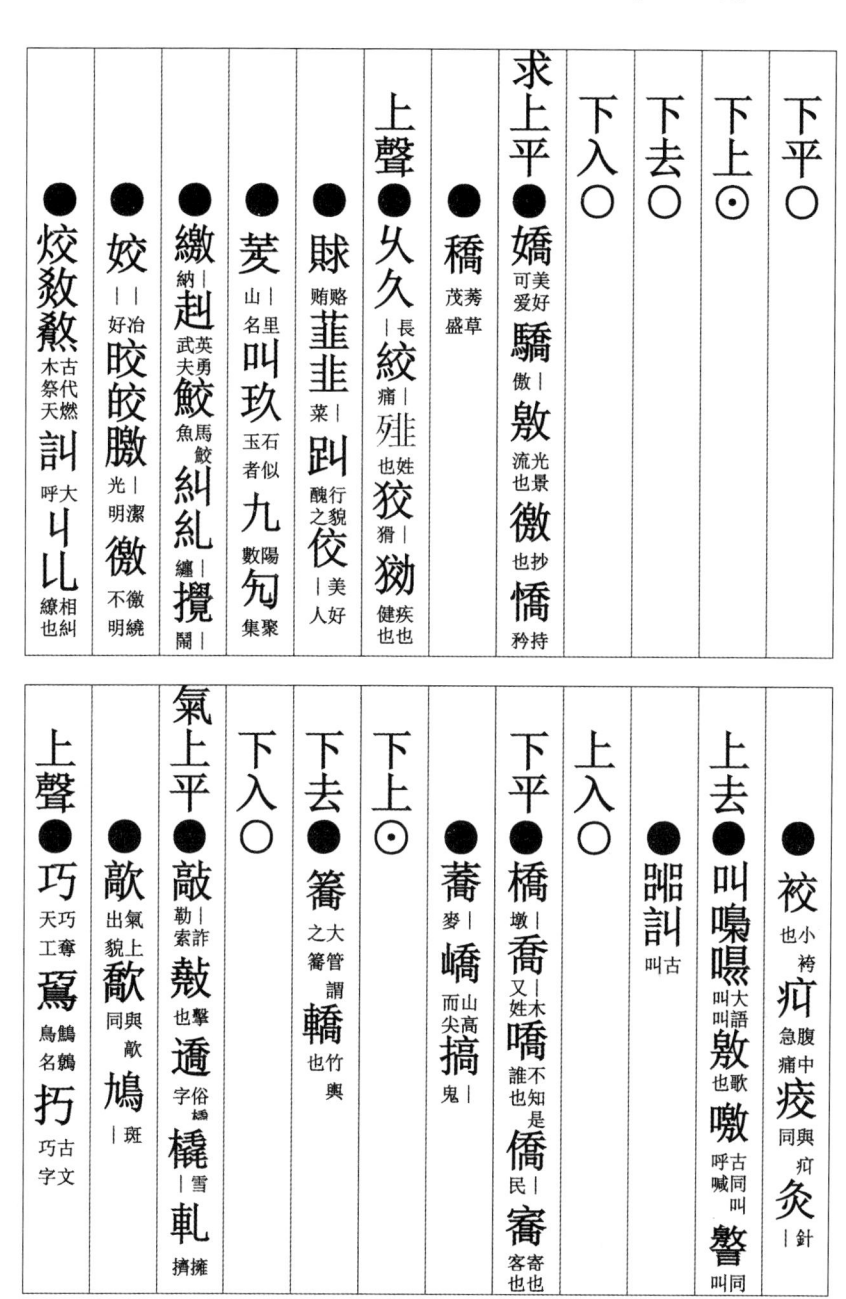

下平 〇

下上 ⊙

下去 〇

下入 〇

求上平 ●嬌 美好可愛 驕傲 光景流也 儌 憍 矜持

上聲 ●秋 茂蓁盛草

●乆久 長絞 痛也 姓狋 猶 疾健也

賕 賄賂 韭菜 跔 行貌 佼 美人好

荄 山名里 叫玖 石似玉者 醜貌 九陽數 勹 集眾

繳 紈納 赳 英武勇夫 鮫 馬鮫魚 糾紏 纏繞 攪 闐

姣 好冶 皎皎 光明潔 䁾 不明 徼 徹

●炐敹 攃 木古代祭天燃 訆 大呼 丩 相糾 繚也

●狡 小袴也 疛 急痛腹中 痰 同疟 灸 針

上去 ●叫噭 大語叫也歌 歍 古呼喊 警 同叫

上入 〇 嘂訆 古叫

下平 ●橋 墩又姓木 嘺 誰不知民是也 僑 客寄也 喬

下上 ⊙ 荍 麥 嶠 山高而尖 搞 鬼

下去 ●籌 之大管籌 謂也竹 奧

下入 〇

氣上平 ●敲 勒索詐 擊也 遍 字俗撟 橇 雪 軋 擠擁

●歂 出氣貌 歍 同興歇 鳩 斑

上聲 ●巧 天巧工奪 寫 鵲鳥名鶉 㧗 巧古字文

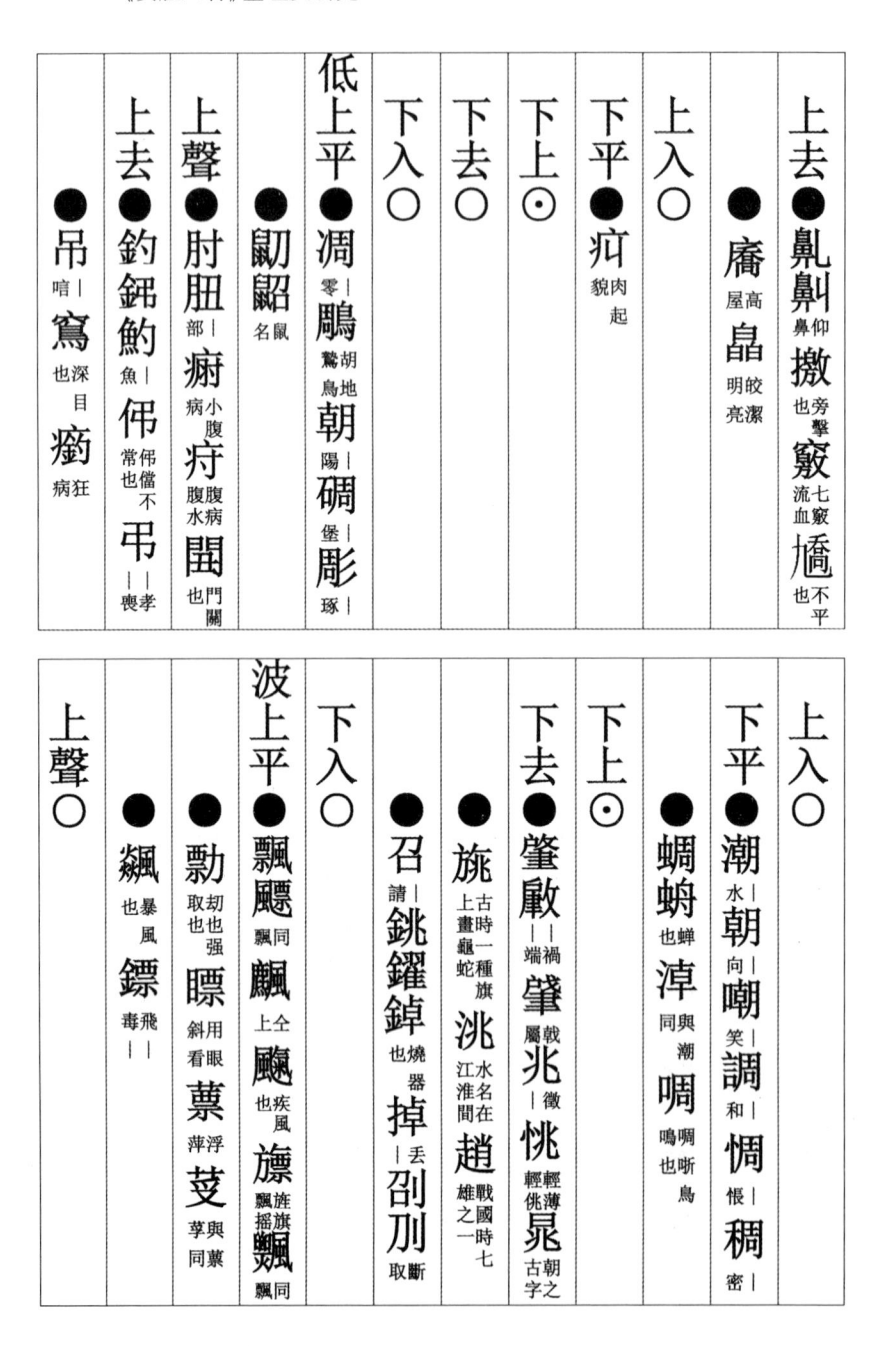

上去	上聲	低上平	下入	下去	下上	下平	上入	上去
●吊 唁也 寫 深目 癑 病狂	●釣 魚— 鈏 俤 僱不常也 弔 喪孝	●肘 部— 胆 胼 小腹病 疛 腹水病 閩 門關也	●馴 韶 名鼠	凋 零— 鵰 胡地鳥 鷙 朝陽— 碉 堡— 彫 琢—		●疗 貌肉起	●庮 屋高 晿 明皎潔	●虯 鼻仰 剄 旁擊 撇 竅 七竅流血 艡 不平也

上聲	波上平	下入	下去	下上	下平	上入
●飆 暴風也 鏢 毒飛—	●勲 卻也強 瞟 斜看用眼 薰 萍浮 荺 莘與薰同	●飄 飄颺 飃 飄同上 颱 疾風也 籚 旌旗 飈 飈飆同		●召 請 銚 燒器也 錞 掉 丟 刐 刉 取斷	旐 古時一種旗上畫龜蛇 洮 水名在江淮間 趙 戰國時七雄之一	●肇 端—禍 歛 戟屬 肇 兆 徵— 恍 輕薄 晁 古朝字	●蜩 蝉也 蛚 淳 同與潮 啁 啁哳鳥鳴也	●潮 水朝向— 嘲 笑— 調 和— 惆 恨— 稠 密—

新編《安腔八音》 / 205

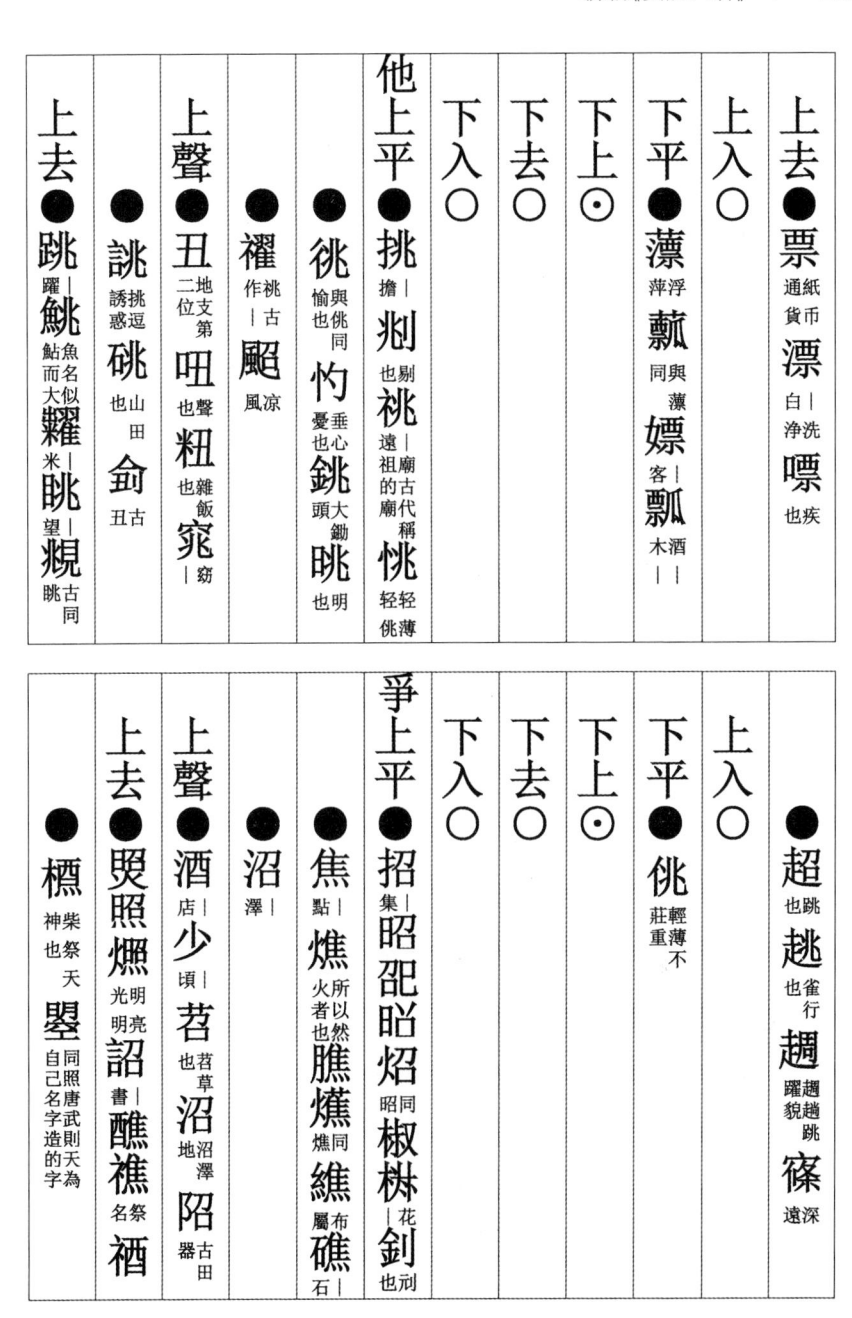

上去●跳躍 鮡魚名似鮎而大 耀米 眺望 覜眺古同

上聲●丑二地支第位 呐聲也 粗雜飯也 窔窈

上聲●誂誘惑 挑逗惑也 劍古丑

●翟作古 颫涼風

他上平●挑擔也 剹剝也 桃遠廟祖廟古代稱輕佻 恌輕薄

●佻與佻同 愉愉也 憂心垂也 銚大鋤 眺頭明也

下入○

下去○

下上⊙藻萍浮 蘋與藻同 嫖客 瓢木酒

下平●

上入○

上去●票通紙貨幣 漂白洗淨 嘌也疾

上去●櫹神柴祭天 壆同照唐武則天為自己名字造的字

上聲●熛照明光亮 詔書 醮祭名 酒

上聲●酒店 少頃也 茗苔草也 沼澤地 陷古田器

●沼澤

●焦點 燋火所以然者也 膲燋同 繉燋屬布 礁石

爭上平●招集 昭邵昭同 妱椒梇花剣也刘

下入○

下去○

下上⊙佻輕薄不莊重

下平●

上入○

●超也跳 趒也雀行 趙躍趙貌跳 篠遠深

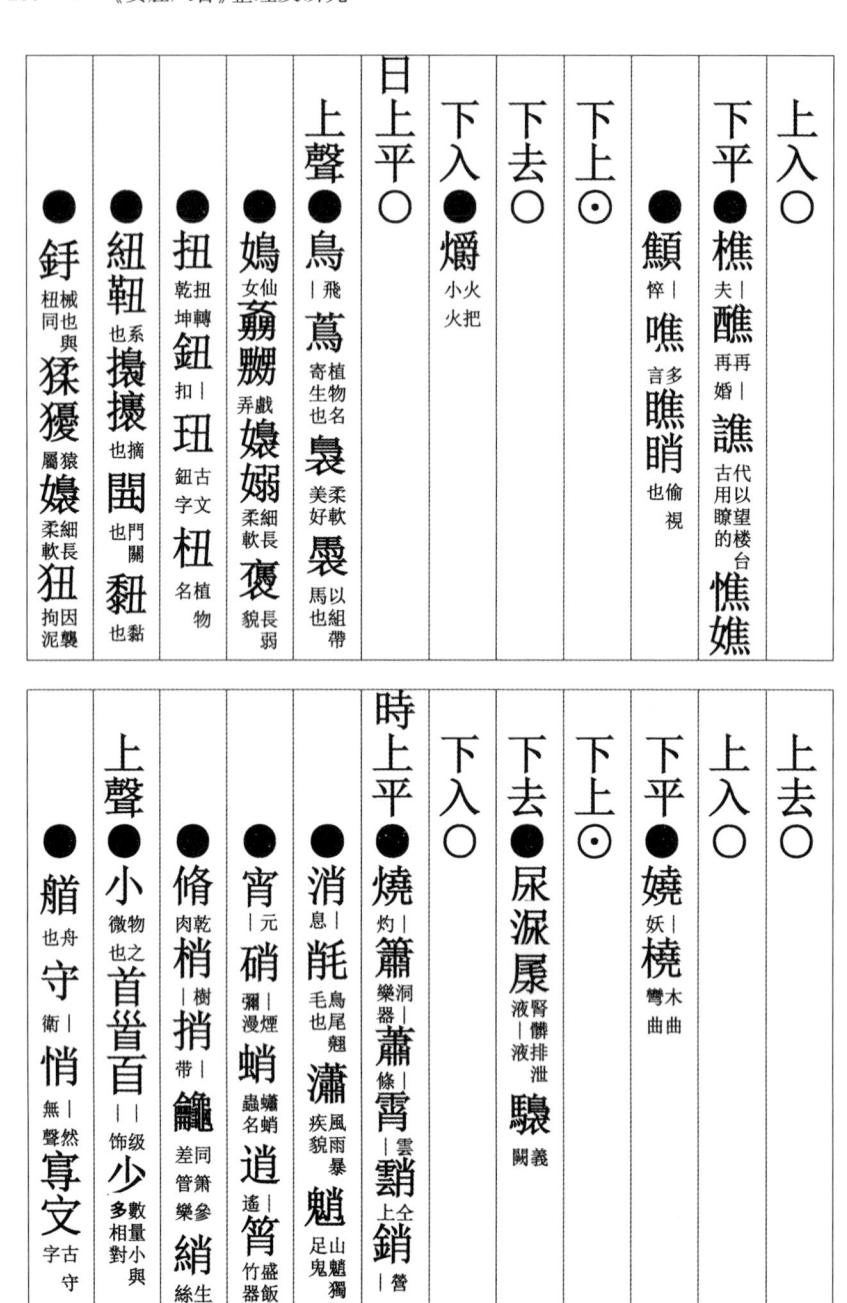

| 上入〇 | 下平●樵夫—再婚醮—古代用以瞭望的樓台憔憔 | 下平●顖悴嶵言多瞧睄也偷視 | 下上⊙ | 下去〇 | 下入●爝小火火把 | 日上平〇 | 上聲●鳥飛蔦寄生植物名裊美好柔軟褭以組帶馬也 | 媽仙女嫋嫋弄戲嬝嬝柔細軟長貌褭細長弱貌 | 扭乾坤轉扭鈕扣丑古文鈕杻植物名 | 紐靼也系擾擾也摘閗門關䵒也黏 | 鈕械也與猱獶屬猿孃柔軟細長狃拘泥因襲 |

| 上去〇 | 上入〇 | 下平●嬈妖嬈橈彎木曲 | 下上⊙ | 下去●尿浽屎腎髒排泄液液驤鬩義 | 下入〇 | 時上平●燒灼簫樂器洞蕭條霄雲鶚全銷營 | 消息㸌毛也瀟疾風雨暴貌魈山魈獨足鬼 | 宵元硝彌漫煙蛸蠨蛸蟲名逍竹器盛飯 | 脩肉乾梢樹帶捎—䈼同簫管樂參鮹絲生 | 上聲●小微物也首菖首飾級—少數量小與多相對 | 艄也舟守衛—悄無聲寫文字古守 |

新編《安腔八音》 / 207

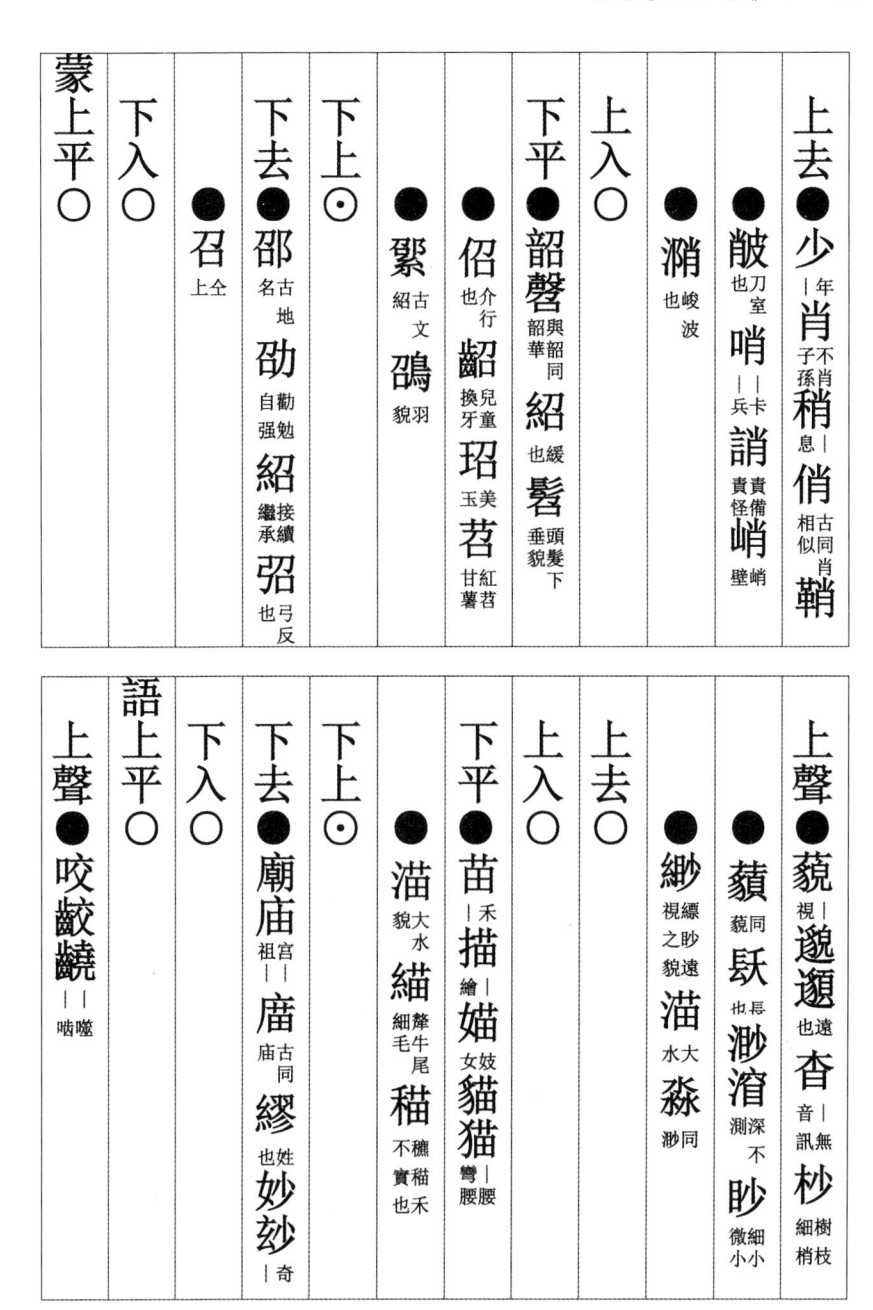

上去●少|年不肖 子孫不肖 息 肖|古同肖 相似 稍|—俏|古同 鞘	皷|刀室 也 哨|—卡 兵 誚|責備 責怪 峭|壁峭	上入● 潲|峻波 也	下平●韶馨|韶與華同 紹|緩 也 髾|頭髮 垂下	佋|介行 也 韶|兒童 換牙 珆|玉美 茗|紅苕 甘薯	●翏|古文 紹 鸛|羽貌	下上⊙	下去●邵|古地 名 劭|勸勉 自強 紹|繼承 接續 邵|也弓反	下入○	●召|上仝	蒙上平○

| 上聲●藐|視 邈|遠 也 邈|遠 杳|無訊 音 杪|樹細 梢枝 | 蘋|視 昳|同藐 眇|測深 不 眇|微細 小小 | 緲|縹 視之貌 渺|大水 淼|渺同 | 上去○ | 上入○ | 下平●苗描|禾繪 媌|女妓 貓|貓 彎腰 腰 | 淆|大水 貌 緢|細牛 毛尾 稻|稻不 實也 | 下上⊙ | 下去●廟庙|宮祖 庙|古同 庙 繆|姓 妙鈔|奇 | 下入○ | 語上平○ | 上聲●咬 齩 齩|—嚙嚙 |

上去	上入	下平			下上	下去	下入	出上平	上聲		上去
○	○	●堯尭尭 古唐帝 饒富 薆花—翹 鳥尾長毛也	●翹草由上往 澆下淋 也纏繞 嶢山高貌	●劋削也 遠圍繞也 驍良馬也 磽地石	⊙	○	○	●鍫鍬挖掘泥土的器具 超超過 啾小兒聲也	●手足醜齺相貃難看 箒帶字體的異 悄愁憂	忪音義與悄同 怊悲傷意失貌	●笑咲笑古同 誚責備責怪

上入	下平	下上	下去	下入	熹上平	上聲	上聲	上去	下平	上入	下上
○	○	⊙	○	○	●嘵爭辯不止之聲 礇堅硬 梟鳥綱鴞科鳥類之總稱 猇虎怒吼聲	●鳩斑鳩 鴞鴟鴞 樛樹高 摎絞縛殺死 張—醫	●曉諭— 徼僥同 僥不止倖求利貌	○	○	○	⊙

新編《安腔八音》 / 209

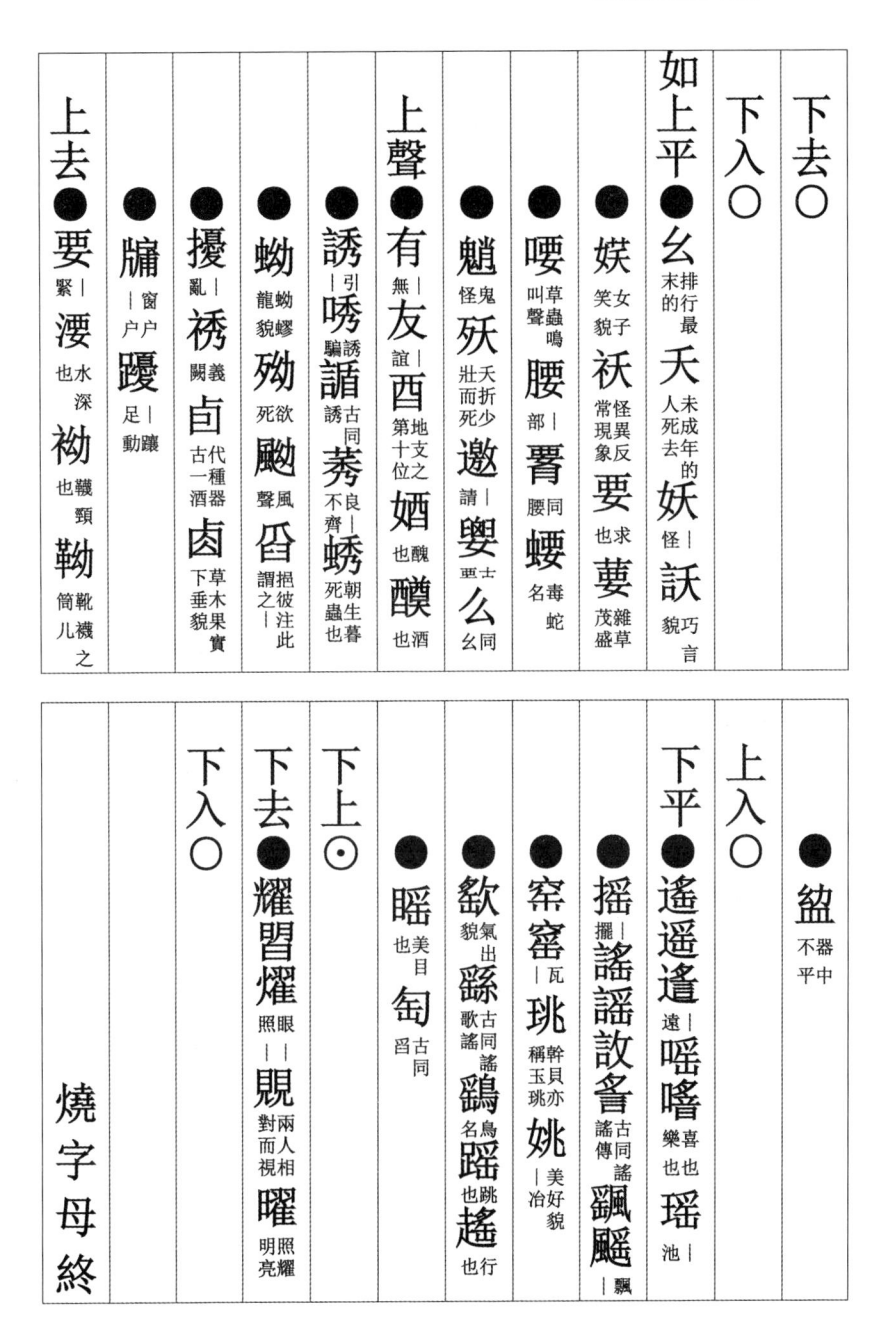

下去 ○

下入 ○

如上平 ● 幺 末排行最 天 人未成年的死去 妖 怪 訞 貌巧言
娛 笑女子貌 衳 怪異反常現象 要 求也 葽 茂盛雜草
噯 叫草蟲鳴聲 腰 腰部同 膘 名毒蛇

上聲 ● 有 無誼也 酉 地支第十位 婹 醜也 醀 酒
魈 鬼怪 妖 天折少壯而死 邀 請也 嬰 要么古同要么

誘 引誘騙 唀 誘同不良 莠 朝生暮死蟲也 蟜 死而死
蚴 蚴蟉龍貌 殀 死欲謂彼注此 殙 風聲 昏

擾 亂也 襐 關義闕 㕒 古代一種酒器 卣 草木果實下垂貌
牖 窗戶 躍 足動躍

上去 ● 要 緊 漊 水深也 𤰞 襪頸也 靿 筒靴儿之

● 盌 不器中 平

上入 ○

下平 ● 遥 遥遥遠 唁 樂也喜 瑶 池
摇 擺摇古同搖 謠 謠傳 飆 飇 飄
窯 窯瓦 珧 稱貝亦名玉珧 姚 美好貌冶
歆 氣出貌 䜣 歌謠古同謠 䫛 跳躍也趮行

瑤 美目也 旳 古同昭

下上 ⊙

下去 ● 耀 耀習 覜 眼對而相視 曜 明亮照耀

下入 ○

燒字母終

26 銀字母

求上平●巾佩巾也 觔敆也枚曰二十 觔角長兒 斤斫木斧也

●神與巾同 筋骨同

上聲○

上去●觀見─ 蘄同芹楚葵也 厪小屋 堇艸也

下平○

上入○

下上⊙

下去●近遠─ 芹近古字文

下入○

氣上平○

上聲○

上去○

上入○

下平○

下上⊙

下去○

下平●勤勉─ 懃懃憨委曲貌 芹菜名 筋竹可為杖

時上平○

上聲●攑推執也也

上去●信誠也

上入○

下平○

下上⊙

新編《安腔八音》

鶯

下去 ●熟 食飪也 爇 上全

下入 ●

上去 ○

上聲 ○

上入 ○

上平 ●殷 勤也問也謹 碳 雷聲 慇 痛也 蕿 菜名

下平 ●憖 敬也謹問

下上 ⊙

下去 ○

下入 ○

語上平 ○

上聲 ○

熹

上去 ●欻 謹也問也敬 憖

上入 ●訖 止也吃裏扒外 閦 懼也 硈 石堅貌 汔 水涸 迄 至也起

下平 ●銀 金 釿 同興嚚 垠 似玉美石 狠 毒 浪 河名水

下上 ⊙嚚 辯貌爭 齦齗 牙床齒 垠垏 界限際

下上 ○誾 諍和悅而

下上 ●听 斤二 狺 犬吠聲 犾 犬吠相

下上 ●猌 犬吠聲 嚚 頑固愚蠢而 顪 大頭

下上 ●鄞 地名縣 䴢頵 獸名篦 喁 魚口上見

下上 ⊙

下去 ●岠 名山

下入 ○

上平 ●勳勛 特殊功勞 董 腥 坑壏 壏古文字

上聲〇	上去●齾 端嫌挑隙｜爭	上入〇	下平〇	下上⊙	下去〇	下入〇		銀字母終

27 恭字母

| 柳上平〇 | 上聲●冷寒 泠清涼 颸風寒 籠統籠 | 上去〇 | 上入〇 | 下平〇 | 下上⊙ | 下去〇 | 下入〇 | 求上平●恭敬｜恭 宮上全廷 焙火乾 烘物也 供也給 | 鬃髻鬆｜髮亂｜弓箭｜舥貌謹敬｜芎草香｜穹也極 | ●躬耕｜躬身也｜穹隆起｜隆 |

新編《安腔八音》／ 213

上聲●梗 梗│稻米 哽│恨也 狠│獸名又犬也
●鯉 魚骨 緪│汲水所用草繩之子 琪│大璧
●霅 雲貌 拱│手 港│口 餉│飽也 絧│急引
●耿 直共 暨│同也 拳恭│舉兩手械也 視有餘也
●㴜 港古 冀│給也 有姓也
上去●供 奉│養獻
上入●菊 花鞠 鞠│盡瘁躬 掬│用兩手捧也 躬│鞠躬也
●籲 也蹋鞠 鞠│全上鵒同 鞠│裏也
●間 閉也 閑也 𩖗│攪同也 嫺│女名
下平●窮 窮│極也 藭│芎藥名 獝│獸屬似虎
下上⊙●崛嶬 形山 窞│夷羿國也時諸侯

下去●共其 也同
下入○
氣上平●髡 髮亂
上聲●肯肯肎肎 許│也定 鏗鎖挎鋊│有力鏘
上去○●箜 祖钱公│名彭
上入●曲柵麯 彎│蠱薄也 苗 蛐 俗稱蟋蟀 髷│髮鬈
下平○●穌夒 麴同 乞│求丐
下上⊙
下去●銂 鏗│鐘鼓聲相雜也 㳦│急小 咄│也鞫訊 諤│言多
下入○

214 / 《安腔八音》整理及研究

低上平〇

上聲●等 等類也比 輩也

上去〇

上入●竹 竺子葉 竺天竺 筑築建 筝以手築物也

下平〇

下上⊙

下去〇

下入●逐步— 蓫植物名即羊蹄 餕食貌又餅也 姻— 婿姻同

他上平〇

上聲●桶 水飯—

上去〇

馬— 馬走也 躅蹢躅也 姻— 鯼名魚

上入●肭 亏不缺足

下平〇

下上⊙

下去〇

下入〇

爭上平〇

上聲●鬃高髻也 鬆聚束也 鬃鬆髼髮鬆貌髮亂

上去〇

上入●畟 同崚

下平〇

下上⊙

上入●叔拾也 ホ俗作 粥米稀粥小 鬻賣也— 歌—畫

新編《安腔八音》 / 215

鶯上平〇	下入●肉肉肉月 骨	下去〇	下上⊙	下平〇	上入●朒 縮朒不寬 伸之貌 衂 也 䊩 屋階中 會也 䖦	上去〇	上聲〇	日上平〇	下入〇	下去〇
					●衂䖫 血出 鼻也					

| 蒙上平〇 | 下入〇 | 下去〇 | 下上⊙ | 下平〇 | 上入●郁 憂 椰 同名草 醶 有采文 澳 洲 燠 暖熱也 熱也 噢 熱也 懊 悔恨喪恨 饐 食妒 攃 磨也欲 壖 同壖 瘀 痛 嗑 齦同齦 庘 壞屋也 鐭 器溫采有文 悑 心動也 | 上去〇 | 上聲〇 |

216 / 《安腔八音》整理及研究

上聲●猛勐瞢蜢蠓
　　　勇—烈　有餘視也　蚱害蟲—　蟲
上去○莽芔蟒蟒鏵
　　　俗莽字　蟒—蛇大　鉆鏵溫器
下平○漭嶙瞞襻
　　　水廣貌　嶙—山貌　目不明也　袍—
上入○艋
　　　小舴舟
上去○
下平○
下上⊙
下去○
下入○
語上平○
上聲○

出上平○冇
　　　玉古字文
下入●玉鈺蚗趹瑴
　　　玉—金馬堂　鈺寶也又堅金也　蚗名蟲也　趹跛　瑴名鳥
下去○
下上⊙
下平○
上入○
上去○
上聲○
上去○
上入●浥捉
　　　浥使淋濕也　捉不捉定摸
下平○

下上⊙	
下去〇	
下入〇 壆 和水也土	
熏上平● 凶 凶惡煞神 兇 凶同 胸 膏肓 脯— 訩 訟也	
匈 匈奴中国古代北方的民族 裪 獅補掛	
〈以下缺頁〉	
	恭字母終

邊上平〇	28 缸字母
上聲〇	
上去〇	
上入〇	
下平● 旁 邊傍 蒡 晚觀牛蒡草本植物 篣 竹箕 滂 沱	
霶 霶滂同 隰 傍附本作傍也 魴 鯧魚 艕 恐貌惶	
徬 徘徊 徨 膀 彷貌欲行 瑲 玉名瑲 髈 臂	
髈 蹄大腿骨 袢 袢祭袪名裡 旁 旁古字文 螃 蟹	
下上⊙ 棒 木	
下去● 蚌 殼蜯鮮與蜯同屬	
下入● 薄 菏 泊 厚度之薄小片 洦 江— 亳 地名州—羅	

218 / 《安腔八音》整理及研究

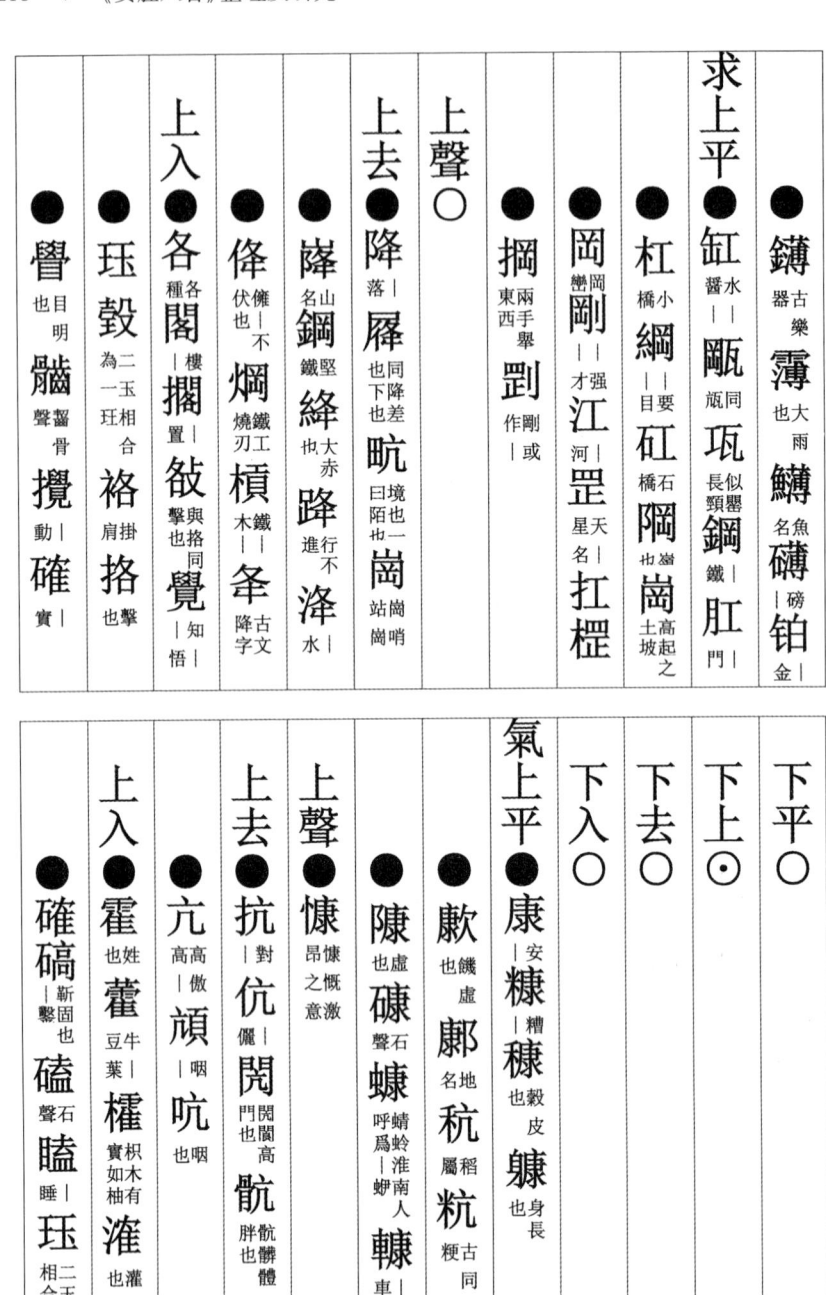

求上平 ●鏞 古樂器也 霈 大雨也 鱐 魚名 磞 磅 鉑 金｜

●缸 醬水｜ 瓺 瓶同 長頸器似 釭 鐵｜ 肛 門

●杠 橋小｜ 綱 目要｜ 矼 石橋也 隔 崗｜ 崗 土坡高起之

●岡 巒崗｜ 剛 強｜ 才 江 河名 罡 天星名 扛 樫

上聲 ○ ●掆 兩手舉東西作｜ 剛｜ 或

上去 ●降 落｜ 同降差也下也 犀 崗境也｜ 吭 陌也 崗哨 站崗

●絳 山名 鋼 堅鐵｜ 大赤也 踜 進行不 奉 降古字文 洚 水｜

●俸 伏儴也｜ 不 焰 燒鐵工 熲 木鐵｜ 牸 降古字文

上入 ●各 各種樓｜ 閣 閣｜ 擱 置｜ 攴 擊與挌同｜ 覺 知悟

●珏 二玉相合為一珏 殼 肩 挌 掛｜ 擊也

●瞢 目明也 髂 齲骨聲 攪 動｜ 碻 實｜

下平 ○

下上 ⊙

下去 ○

下入 ○

氣上平 ●康 安｜ 糠 糟穀皮也 稑 身長也｜ 躴

●歉 虛也 饑虛 鄺 地名 稅 稅 稻屬古同粳 輨 車

●陳 礦 石聲｜ 蜣 蜻蛉呼爲｜ 蜱 淮南人

上聲 ●慷 慷慨昂之意激

上去 ●抗 對｜ 伉 儷｜ 閌 閌闔高門也 肮 肮髒體胖也

●亢 高傲｜ 頑 咽｜ 吭 也咽

上入 ●霍 姓｜ 藿 牛豆葉 榷 枳木實如柚有 潅 也潅

●碻 確礊 靳固也 礚 石聲 瞌 睡 珏 相二合玉

新編《安腔八音》／ 219

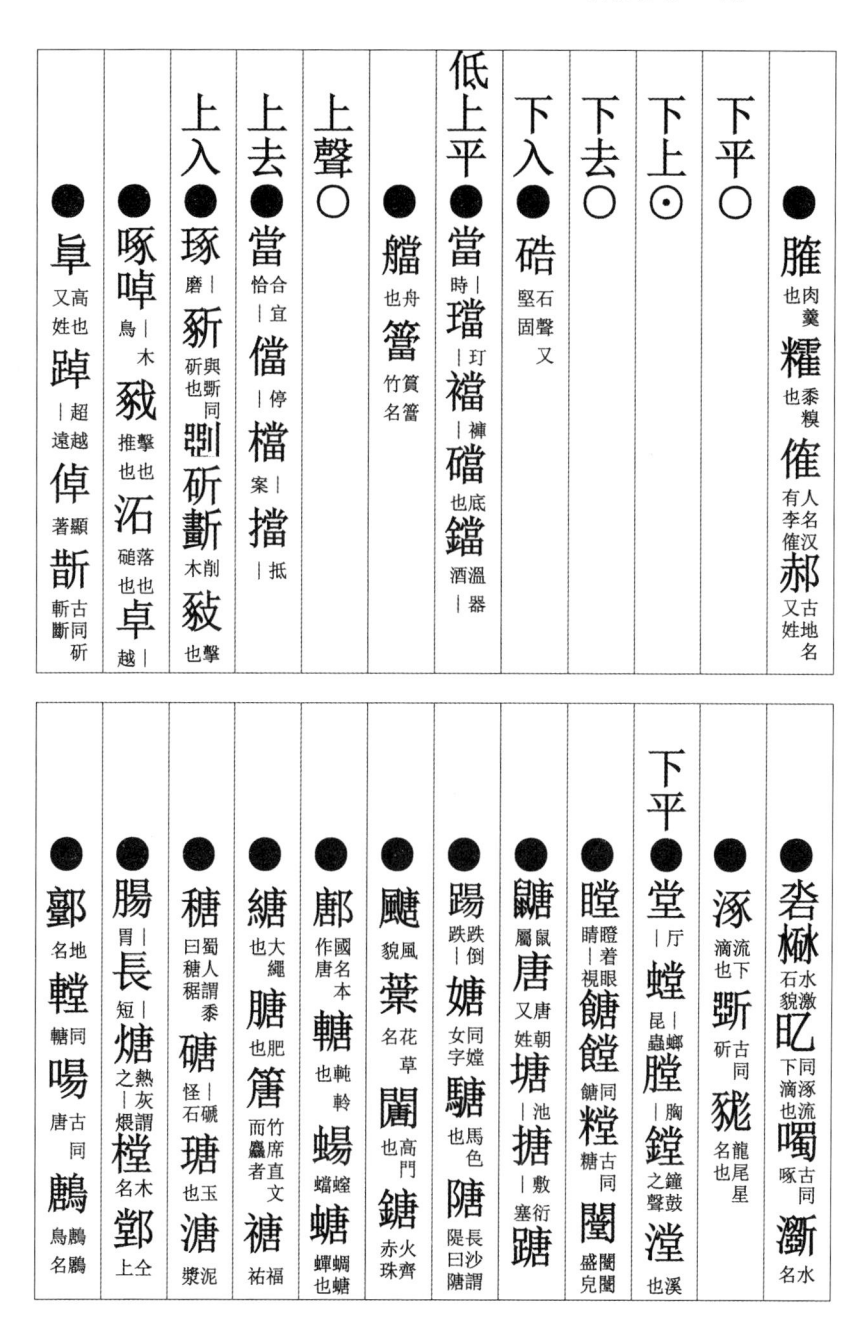

● 臁 糯黍糙也 催 人名汉有李催 郝 古地名又姓

下平 ○

下上 ⊙

下去 ○

下入 ● 磧 堅固又石聲

低上平 ● 當 時｜ 瑭 玎｜ 襠 襠｜ 磴 底也 鐺 酒溫器

上聲 ○

● 艎 舟｜ 簹 竹名簹

上去 ● 當 恰｜合宜 儅 ｜停案 檔 ｜抵 擋 ｜擊也

上入 ● 琢 磨也 豻 與豻同 剫 ｜斫 斫 ｜木削 豰 ｜擊也

● 啄 鳥｜ 豰 推也 汈 碻落也 卓 ｜越

● 卓 高也又姓 踔 ｜超遠越 倬 著顯 斲 斬古同斲斫

● 砎 石貌水激也 吒 同涿下滴流也 灂 水名

● 涿 滴也下流 狱 ｜斫古同 鯥 龍尾星名也

下平 ● 堂 厅｜ 螳 昆蟲｜｜螂 鐋 胸鼓聲 滢 闌闃也｜溪

● 瞠 瞪着眼睛｜視 餹 糖古同 餳 飴兒 閶 盛｜

● 鱨 屬魚鼠 塘 池｜ 搪 敷衍｜塞 隚 長沙謂隄曰隚

● 踢 跌倒 嬬 ｜女字同嬙 驦 馬色 鏽 赤火珠

● 颸 風貌 葉 ｜花草名 閬 高門

● 郎 國名本作唐 轄 也軛輄 蝪 蟬蝸也 螗 蟬螗

● 繡 大繩｜膓 簹 竹席直文而麤者 禟 祐福

● 糖 蜀人謂黍曰糖稊 磄 ｜磃怪石也玉 溏 漿泥

● 膓 胃｜長短｜ 煻 熱灰謂之煻煨 樘 ｜木名 鄧 上仝

● 鄭 地名 輢 輴同唐古同 餳 鳥鵖名鴟

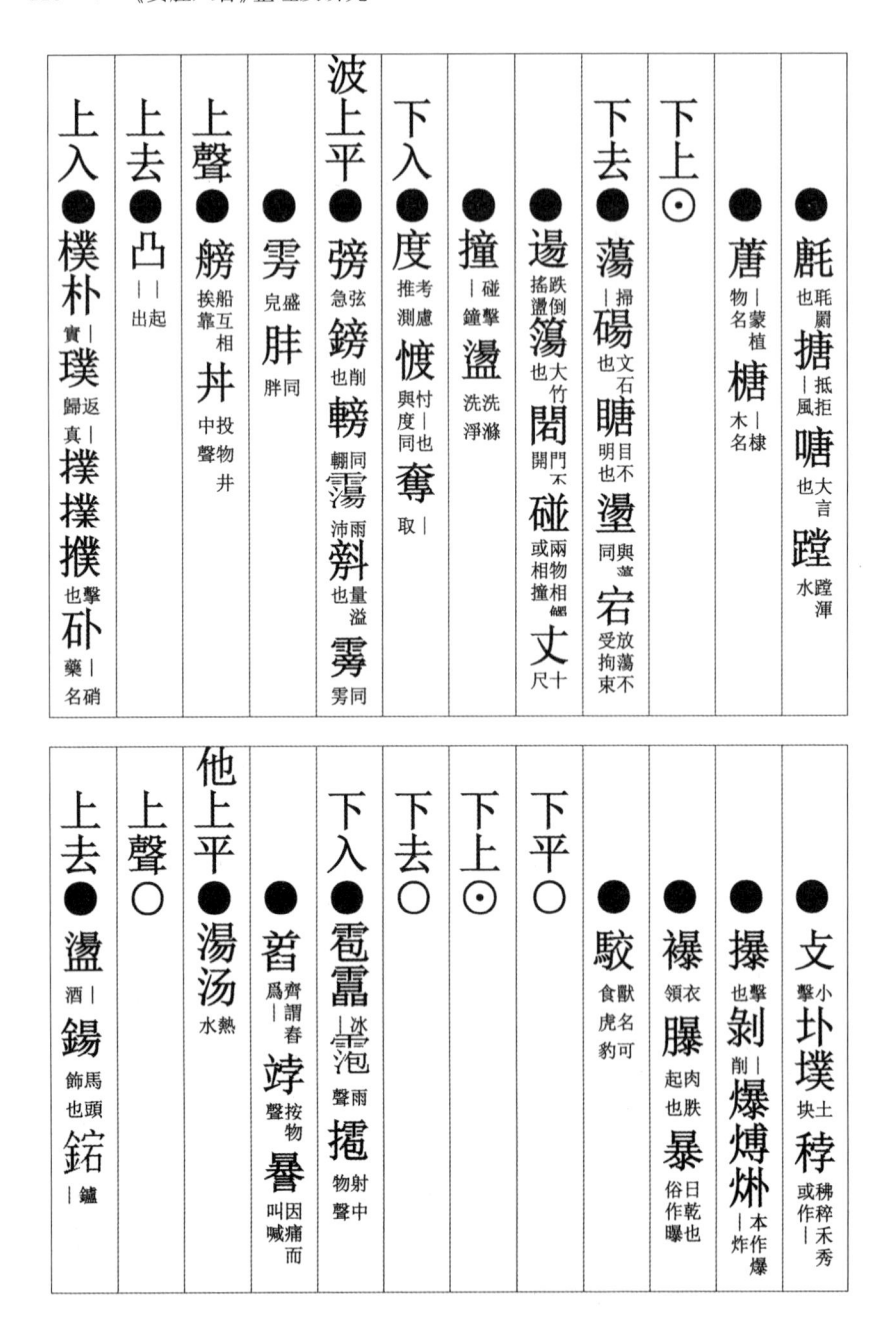

●	氄	耗麗也
	搪	抵拒風
	嘈	大言也
	鏿	水鏿渾
下上 ⊙		
下去 ●	蓎	物名，蒙植木名棣
下去 ●	蕩	掃蕩也
	碭	文石目不明也
	䀛	
	盪	與盪同
	宕	放蕩不受拘束
下入 ●	邊	搖盪也，大竹閛門不開
	閛	
	碰	兩物相撞鹼
	丈	尺十
	撞	碰鐘擊
	盪	洗洗淨滌
下入 ●	度	推考測慮
	悇	忖與度同也
	奪	取—
波上平 ●	磅	急弦也削
	鏿	
	䯪	翩同翩蕩沛雨量盪也
	霶	
	霧	霧同
上聲 ●	髈	挨船互相中投物井
	丼	
	霂	兒盛
	胖	胖同
上去 ●	凸	出起
上入 ●	樸朴	實歸返真
	璞	
	撲攗	也擊
	矻	藥名硝

支 ●	卟璞秄	聲小塊土或作稊粹禾秀
爆 ●	剝爆煿㶷	擊也削肉肤本作爆
襮 ●	曝	領衣起也肉胅日乾也俗作曝
駮 ●		食獸名虎豹可
下平 ○		
下上 ⊙		
下去 ○		
下入 ●	電雷	冰泡雨聲物射中聲
	擂	
他上平 ●	湯汤	水熱
	舂	齊謂春爲—
	踔	聲按物叫喊痛因而
	曡	
上聲 ○		
上去 ●	盪	酒—飾馬頭也
	錫	
	鐋	

新編《安腔八音》

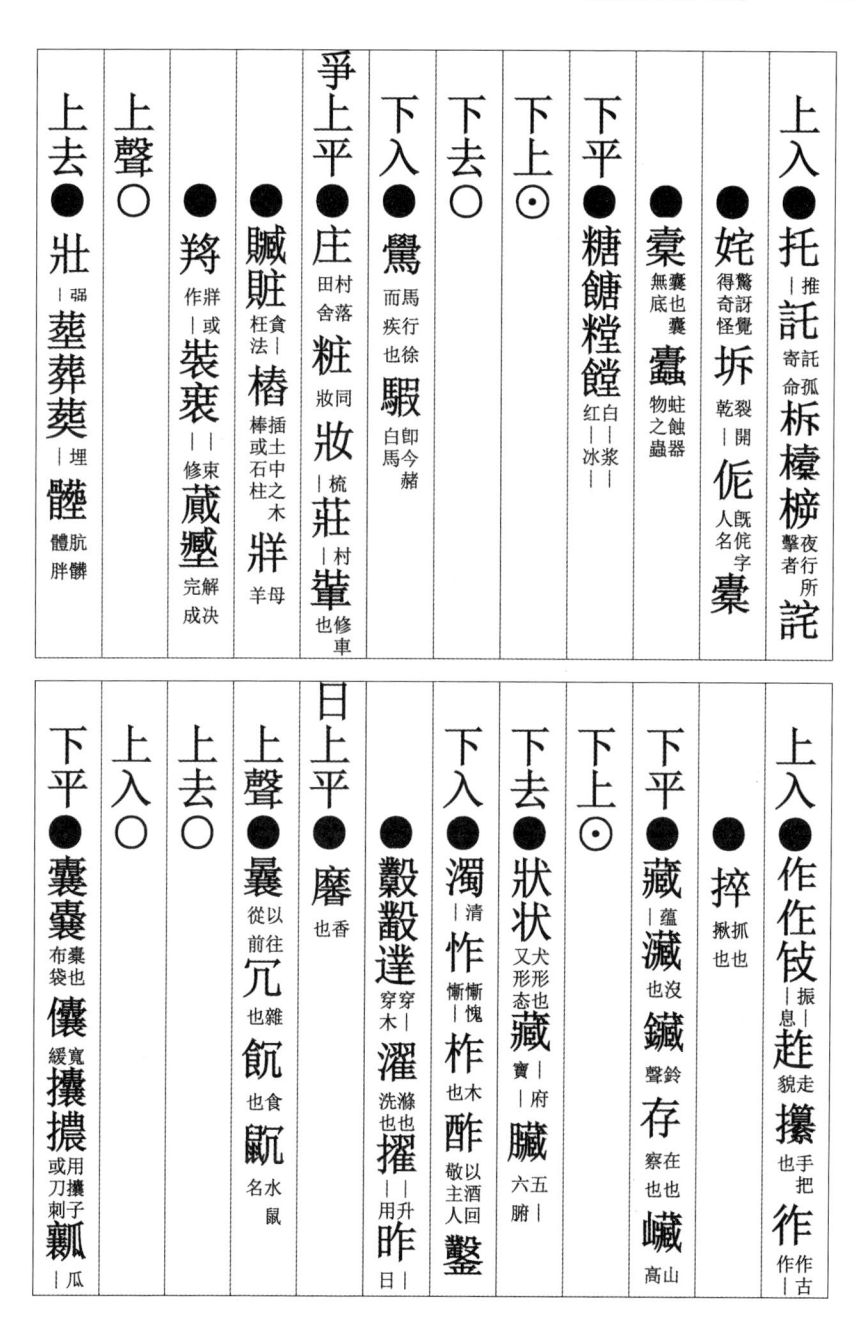

上入● 托推｜託寄託｜命孤｜柝夜行擊者｜檬｜橀所｜詫

下平● 橐囊也盡蛀蝕器物之蟲

下去● 妊驚訝覺得奇怪 坼裂開乾｜佉既佉字人名 槖

下平● 糖餹糛鎕紅｜白｜冰｜漿

下上⊙

下去○

下入● 鶯而馬行徐疾也 駬即今赭白馬

爭上平● 庄田村落舍同 粧妝梳｜莊｜村｜羋｜修車 羊母

上入● 賊貪｜枉法 賍 椿棒插或土中之木石柱

● 羖作羊｜或 裝裹｜束 蕆｜解完成決｜修

上聲○

上去● 壯｜強 塟葬葵｜埋 骽髋體胖髋

上入● 作作伎｜振息｜走貌｜把作作古｜ 赳攛擽手

下平● 藏蘊｜滅沒｜鐷鈴聲 存察也在也 巇高山

下上⊙

下去● 狀狀犬形態又｜形也 藏寶｜府｜臟六腑五｜

下入● 濁清｜炸慚愧｜柞木也 酢以酒回敬主人 鏨

上聲● 曩以往從前｜冗雜也 飢食｜鼦名水鼠

上去○

上入○

下平● 囊布袋｜橐袋也 儴寬緩｜攘攏或用刀攘刺子 瓤｜瓜

日上平● 麿也香

● 穀穀蓬穿｜木濯滌洗也 擢用升｜昨日

222 / 《安腔八音》整理及研究

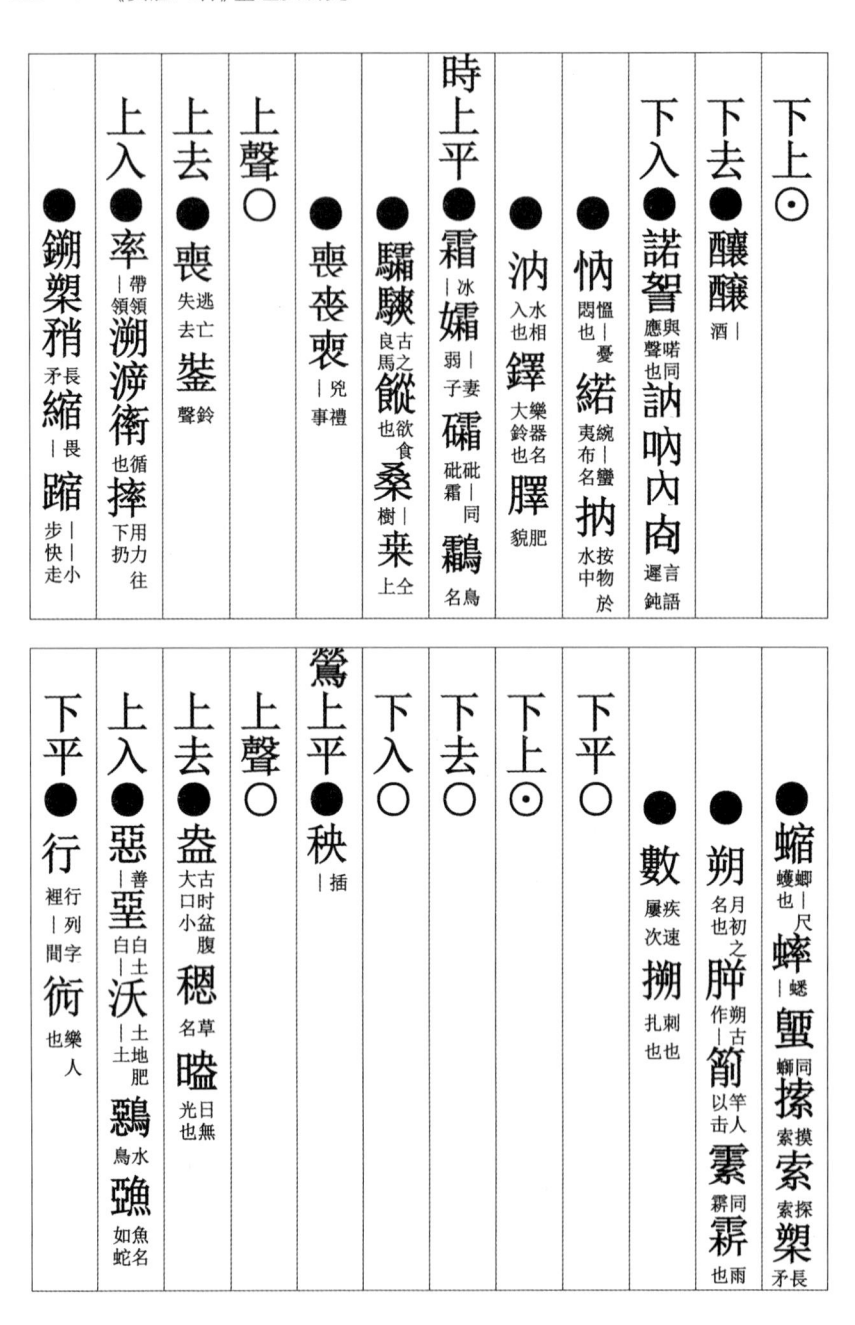

下上⊙	下去●	下入●	上平●	時上平●	上聲○	上去●	上入●	●
釀釀｜酒	諾智｜應聲也 與喏同　訒呐內肉｜遲言鈍語	恦慍｜悶憂也　綰綻｜夷布名䌰　拗｜按物於水中	霜媚｜冰　孀｜弱子之妻　䃘｜砒霜同　䴉｜名鳥　汭鐸｜樂器名大鈴也　膪｜肥貌	驦騻｜古良馬之名　餇｜欲食也　桑葇｜上全	喪衰喪｜兇事禮	喪｜失亡逃去　銮｜鈴聲	率｜帶領　漵遊衞｜循也　摔｜用力扔下往	鎙槊稍｜長矛畏　縮｜踳｜步快小走

下平●	上入●	上去●	上聲○	鷟上平●	下入○	下去○	下上⊙	下平○	●
行｜行列　裡｜間字　術｜也樂人	惡堊｜善白土　沃｜白土土地肥　鵒鰅｜鳥水名如魚蛇	盎｜大口小盆古時腹　稳｜草名　瞌｜日無光也		秧｜插			數｜屢疾速　搠｜扎刺也	朔｜月初之名也古作以竿擊人　膟箭　霁霖｜霖雨同也	蟠蠼螂｜尺同蟋蟀　蜤蟬蟗｜擦索摸　索探槊｜矛長

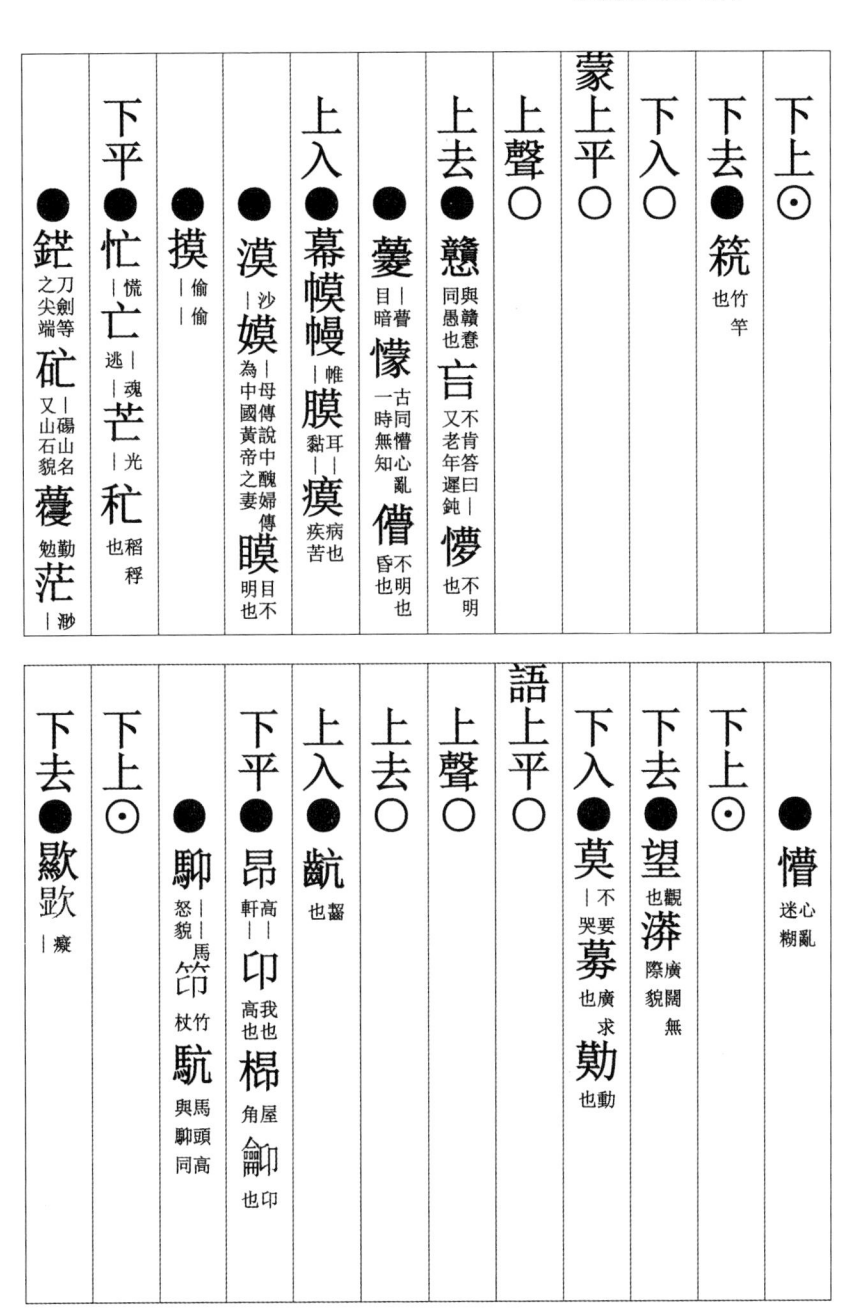

下上⊙

下去●筅 也竹竿

下入〇

下平〇

蒙上〇

上聲〇

上去●戇 與贛戇同愚也

言 不肯答曰—又老年遲鈍 憹 不明也

上入●幕幎幔 帷 膜 耳黏 瘼 疾病也 儚 古同懵心亂一時無知昏也

摸 偷偷

下平●漠嫫 沙—為中國黃帝傳說中醜婦 瞙 目不明也

●忙亡 慌—逃—魂—芒 光 秅 稻稈也

●錟 刀劍之尖端等 砃 —礴山石貌又山名 覒 勉勤 茫 —渺

●懵 迷心糊亂

下上⊙

下去●望 也觀 溿 際廣貌闊無

下入●莫 不要—哭募 廣求 勤 也動

語上平〇

上聲〇

上去●亢 也齧

上入●魟 也

下平●昂軒—印我也也高 棉 屋角仰也印

下上⊙

●駉 怒貌馬—筇 杖竹 駧 與駉頭同高

下去●歇歜 瘛—

224 / 《安腔八音》整理及研究

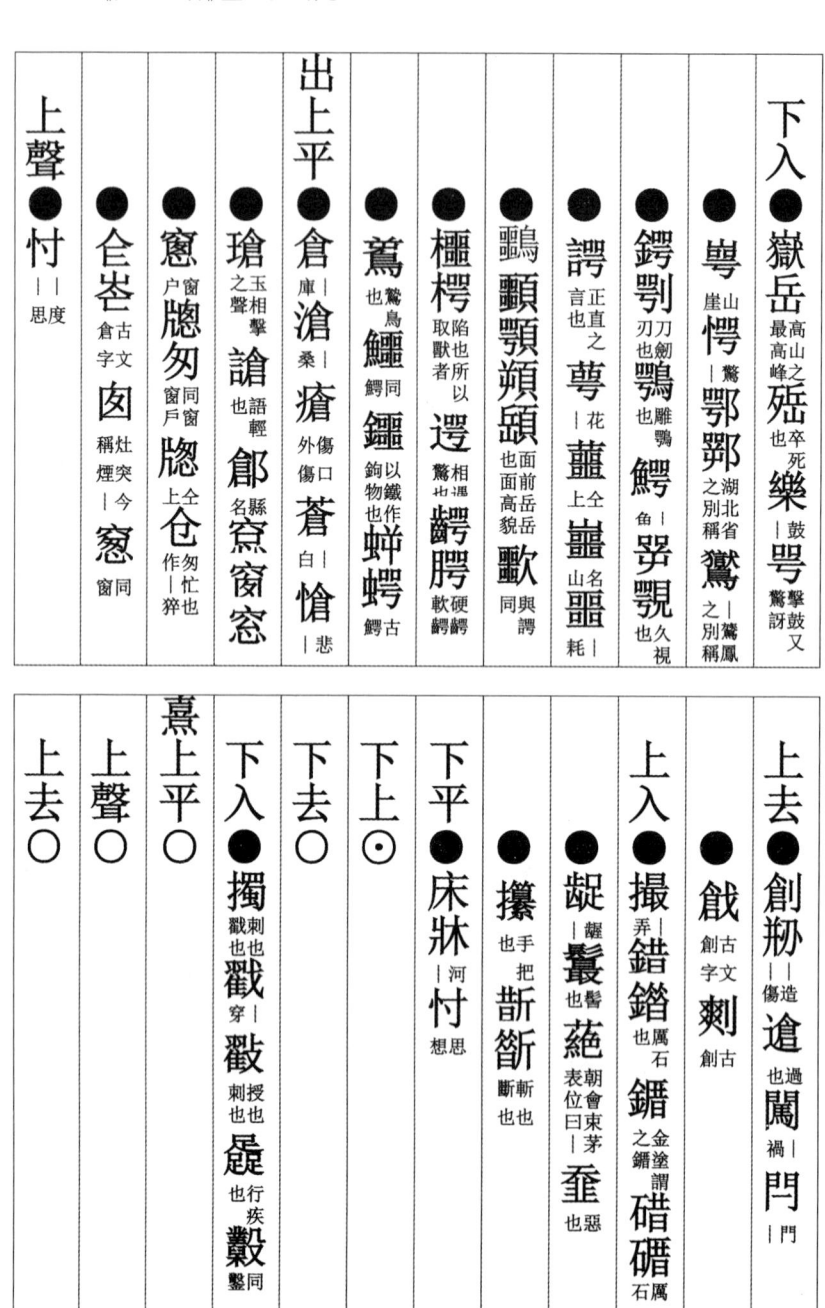

下入●嶽岳最高峰山之高山殛卒死也樂咢擊鼓又鷔訝

●粵愕鶚鄂鷔驚山崖湖北省之別稱鷔

●鍔剟鴞刀劍刃也雕鴞鰐魚罖覞久視也

●諤咢正直言也萼薑花上全山名蘁耗

●鷫顥頷頭面前岳岳也面高貌歂同諤興

●櫸枒陷取獸者所以也相遇遷斷齶齶腭軟硬鰐鰐齶古

●鷟鱷鱷鷔鳥名也鉤以鐵物作蛃蝉蝁

●倉滄瘡蒼庫也桑外傷口名縣白愴悲也

出上平●滄傖蒼愴悲也

●瑲之玉相擊聲也諙語輕也鄗窩窗窗

●窻户窗同窻腮囪全作匆忙也悴窻窗同

●倉崟古字灶突煙今稱窻卤烟也窻窗同

上聲●忖思度也

上去●創剏傷造也剌古字剏創古遭也過閫禍門也門

●餞創古字剏創古

上入●撮錯鎍弄也鎗也厲石之鎈金塗謂之鎈硝碿石厲

●韹醒也鬠髻也莪表位朝會束茅曰蚕也惡

下平●攬也手把斳斬斯也斬也

下上●

下去●床牀忏河也

下入●擉戳也刺也戳穿也授也刺也疌行疾也毃同

熏上平○

上聲○

上去○

新編《安腔八音》 / 225

上入 ○
下平 ●防 防備 杭州 頏 同翃飛上日 翃下日
下上 ⊙
下去 ●項 逐 巷 大街小巷 閧 鬥 行 剛強
下入 ●學 習 熯 燥也 塈 堅土 漦 涸泉
●降 投 行 列
●舡 把獸角加工成器 齦 用牙齒咬 鷾 鴉寒
●鶴 鳥綱鶴形目動物之通稱 鶒 鳥苑名又匸白頰也 貉 貉
●鵠 澤貌白色 驩 白頰也 貉 貉
●貓 動物名犬科肉食目 嵒 山多大石也 潧 同滭 確 實

缸字母終

柳 上平 ○
上聲 ○
上去 ○
上入 ○
下平 ●圇 圇圇也
下上 ⊙
下去 ●論 談 蛋 卵 卵 禽鳥所生
下入 ○
求上平 ●根 本 跟 從
上聲 ○
上去 ●艮 八卦之一代表山

29 根字母

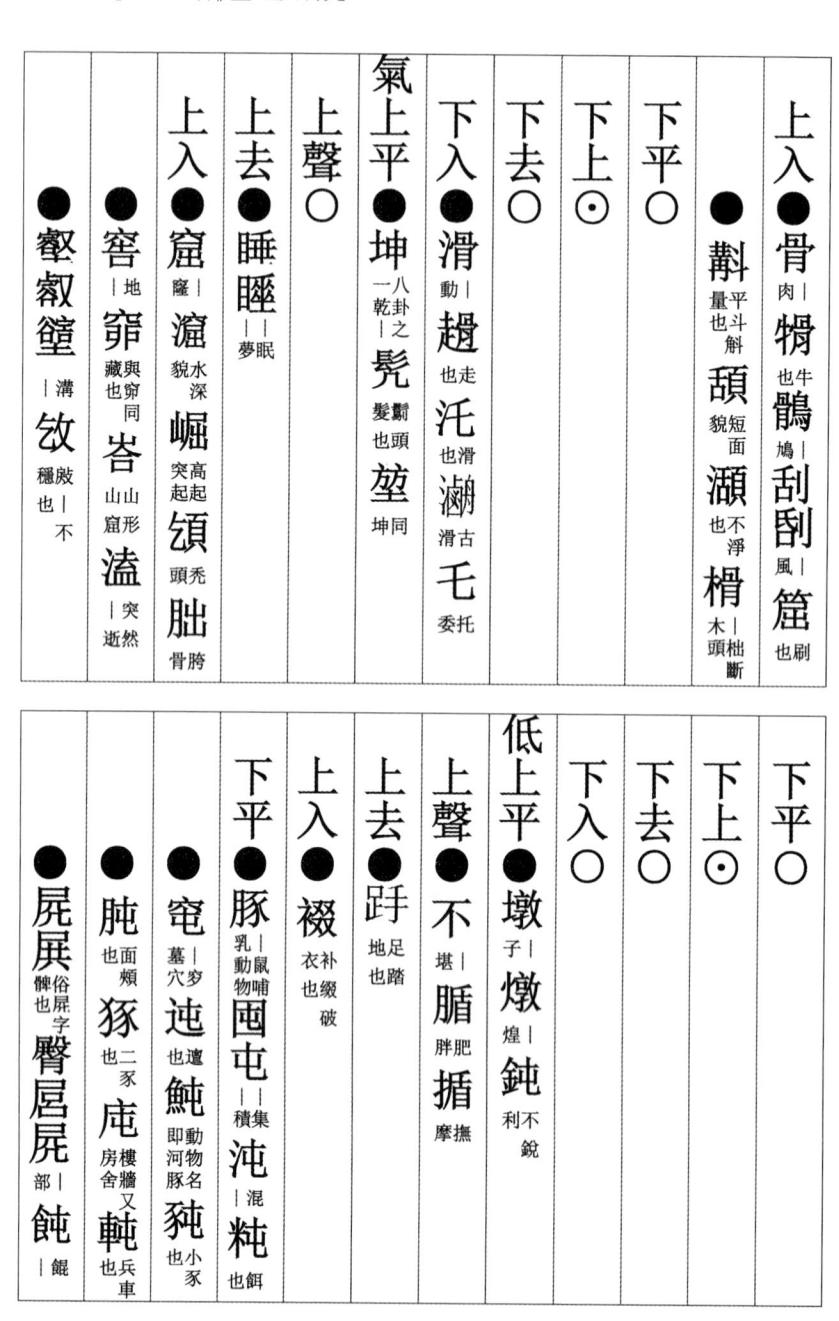

上入●骨 牛肉也 鶻 鳩也 刮 風刮也 刷 副也 筈

下平○

下上⊙

下去○

下入○

上入●斛 平斗斛量也 頢 短面貌 瀨 不淨也 楋 木頭柺斷

下入●滑 動也 趨 走也 汩 滑也 㶅 滑古 毛 委托

氣上平●坤 八卦之乾 髡 鬀頭髮也 埕 同坤

上聲○睡 睏 夢眠

上去●窟 窿貌 㴔 水深 崛 高起突起 頷 頭禿 朏 骨胻

上入●窖 地藏也 窔 與窈同 岺 山窟山形 㳺 突然逝

●叡 叡 篁 溝也 攽 穡也 不

下平○

下上⊙

下去○

下入○

低上平●墩 子墩 燉 煌 鈍 不銳利

上聲●不 堪 脤 肥胖 揎 摩撫

上去●跦 足踏地也

上入●褫 衣補綴破也

下平●豚 乳哺動物鼠 囤 積集 沌 混沌 㣚 餌也

窀 墓穴麥 廸 遵也 魨 即河豚動物名 豘 小豕也

肫 面頰也 㹢 二豕 庵 房舍樓牆又 輇 兵車也

●屍 展 俗屍字 髀 臀 屍 部也 飩 餛也

新編《安腔八音》

下上 ⊙

下去 ●斷 斷絕|段 又手姓段方言大片平地多用于地名 煅

●煆鍛 又鍛鍊也小冶也 遁 逃避躲閃避走貌

●遯 逃走也 遂 同遁 緞 綢緞 葮 兼 叚 古

下入 ●奪 掠搶|

〈以下缺頁〉

根字母終

爭上平〇〈以下缺頁〉

30 俐字母

上聲〇

上去〇

上入〇

下平〇

下上 ⊙

下去 ●牸 畜雌性|牛牲 羜 牝羊也

下入〇

日上平〇

上聲〇

上去 ●餌 食也 餏 餅也 蚵 䭇也 珥 珠玉飾耳者也 弭 除|消停止除

228 / 《安腔八音》整理及研究

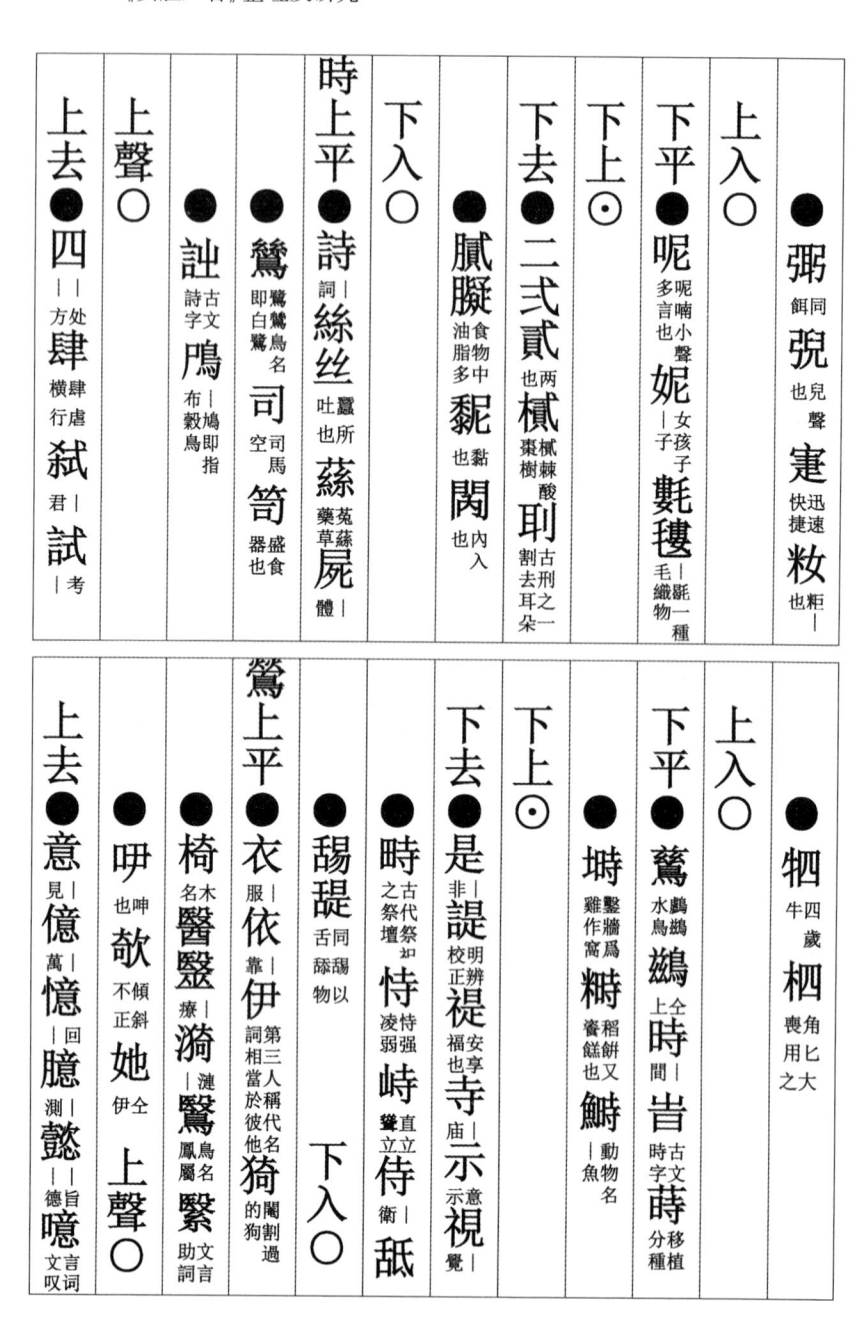

● 粥 餌同兒聲 覍 兒聲 寁 迅速 籹 粗也

上入 ○

下平 ● 呢 呢喃小聲多言也 妮 女孩子 氁 毛織物一種 毿

下上 ⊙

下去 ● 二弍貳 两也 樲 樲棘酸棗樹 刵 古刑割去耳朵

下入 ○

● 膩臙 食物中油脂多也 䴸 黏也 閯 內入

時上平 ● 詩 詞絲丝 吐也 蓏 藨蓏草盛 屍 體

鴬 鶯鶯鳥名即白鸞 司 司馬 笥 空器盛食也

上聲 ○

訩 詩古文 鳲 鳩即布穀鳥指

上去 ● 四 方處肆 横肆虐 弑 弑君 試 考

牺 牛四歲 栖 角匕之大喪用

上入 ○

下平 ● 鷟 鸂鷟水鳥 鵡 上全間 峕 古字時蒔分移種植

下上 ⊙ 塒 鑿牆爲雞作窩 䊮 稻餅又羞饌也 鰣 動物魚名

下去 ● 是 非諟 諟明辨校正 禔 福安享 寺 庙示意 示 視覺

時 古代祭壇祭 恃 恃强凌弱 峙 直立聲 侍 侍衞 舐

下入 ○

鴬上平 ● 衣 服靠依 伊 第三人稱代詞相當於彼他 猗 閹割過的狗

椅 名木醫 䥥 療 漪 漣 鷖 鳥鳳名屬 瑿 助文詞

呀 呻也呀歆不傾斜正 她 伊全 上聲 ○

上去 ● 意 見也億 萬憶 憶 回臆 臆 測 懿 旨德 噫 文言叹词言叹

新編《安腔八音》 / 229

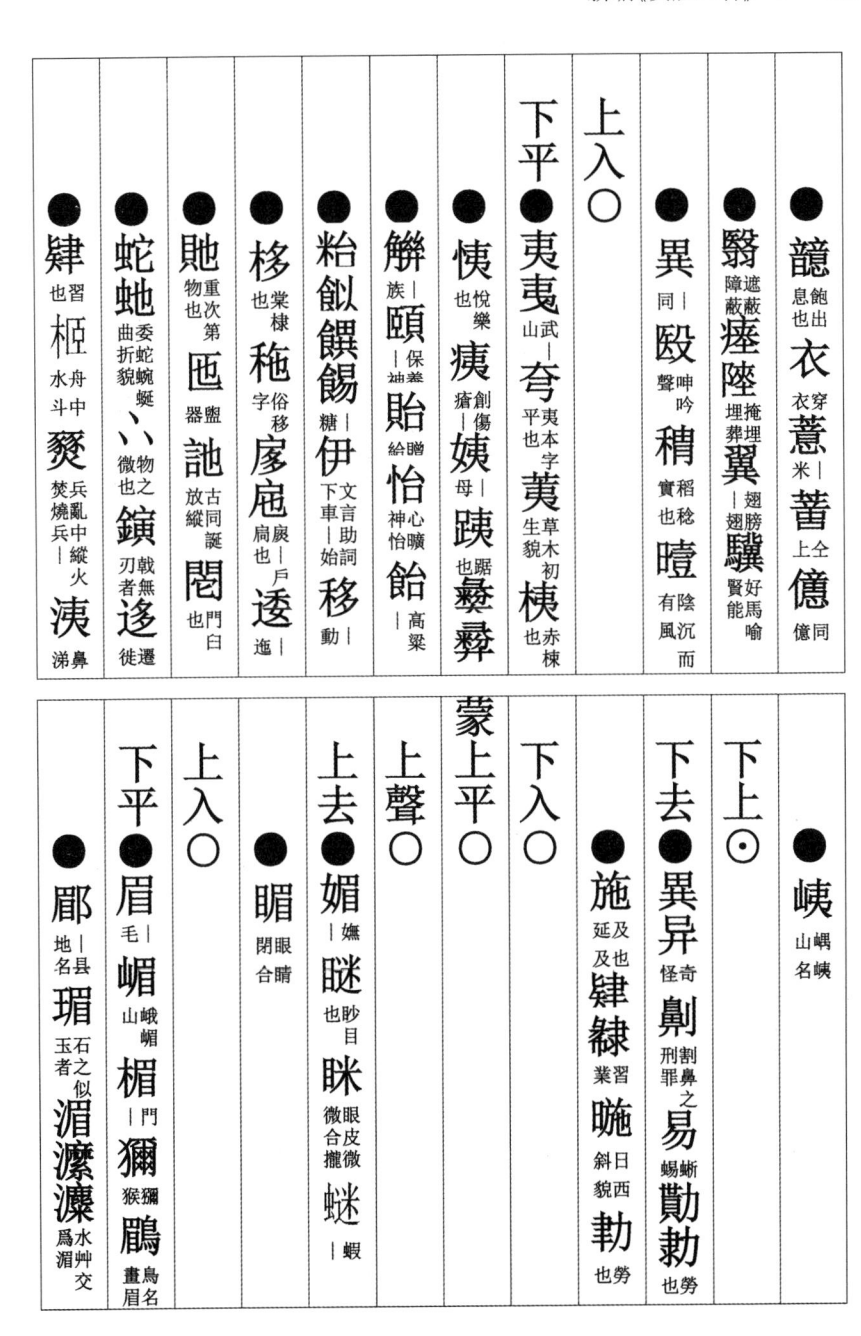

● 饐 息也 飽出 衣 衣穿 薏 米｜ 蕾 上全
● 翳 遮蔽 障蔽 瘞 掩埋 埋葬 翼 翅膀 翅 驥 好馬 賢能喻
● 異 同｜ 殹 聲 呻吟 稌 稻稅 實也 曀 有陰沉而風

上入〇
下平● 夷夷 山｜ 武｜ 平也 夸 夷本字 荑 草木初 生貌 赤 棟 也
● 恞 悅樂 痍 瘡 創傷 姨 母｜ 踦 跛 欒 夔
● 辮 族｜ 頤 保養 貽 給贈 怡 神怡 曠也 飴 高粱
● 粘 糖｜ 飯 饋錫 伊 俗移 字 文言助詞 始 移 動｜
● 杉 棠棣 秹 字俗移 廖 厄 戾｜ 戶門白 迻 迤
● 貤 重物 次第 也 匜 器盥 詑 古同誕 放縱 閆 門白
● 蛇 虵 委 曲折貌 蜿蜒 ㄙ 微也 物之 鑌 戟者 刃無 迻 徒遷
● 肄 習也 樞 水舟 斗中 㷄 焚 兵亂 燒兵中繼火 洟 涕鼻

〇
下上⊙ ● 峴 山 崡峴 名
下去● 異 昇 怪 奇 剸 割鼻 刑罪之 易 蜴蜥 勱 勷 也勞
下去● 施 延及 也 肄 隸 業習 晞 斜西 貌日 勱 勷 也勞
下入〇
上聲〇
上去● 媚 嫵｜ 眯 眇目 也 眯 眼皮 微合攏 蝛 蝦｜
上入〇 ● 瞇 閉眼 合睛
下平● 眉 毛｜ 嵋 山｜ 峨嵋 楣 門｜ 獼 獼猴 鶥 畫鳥 眉名
● 鄜 地名 縣｜ 瑂 石者 玉之 似 湄 水艸 爲 濔 湄 交

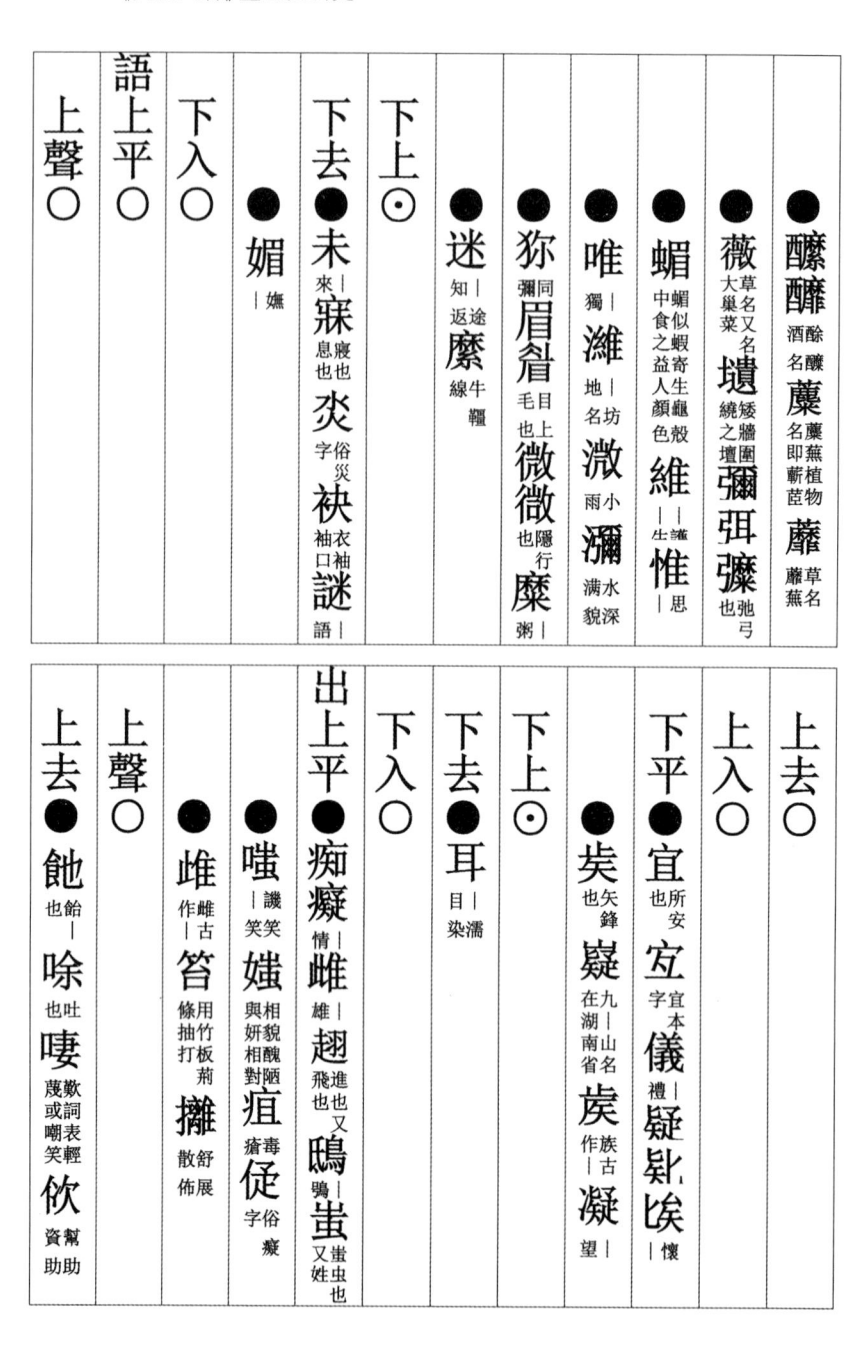

●醾釀 酒釀名釀　麋 麋名即薪蒕植物　蘼 蘼草名

上去○

●薇 草名又名大巢菜　壝 矮牆圍繞之壇　彌弣彉 弛弓

上入○

●蝙 蝙似蝦寄生龜殼中食之益人顏色　維惟 思

下平●

●唯 獨　濰 地名坊　溦 小雨滿水深貌

上去●

●瀰 同彌　眉眉 目上毛也微微隱行貌　麋 粥

下上⊙

●迷 知—返途　麋 線牛韁

下上●

●未寐 來—寢息也瘦也　炎 字俗災　袂 衣袖袖口　謎 語

下去●

●媚 嫲

下入○

語上平○

上聲○

上去○

●宜 所安　宐 字宜本禮—儀疑—埃 懷

下平●

●矣 也矢鋒　嶷 九—山名在湖南省　堖 族古作—凝 望

上入○

●耳 目—染濡

下去●

下入○

●痴癡 情—雌雄 —翅 飛進也又　疸 猪毒字俗癡　鴟 —鴞蚩虫也又姓

出上平●

●嗤 譏—笑笑　嬌 與妍相貌醜陋對　抽 用竹板荊條打散舒展

上聲○

●雌 雌古作—笞

上去●

●飴 也飴—飻 也吐　嗹 蔑歎詞或嘲表笑輕　飲 幫資助助

上去○

新編《安腔八音》 / 231

上入〇

下平●頷 披短貌髦

下上⊙

下去●市場—鉓魚名出樂浪潘國 鉧劍名

下入〇

熏上平●非常—熙熙煦 炎歛貪欲食貌者

瓻古代陶制酒器 嘻嬉笑貌相笑 妃嬪戲 檥戲

熏燻光明 禧吉祥年— 嬉遊戲玩耍 希望—

羲伏—古神話中人類的始祖 犧—牲供盟誓宴享用之牲畜

俙面對質訴訟時 希望— 稀依— 晞乾燥又破曉

絺布細葛 欷抽泣 唏嘆詞表驚歎示 豨猪大

曦早晨陽光之 啡—咖

上聲〇

上去●吸頻數也

上入〇

下平〇

下上⊙

下去〇

下入〇

如上平〇

上聲〇

上去〇

上入〇

下平●而古代同爾詞眾多貌 佴代詞 砘瓦也 姍媚也 輀車喪

俐字母終	下去●味 —趣道—	下上⊙	下平●維 連系結也	上入〇	上去〇	上聲〇	無上平〇	下入〇	下去〇	下上⊙	●胹烊𩟔臑 爛煮也也 彫彫 須胡

《安腔八音》

卷六
東效戈西雞茄

31 東字母

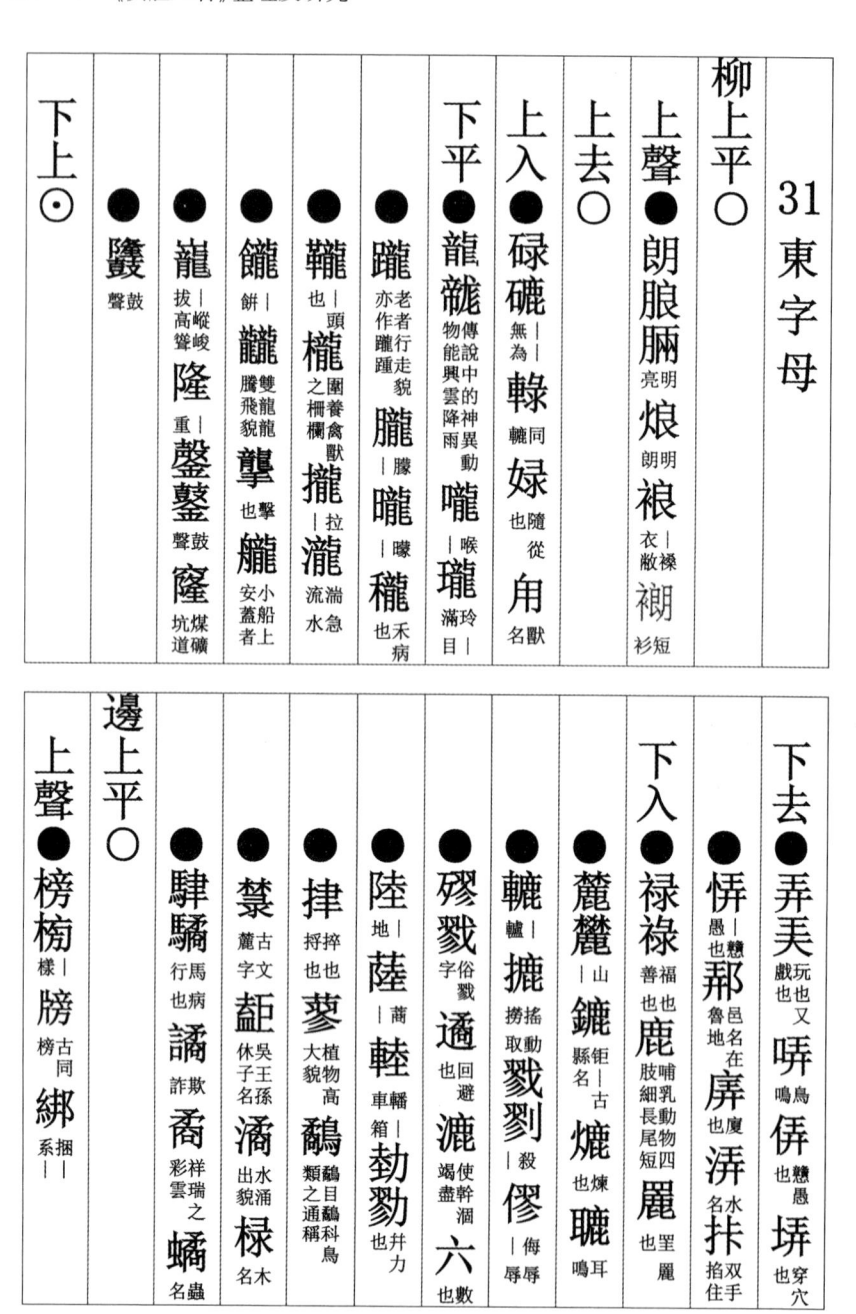

柳 上平〇
上聲 ●朗 朗明亮｜ 烺 明朗｜ 硠 衣敝褵｜ 裲 衫短
上去〇
上入 ●碌 無為｜ 磟 轆同｜ 輮 隨從｜ 婼 也 用 獸名
下平 ●龍 傳說中的神異動物能興雲降雨 瀧 亦作瀧｜喉｜瓏玲 瀧滿目
●巄 老者行走貌 籠｜頭之柵欄 櫳 圍養禽獸 攏｜拉 瀧 淵流水急
●轆 也 轒｜擊也 軤 小船上安蓋者
●籠 餅｜ 龘 雙龍騰飛貌 龖 擊也 禾病
●龍 拔高聳峻｜ 隆 重 鑿鑿聲鼓 窿 坑煤道礦
●鼟 鼓聲

下上〇

邊 上平〇
上聲 ●榜 榜同｜ 梆 樣｜ 膀 古捆｜ 綁 系｜
●駢 馬病行也 譸 詐欺｜ 蟜 彩雲祥瑞之｜ 蠨 名蟲
●榃 古文麓字 啞 吳王孫休子名｜ 澩 水涌出貌 棁 名木
●捀 扲捽也 蓼 植物高大貌 鶖 鶖目鶖科鳥類之通稱
●陸 地｜ 薩 蒲｜ 輇 車輞車箱 勁 劼｜ 力
●磋 字俗戮 戮 回避也 瀧 竭盡涸｜ 六 數也
●轆 動｜ 攏 搖捞取 戮 殺｜ 傮 侮辱｜
●麓 山｜ 鏕 縣名 ▎古 爐 也煉 曨 鳴耳
●祿 福也 善｜ 鹿 哺乳動物肢細長尾短 麗 也麗
●㤿 愚戀｜ 邢 邑名在魯地廈｜ 泙 水抃｜ 拚 捨住雙手
下去 ●弄 玩也又戲｜ 哢 鳴鳥也 俜 戀愚也 塀 穿穴

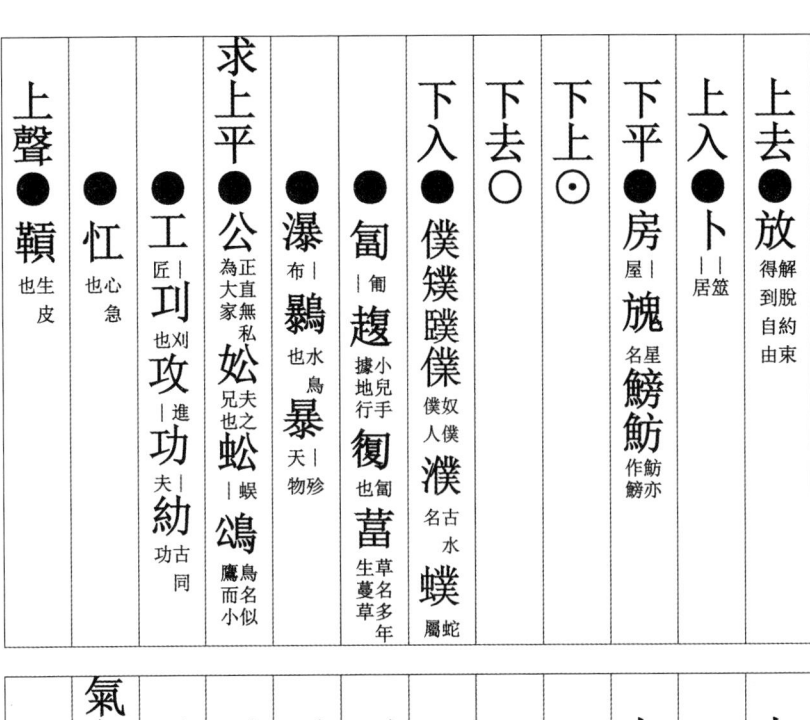

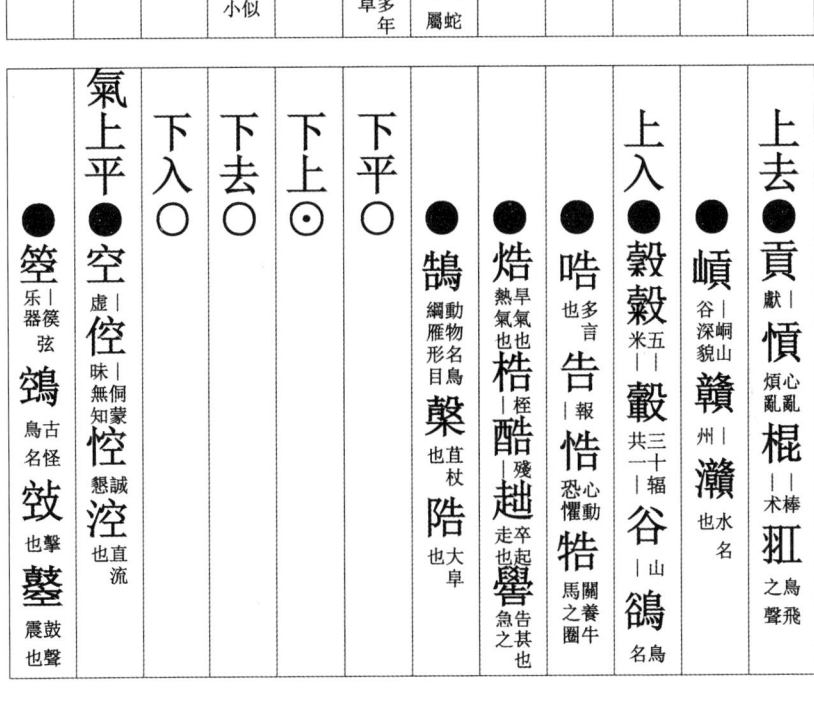

上去	●放 得解到脱自約由束
上入	●卜 —居筮
下平	●房 屋— 鰟魴 星名 魴作鰟亦
下上	⊙
下去	○
下入	●僕獏蹼僕 僕奴人僕 濮古水名 蝮屬蛇
	●匐趣 —匐 小兒手據地行也 蕧— 天物珍 暴— 水鳥名也
求上平	●公 正為大家無私 夫兄也 妐 妐夫之 蚣 蜈蚣 䳏 鷹鳥名而小似
	●工刋 匠— 也刈 攻— 進功 夫— 功古同 𦆯
	●忄 —心急
上聲	●䪳 也生皮

上去	●貢 憤 —心煩亂亂 棍 —木棒 狚 —之鳥聲飛
上入	●嵧 —峒山谷深貌 灨 —州 瀺 —也水名
上入	●穀穀 —米 䜌 —三十輻共一 谷 —山 鵒 —鳥名
下平	⊙
下上	⊙
下去	○
下入	○
	●鵠 綱動雁形目鳥 槀 —苴杖也 陪 —大阜
	●焙 旱氣熱氣也也 梏 桎—酷 —趑 殘卒起也走也 謦 急告其也
	●峼 也多言 告 —報 悎 恐懼 —心動 牿 —關養牛 馬之圈
氣上平	●空 虛— 倥 —侗蒙昧無知 悾 —誠懸 涳 —直流
	●莖 樂器篌弦 鵛 鳥古名怪 𣫚 —震鼓也聲

236 / 《安腔八音》整理及研究

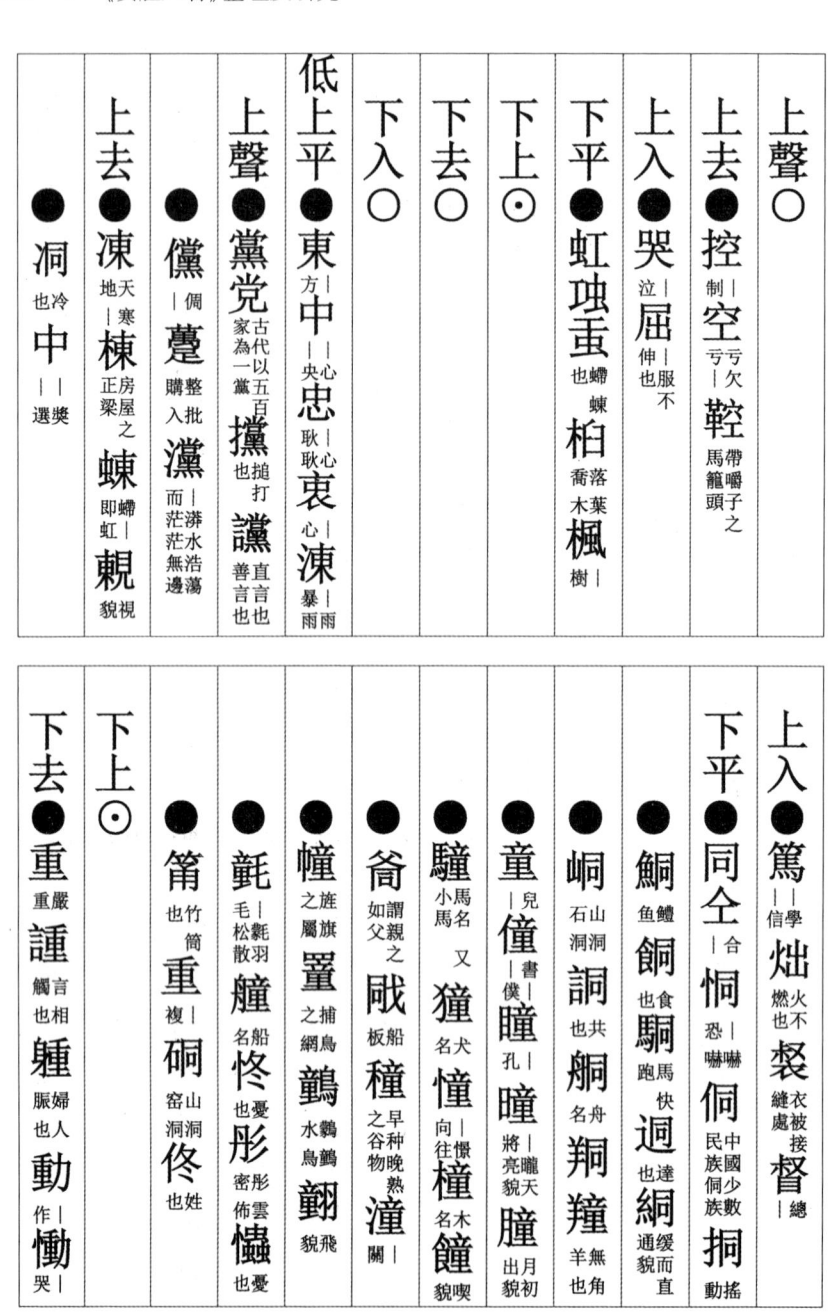

上聲○
●控 制｜空 亏欠 鞚 馬帶嚼子之籠頭
上去●
上入●哭 泣｜屈 伸也服不
下平●虹 虰蚰 蝺蝀也 柏 落葉喬木 楓 樹｜
下上⊙
下去○
下入○
低上平●東 方｜中 央心｜忠 心耿耿｜衷 心｜涷 暴雨
上聲●黨党 古代家為以五一百黨 擻 搥打｜灙 溥水茫浩茫蕩無邊 讜 善直言也言也
上去●儻 倜｜曭 購整入批也
上去●凍 天寒地｜棟 房正屋梁之 蝀 即蝺虹 覩 貌視
●洞 冷也｜中 ｜ 選獎

上入●篤 信學｜灿 火不燃也 裌 繼衣處被接 督 總｜
下平●同 全｜恫 恐嚇｜侗 中國侗少族民數族 峒 動搖
●鮦 鱧魚｜鮦 食馬跑也快 迵 達通貌而直
●峒 石洞山洞 ｜ 詷 ｜ 絧 舟羿名無 ｜ 橦
●童 僮書｜僕也共 曈 孔將曨｜亮 朣 出月貌初
●驑 小馬名馬又 獞 名犬｜ 憧 向往憬｜ 橦 木名 籦
●翁 謂如父親之 戚 板船之谷早種晚物熟 潼 關｜
●幢 之旌旗屬 橦 名船之捕 鸗 水鸂鵜鳥 翀 貌飛
●甈 毛氄散羽 佟 憂也｜彤 密彤佈雲 懂 也憂
●筒 也竹筒｜硐 窟山洞洞 佟 也姓
下上⊙
下去●重 重嚴｜謹 言也相 觸 腫 脈婦也人 動 作｜慟 哭｜

新編《安腔八音》 / 237

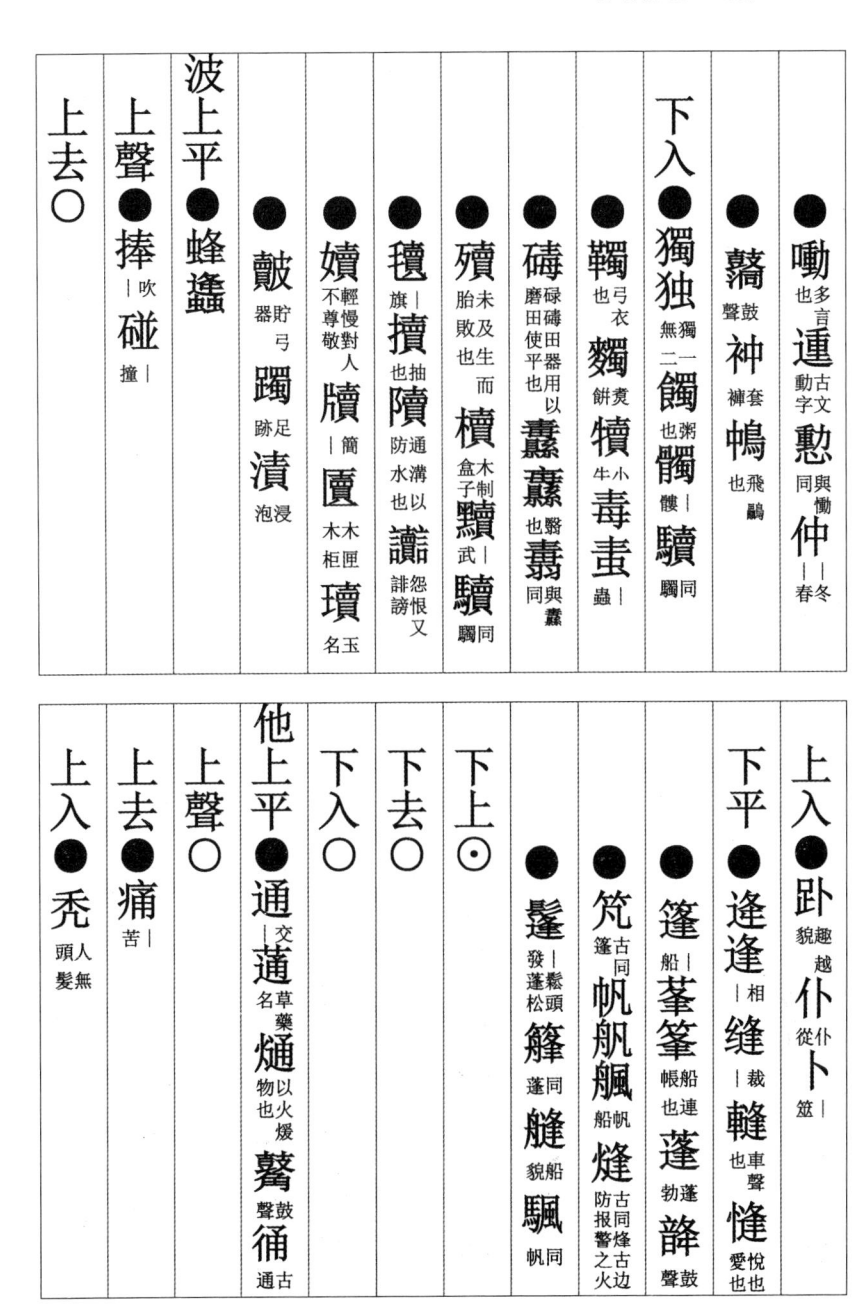

	●嗊	多言也 古文同慟與勵
	運	動也
	慟	與慟同
	仲	春|冬
下入●	獨独	無二
	髑	
	髏	髑|髏
	韣	弓衣也
	鬻	餅䵸 粥也
	犢	牛小
	毒	
	盅	蟲
	驌	同驌
	碡	磨碌磚田器 使平用以
	櫝	木制盒子
	黷	黑也
	贖	與贖同
	殰	胎未成而敗也
	櫝	木|武
	匵	
	瓄	玉名
	犢	木柜
	嬻	輕慢不尊敬對人也
	牘	簡|通防水溝也
	讟	怨恨又誹謗
	纛	旗|抽也
	躅	跡足
	瀆	泡浸
	韣	貯弓器
上平●	蜂蠭	
上聲●	捧	
	碰	吹|撞|
上去○		

上入●	仆	貌趣越越仆	從仆卜笞	
下平	逢逢	相	裁
	縫	車聲也
	韃	愛悅也
下上·		
下去○		
下入○		
	髼	發	鬆松蓬頭
	籛	艖艬貌船帆
	篷	帆舡艒船帆
	烽	古同烽防報警古之火边
	筊	筊古同
	篷	船	筚
	蓬	勃蓬
	韃	鼓聲
他上平●	通	
	薘	交	草藥名
	烔	物也以火煨
	鼟	鼓聲
	桶	通古
上聲○		
上去●	痛	苦	
上入●	禿	頭人髮無

238 / 《安腔八音》整理及研究

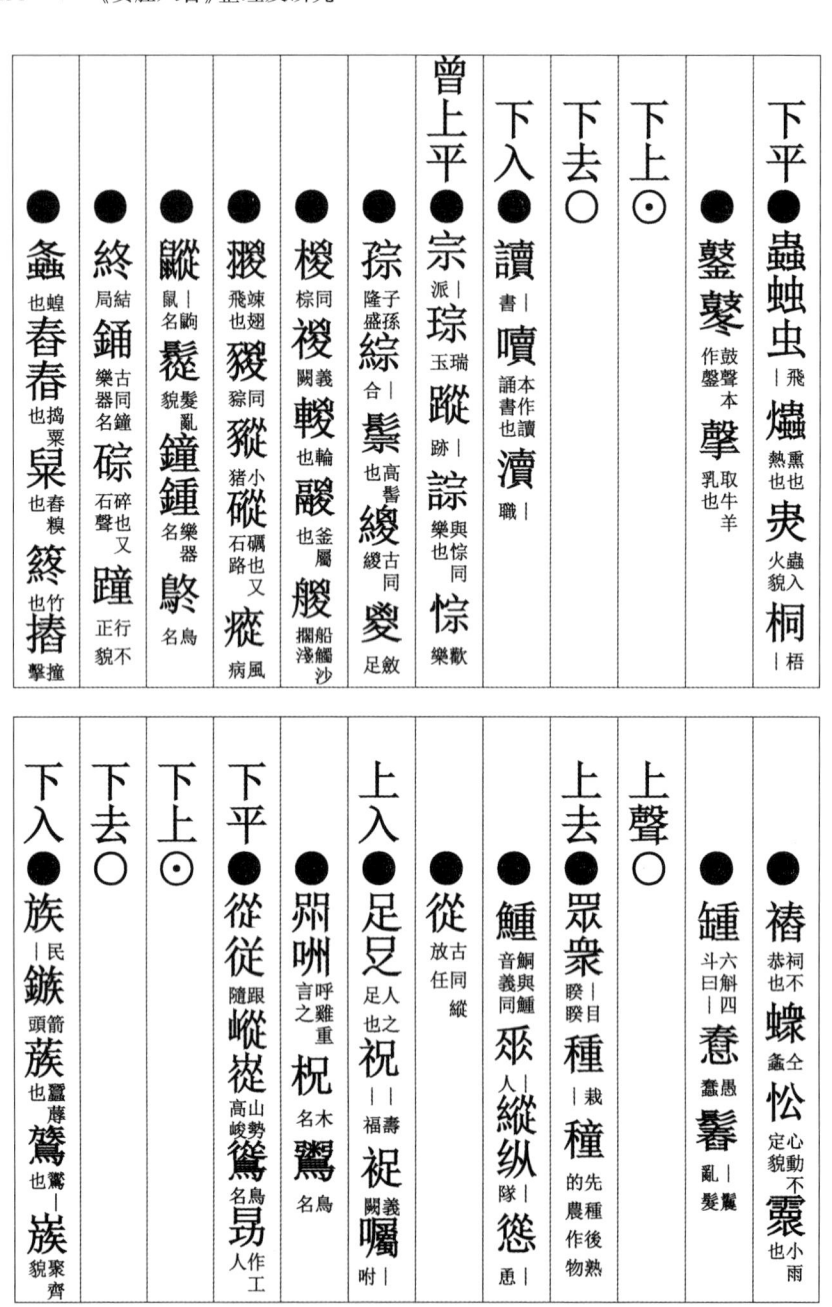

						曾上平●	下入●	下去○	下上⊙	下平●
螽 春春也搗粟也 稴 春糠也 篸 竹擊撞也	終 局結也 銿 古同鐘樂器名 碊 石碎也又石聲 蹖 正行不貌	樅 鼠名駒 鬆 髮亂貌 鐘鍾 樂器名 鴪 鳥名	揌 飛竦翅也 獙 豬碾石路也又 癑 病風	楤 棕同 祴 輪闕義也 輇 釜屬 艘 攔船觸淺沙	椶 隆盛貌 綜 子孫合 鬆 高髻 綟 古同綟 鑾 足斂	宗 派玉瑞 蹤 跡也 諑 樂與諑同樂歡	讀 書誦本作讀也 嚫 本作讀 瀆 職			蟲蚰虫 飛蟲入火貌 爌 熏熱也 炵 火貌 桐 梧
					上入●	上去●	上聲○		
				鑿鏊 鼓聲本作鑿 挈 取牛羊乳也	足趺 人之祝 壽闕義 柷 福附	從 放古同縱任	鯶 鰣與鯶同音義同 眾衆 睽睽目 種 栽種先農作後物熟的 巫 縱纵 隊愁惡	鍾 斗六斛四曰 憃 愚惷 髮 亂髮	禇 祠恭不也 螽 蠡全 㺃 心動不定貌 霛 小雨也		
下入●	下去○	下上⊙	下平●	上入●						
族 民 鏃 箭頭也 蔟 蘆薄也 驚驚也 嵳 貌聚齊			從從 隨跟 嵷嵷 山勢高峻 鵉鵈 鳥名 㘿 人作工	舺州 言之呼雞重 柷 木名 鷟 鳥名	足趺 人之祝 壽闕義 柷 福附					

新編《安腔八音》

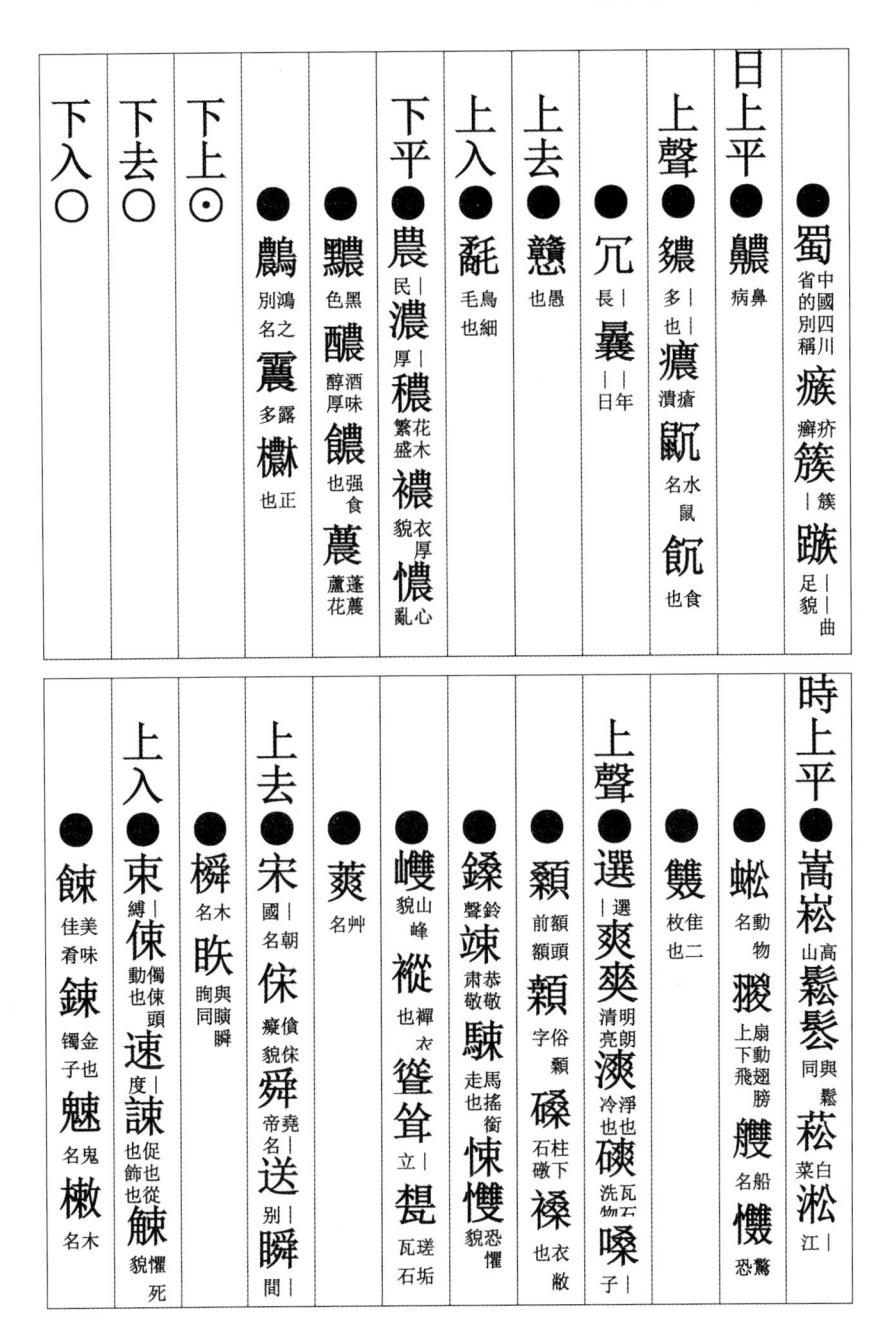

蜀

上平 ●曘
日上 ●臞 病鼻
上聲 ●孅 多也 癰 潰瘡 齟 名水鼠 饑 食
上去 ●懿 也愚
●冗 長曩 —日 —年
上入 ●毸 毛鳥也細
下平 ●農民濃厚 穠花木繁盛 醲酒味醇厚也 襛衣厚貌 憹心亂 饢強食 蘴蓬蘴貌
下上 ⊙
下去 ○
下入 ○
●鸗 鴻別名之 巚 多露 櫱 也正

蜀 中國四川省的別稱 瘯 疥癬 簇 一簇 蹴 —曲 足貌

時

上平 ●嵩崧 高山 鬆髿 同興鬆 菘 菜白 淞 —江
上聲 ●蝀 名動物 骲 上扇下動翅膀飛 艟 名船 憽 恐驚
●雙 枚佳也二
●頛 前額頭 穎 額字俗 顙 走馬搖衡也 磉 石柱下石碛 襂 衣敝
●選爽 爽 明朗清亮 漺 淨也冷也 磢 瓦石洗物 嗓 子—
●鏾 聲鈴 竦 肅恭敬 悚 貌恐懼
●巎山峰貌 縱 襌衣 篵 笭 銍 立 愓 遾石垢
●爽 名艸
上去 ●宋 國名朝 佅 瘡貌佅 舜 帝堯名從也飾也 送 別間 瞬 —
●榌 名木 眴 與瞚同瞬
上入 ●束 縛也 倲 傴倲頭動也 速 —度 諫 促也 餗 懼死
●餗 佳美肴味 鍊 鐲金子也 魀 名鬼 㯤 名木

下去
● 訟─訴 頌─歌 誦─朗 詡─作訟詡古

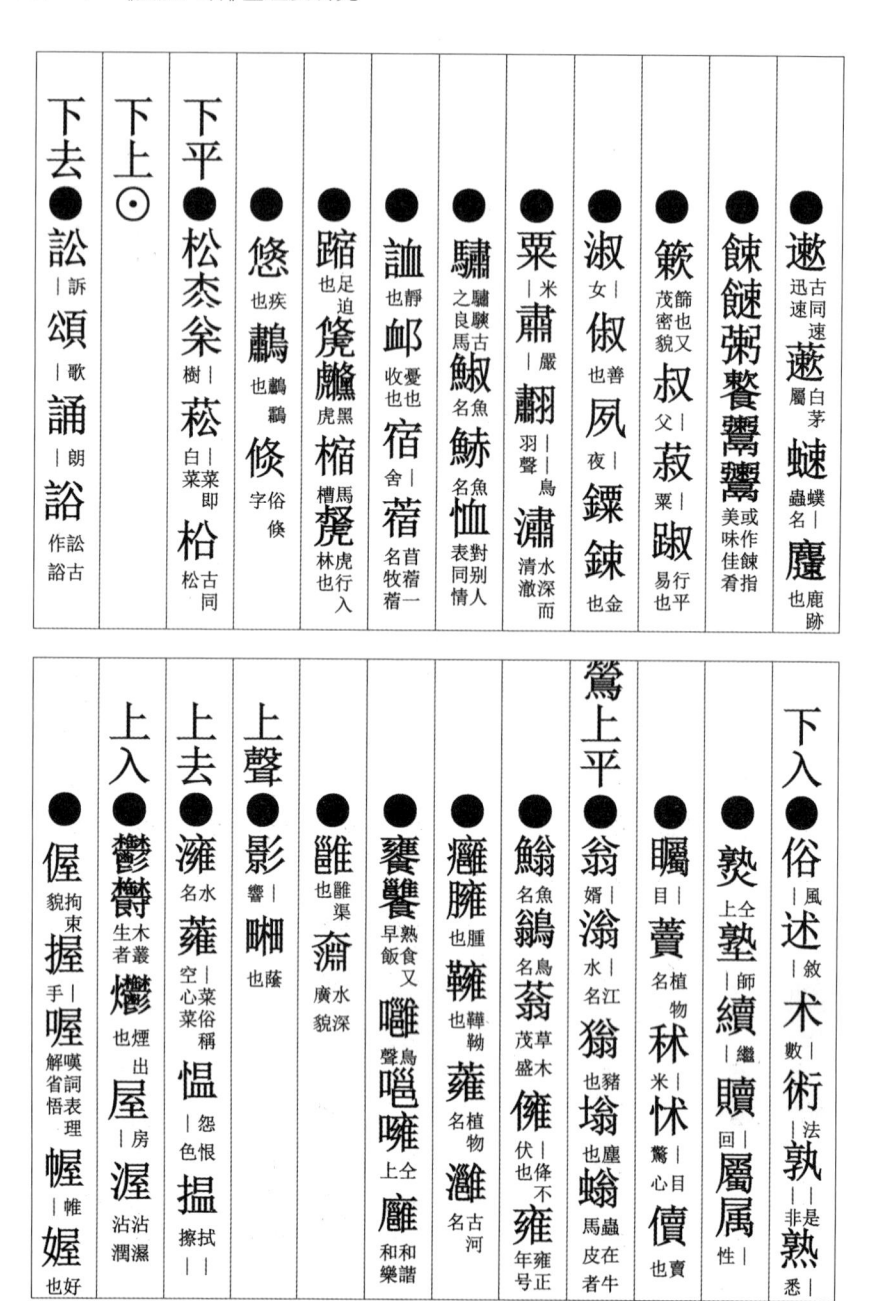

下上
● ⊙

下平
● 松枀栄─樹白菜即 菘─松古同 枀

● 悠 鷀─鷀鶶也 俢─字俗俢也疾

● 蹐麂榕─虎黑槽馬 麂─虎行入林也足迫也

● 諰郵─靜也 宿─舍也 蓿─苜蓿一名牧草 憖─憂也收也

● 驌驦鯲─驌驦良馬古 鮂─魚名 恓─對別人表同情

● 粟蕭翿─米 翿─羽聲 翻─鳥清澈而水深

● 淑俶夙─女善也 叔─父 菽─粟 趚─易行平也

● 簌─篩也密也茂貌 叔─父 菽─粟 趚─易行平也

● 餗餗粥饕饕饕─美味或作餗指佳肴

下入
● 遬蘧蝀─古同迅速屬白茅 蝀─蟲名蝶 䁕─鹿跡也

下入
● 俗述朮術孰─風敘也 述─數─法 朮 術 孰─非是熟悉

● 熟塾─至師續─繼 贖─回 屬─性

● 矔䕃─目 䕃─植物名 秋─米 怵─驚心目 價─賣也

● 翁滃─婿 滃─水大 蓊─蘆塵也

● 鯔鵆蓊─魚名鳥名茂盛草木 儕─伏也俸不雍年号正 灉─古河名

● 癰臃韃─腫也 韃─鞭鞀 薙─植物名

● 饔饗囃囃─早飯熟食又 囃─鳥聲上全 龐─和和樂諧

● 雛齋─雛也 齋─廣水深貌

● 上聲
● 影 䀹─響也 薩

● 上去
● 澭蕹 愠─水名空心菜俗稱 愠─怨恨色 搵─擦拭

● 上入
● 鬱欎爩屋渥渥渥渥─木叢生者也 爩─煙出 屋─房 渥─沾潤濕 幄─帷 媉─好也

● 偓握喔喔喔─拘束貌 握─手 喔─嘆詞表理解省悟 幄─帷 媉─好也

新編《安腔八音》 / 241

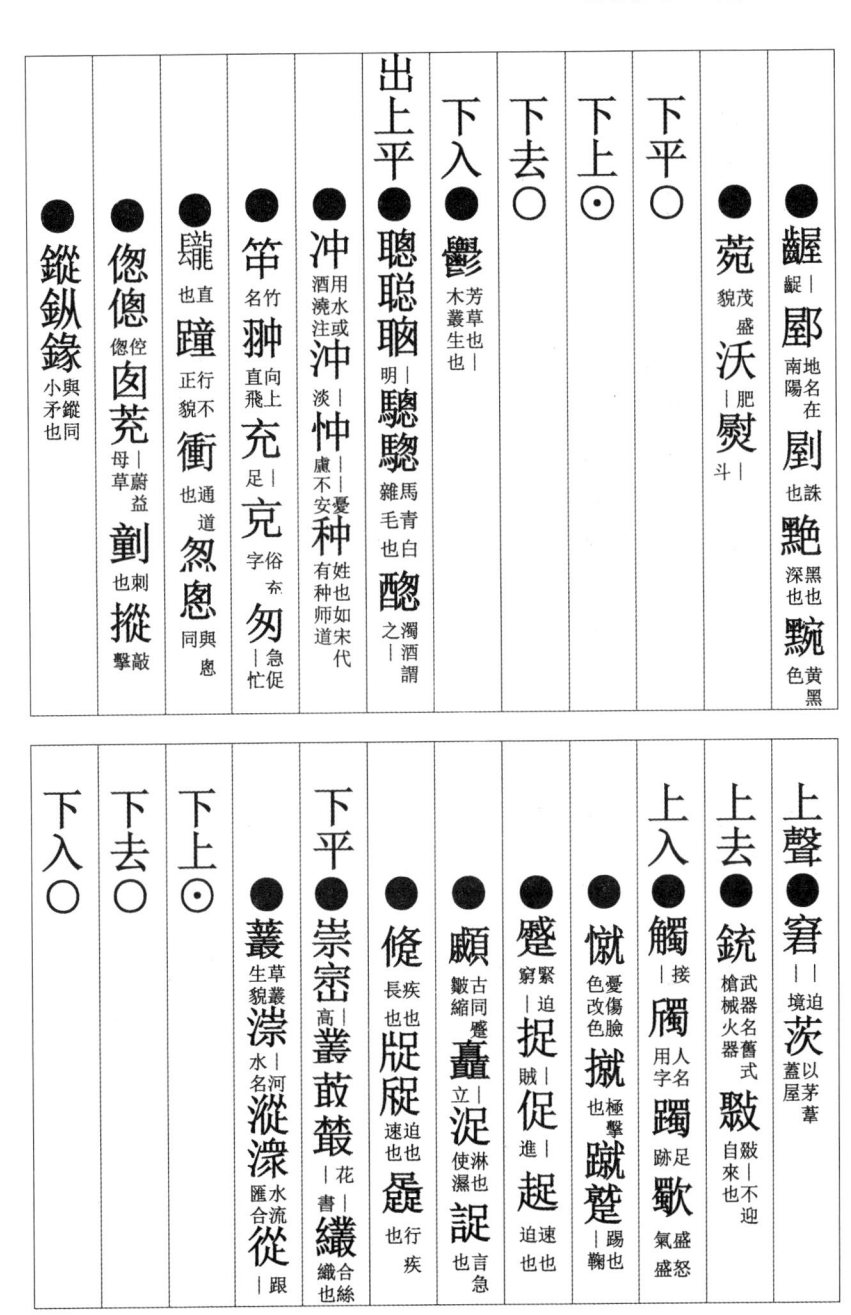

鏦鈳鏻 ● 小與鏦同 矛也	𠈁𠈁 ●𠈁侳 母草 卥荛 也刺 蔚益 劕摐 擊敲	𪓐 也直 躥 正行 衝貌 也通忽 道恖 同恖	竿翀 名竹 向上 直飛 充也 克字俗 匆同 急與 促	冲冲冲 酒用 淡 澆水 忡 注或 慮 不有姓 安种也如 种宋 道之代師	聰聰聰 明 驄驄 雜馬 毛青 白 醓 也 濁酒 謂	鬱● 芳草 也一 木叢 生也		菀 貌茂 盛沃熨 肥斗	齷郹 齷一 南地 陽名 也在 剆 誅黑 深也 豔 也 黦 色黃黑
	下入○	下去○	下上⊙	下平○	出上平●	下入●	下去○	下上⊙	下平○	●
下入○	下去○	下上⊙	下平● 叢● 生草崇密 貌叢 高叢 濙 敧葰 水名 花一 淞濛 書纖 匯合 織合 從 也 絲 跟	 僋 長疾 也也 梃梃 速也 毸 也行 疾	● 顲 皺古 縮同 也曡 疉 立淈 也 使淋 濕也 誈 也言 急	● 蹙 穷緊 也 迫 捉 賊促 也也 迫進 速起 也也	上入● 慼 色憂 改傷 色色 臉 撖 也極蹴 擊 — 蹵 也 踢也 鞠	上入● 觸 一接 爥 用 人名 跡足 躅 歜 氣盛 盛怒 怒	上去● 銃 槍武 械器 火名 器舊 式 骰 骰自 一來 不也 迎	上聲● 審 迫一 蓋以 屋茅 葦

熏上平

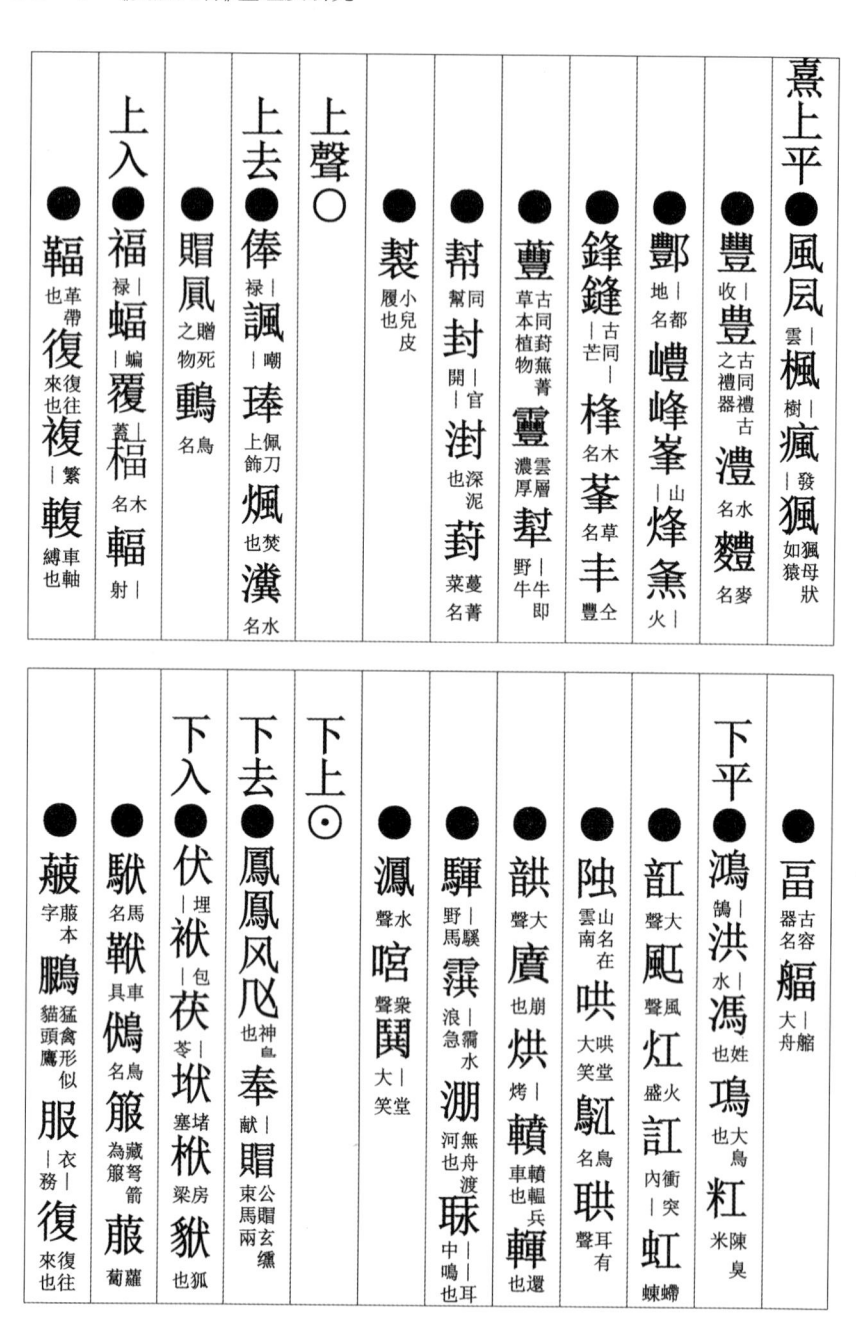

● 風凮 雲|楓|樹| 瘋|發 猦|狑母狀如猿

● 豐豊 收豊之禮器古同|豐古同禮器| 澧| 麷

● 酆 地名都| 豐峰峯 山| 烽烾 火|

● 鋒鏠 古同芒| 桻莑 木名草 丰 全豐

● 豐 雲層濃厚| 犎 野牛即牛

● 幫 同幫| 封 開官| 葑 深泥也 菶 草本植物菁菜蔓名

● 俸 禄| 諷 嘲|瑃 佩刀上飾也 焨 焚也 灙 水名

● 賵 贈死物之| 鶝 鳥名

● 福禄| 蝠蝙|覆福| 蝠 木名 射|

● 輻 革帶也 復 復往來也 複 繁 輹 縛也車軸

下平

● 冨 古容器名 艊| 大舟

● 鴻洪 水| 馮 姓也| 鳿 大鳥| 粎 陳臭米

● 缸 聲大 瓬風| 訌 盛火內衝突 虹 蝀蝃

● 陾 山名在雲南 哄 哄大笑堂| 魟 鳥名耳有聲

● 詥 聲大 賡 崩也 烘 烤| 輷 車輷兵車也邊

● 驛 野馬驟| 霶 霺急浪水河也無舟渡| 蛶 中鳴耳也

● 瀗 水聲 啈 喿閧 大笑堂

● ⊙

● 鳳鳳风凨| 奉 獻| 賵 贈束馬兩公贈玄纁

● 伏 埋袱 包袱| 苙 堵塞梜 梁房 狱 也狐

● 馱 馬名 靴 車具 鵃 鳥名 籅 藏弩箭為籅 蕨 葡萄

● 藗 字厥本 鵬 猛禽貓頭鷹形似 服 衣| 復 復往來也

新編《安腔八音》／ 243

●腹 舟也水回流｜渡 邪也｜洑 古文服｜鰒 魚海｜趡 走貌跳也

●奀 大也｜寠 鳥抱卵也｜舨 古文服｜舯 大船

如上平○

上去○

上聲○

上入○

下平●容 易｜溶 解｜榕 樹｜槦 古同｜鎔 鎔鑄也

●蓉 芙｜額 瓶罌也｜庸 俗耕｜傭 悷古同｜鏞 大鐘

●慵 女子懶惰｜牅 本作城垣也｜墉 ｜鏞 ｜廂 古國名

●彤 影重｜毧 細毛也｜融 解籒文｜螎 融字古文化

●邕 邑四方有水｜鶲 雛鵁鴒｜榮 華｜戎 戎馬俀德

●絨 駝羽｜娀 帝高辛氏之妃｜娍 娍古字文

下上○⊙

●茸 鹿媶｜媶 美姤貌娍

●用 途｜盅 罌大

下去●

下入●欲 欲望｜慾 念｜浴 奮｜辱 戰血｜忝 侮同｜辱

●褥 被縟｜縟 繁瑣禮｜甄 ｜溽 濕潤悶熱｜鄏 邑名

●忑 也恥｜蓐 瘡｜熽 火光｜昱 日光光明

●煜 耀照｜毓 養也長｜肉 肉也｜粥 養月

●粥 鬻通作粥也｜鬻 賣｜醬 也生田｜儥 賣也

東字母終

32 郊字母

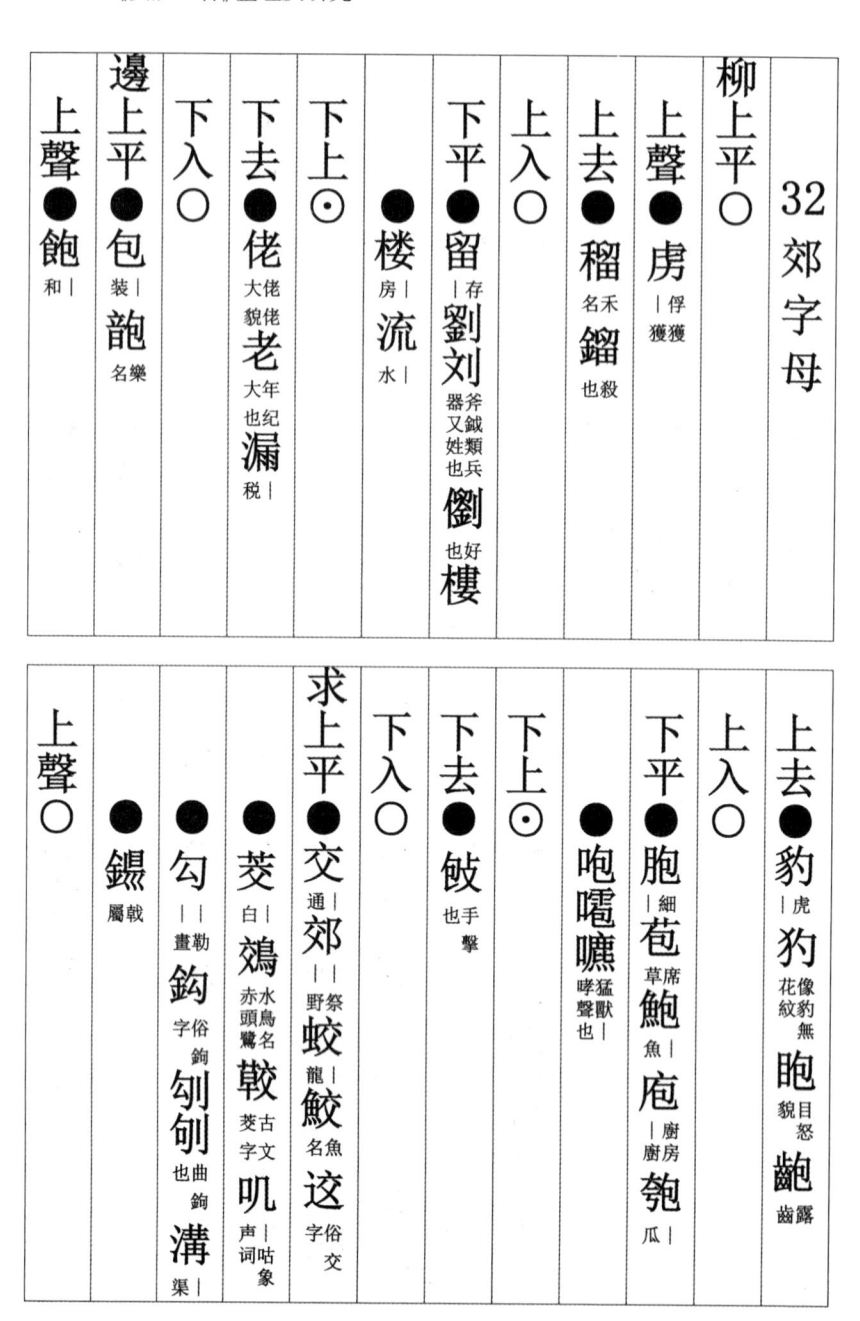

柳上平 〇
上聲 ●虏 俘獲
上去 ●虏 俘獲
上入 〇
下平 ●稻 名禾 鎦 也殺
下上 ⊙
下去 ●留存 劉斧鉞類兵器又姓也 刘 好也 樓
下入 〇
●楼 房流 水

下入 〇
下去 ●佬 大佬貌 老大年纪也 漏 税
下上 ⊙
邊上平 ●包 裝 靤 名樂
上聲 ●飽 和

上去 ●豹 虎豹 豹 像豹花紋無 胞 目怒貌 齙 齒露
上入 〇
下平 ●胞 細苞 鮑 席草魚 庖 廚房 匏 瓜
下上 ⊙
下去 ●咆 嚤 嚾 猛獸哮聲也
下入 〇
下去 ●鈹 手擊也

求上平 ●交通 郊 祭野 蛟 龍𩽾 鮫 魚名 迚 俗字交
上聲 〇
●茭 白鵁 赤水頭鳥鷥名 鮫 古文菱字 𠮢 咕词象声
●勾 畫勒 鈎 字俗鈎 刎 刎 也曲鈎 溝 渠
●鐹 屬戟

上去●教教|訓 較較校|比 窖磘|酒

上入○

下平●猴|猿

下上⊙

下去●厚 薄|

下入○

氣上平●鬮鬮鬮|拈|抓 箍|桶|铁 鏂 也|剜

上聲○

上去○

上入○

下平○

下上⊙

下去○

低上平●尭 鍪|兜|首 頄|折|面 搣|擸|批|也 株|連 侸|也|立

上聲○ 跙 呍|也|輊|言

上去●罩 羅羅罿|袍|裙 鬭鬥|網|小|也|爭

上入○

下平●投捘|靠|降 骰|骰|子|博|陸|采|具

下上⊙

下去●痘 豆荳|绿|荳|蔲 悥|也|小|怒 裋|也|祭|褪 脰|子|脖

上入○

●餖|釘 鯸|鱼|名 鄅|地|名 桖|木|名

下入○

波上平●拋 球拋繡 枹 鼓 脬 胱膀	上聲〇	上去●炮 火炮烙 砲 水泡 泡 水 雹 冰 砲 俗礮字	●礮 炮同 麅 炮同 奅 古石炮同	上入〇	下平●跑 步 砳 也碰	下上⊙	下去●疱 水膿火	下入〇	他上平●偷 盜	上聲〇	上去●透 明 趒 跳也過也 墢 地名 訆 呼叫大聲

上入〇	下平●頭 山首 首 腦袋 飾	下上⊙	下去〇	下入〇	爭上平●糟 糕醩 糟文籀字 慒 燒焦也也	上聲〇	上去●竈 鍋爐 灶 掉 淚下	上入〇	下平●巢 鳥 躁 捷行 勦 勞擾累也 剿 説襲 剝 襲通抄取	下上⊙	下去●棹 櫂 船也所以進 艀 也行舟 簿 器捕魚 筸 魚竹籠具取

新編《安腔八音》 / 247

● 筍 捕鱼器 古同罩

下入 ○

上聲 ○ 撓

上平 ●

日上去 ○

上入 ○

上去 ○

下平 ● 鐃 鈂懼也 猊 山名 獿 犬惡毛也 砨 藥砨石砂

● 礦 砨同 呶 喧古同呶 譊 爭喧辯嚷

下上 ⊙

下去 ● 鬧 不市安靜 叓 鬧同

下入 ○

時上平 ● 梢 樹末弓 弰 小視也 瞄 偷視也 鎙 利也

上聲 ● 掃掃 地

上去 ● 嗽瘷 咳 哨 兵 艄 掌公

上入 ○

下平 ○

下上 ⊙

下去 ○

下入 ○

鶯上平 ○

上聲 ○

上去 ● 抝拗 口 枒 木曲

上入 ○

下平 ● 啼 哭

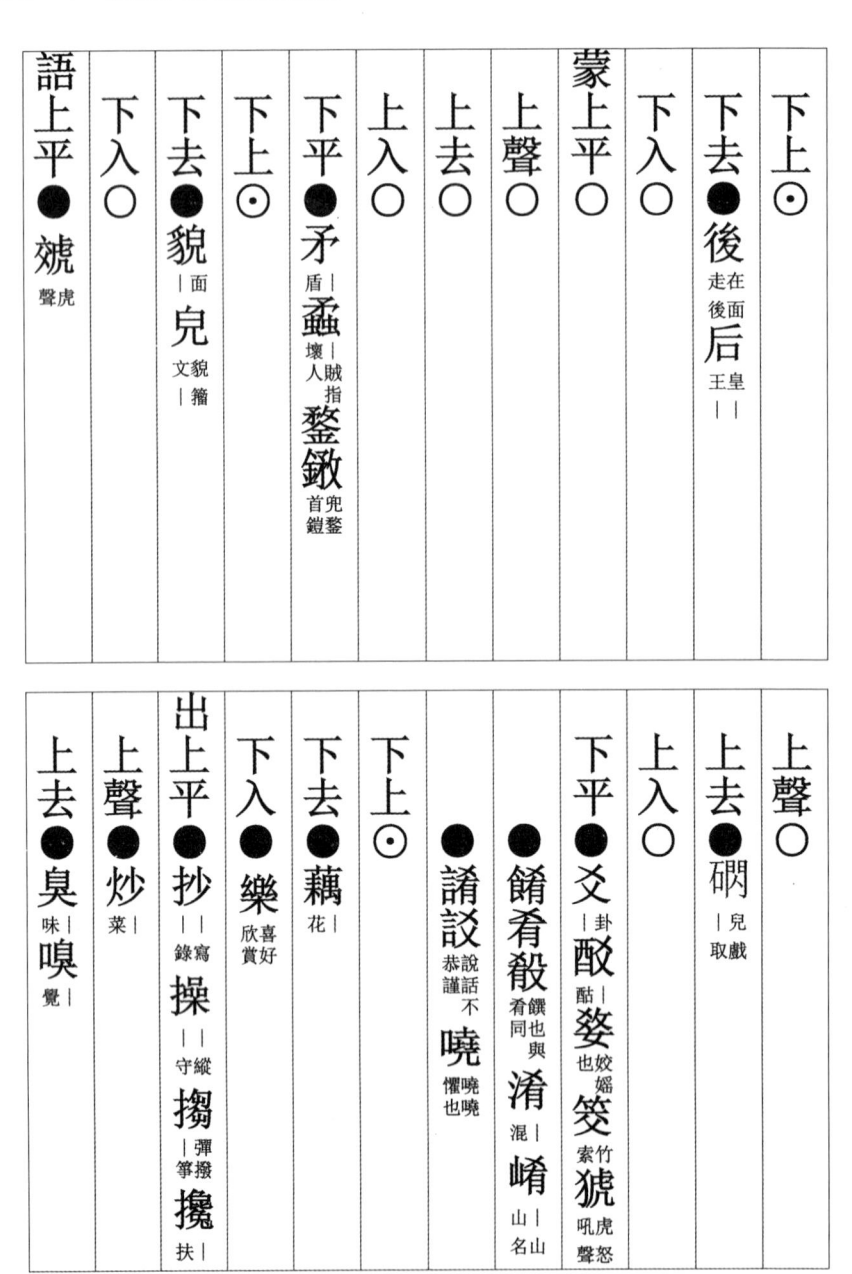

語上平●虓 虎聲	下入○	下去●貌 面兒 文貌 籓	下上⊙	下平●矛 盾 盉 壞人 賊指 鍪 兜鍪 首鎧	上入○	上去○	上聲○	蒙上平○	下入○	下去●後 走在後面 后 王皇	下上⊙

| 上去●臭 味 嗅 覺 | 上聲●炒 菜 | 出上平●抄 錄寫 操 守縱 擨 彈箏撥 攪 扶 | 下入●樂 欣喜好賞 | 下去●藕 花 | 下上⊙ | ●詾訟 恭謹話說不 曉 懼曉也曉 | ●餚殽 饌也 肴與同看 淆 混 崤 山名山 | 下平●爻 卦 酏 酷也 娑 姿媢娬 筊 索竹 貓 吼虎怒聲 | 上入○ | 上去●硱 兒 取戲 | 上聲○ |

新編《安腔八音》 / 249

下平〇

上入〇

上去●孝順─鱟魚名似蟹有子可爲醬 虓吼虎

上聲●誜誘誂吼大呼喚

●嘐誇語也

熏上平●熏─光明微美也福祿善也慶也 烋念之聲俗烋字 咻噢咻痛也 嗅

下入〇

下去〇

下上⊙

下平〇

上入〇

下上⊙

下去●效効力─傚倣古同效 咎吠犬也快 佼佼

●敦覺悟也 校─學 猇吼虎 唬嚇威 虣女慧心俊

●撜亂擾也

下入〇

郊字母終

33 戈字母

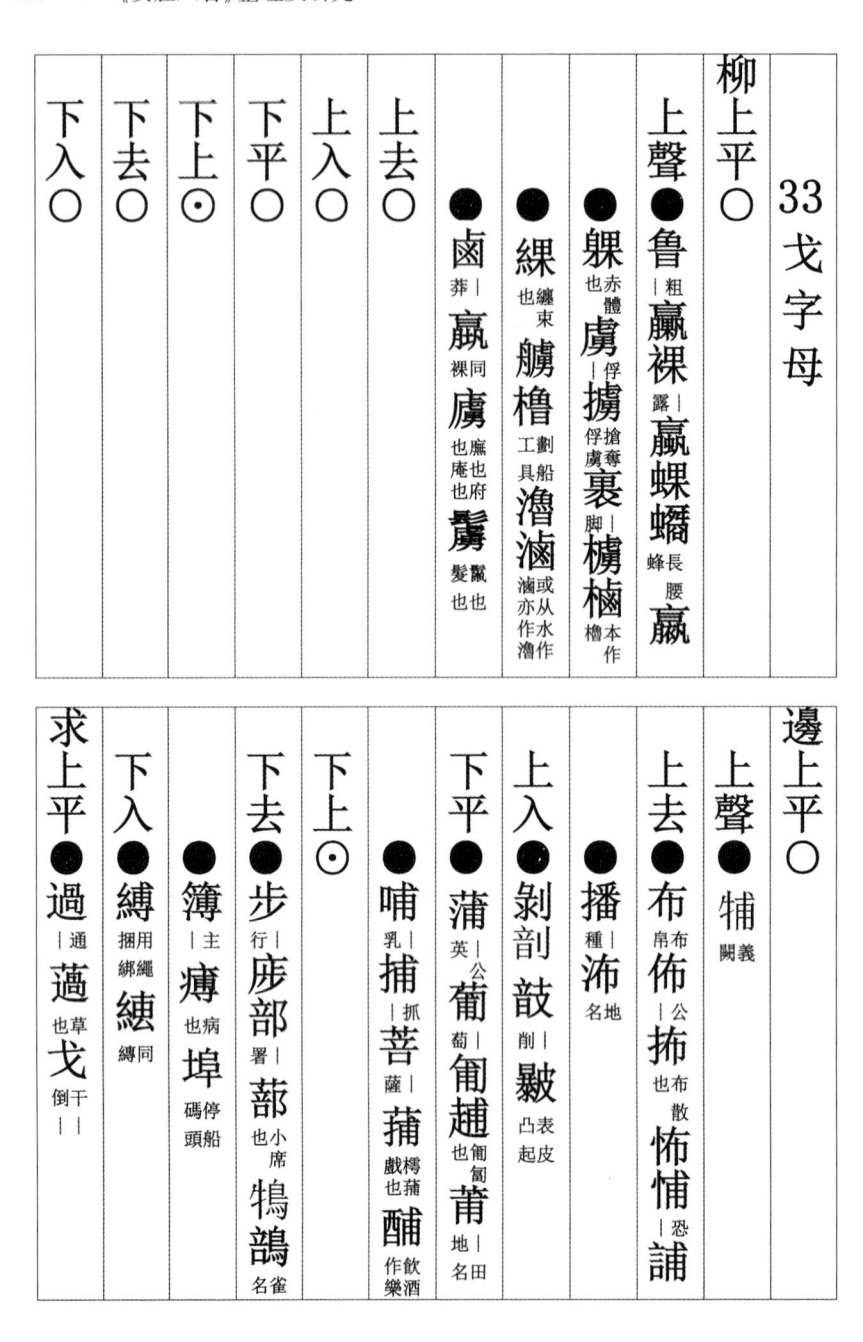

柳上平〇
上聲●魯|粗 贏裸|露 贏螺 蠣|蜂長腰贏
上平●虜|俘擄|搶奪俘虜裏|腳檻樐|樐本作
上入●臝|赤體 舮艪|劃船工具 滷滷|滷或亦從水作滷
上去●綠|纏束也
下平〇
下上⊙
下去〇
下入〇
鹵|荇 贏|裸同 虜|廡也庵也府也 髶|髮亂也

邊上平〇
上聲●牭|闕義
上去●布|帛布佈|布散拊|怖怖|恐誧
上入●播|種沛|名地皺|削皺
下平●蒲|英公葡|葡萄匍|匍匐莆|地名田
下上⊙
下去●步|行庈部|署菩|小席鵓|鴣名雀
下入●簿|主瘸|也病埠|碼停頭船
求上平●過|通邁|也草戈|倒干
下入●縛|捆用繩綁縛同

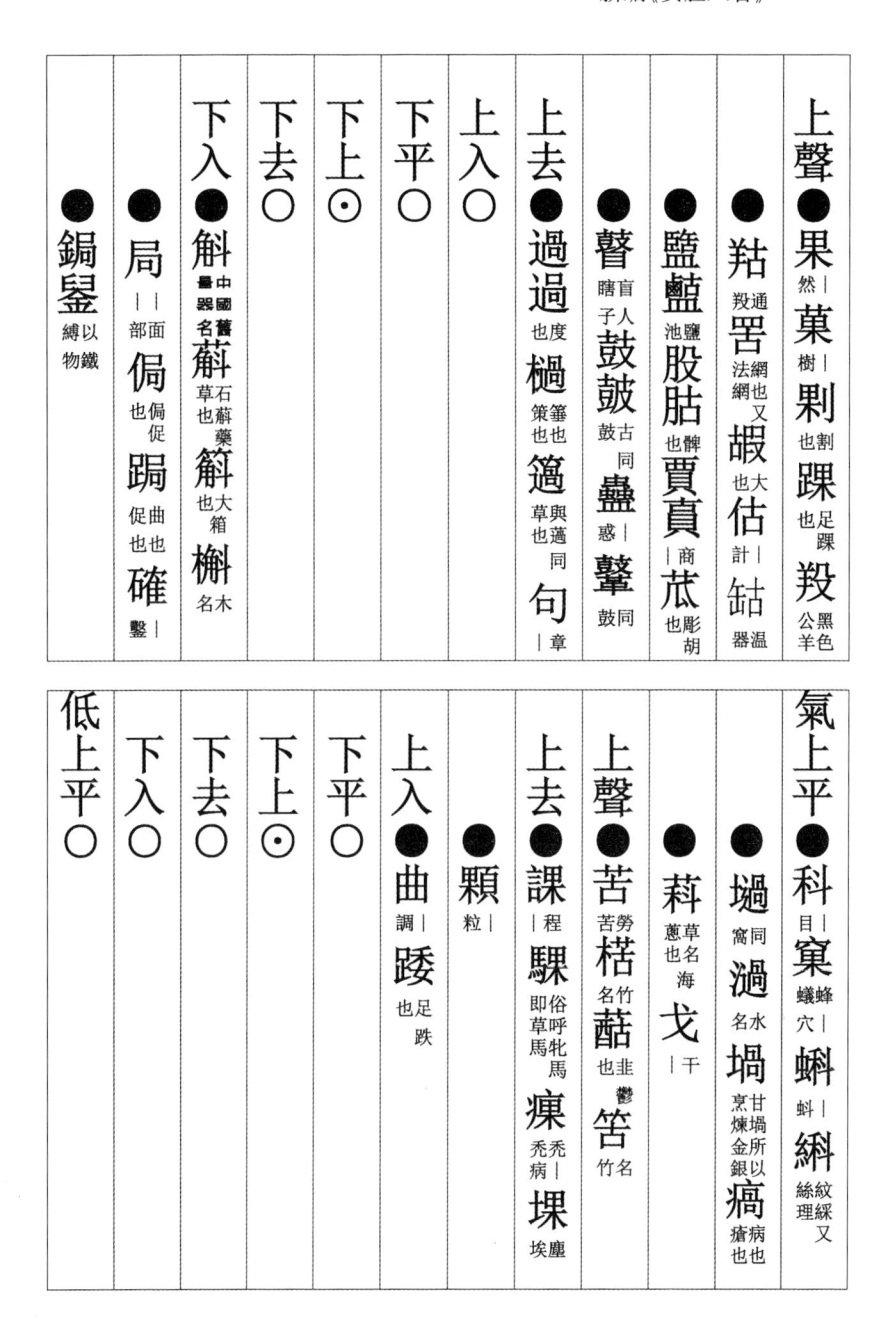

上聲●果然|樹菓|樹剽|割也踝|足踝羖|黑色公羊	氣上平●科目|窠蜂|蟻穴蝌|蝌蚪綷|絲紋綵又
上去●拑殺通法網也又網也估|計鈷|器溫	●堝窩同過|甘堝烹煉金銀所以瘑|瘡病也
下平●鹽鹽池鹽也股肶髀也賈貢|商苽|彫胡	菏|蔥名海戈|干
上入●瞽盲人鼓皷|鼓同蠱惑|鑿鼙	上聲●苦苦勞也桔|竹名酷|韭鬱笘|竹名
上去●過過度也楇|籰也適與邁同策也句|章	上去●課|程騍|俗呼牝馬即草名瘰|禿病堁|埃塵
下平○	上入●曲調|踀|足跌
下上⊙	●顆|粒
下去○	下平⊙
下入●斛量器中國舊名蔛|石蔛藥草也簕|大箱名槲|木	下去○
	下入○
●局||部侷|偪促也踘|促曲也催|鑿|	低上平○
●鋦鋙|以物鐵縛	

252 / 《安腔八音》整理及研究

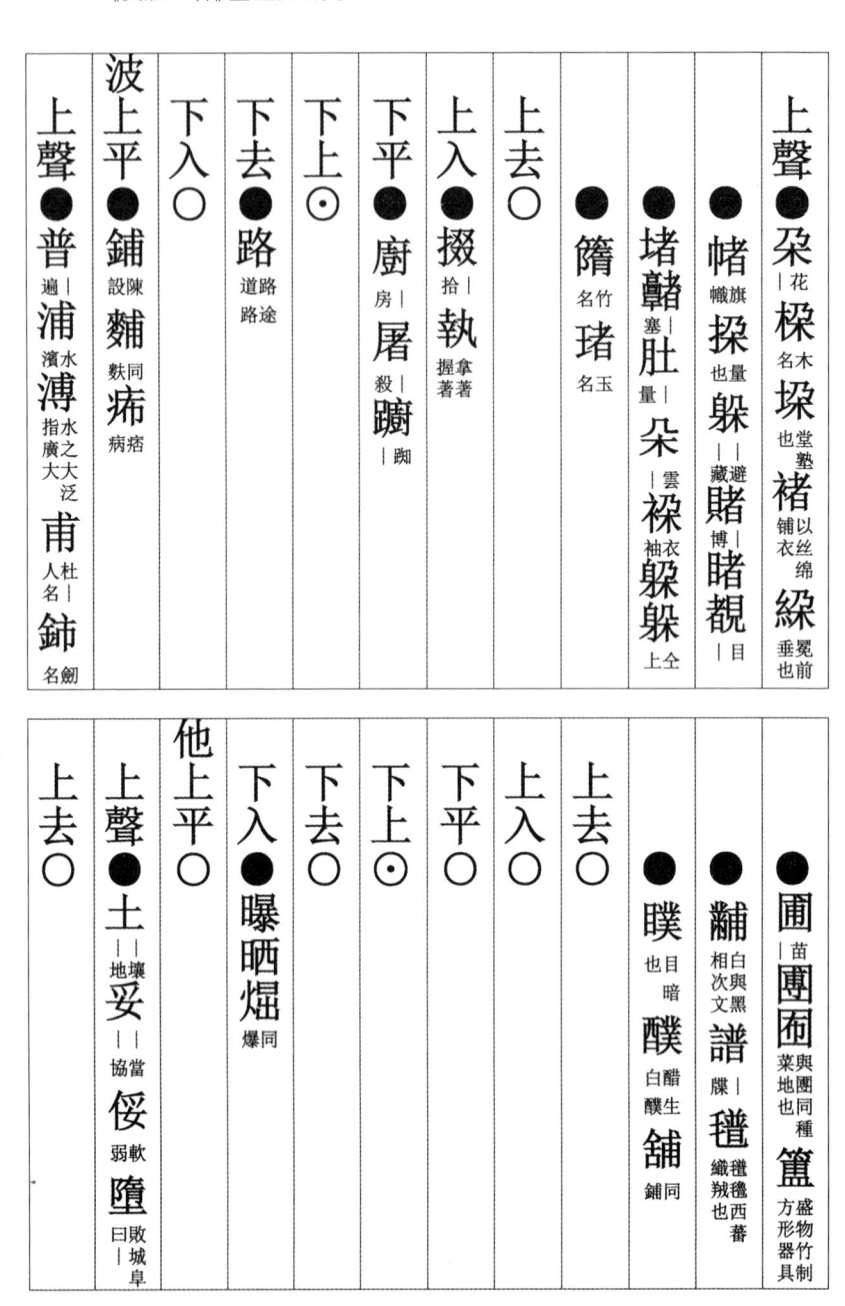

上聲 ●朶 樑 垛 褚 綵	上聲 ●幡 採 賭 睹
花染 木名堂塾 以丝绵 衣铺 垂前冕也	旗幟 量攇避藏 博— 目—觀
●堵 鼇 肚 朵 祿 躲躲	●臍 珞	上去○	上入 ●掇 執 拾	下平 ●廚 屠 躅	下上⊙	下去 ●路	下入○	波上平 ●鋪 黼 疿	上聲 ●普 浦 溥 甫 鈽
塞量 雲— 衣袖躲躲 上仝	名玉 名竹		拿著 握著 —	房— 殺— 跼踘		道路 路途		設陳 同敷 病疮	遍 水濱 水广大泛 杜人名 名錛

上去○	上聲 ●土 妥 佞 墮	他上平○	下入 ●曝 晒 煜	下去○	下上⊙	下平○	上入○	上去○	●暯 醭 舖	●黼 譜 氀	●囿 團 囥 籚
	地壤 協當 弱軟 曰敗城阜		曬晒 同爆						目暗也 白醋醭生 鋪同	白與黑相次文 粿— 織氀羖也 西番氊毧	苗—菜地也 與團同種 與地也 方形竹製器具 盛物

新編《安腔八音》／ 253

上入 ○

下平 ○

下上 ⊙

下去 ● 鯺鯺 —腸 鮧魚 醬

下入 ● 劃 傷刀

爭上平 ● 朱 紅色 又姓 珠—寶 硃—砂 侏—儒 洙—水名

上聲 ● 祖 宗子 子—女 仔—幼小 籽—在禾根 上培土

主 —人意 梓—故里 梓同字文 遀—籤退

銖 古代重量 计算单位 茱—萸 邾—古國名

死 死也 往也 阻—碍也 徂—往也

蛆 虫弟 姐—妯 娌 詛—求於別人 加禍神 漳—渣

上去 ● 註 —册疏 哇咮—聲呼雞 鑄—造 霂

●鬻 飛高

上入 ● 燭 爛 爛—蠟 呪—言呼雞 咒—之重

下平 ○

下上 ⊙

下去 ● 祚 天賜福 阼—也主 階 胙—肉祭 也福

下入 ○

日上平 ○

上聲 ● 惡 土僧 腔也

上去 ○

上入 ○

下平 ○

下上 ⊙

上聲●爊 無同	鶯上平○	下入○	下去○	下上⊙	下平○	上入●剟 削删	上去○	上聲●使 用史｜詩 死歾 者｜駛	時上平●輸 运灌｜	下入○	下去○

下上⊙	下平●模 型嫫蟇 母嫫本字 都醜也｜ 譕謨薹 略有也谋	上入○	上去●墓 ｜坟	上聲●母 性某｜人 妻方言子 姆姥 媽｜ 峔峔 山慈名姥	蒙上平●摸摹 輕用 輕手 撫接 摩觸 或 饃 食面 品制	下入○	下去○	下上⊙	下平●呴 呼慢 氣慢	上入○	上去○

新編《安腔八音》

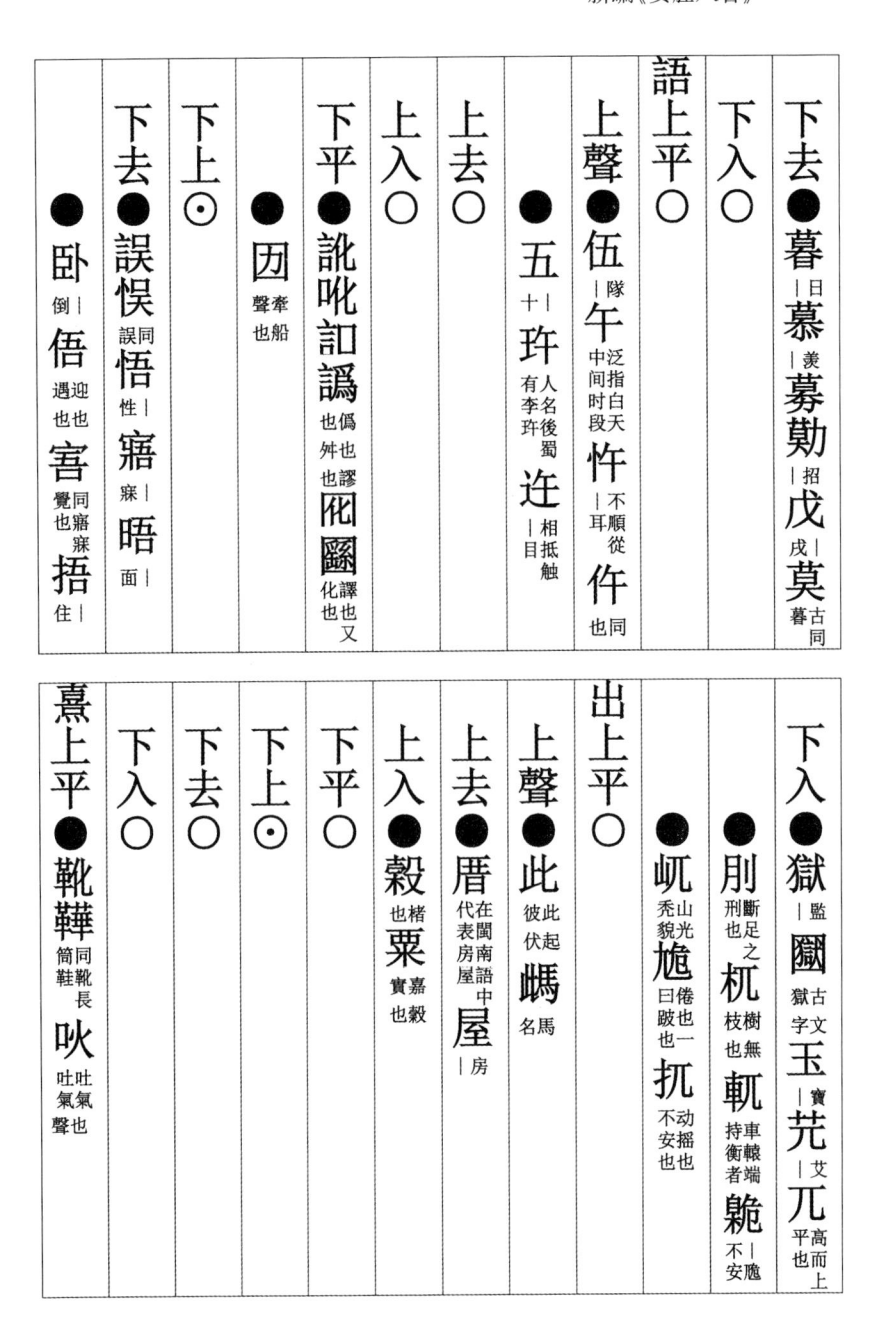

下去	下去	下上		下平	上入	上去	上聲	語上平	下入	下去
●	●	⊙	●	●	○	●	●	○	○	●
卧倒｜悟遇也迎也害同寤寐覺也寤住｜	誤悮｜誤悟同｜性寤寐｜晤面｜		囡聲牽也船	訛吡訒譌也偽也舛也誤也囮譯也化也又	五十｜	迕人名有李迕後蜀｜相抵觸目	伍隊｜泛指中間時段白天忤｜不順從耳同件｜	午	暮｜慕美｜募勤｜戍招｜戍｜莫暮古同	

熏上平	下入	下去	下上	下平	上入	上去	上聲	出上平	下入
●	○	○	⊙	○	●	●	●	○	●
靴韡筒同靴長吠吐氣聲吐氣也					穀楮貌也粟實嘉穀也	厝代表房屋在閩南語中｜房屋	此彼此伏起嫣名馬	屼禿貌山光貌尷曰倦跛也一扤不安也不动搖也	刖斷足之刑也枙樹無枝也軏車轅端持衡者臲不安卼	獄｜監獄古字文圄｜玉寶｜芫艾｜兀高而上平也

256 / 《安腔八音》整理及研究

| 上聲 ●虎 豹蠦 蠅虎名 蟲名虎 琥 珀 府 官腑 腑 五臟 | ●俯 首俛 仰 捊 抔 衛捍 安撫古同 父 親 | 釜 抽底薪 鬴 同釜 斧 頭 劑 古文虎 | 滸 邊水 | ●貨借貰 總稱的財物 泚 古名水 | 和禾穌穧 稻禾苗 禾水名 泲 古棺頭 | ●吴咮 啼小兒 詠 古和 盃 古器名 榾 盛膏 | ●禍 災和 雨 風 殤 凨 不害也神 不福也 | 如上平 〇 | 下入 〇 | 下去 ● | 下上 ⦿ | 下平 ● | 上入 〇 | 上去 ● | 上聲 ● |

| ●嫵 媚 臕 臢 無骨也 嫷 字俗嫵 撫 巡 憮 貌失意 | ●侮 辱舞 蹈 廡 廊 廎 籬廡文字 傞 舞古同 | 上聲 ●武 裝砥 玉之美石 瓾 古同斌貌好 鵡 鸚鵡 鴟 鸚鵡 | ●媧 女古神話中女帝煉五色石補天 渦 漩 蒿 紫綬色青 | 無上平 ●窩 鳥巢 窶 穴居也 蝸 牛 搗 擊也 鍋 爐 | 下入 ●氈 毯振 褥 被 | 下去 ⦿ | 下上 ⦿ | 下平 〇 | 上入 〇 | 上去 〇 | 上聲 〇 |

新编《安腔八音》 / 257

●蕪 荒也 ●武 全武 匦 刀室 侮 —辱也 檽 垂枝也
●遮 跡也 繻 絲也
上去〇
上入〇
下平●孟 痰—
下上⊙
下去●芋 —頭
下入〇

戈字母終

34 西字母
柳上平〇
上聲●禮禮 儀—礼 古礼作 詈 責罵 蠡 蛀蟲木
●鱧 鱺 魚名
上去〇
上入〇
下平●黎 鄰 諸殿 侯國 樆 山梨 挈 持手物也 黎 黏履
遼 徐貌行 蔾 地名 齏 魚名 粞 剝也
憵 恨怠也也 璨 玉名 藜 草藥也 氋 犛
犁 田鵹 鸝雛翟鴛 黃— 犛 新藥名
酈 地名 虀 筆厘 毫— 剺 直破也 劙 分割
蠡 測— 齂 帶黃中黑 之色

下上⊙

下去● 麗麗|美　儷|偶配　劇|同劇解也　驪|山|

上平● 鱺|名魚　厲|鬼　礪|石　襪|名祭　糯|米|

● 蠣|海　勵|鼓　厲|　荔|枝　蒞|臨

● 唳|鳥鳴　戾|暴惡　糲|粗飯曰　蠣|別蚰名蜓

● 浰|瀨|水聲|下

下入○

邊上平● 屭|也穴　屍|陰戶女人

上聲● 蹕躄|腳跛

上去○

上入○

下平● 牌|坊　排|隊|筏也　棑|盾也　俳|句|　牌|同與牌

●陣|矮城牆上

下上⊙

下去○

下入○

求上平●街|衢　鮭|名魚

上聲●解||散釋　改正　癬疥|字癬疥俗

上去○

上入○

下平⊙

下上○

下去○

下入○

新編《安腔八音》

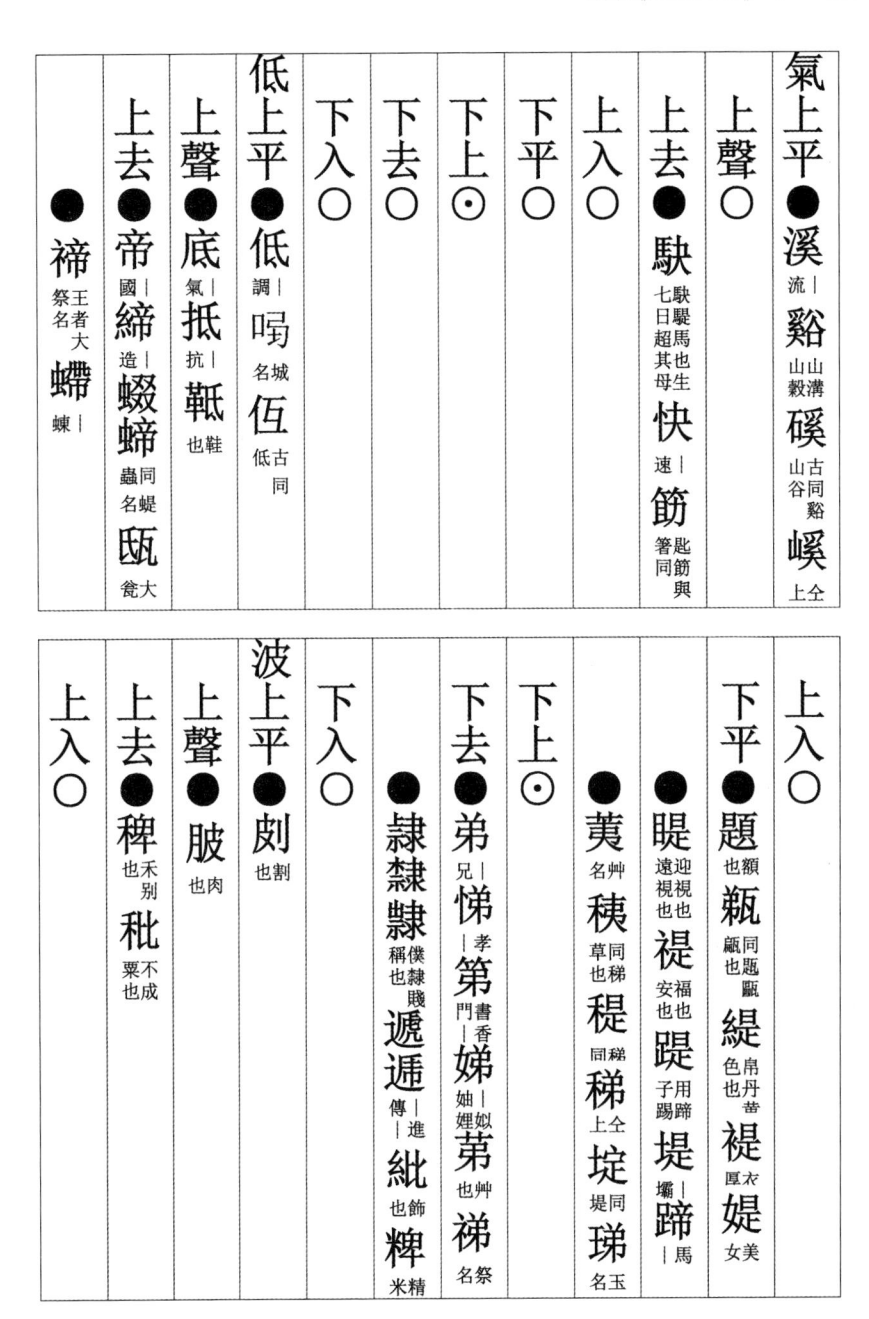

氣上平●溪 流— 谿 山溝穀同 礐 山古谷同谿 嶸 上仝

上聲○

上去●駃 七日駃驤馬其母也生超 快 速— 筯 箸匙筯與同

上入○

下平○

下上⊙

下去○

下入○

低上平●低 調—喝 城名 伍 低古同

上聲●底 氣—抗— 抵 軧 也鞋

上去●帝 國—造— 締 蝃蝀蟲名蜈同 甌 瓮大

上入●禘 王祭者名大 螮 蝀—

上入○

下平●題 額也 瓶 甌同題 緹 帛丹黃色也 褆 衣厚美女

下上⊙ 睇 遠迎視視也也 禔 安福也也 踶 子用蹄踢 堤 墻— 蹄 馬—

下去●弟 兄—悌 孝書門香 娣 妯姒娌 苐 艸也 綈 祭名

下入● 隸隸隸 稱僕隸賤也僕賤 遞 傳—迡 進— 紲 飾也 粺 米精

波上平●剝 割也

上聲●胺 肉也

上去●稗 也禾別 秕 粟不也成

上入○

260　/　《安腔八音》整理及研究

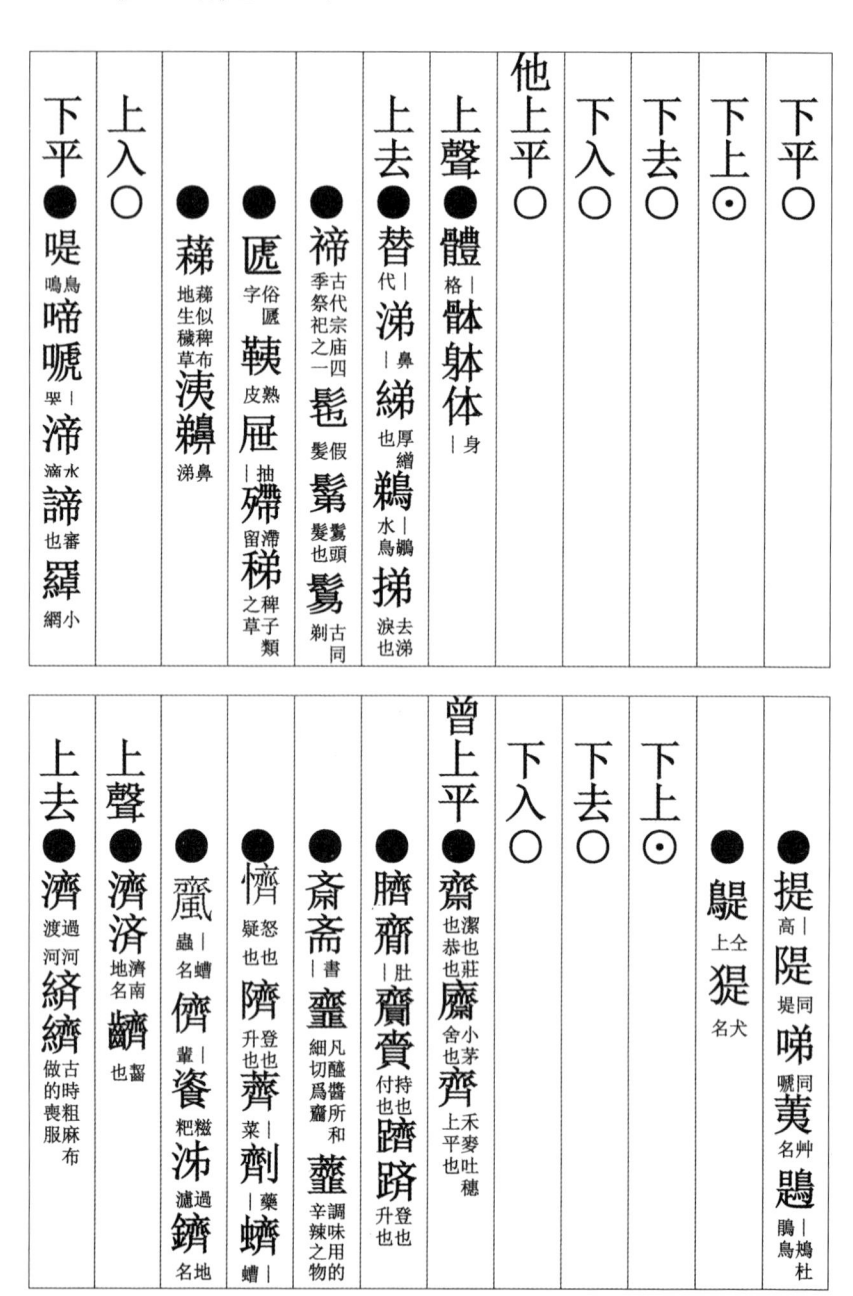

下平 ●	嗁|鳴鳥　啼　唬　渧|滴水　諦|審也　羇|小網
上入 ○	
薢|地生穢草布似稗	洟|涕鼻　鶙
匴|字俗匴	鞮|皮熟　屈|抽　殢|滯留　稊|稗草之類子
禘|古代宗廟四季祭祀之一	髢|假髮　鬄|鬢髮也　鬀|剃頭古同
上去 ●	替|代　涕|鼻　綈|厚繒也　鵜|水鳥鵜　梯|涕去也
上聲 ●	體|格　骵　体|身
他上平 ○	
下入 ○	
下去 ○	
下上 ⊙	
下平 ○	

上去 ●	濟|渡河過河　縗|古時做的喪服粗麻布
上聲 ●	濟濟|地名濟南　鱭|鱭
虀|蟲名蠐	儕|輩　瓷|粑糙　沛|瀘過　鏲|名地
懠|怒也疑也	隮|登升也　薺|菜　劑|藥　蠐|蠐
斎齊|書	虀|凡醯醬所和細切為虀　齏|調味辛辣之物
臍|齎	齎資|持也付也　躋蹄|升也登
曾上平 ●	齋|潔也恭也莊　齎|肚齎舍小茅　齎|上平禾麥吐穗
下入 ○	
下去 ○	
下上 ⊙	鯷|上全猩名犬
●	提|高堤同　隄　啼　嚖同　葹|艸名　鵜|鵑鳥　鶙|杜

新編《安腔八音》／ 261

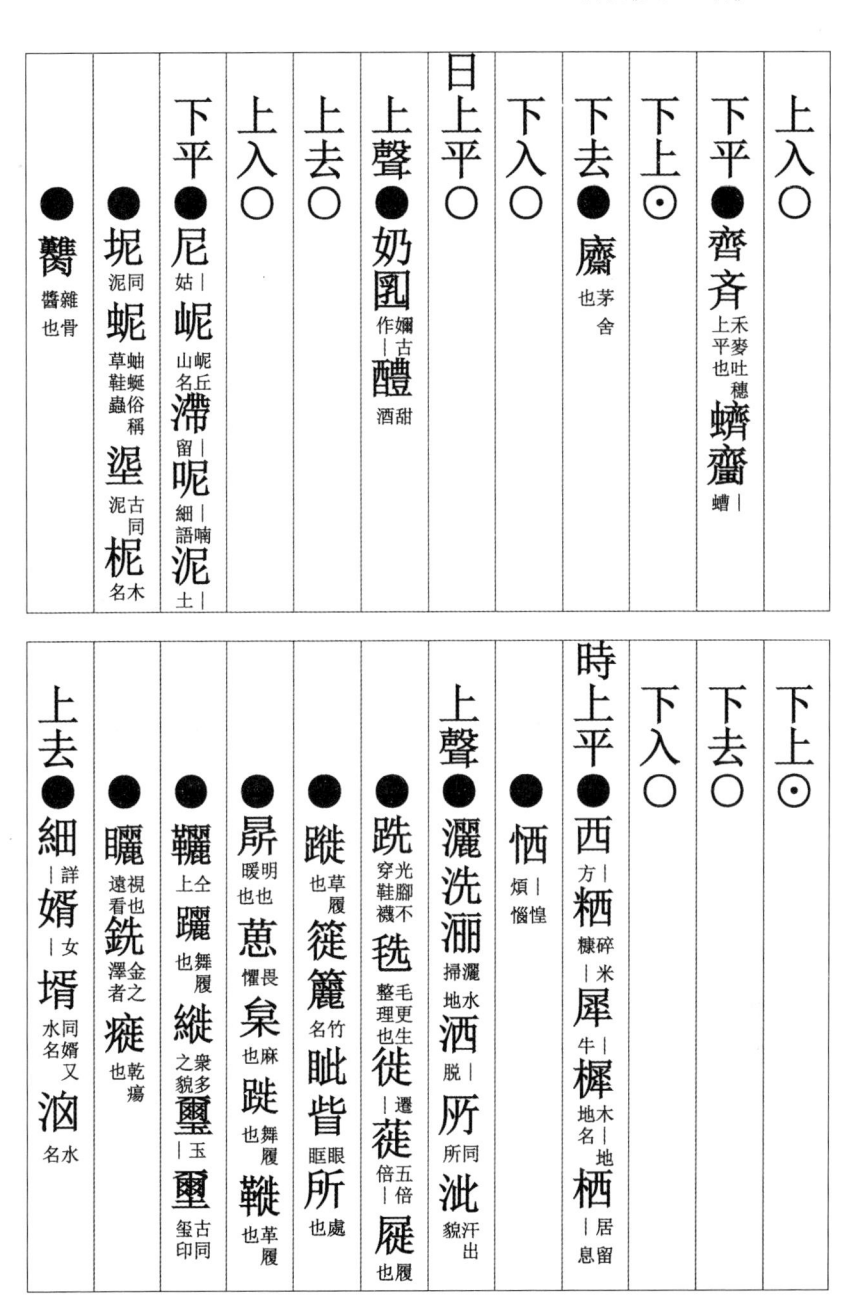

上入〇

下平●齊齊 禾麥吐穗也 上平也 蟣虀 蠐|

下上⊙

下去● 廨 茅舍 也

下入〇

上去〇

上聲● 奶囡 嫺古作|醴 酒甜

日上平〇

上入〇

下平● 尼岻 姑|岻丘山名 滯|留 呢|喃細語 泥土|

蜺 蚰蜒俗稱草鞋蟲 埕 泥同 柅木名 古

坭 泥同 也

● 饟 雜骨 醬也

下上⊙

下去〇

下入〇

時上平● 西方 栖 糠|碎米 㹫 牛|木 樨 地名 栖 居息留

● 恓 煩|惱惶

上聲● 灑洗洒 掃|灑地水 洒|脫 所 同所 泚 汗出貌 徙|遷 蓰|五倍 屣|履也

跣 穿鞋襪 毵 毛更生整理也

跐 光腳不 也

躧 草履也 篩籠 名竹 眦 睚眼 皆處

扆 暖也 明也 葸 畏懼也 枲 麻也 跴 舞履 鞍革履 也

襹 上仝 躧舞履 縰 之眾多貌 壐 玉 璽 古同玉印

矖 遠看也 銑 金之澤者 㿊 乾瘍

上去● 細婿 詳|婿 壻 同婿又 洇 水名 水名

262 / 《安腔八音》整理及研究

下去 ○	下上 ⊙	下平 ● 鞋韃 裘足	上入 ○	上去 ○	上聲 ● 矮躃 小矮	鶯上平 ● 挨 ｜｜ 餓打	下入 ○	下去 ● 用 ｜｜ 度意	下上 ⊙	下平 ● 杪 末樹端枝	上入 ○

上去 ● 睨覗 與旁睨視同也 塊阮 也俾益 盼 ｜ 想望望	上聲 ○	語上平 ○	下入 ○	下去 ● 賣賣 與買拿相東對西換錢	下上 ⊙	下平 ○	上入 ○	上去 ○	蒙上聲 ● 買 購以物金錢 賣 藥水苦名賣 濆 名水 嗎 聲羊叫	上平 ● 咩咩 也羊鳴 咪 貌微笑	下入 ○

新編《安腔八音》 / 263

上入●闞
閉也
尸同上字
官俗之關
門聲

下平●霓
也虹
䴋
鹿幼
狻—即
獅子
郳
周代諸
侯國名

下平●輗
大車軸端
持衡者
唲
犬類相鬥
貌齞
牙齜嘴

●棿
棿古同
鯢
魚鯢
輀
同與輗
倪
也姓

下上⊙

下去○

下入○

上聲○

上去○

上入○

下平○

熹上平○

下上⊙

下去●蟹蠏
—螃
獬
獸名豸

下入○

無上平○

上聲○

上去○

上入○

下平●說
言不
正也
諵
俗說字

下上⊙

下去○

下入○

西字母終

35 聲字母

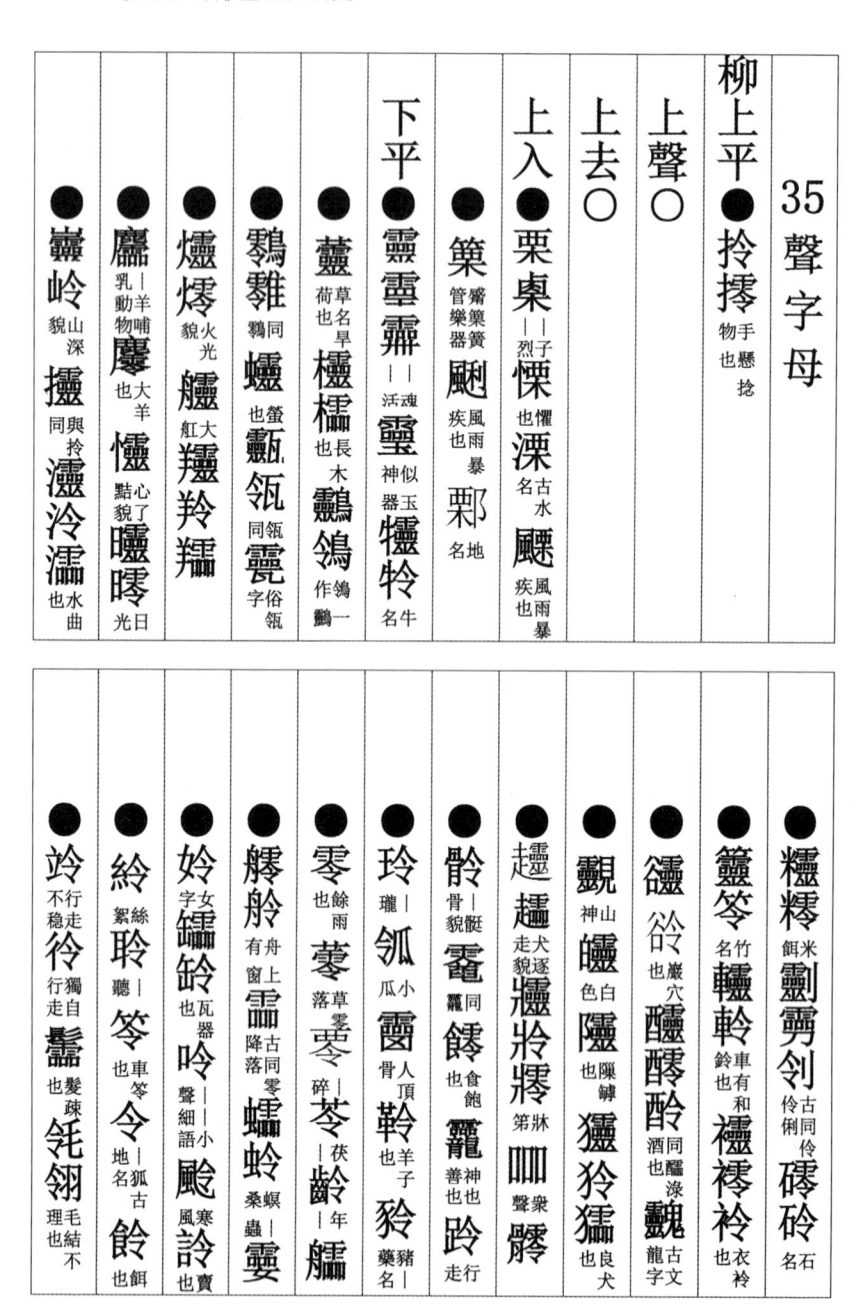

柳上平 ●拎捡 手懸捻 物也

上聲 ○

上去 ○

上入 ●栗槀 烈子 也懼 慄溧 名古水 颾 疾風雨暴 也

下平 ●箖 瘠簀簀 管樂器 颾 疾風雨暴 也

●靈零霏 活魂 靈 神器玉 櫺柃 名牛

●薑 荷名旱 也 欞櫺 長木 龗鴒 同瓴 字俗瓴 作鴒 鶹一

●鸝雜 鸝同 爐 也螢 甑瓴 同瓴 字俗瓴

●爐烰 貌火 光 爐 紅大 欞羚 爖 光日

●廳 乳羊 動哺 物也 大羊 憐 點心貌了 曬曀 光日

●巆岭 貌山 深 攦 同興 拎 瀘泠濡 也水 曲

●糯糇 餌米 劅霙剑 古同 伶俐 礫硈 名石

●籝筡 名竹 也 轠軡 車有 和 禮裎 也衣 袊

●饢 岩穴 也 谽 龤醯酸 同醴 滦 酒也 觀 龍古 字文

●觀 神山 也 曨 色白 也陳 皸 玃狑獷 良犬

●趣 走犬 貌逐 艫羚糇 第牀 也
聲槃

●骿 骨貌艇 䰡 飽 也食 䉩 善神 也猪 名

●玲 瓏 瓠 瓜小 齬 骨人 頂 䤇轮 也羊 子 狑 走行

●零 也餘 雨 䒖 落草 碎零 苓 荻 齡 年 齝 艫

●跼䯂 有舟 窗上 雷 降古 落同 聲細 語 蠕蛉 蟲桑 螟 靈

●姈 字女 纏铃 也瓦 器 吟 小 颭 風寒

●紷 絮絲 䎉 聽 也 笭 也車 笭 令 地狐 名古 診 也餅

●玲 不行 稳走 伶 行獨 走自 髟 也髮 疏 鈝翎 理也 毛結 不

新編《安腔八音》

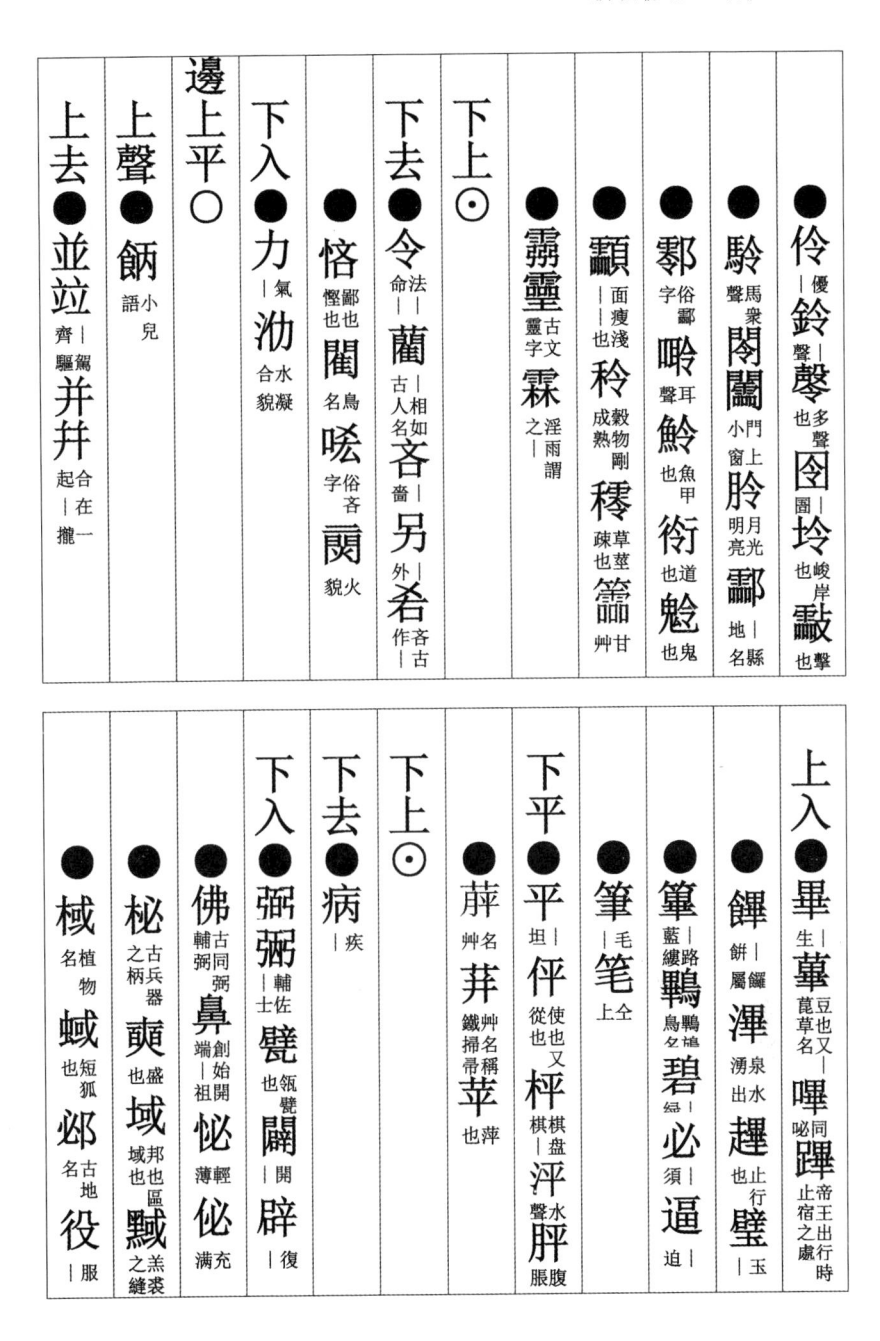

上半部（右至左）

上去 ●並竝｜齊驅駕 井｜起合 幷｜在攏一

上聲 ●餒｜小兒語

邊上平 ○

下入 ●力｜氣 汹｜水合凝貌

下去 ●恪｜慳鄙也 閭｜鳥名 唅｜字俗唅貌火 爾

下上 ●令｜命法 蘭｜相如古人名啻｜古作啻 另｜外

下上 ⊙ 霖霢｜淫雨謂之 霖靈｜古文靈字

● 頛｜面瘦淺也 秢｜穀物剛成熟也 箹｜艸甘 簽｜疎莖道也

● 鄰｜字俗鄙 聆｜耳聲也 鯪｜魚甲也 衡｜ 魃｜鬼

● 駖｜馬衆聲 閝閶｜小門窗上月光明亮 胗｜峻岸 鄙｜地名縣

● 伶｜優 鈴｜聲 馨｜多聲也 圇坽｜

下半部

上入 ●畢｜生 蓽｜豆蔻草名又｜同 嗶 蹕｜帝王出行時止宿之處

● 饆｜餅屬饆饠 渾｜湧泉水出也 趡｜止行也 璧｜玉

● 筆｜藍路纓鴨鴉 鴨｜鴨鳥 碧｜緱 必｜須 逼｜迫

● 筆｜毛笔 笔｜上仝

下平 ●平｜坦 伻｜使也又從也 枰｜棋盤 泙｜水聲 胇｜脹腹

下上 ●薜｜艸名莘 茾｜鐵掃帚稱萍 也

下去 ⊙ 病｜疾

下入 ●彌彌｜輔佐也 甓｜瓴甓 闢｜開辟 復

● 佛｜古同弼 弼｜輔佐士 鼻｜端創始祖 怭｜薄輕滿充

● 柲｜之柄古兵器 奭｜盛也 閾｜邦也區域也 䫉｜羔裘之縫

● 械｜名植物 蜮｜短狐名也 鄚｜古地名 役｜服

求上平

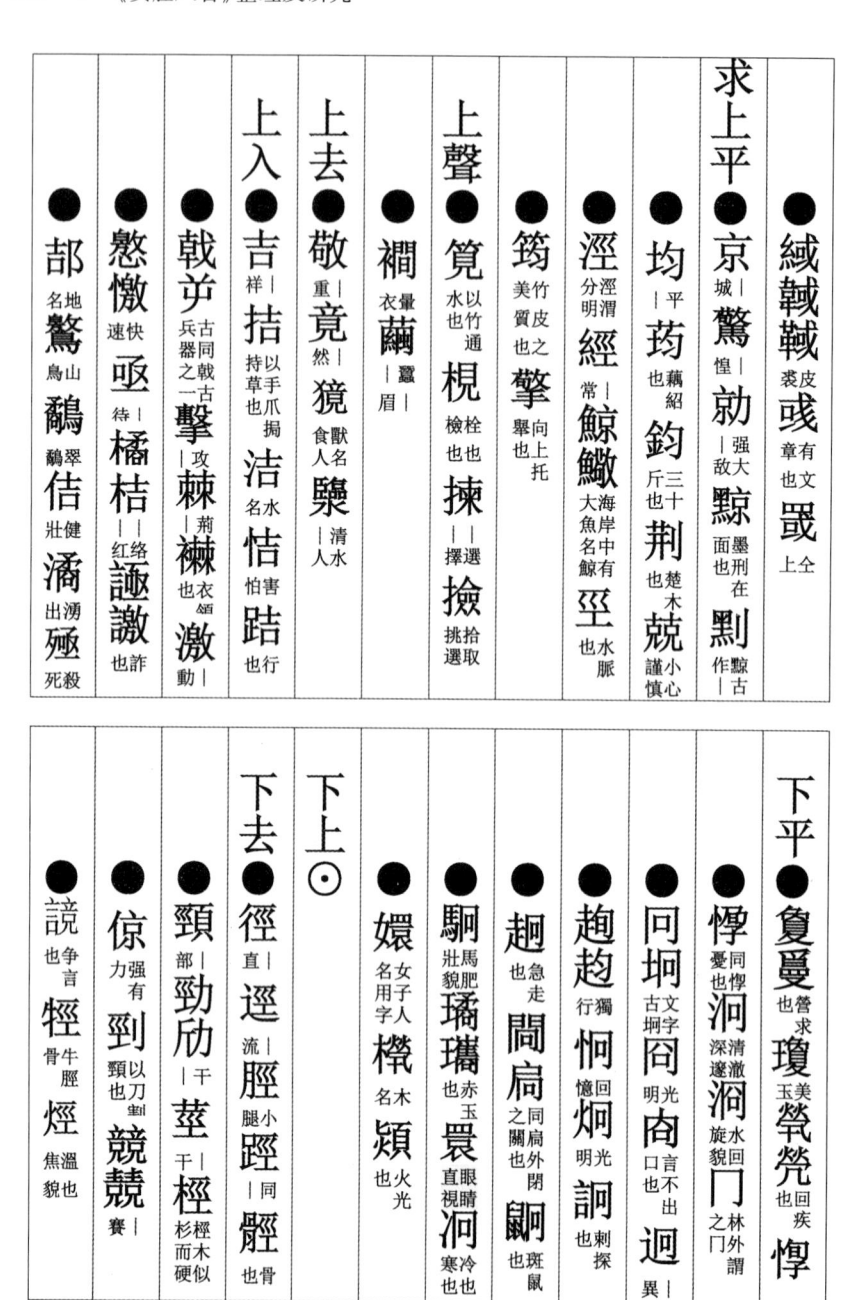

● 緘戟轘 袞皮有文章也 彧 全上

● 京 城 驚惶 勍 強大敵 黥 墨刑在面也 剠 古作黥

● 均 平 芎 藕紹也 釣 三十斤也 荊 楚木 兢 謹小心

● 涇 涇渭分明 經 常 鯨鱃 海中大魚名鯨 坙 水脈

上聲

● 筠 竹美質也 擎 向上托舉也

● 筧 以竹通水也 梘 栓檢也 揀 擇選 撿 挑拾選取

上去

● 襺 衣繭 蠒 眉

上入

● 吉 祥 拮 以手爪揭持草也 洁 水名 佶 怕害也 跲 行

● 戟 兵器之一古同戟也 擊 攻 棘 荊 襋 衣領 激 動

● 憋 速快 哎 待 橘 桔 紅絡 註 誐 也詐

● 郶 地名 鷲 山鳥 佶 健壯 澘 出湧 殛 死殺

下平

● 夐 管求也 曼 美玉 瓊 瑩 營 榮回疾也 惸

● 惸 憂也同惸 泂 清澈深邃 泂 水回貌 門 林外謂之門 迥 異

● 冋 古冋文字 冎 明光 囧 口言不出也 詗 刺探

● 趨 獨行也 恫 回憶 炯 明光 詗 刺探

● 趜 急走也 扃 同扃外閉也關 扃 斑鼠

● 駉 馬肥壯貌 璚 赤玉 睘 眼睛直視 泂 寒冷也

● 嬛 女子人名 檠 木名 熲 火光

下上 ⊙

下去

● 徑 直 逕 流 脛 腿 踁 同脛 脛 骨

● 頸 部 勁 勁 干斤以刀剉 莖 杉木似而硬 徑 勁 賽

● 倞 力強有 到 頸剉也 競 競

● 說 爭言也 經 牛脛骨 煙 焦溫貌

新編《安腔八音》／267

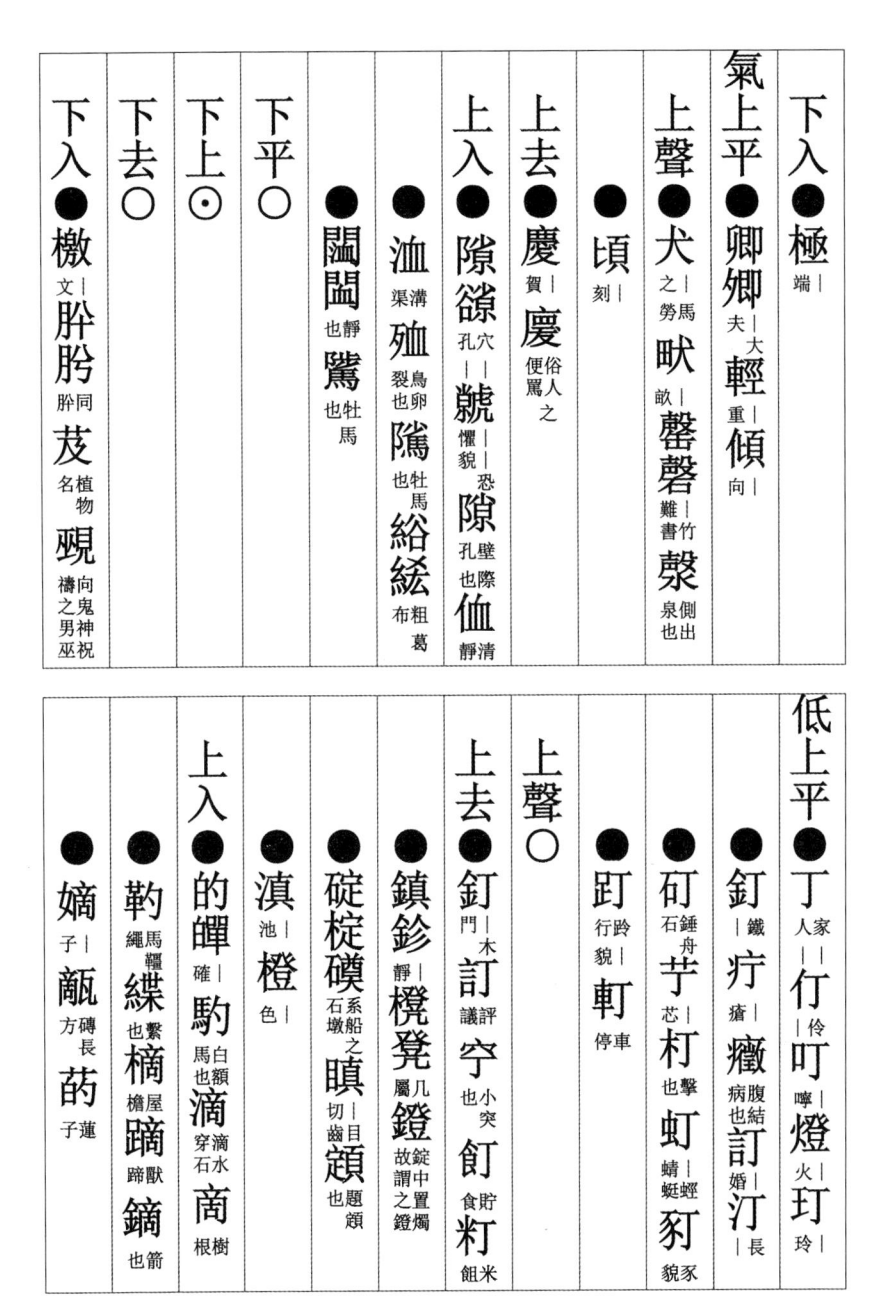

調	字
下入●	極端—
氣上平●	卿卿—夫 輕—重 傾—向
上聲●	犬—之勞馬 畎畝 磬—竹書難 磬—側出泉
上去●	慶賀 慶—俗人便罵之
上入●	隙罅—孔穴 虩—恐懼貌 隙—壁際孔也 綌絺—粗葛布 洫—靜清
下平○	殣—溝渠 殈—鳥卵裂也 隙—牡馬也
下上⊙	闃閴—靜也 騽—牡馬也
下去○	
下入●	橄—文胖肸 胖—同肸 茇—植物名 覡—男巫祝鬼神之禱向

低上平●	丁人家 仃—伶叮—嚀 燈火 玎—玲
上聲○	町—行跉貌 軒—停車
上去●	釘—鐵 疔—瘡病也 訂—婚長 汀—
上入●	矴—石錘舟芋—芯也 打—擊 虹—蜻蜓蠮 豕豸—貌
	釘—門木 訂—議評 宁—小突 飣—貯食 籹—餵米
	鎮鈴—靜 橉凳—几屬 錠—系船石墩謂之錠燭 瞋—切齒題也 頤—題
	碇椗磳—石船
	滇橙—色
	的嘽—確 駒—馬白額 滴—滴水穿石 商—樹根
	靮—馬韁繩也 繫也 樀—屋檐 蹢—獸蹄 鏑—箭也
	嫡子 瓱—方磚長 荋—子蓮

下平

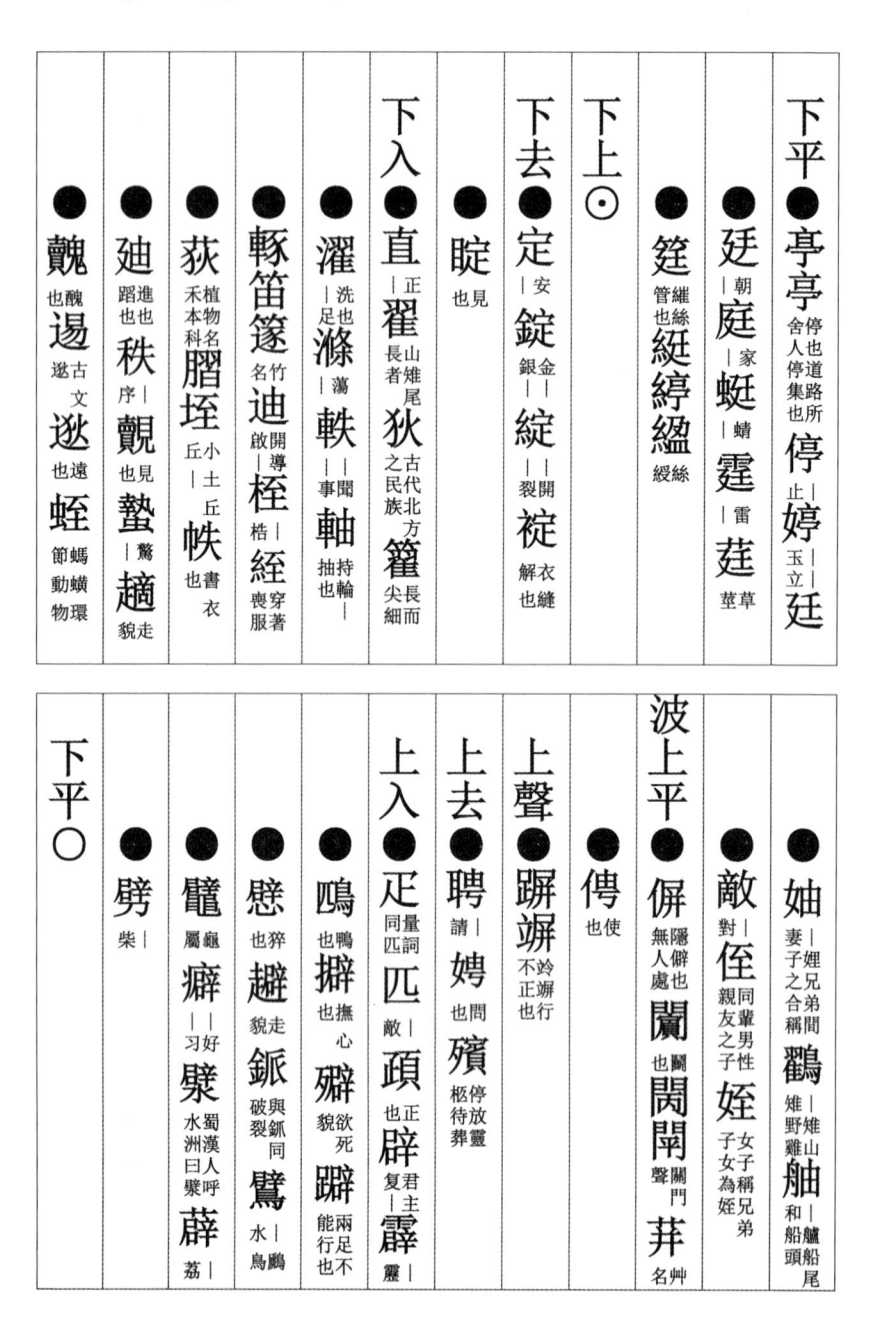

● 亭停也道路所　停－婷玉立　廷－蜓蜻－霆雷　莛草茎
● 筳繏繹管絲也　繹綟綸綬絲
⊙ 下上
● 定安－錠金銀　綻－裂開　袗解衣縫也
● 直翟正山雉尾長者古代北方之民族　籤長而尖細
● 濯洗也足－滌蕩－　軼－聞事　軸持輪抽
● 輊笛箋名竹－迪啟開導－　桎經穿著喪服
● 荻禾本科植物名　膣坒小土丘　帙書衣
● 廸進也蹈也　袟秩序也覞－驚　趨貌走
● 觍觍也　邅古文遠也　蛭螞蟥節肢動物環

下平 ○

● 妑姐妻兄弟之妻兄弟間合稱也　鸛－雄山雌野雞　舳船尾和船頭
● 敵對－侄親友之子　姪同輩男性子女為姪女子稱兄弟
● 波上平 ● 俾無人處隱僻也　闐閉閞閞門關聲　荓名艸
● 俾使也
● 踈踈不跉踈行正也
● 聘請－問也　娉－殯枢停放待葬靈
● 庭同量詞匹敵也　碩正－君主復辟　霹靂
● 鳴鴨也　擗撫心也　瓣貌欲死　躃兩足能行不也
● 懸猝也　趯貌走　鈚鈚破裂與同　鷲水鳥鶁
● 麗屬鼄　癖好習－　欒蜀漢人呼水洲曰欒　薜荔
● 劈柴－

新編《安腔八音》 / 269

下去 ○
下上 ⊙
下平 ○
上入 ●剔 透｜
上入 ●勅勅 也誠｜ 憨 也從｜飭 整治｜理 敕 書｜帝王詔命
上去 ●惕恳 警｜踢 腿｜蹭 倒｜
上去 ●聽聽 任｜治憑理
上聲 ○
他上平 ●聽聽 覺｜听 上仝
下入 ○
下去 ○
下上 ⊙

日上平 ●矃 也垢貯食 耵 同釘垢耵也耳 嬣 徐女態舒
下入 ●寂 詠 靜｜疾 病｜蒺 藜｜嫉 妒｜揖 也擊
下去 ●婧 纖貌弱 淨 干｜靚 漂美亮麗
下去 ●靜靖 寂｜嘉｜睛 賜｜瀞 藏無｜也垢 瀞 冷寒
下上 ⊙
下平 ●蓁 草貌盛 嫇 字女 層｜樓 曾 大｜也宏屋
下平 ●秦 皇｜始 蟳 蟬蟲而名小似 情 景｜榛 小北於牛水曰牛
上入 ○
上去 ●正 確｜政 務｜
上聲 ○
曾上平 ●精 華｜睛 眼｜旍 旗｜猄 旌作｜或 津 液｜晶 體｜
下入 ○

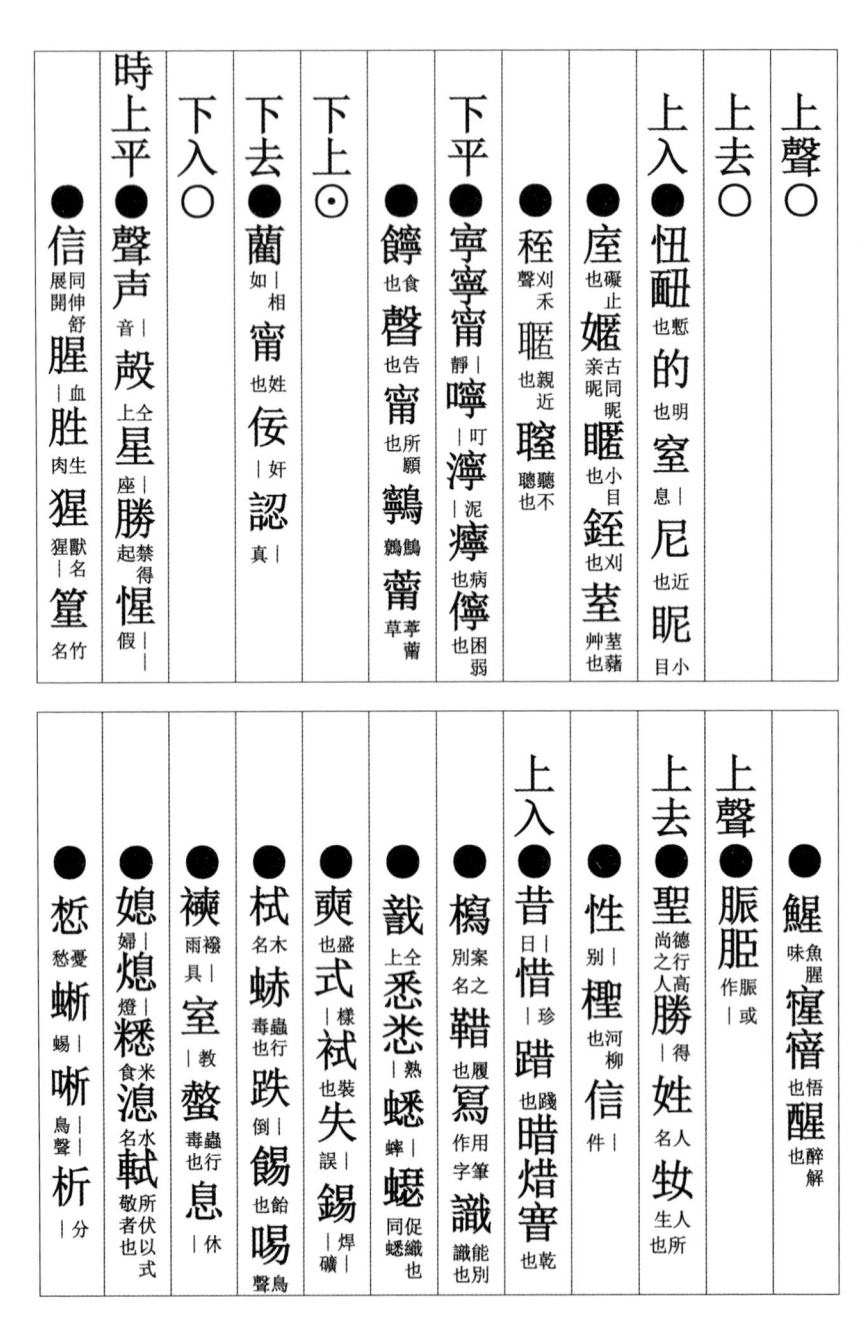

上聲〇	
上去〇	
上入●	衄衂（恧也／明也）　的（近也）　室（息）　尼　昵（小目昵）
	娾（古同昵　親昵也）　瞜（小目也）　銍（刈禾聲也　荸薺）　荎（艸莖也）
	秬（刈禾聲也）　瞠（親聽也）
	●箵（食告也）　甯（所願也）　鷦鸋（鷦鸋病也　草莩也）
下平●	寧寧甯（靜也）　嚀（叮嚀）　濘（泥濘也）　瀀（困弱也）　儜
下上⊙	
下去●	藺（相藺也　姓）　侫（奸認真）
下入〇	
時上平●	聲声殼（音上星座起禁得假）　勝　惺
	●信（同伸舒展開）　腥（血生肉）　胜　猩（獸名）　篁（名竹）

	●鯹（魚腥味也）　惺憎（悟醒也解）
上聲●	脈胵（脹作或）
上去●	聖（尚德之行高人勝得）　姓（人名所生也）　牧
上入●	性（別信件）　楹（河柳也）
	昔惜（珍踏暗懵也乾）
	爏（別案名之鞜寫作用筆識能識別也）
	戠（上全悉悉熟也履也）　蟋蟀（同蟋促織也）
	瓸（也盛式裝樣也）　弒（誤裰錫焊礦）
	栻（名木蛛毒蟲行跌倒也飴）唱
	裖（雨具褥室教螯毒蟲息也休）
	媳（婦熄燈樔溰食米名敬者所伏以式）　軾
	憖（愁憂蜥蝎蜥鳥聲析分）

新編《安腔八音》 / 271

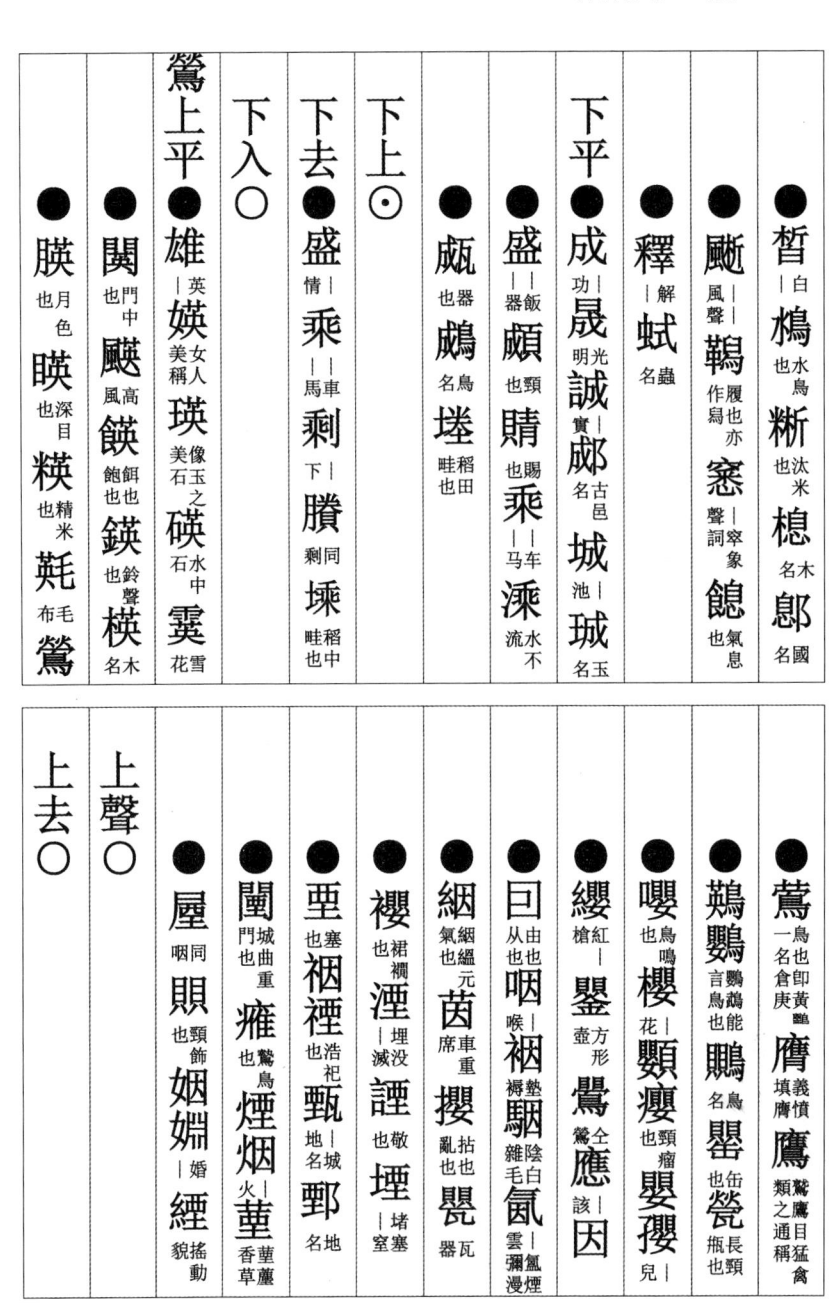

下平● 鶯上平●雄英女人 媖美稱 瑛像玉之美石 碤水中石 霙雪花名木

下入○

下去● 盛器飯也 乘車| 剩|馬下 縢同剩畦稻中也

下上⊙

● 甋器名 鵄稻田也 塂畦也

下平● 盛|頸賜也 睛|乘車马 溗水流不

● 成|功晟光明也 誠實|郎古邑名 郕池|玉名 城|

● 釋解 蚀|名蟲

● 颹風聲 鶂履也作烏亦 寠窸聲詞象 觳氣息也

● 暂|水鳥 鳹汰米也 斯| 槵木名 郎|國名

● 鷹|鳥即黃一名倉庚 鶯鷹目猛禽 膺填義膺 鷹鷹之通稱類

● 鵝鶘鵝鶘能言鳥也 鸎鳥名 罌缶長頸瓶也

● 嚶鳥鳴也 櫻|花顒瘦|頸瘤也 嬰孾兒

● 纓|槍紅 罌壺方形 鶯鶯應全該 因|

● 曰由也 咽喉| 袽墊褥雜毛 駉陰白氳雲彌漫煙

● 絪絪縕元氣也 茵車重席 攖拈也亂也 甐器瓦

● 湮|裙襠 涇滅没 諲也敬 堙堵塞室

● 櫻|氣也 洇|祀浩地名| 鄄城曲重

● 垔|塞也 雍|禩鳥名 煙烟火|香| 蓳草蘆

● 闉|城門也

● 屓咽同也 賏頸飾也 姻媗|婚 緸搖動貌

上聲○

上去○

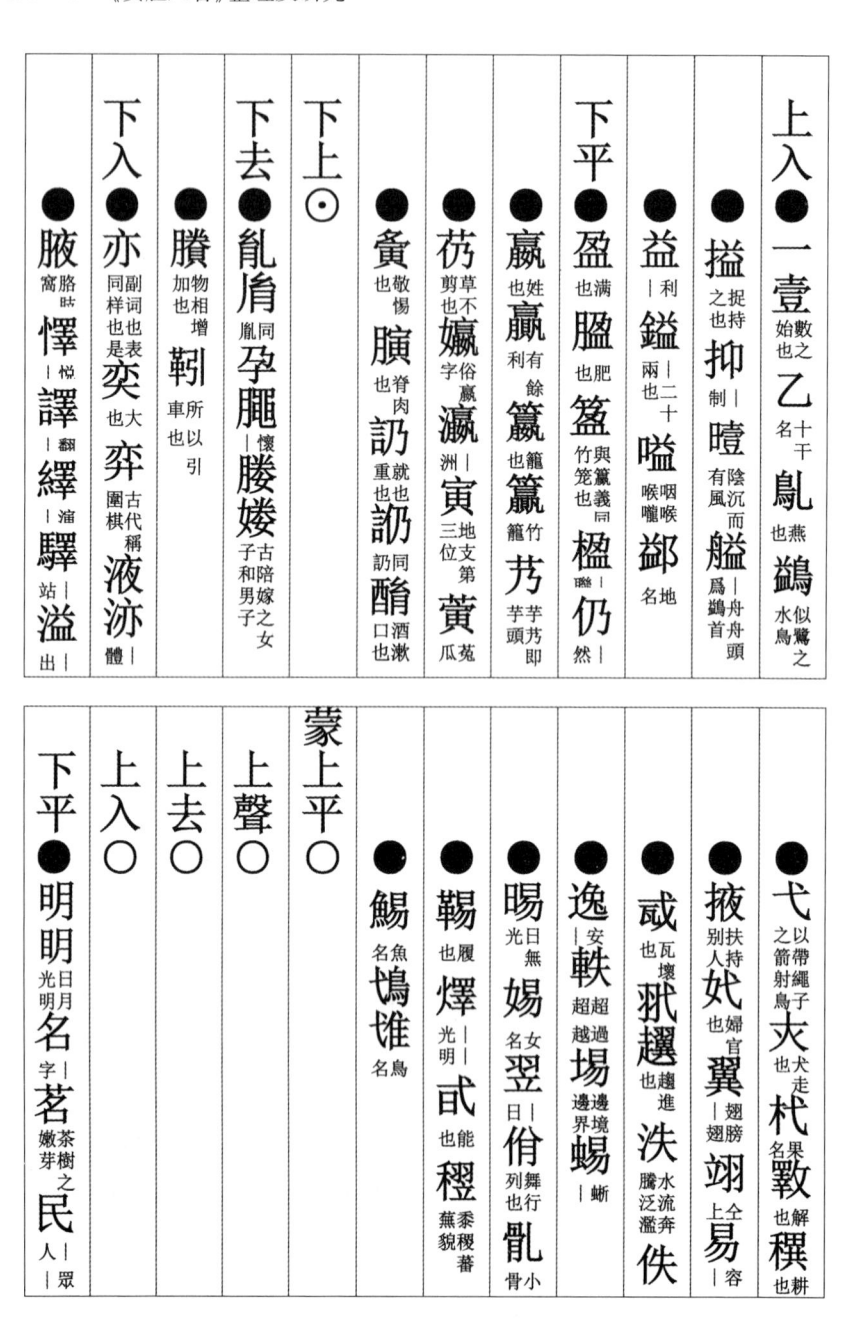

上入●一壹 数之始也 乙 十干名 鴛 燕鷾也 鸔 似鷺之水鳥
●弌 以带绳射鸟之箭子 夬 犬走也 杮 果名 敦 解也 穮 耕也

上平●抑 制之捉持也 暳 陰沉而有風 艦 舟舟頭為鷾首
●掖 扶持也 妚 婦官也 翼 翅膀 翊 易容 全易

下平●盈 满也肥也 脇 與籯義同 椵 聠仍然
●逸 安軯 超越過場邊境 蜴 蜥
●弌 瓦壞也 犾 趱趱進也 洪 水流奔騰泛濫也 佚

●益 利也 鎰 兩二十也 噷 咽喉喉嚨 鄏 地名
●昜 日無名 女昜 舞行列也 俏 骨小 亂

下去●腈 物相增加也 靮 車所以引
●鞠 也履超超超超 燡 光明 弍 也能 程 黍稷蕎貌

下入●亦 副詞也表同樣也是大 奕 古代稱圍棋 液 泳體
●悷 窩胎眝 懌悷 譯 翻繹 潹 驛 站出 溢

下平●贏 姓也贏有餘利也 籯 籠也籠竹 芳 芋頭芋芛即
下上⊙
●毊 草不剪也 籯 字俗贏 瀛 洲三位第地支 寅 黃芫瓜

下上●貪 敬惕也 腈 脊肉也 訽 重就也訽酗口漱酒也

下去●軋 胭 同胭 孕 腿 懷胎 膝 媃 子男之女古陪嫁和
●鯣 魚名 鵝 誰 鳥名

蒙上平○
上聲○
上去○
上入○
下平●明 明日月光明名 茗 茶樹之嫩芽 民 人眾

新編《安腔八音》／ 273

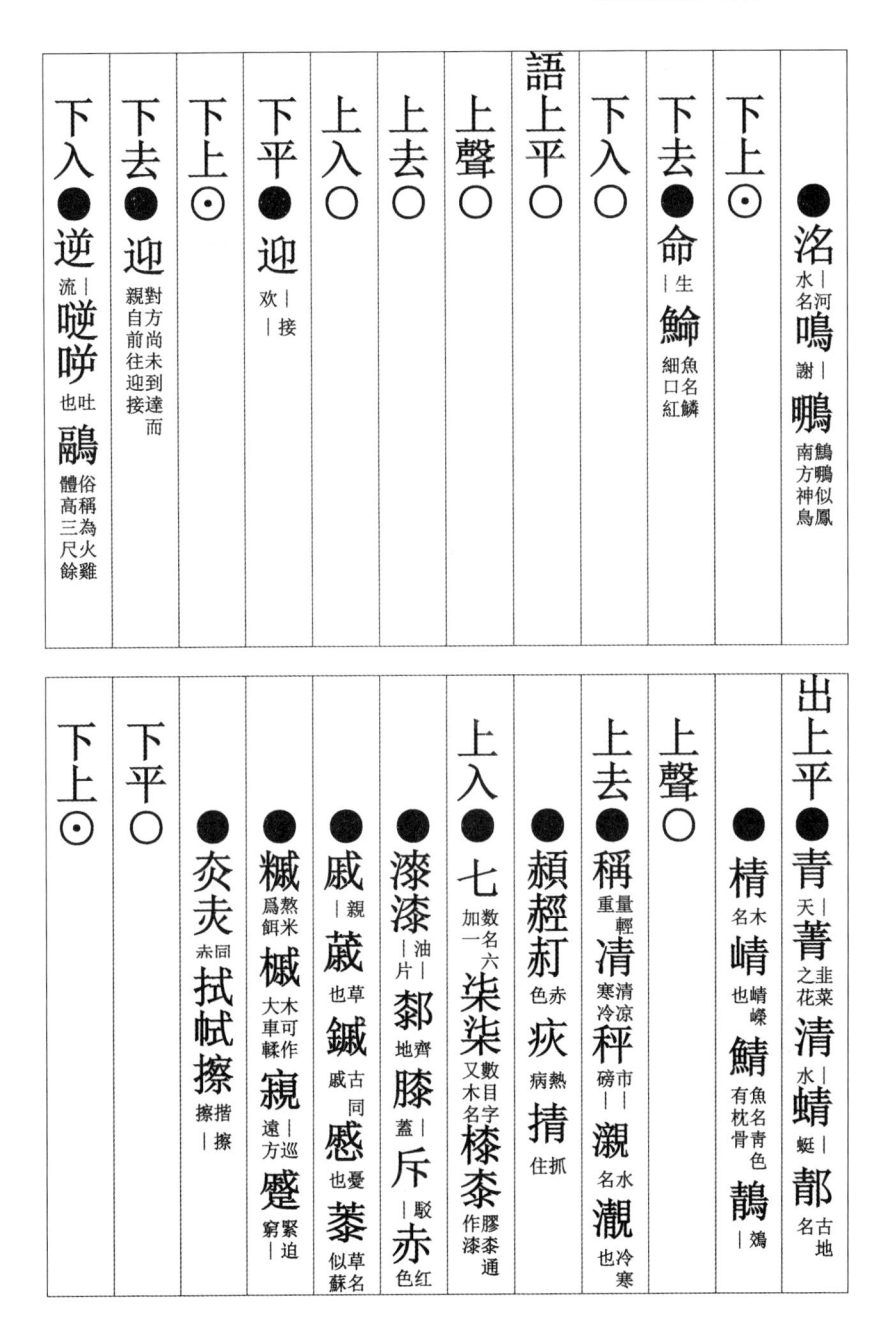

下入	下去	下上	下平	上入	上去	上聲	語上平	下入	下去	下上
●逆流 嘧哱吐也 鷊俗稱火雞體高三尺餘	●迎對方尚未到達而自前往迎接親	⊙迎欢	●迎接	○	○	○	○	○	●命生 鮙魚名細口紅鱗	⊙洺水名河鳴謝 鴨南方神鳥鸘鴨似鳳

下上	下平				上入	上去	上聲		出上平
⊙	○	●炙夫赤同 拭忒擦揩擦	●糦爲餌熬米 槭大車輮木可作 遠方巡 麼緊迫窮	●戚親 葴草也 鍼古同戚 惑憂也 譕似草蘇名	●漆油 郂膝蓋斥赤駁色紅	●七數目字加一又木名榛棶作漆通膠棶	●賴經矸 疢病熱 揹住抓	○稱重量輕清寒冷涼 秤市磅 灏名水 瀬冷寒也	○	●䗲名木花韭菜天之 崢崢嵘也 鯖魚名靑色有枕骨 鶄鵁	●青 清水 蜻蜓 鄁古地名

上聲 ○	無上平 ○	下入 ○	下去 ○	下上 ⊙	下平 ●形彤 形狀 刑法 銒羹肉 硎石磨刀 陘山脈斷之處中	上入 ○	上去 ●興 高趣 媜 也悅	上聲 ○	熹上平 ●興 旺興盛 鑫多財 卿地名	下入 ○	下去 ○

| 聲字母終 | | 下入 ○ | 下去 ●詠咏 歌 泳游 榮名祭 醟酒酗 | 下上 ⊙ | ●營業 濚水泉貌 嶸岬 淡古同 | ●螢蟲火 榮水名 鎣琢磨光澤使 䙆衣鬼 | ●瑩也聲 熒螢古同 嵤墓墳地 山深貌 | 下平 ●榮荣 耀繚繞 縈回 謍聲也 瑩透明光潔 | 上入 ○ | 上去 ○ |

新編《安腔八音》/ 275

36 崔字母

柳上平○

上聲○

上去○

上入○

下平● 雷 雷電| 蕾蓓| 畾田閒也 擂台| 螺旋|

下上⊙ ●羸 弱|

下去● 錸鑽也 摳搖控摳也 礌礌古同 攏攏同

下入○

求上平○

上聲○

上去●个 性|

上入○

下平○

下去○

下上⊙

氣上平● 魁梧也 魋藤也 盔甲| 奎星名二十八宿之一 哇別也

上聲●恢 復| 暌乖離不順

上去●塊 土|

上入○

下平○

下去○

下入○

上聲〇	他上平●攉 炮本作 炮 除以湯毛 推 托— 牪 名牛	下入〇	●娧 貌舒遲 駾 突馬奔也	下去●兌兌 代表八卦沼之澤一 代—表 袋—布 帒—也囊	下上⊙	下平●雔 也神獸 隤 高古也國又名 頽頽— 廢 頯 人女也隨	上入〇	上去●對对 回答 答話 兌兌 現—	上聲〇	低上平●堆
下平〇	下入〇	上入〇	●晬 一嬰周兒歲滿	上去●最 冣— 好近 蕞—名地 籫 器竹	上聲〇	爭上平〇	下入〇	下去〇	下上⊙	下平〇	上入〇	上去●退 後— 蛻 蛻蟲 也名馬

新编《安腔八音》／ 277

時上平●衰 弱｜ 穠 子橡 襛 博服四寸直六心寸 氋 貌毛長	下入〇	下去●內內 部｜ 髵 亂髮	下上⊙	下去〇	上入〇	上去〇	上聲〇	日上平〇	下入〇	下去●罪 過罪 挏 也拉	下上⊙

上入〇	上去●欼 也欼	上聲〇	鶑上平〇	下入〇	下去●坐 落｜	下上⊙	下平〇	上入〇	上去●帥 ｜統 賽 ｜比 賽 動體貌顔	上聲〇	●蓑 衣｜

下平	上入	上去	上聲	出上平	上平	下入	下去	下上	下平
●躍	●瓿 碎同 挫 折	●碎 粉— 碾 也小石 蓙 子席 剉 也折傷	●灌 深水 趙 也逼 崔 狀屋破 糅 也精米	●隹 也崩隤 崔 也逼 漈 白潔 深 權 名木	●崔 也大高 促— 璀 璨— 趙 也逼 毀—	○	○	⊙	○

下入○	下去○	下上⊙	下平○	上入○	上去○	上聲○	熹上平○	下入○	下去○	下上⊙

崔字母終

《安腔八音》

卷七
初天添饕迦歪廳煎鉤茄雞

37 初字母

柳上平 ○
上聲 ○
上去 ●鑢 厝銅也 鐦 錯也
上入 ○
下平 ●騾 為雄驢與雌馬交配所生 驢 似馬長耳 驘 馬類一曰大騾
下上 ⊙
下去 ○
下入 ○
氣上平 ○
上聲 ○

● 犂 田— 鑗 金屬一曰剝也 梩 木名實如梨

上去 ○
上入 ●嗽 病—也嗽
下平 ○
下上 ⊙
下去 ○
下入 ○
低上平 ○
上聲 ○
上去 ○
上入 ○
下平 ○
下上 ⊙

下去●苧紵絲屬細者爲絟粗者爲紵
下入○
爭上平●齎贈送
上聲○
上去○
上入○
下平○
下上⊙
下去●助益也勑商人七十而勑
下入○
時上平●梳木—疏踈不親密關係遠蔬—菜坑空深貌
●䟽𥈭門戶疏窗也恓恓惶煩惱之貌西東—

上聲○
上去●疏踈奏——上—鉏鋤鉏殺也言殺草也栖同秞
上入○
下平○
下上⊙
下去○
下入○
鶯上平○
上聲○
上去○
上入●餖飢貌肊匈骨也
下平○

- 下上　☉
- 下去　○
- 下入　● 唒 吐聲也　嘼 誇聲之殼誇字
- 下去　○
- 下入　○
- 上平　● 初 級出　差 棲栖居止也　嗏 應答詞表歉
- 上聲　● 凄 慘悽悲痛傷　妻 夫　萋 草盛也
- 上聲　● 楚 清楚　簶 竹名
- 上去　● 妻 以女嫁人　糍粞　丸 搓皺 肤起粟粒　茘 瓜名
- 上入　○
- 下平　○
- 下上　☉
- 下去　○
- 下入　○

- 熏上平　○
- 上聲　○
- 上去　○
- 上入　○
- 下平　● 嚱歔 氣出
- 下上　☉
- 下去　○
- 下入　○

初字母終

新編《安腔八音》/ 283

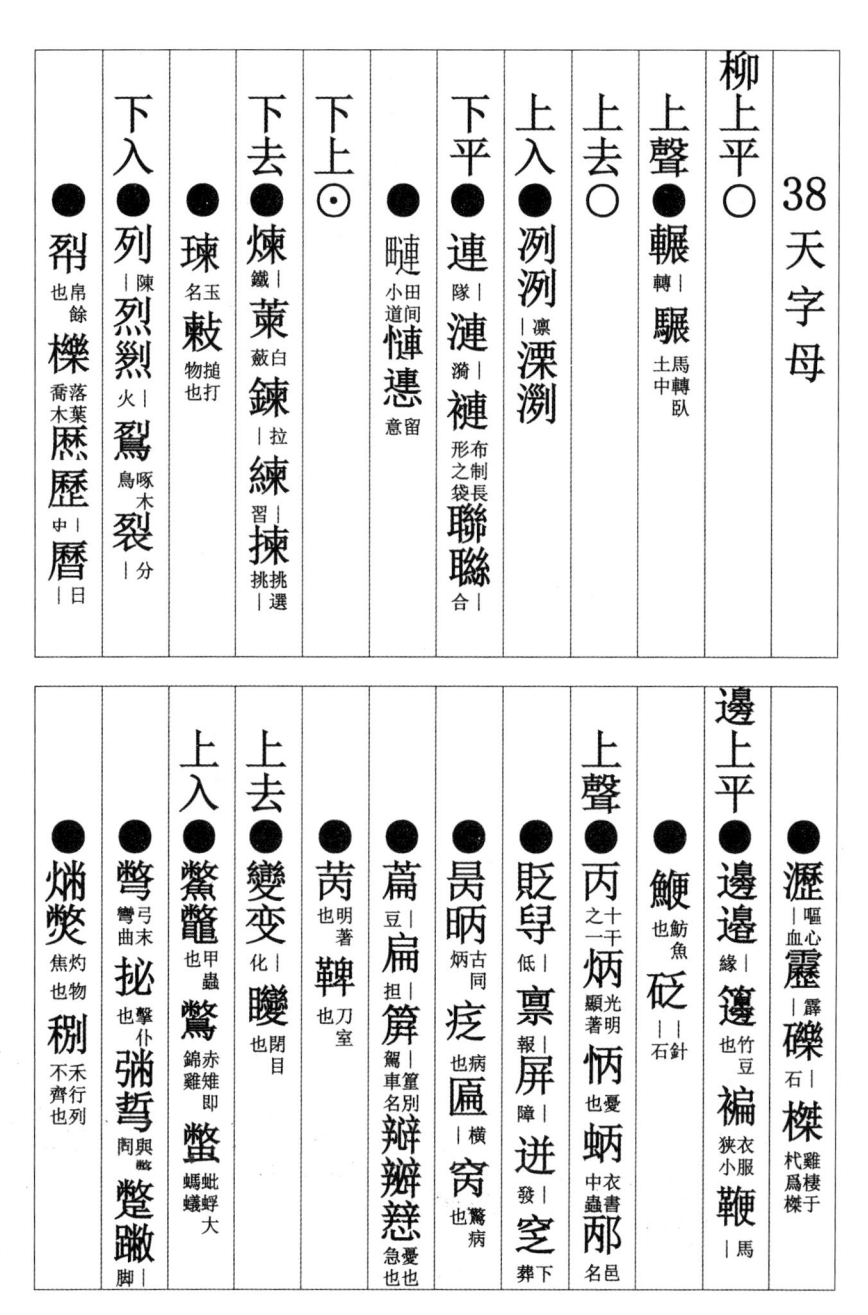

38 天字母

柳上平 ○

上聲 ●輾轉｜驟｜土中馬轉臥

上去 ○

上入 ●洌洌凛洌溧洌

下平 ●連漣｜隊褳｜漓形布制之長袋聯聯｜合

下上 ⊙ 㥫田間小道憻愳｜留意

下去 ●煉鐵｜萊鍊｜拉練｜習揀｜挑選

下入 ●璉玉名蔌｜物捣打

下入 ●列陳餘｜烈剺｜火鴷｜啄木鳥裂｜分

●冽帛餘也櫟落葉喬木歷歷｜中曆｜日

邊上平 ●瀝嘔｜血心靂｜霹礫｜石櫟｜雞棲于杙為櫟

上聲 ●鯿魴魚也邊邊｜緣也篦｜竹豆褊｜衣服狹小鞭｜馬

●丙十干之一炳｜光明顯著恟｜憂也蚋衣書中蟲邴｜邑名

●貶㝵低｜禀｜報屏｜障進｜發窆｜下葬

●昺昞炳古同疧｜病也匾｜橫也窝｜鷘病憂也急也

●萹豆担籌｜籌別駕車名辦瓣㦤｜急也

●芮鞞｜刀室

上去 ●變变｜化曛｜閉目也

上入 ●鷩鼈｜甲蟲即鷩｜錦雞赤雄鳖｜螞蟻蚍蜉大

●彆弓末彎曲㧞｜擊仆興鷩弼骋｜腳

●爀焫焦灼物稢｜禾不齊行列也

284 / 《安腔八音》整理及研究

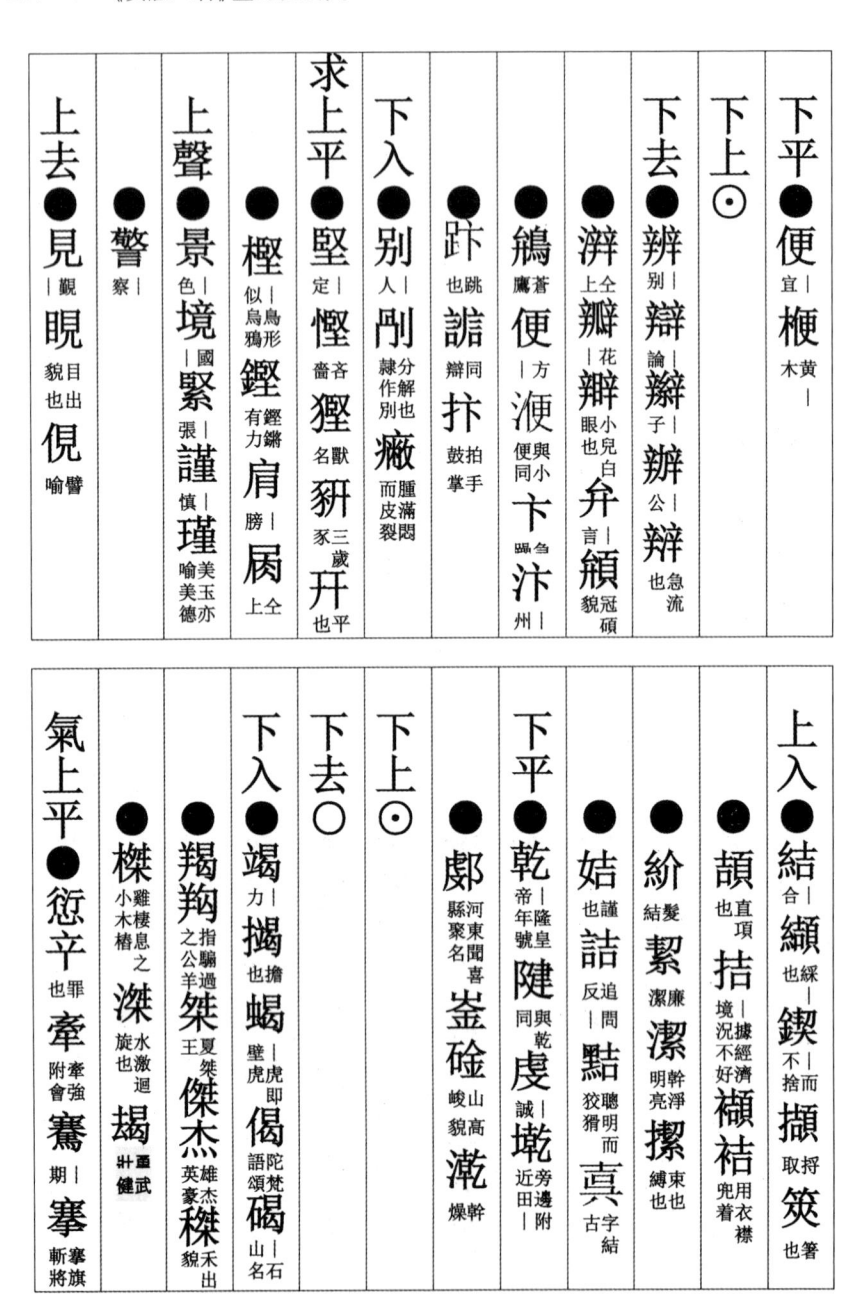

下平 ● 便 宜— ｜梗 木黄—

下上 ⊙

下去 ● 辨 別— 辯— ｜辦 子— ｜辦 公— ｜辯 論— 也急流

澣 ｜瓣 上仝 ｜瓣 花— ｜辮 眼— ｜弁 小兒白 ｜頯 冠碩貌

鵁 鷹蒼 ｜便 方— ｜㳷 與小便同 ｜卞 ｜汴 急州—

跊 也跳 ｜詀 辯同 ｜抃 鼓拍掌

下入 ● 別 人— ｜刐 分解作別也 ｜癟 腫滿悶而皮裂

求上平 ● 堅 定吝 ｜慳 ｜貆 當吝 ｜豺 三歲名獸 ｜开 平也上仝

● 樫 似鳥鴉形 ｜鏗 有力 鏗鏘 ｜肩 ｜屓 膀 上仝

上聲 ● 景 色國— ｜境— ｜緊 張— ｜謹 慎— ｜瑾 美玉亦喻美德

● 警 察

上去 ● 見 覩— ｜睍 目出貌也 ｜倪 喻讐

上入 ● 結 合— ｜繢 綵— ｜鍥 不捨— ｜擷 取揔而 ｜筴 也箸

● 頡 也直項 ｜拮 據經濟不好 境況 ｜襭 用衣襟兜着

● 紛 結髮 ｜絜 潔廉 ｜潔 幹淨明亮也 ｜縛束也

● 姞 也謹 ｜詰 反追問 ｜點 狡猾而聰明 ｜真 古字結

下平 ● 乾 帝年號皇 ｜健 與乾同 ｜虔 誠旁邊附 ｜近田—

● 郲 縣聚名河東聞喜 ｜嵑 岻山高貌 ｜磓 燥幹

下上 ⊙

下去 ⊙

下入 ● 竭 力— ｜揭 也擔 ｜蝎 虎即壁虎 ｜偈 陀頌梵語 ｜碣 山石名

● 羯 羠之公羊 夏— ｜桀 王— ｜傑 英豪雄傑 ｜榤 禾出

● 櫟 小雞息棲之椿也 ｜潫 水激廻旋也 ｜揭 重也建斗

氣上平 ● 愆 辛 也罪 ｜牽 強牽附會 ｜騫 期— ｜搴 斬將拏旗

新編《安腔八音》／ 285

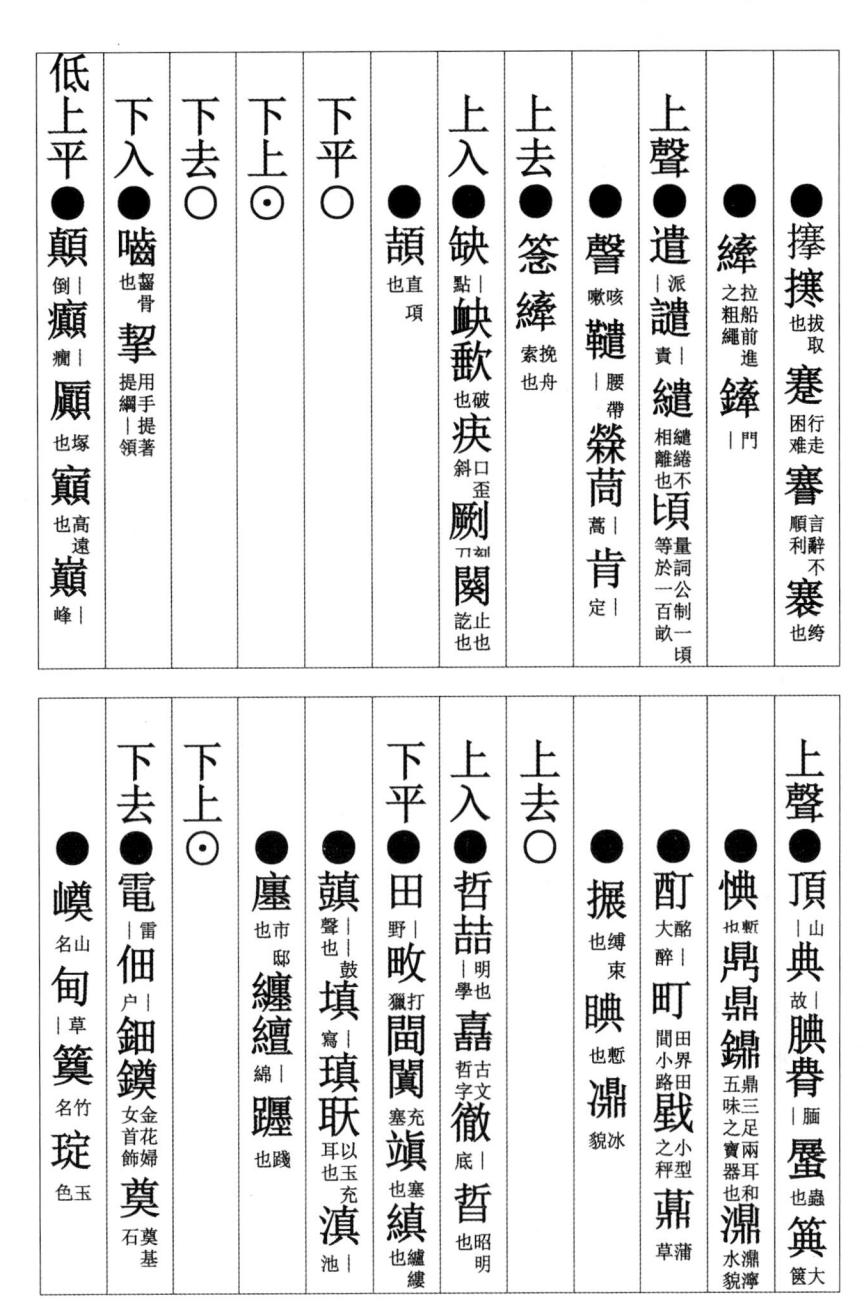

低上平	下入	下去	下上	下平	上入	上去	上聲		
●顛 顛倒也 癲瘋也 願塚也 竈高遠也 巔峰—	●嚙齩骨也 挈用手提著 提綱—領	●○	●⊙	●○	●缺 點—缺歁破口歪斜 疾刀剌 闋訖止也	●簽 縴索挽舟也	●譴 譴責 繾繾繾不相離也 頃量詞公制一頃等於一百畝	●遣 派—前進 縴拉船之粗繩 鋒—門	●攙 攙拔取 寒行走困難 審言辭不順利 襄也袴

	上聲	上去	上入	下平	下上	下去	下入	
	●頂山—典—胼脟腦—蠆蟲也 簟大筆	●愯斬也 鼎鼎三足兩耳和五味之寶器也 錦 濘水濘潭貌	●酊大醉 町田界田間小路之小秤 萧草蒲	●振束縛也 映 凍冰貌	●哲喆明也 嚞古文哲字 徹底— 晢昭明也	●田野 畋獵打 間閬 塡充塞以玉充耳也 滇池—	●蘄聲也 鼓— 塡寫— 瑱耵	●⊙	●塵也市邸 纏纏綿 躔踐也	●電雷也 佃戶打— 鈿鏌女金花婦首飾也 奠石奠基	●嵟名山 甸草— 箟名竹 琁色玉

波上平 ●篇幅｜偏顱｜蹁翩翻轉舞蹈起舞	●揲 以古代數蓍草占卜吉凶	●磆磞 磞之金屬裝飾佩物砒同 韝雙用以	●軼越超也誄忘也帆頭｜祇補膝裙也砒瓜小	●褋衣褌剿本作腺薄切肉也蝶蝴蝶珥也安	●喋不休諜｜間字俗輒輒車兩輛也	下入 ●垤蟻封也耋年八十曰耋耋古同瑾｜繾綣經
上聲 ●偏衣服狹小顱｜品眾庶也頮｜片也判木	●蹁弓反張｜編｜輯也剷｜削也					
上去 ●騙局｜遍偏鱗遍傷體也						
上入 ●撇擎｜拋棄開瞥瞰見｜						
下平 ○						

他上平 ●天庭｜兲古文天字與天同芺草名	●逞邺邮古邑名壬天干第九位艇棒棍	●鞕鞋鞋皮帶挺｜而出身也艇｜小舟艇脖也脯胸	●斑筳玉笏管也纏絲閏｜月廷｜朝廷挺貌梃同桯	●袂也劍衣禘袂補｜	●铁鐵鐵鋧也黑金撤退澈｜清徹｜貫	下入 ○
下去 ○						
下上 ⊙						
下平 ○						
下上 ⊙						
下去 ○						

新編《安腔八音》／ 287

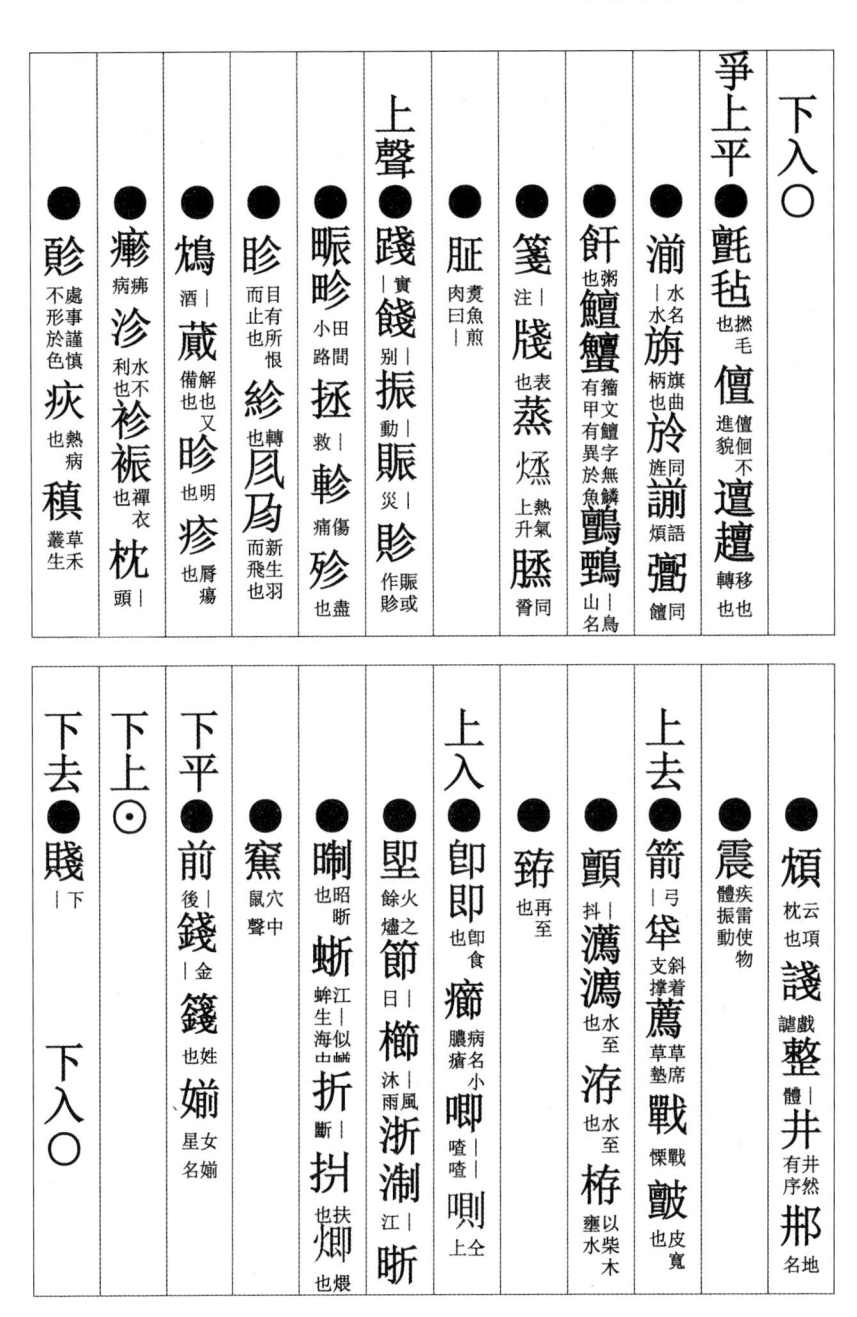

下入 〇

爭上平 ●氈毡 也撋毛 僵 僵個不 進貌 這趲 轉移也

●湔 水名 游 水名 於 同 謿 譹諠 譠 轉煩語 譠同

●飦 粥也 鱣鱣 擔文鱣字 有甲有異於 魚 鱅鷈 山鳥

●箋 注 牋 蒸 爑 也表 熯 上升氣 脼 脀同

●脤 肉祭曰

上聲 ●踐 實踐 餞 別也 振 振動 賑 災 賑

●畛 田間 小路 拯 救也 輄 轉痛 也盡

●眕 目有所恨 而止也 紾 明也 凮 而新生飛羽

●鳩 酒 蕆 解也又 备也 眕 唇瘡 疹

●瘵 病痱 疹 水利 袗 禪衣 振 枕 頭

●疹 不處形事謹於色慎 痰 熱病 積 叢草 生禾

上去 ●箭 弓 笭 斜支撐 着薦 草塾席 戰 慄戰 皷 皮寬

●顫 抖 瀳 瀳 水至 沴 水至 栫 以柴木 塞水

上入 ●胵 也再至

●即即 也即食 癤 膿瘡病 唧 喳喳 唧

●聖 餘爐火之 節 櫛 浙湔 沐雨 晰 江全上

●唎 也昭 蜥 蛘生江 似蚒 海中 折 扐斷 㷥 也煨扶

下平 ●前 後 錢 金 篯 姓也 嫹 星女 名嫹

下上 ●窾 鼠穴中 聲

下去 ●賤 下

下入 〇

●震 體雷振動疾使物

●煩 雲項 也枕 譧 諺戲 整 體井 有井序然 邢 名地

288 / 《安腔八音》整理及研究

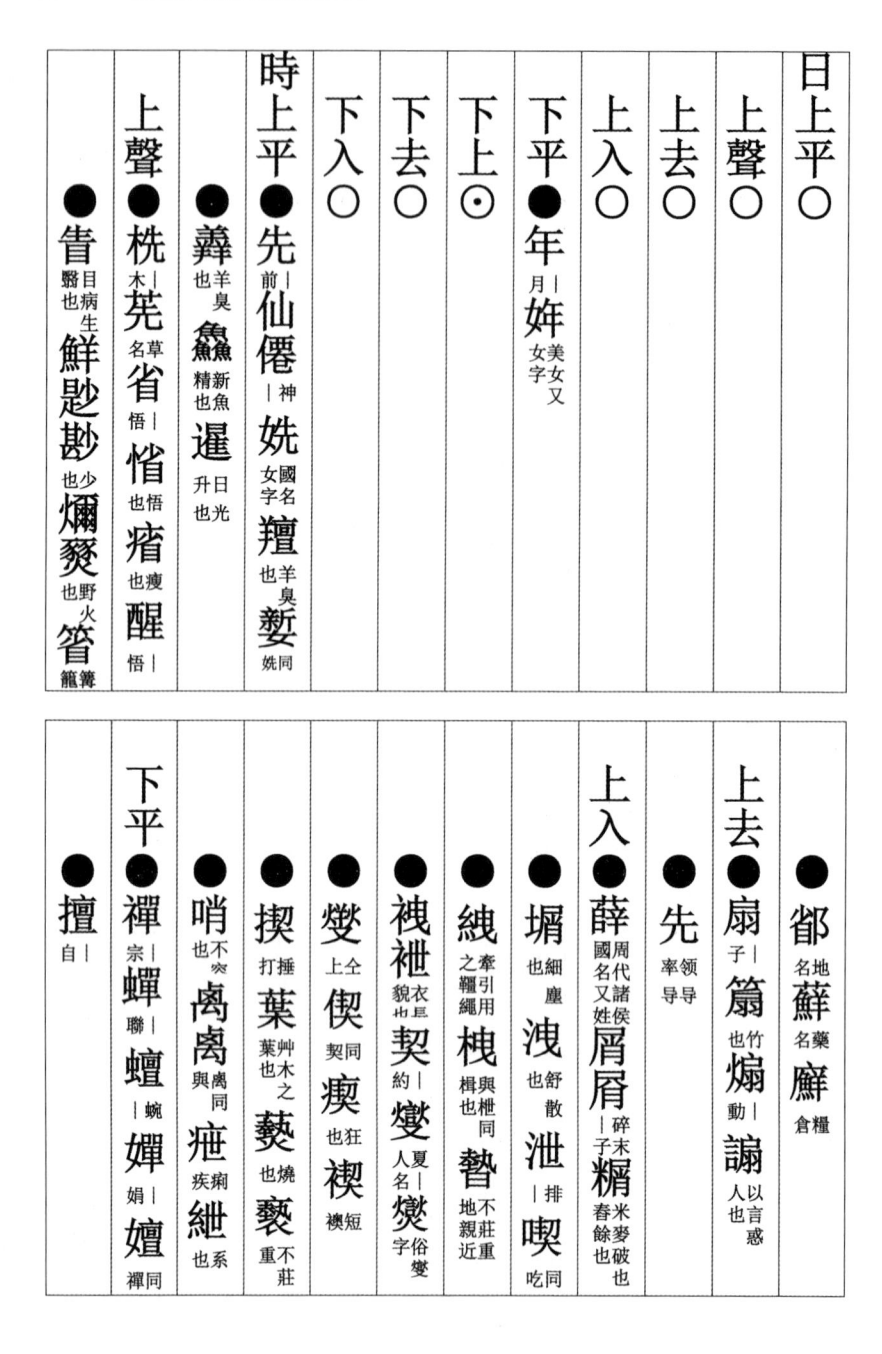

日上平 ○

上聲 ○

上去 ○

上入 ○

下平 ● 姩 月女又美女字

下上 ⊙

下去 ○

下入 ○

時上平 ● 先｜仙僊｜神 前 姺國名女字 羶羊臭也 羴姓同

上聲 ● 桄木芫名草 悟｜惝悟｜瘠瘦也 瘂醒悟｜

● 羴羊臭也 鱻新魚精也 暹日光升也

● 眚目病生翳也 尟少也 尠野火也 爤 箮籠筹

● 鄯地名 蘚藥名 癬倉糧

上去 ● 扇子｜箮竹｜煽動｜諞以言惑人也

上入 ● 薛周代諸侯國名又姓 屑屑碎末子糣春米麥餘破也

● 塌細塵也 洩舒散泄排 喫吃同

● 綖牽引之輼繩 栧與枻同 蟄不莊重地親近

● 裼衵衣是貌也 契契約 爕燮字俗變

● 爕上全 偰 瘈襖短 褉 襖夏人名

● 挈提葉艸木之葉也 藝燒 褻重不莊

● 哨不究貌也 卨离與离同 疻疾痾也 緤系

下平 ● 禪宗｜蟬聯｜蟺蜿｜嬋娟｜嬗禪同

● 擅自｜

新編《安腔八音》

鶯

下上⊙

下平〇

上入〇 挖竓 挖同

上去〇

上聲● 覢 視貌 影 形不離 潁 水出潁川 頴 㮈 陽城乾山

上平 煙 昊 火|大

下入● 舌頭 拾取 蝕餼 涉䒦|交

● 制|裁也 什|麼

下去● 禮祭天 䄆束禾

● 單|姓 㵣沙渚 澶水名 埠野土也

● 善意 饍膳|具食 瑄|玉名 鱔魚 鄯|地名

下上⊙

蒙

下去〇

下入● 熱爇 高溫度與冷相對

上平〇

上聲● 免除 勉勵 娩媰|分娩 冕冠堂皇 俛俯同

● 緬懷 丏不見 沔水流滿河道 皿皿 黽勉勤

● 閔恤憐 渚諡 憫憐哀 敏銳 潣潣

● 鼇魚名 泯滅 岐岷同 泯古同 殀也矜

● 痕 瞖與瞖同瞖強也 頤頭強也彊

● 抿收斂沾嘴唇 郿縣名 憖憫同 洺迷沉

● 喕不言也 洒滇洒大貌 浼水也污 黽勉

上去〇

上入〇

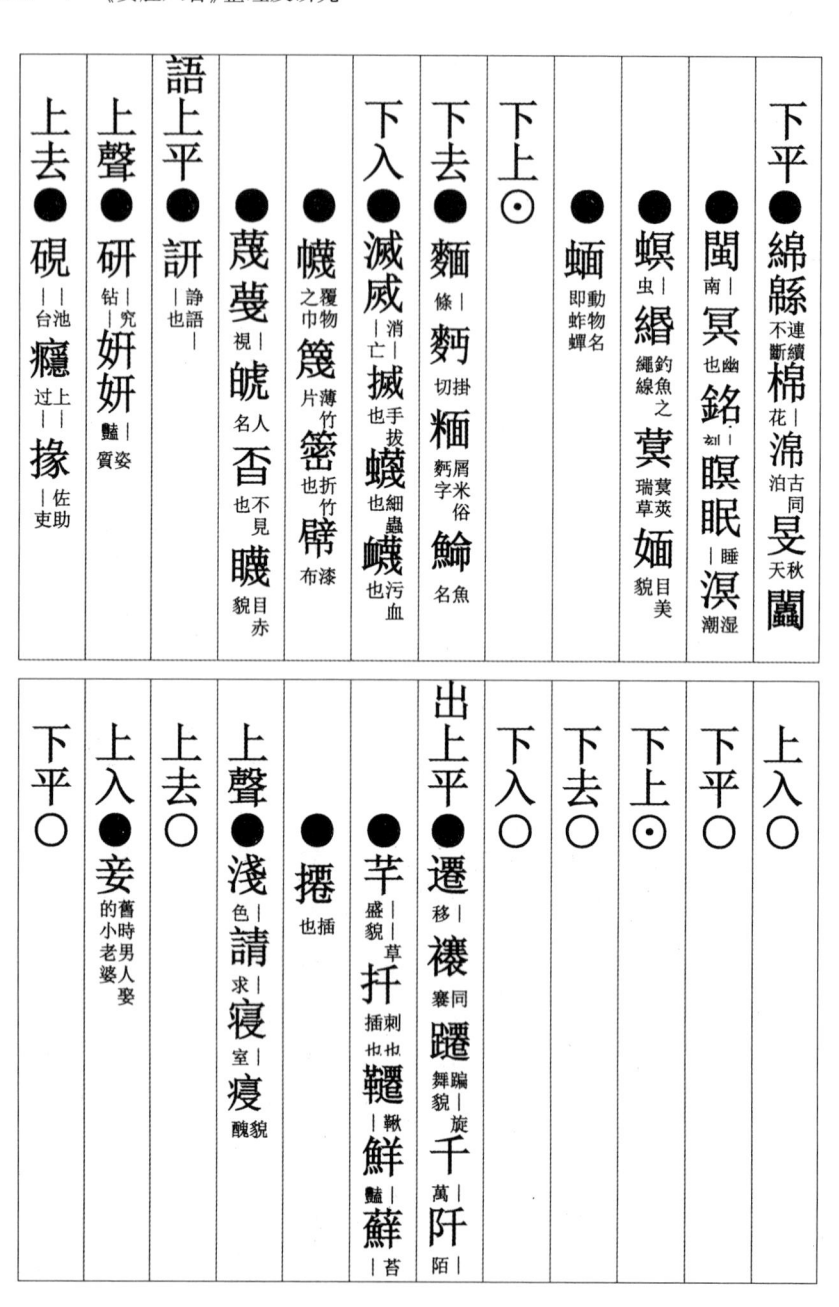

調	字	釋義
下平	●綿 縣|不連續 棉|花 泔|古同泊 旻|秋天 闤
下去	●閩 冥|南也幽 銘|刻 瞑|睡 眠 溟|潮湿
下平	●螟 緡|釣魚繩線之 蓂|蓂荚瑞草 䁕|目美貌
下上	●蠅 即蚱蟬 動物名
下上	⊙蜢
下去	●麵 䴹|條 䴹|掛切 䴺|屑米俗字 鯰|魚名
下入	●滅 威|消亡也 搣|手拔也 蠛|蠛蠓污血
—	●㜷 覆物之巾 篾|薄竹片折竹也 篦|布漆
—	●蔑 蔑|視 虩|人名 否|不見 矘|目赤貌
語上平	●訮 諍語也
上聲	●研 妍|研究 妍|蠱質姿
上去	●硯 台池 癮|过上 椽|佐助吏

調	字	釋義
上入	●妾 舊時男人娶的小老婆
下平	○
上去	○
上聲	○
上聲	●淺 色盛貌 請|求 寢|室 寑|醜貌
—	●撋 也插
出上平	●芊 盛貌草 扦|插刺也 韃|鞭 鮮|蠱苔
上平	●遷 移 襄|同 蹮|蹁旋舞貌 千|萬 阡|陌
下入	○
下去	○
下上	⊙
下平	○
上入	○

新編《安腔八音》 / 291

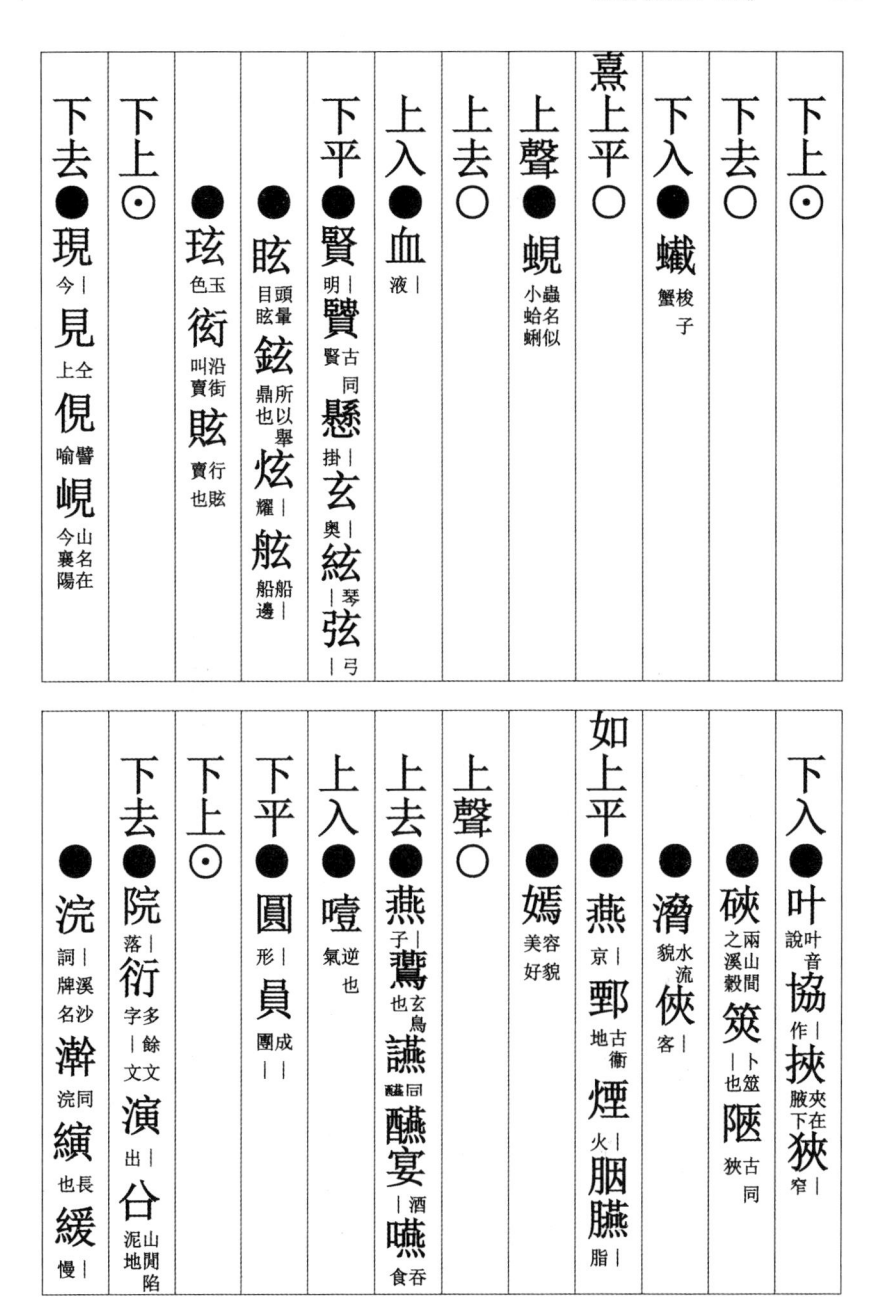

下去	●現	今見
	倪	上仝喻譬
	峴	今山名在襄陽
下上	⊙	
	●玹	色玉
	衒	沿街叫賣
	眩	賣也眩行
	●眩	頭暈目眩
	鉉	古鼎所以舉鼎也
	炫	耀耀
	舷	船邊船
下平	●賢	明
	贒	同賢
	懸	掛
	玄	奧
	絃	琴弓
	弦	
上入	●血	液
上去	○	
上聲	●蜆	小蟲名似蛤蜊
熏上平	○	
下入	●蟻	蟹梭子
下去	○	
下上	⊙	

下入	●叶	說叶音作協
	挾	夾在腋下
	狹	窄
	●硤	兩山間之溪穀
	筴	卜筮也
	陜	古同狹
如上平	●燕	燕京地
	鄢	古衛地
	煙	火
	胭	脂
	臙	
	●瀽	貌水流
	俠	客
上聲	●嫣	美容貌
上去	●燕	燕子玄鳥也
	鷰	同
	讌	醮
	醼	酒宴
	嚥	食吞
上入	●噎	氣逆也
下平	●圓	形
	員	成團
下上	⊙	
下去	●院	落
	衍	字多餘文
	演	出
	阽	山閒泥陷地
	●浣	詞牌名沙溪
	澣	同浣
	繵	長
	緩	慢

292 / 《安腔八音》整理及研究

下入〇	●睍 貌小目 熱 高溫度
無上平〇	
上聲●永 遠—泳—游	
上去〇	
上入〇	
下平〇	
下上⊙	
下去〇	
下入〇	
天字母終	

	柳上平〇 39添字母
上聲●廩 倉也—藨 蕹屬—菻 蔨屬—凜 冽—懍 坎懍極也困	
上去〇 ●檁 橫屋木上部—薇 草蔓也—斂 收—齻 古邑名	
上入〇 ●襝 垂貌襝衣—瀲 灩貌—槤 瑚槤也—輦 帝	
下平〇 ●林 森也—崟 鏡簽里中門也—廉 潔—濂 水名江	
下上⊙	
下去〇 ●鐮 刀—匳 鏡簽本作簽也—臁 兩脛旁之也—繡 紳也堂簾	
下入〇 ●嬚 清女美也字一曰續也—槏 牖旁木名—劘 鐮古同	
●嫌 擊鼓也—寐 室深	

新編《安腔八音》

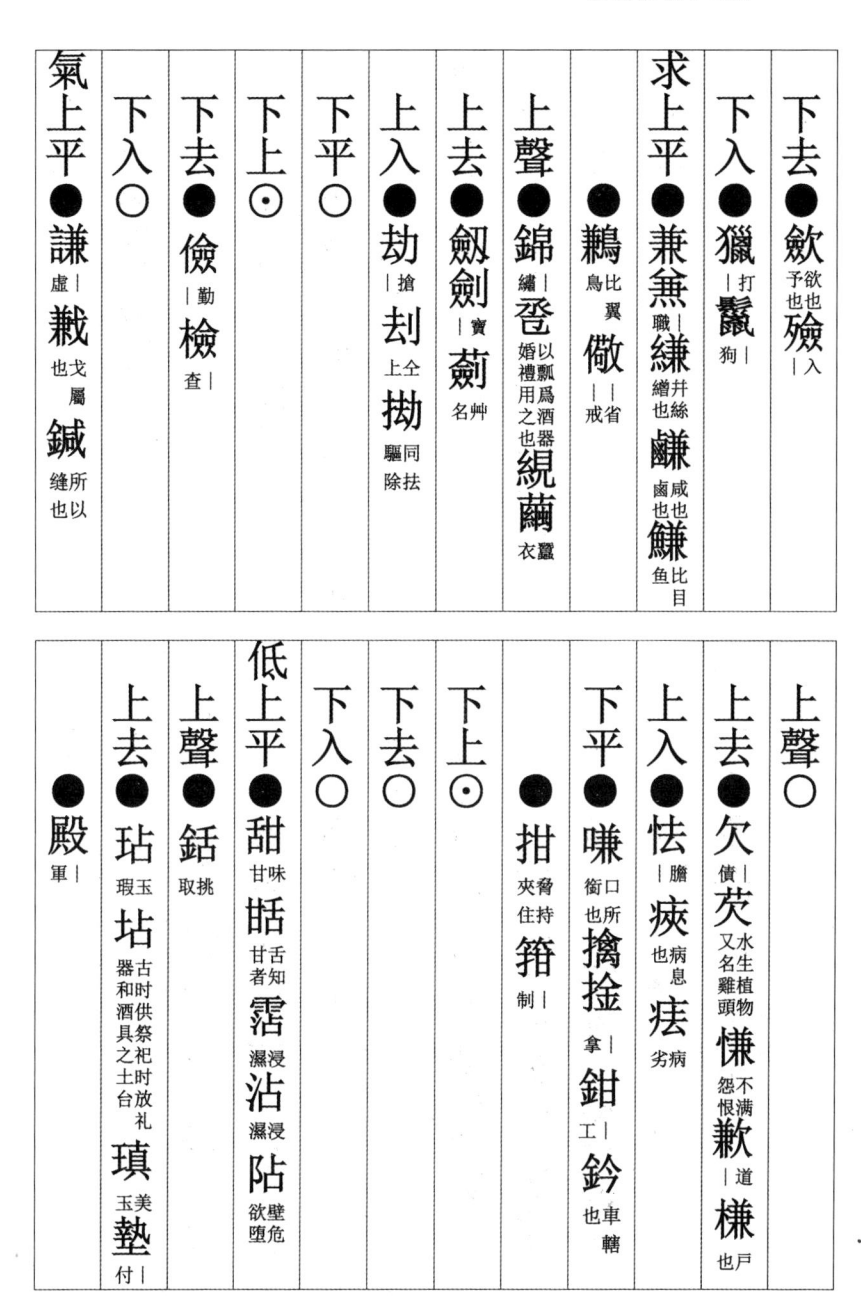

氣上平 ●謙 虛也 戩 戈屬 鍼 縫所也以

下入 ○

下去 ●儉 勤 檢 查

下上 ⊙

下平 ○

上入 ●劫 搶 刼 上仝 拐 驅同除袪

上去 ●劒 劍 寶 薊 名艸

上聲 ●錦 繡 蚕 婚禮用之酒器以瓢爲 絸 繭衣蠶

求上平 ●鵜 鳥比翼 兼 無 傲 戒省 縑 繪幷絲也 鹻 鹹也鹵也 鰜 魚比目

下入 ●獵 打 鬣 狗

下去 ●歛 欲也予也 礆 入

上聲 ○

上去 ●欠 債 芡 又水生名雞植頭物也 慊 怨不恨滿 歉 道 椷 也尸

上入 ●怯 膽病也 痰 息 痊 劣病

下平 ●嗛 銜口所也也 擒 拿 鉗 工 鈴 也車轄

下去 ●拑 夾脅住持 箝 制

下上 ⊙

下去 ○

下入 ○

低上平 ●甜 甘味 酣 甘舌者知 霑 濕浸 沾 濕浸 貼 欲壁墮危

上聲 ●銛 取挑

上去 ●坫 瑕玉 坫 古器时和供酒祭具祀之时土放台礼 塡 玉美墊 付

●殿 軍

上入 ○	
下平 ● 恬 靜｜湉 澶湉流貌｜安
下去 ○	
下上 ○	
下去 ● 鴆 動物名一種毒鳥｜酖 毒酒
下入 ● 碟 盛食品之盤｜堞 城上如齒狀之矮牆｜擾 排也收也｜蝶 蝴｜
● 蹀 行蹀貌蹀
他上平 ● 添 增｜睍 觀察窺視｜
上聲 ● 忝 辱也｜靦 愧面｜餂 取誘舔
上去 ● 韜 疑也｜
上入 ● 陟 登陛也也
下平 ○	
下上 ⊙	

| 下去 ○ | |
| 下入 ○ | |
| 曾上平 ● 詹 事｜瞻 仰｜占 卜卦｜鑽 洞箴孔言 |
| ● 尖 筆眉｜疔 癉有熱｜鍼 刺也縫也｜遄 酒行速貌 |
| 上聲 ○ | |
| ● 笘 筆折竹也｜譫 多言 |
| 上去 ● 佔 有｜偛 僭古同｜站 立｜赶 坐立不動貌 |
| 上入 ● 接 迎嫁接｜椄 木果樹花｜輒 耳垂也聲｜耵 耳衆 |
| ● 奋 大耳｜袯 衣衿領尚｜褔 衣襟緣也｜褶 皺衣折物 |
| ● 摺 叠扇｜藁 禾風動貌 |
| 下平 ● 潛 水｜熠 火滅也｜燂 熱燒 |
| 下上 ⊙ | |

新編《安腔八音》

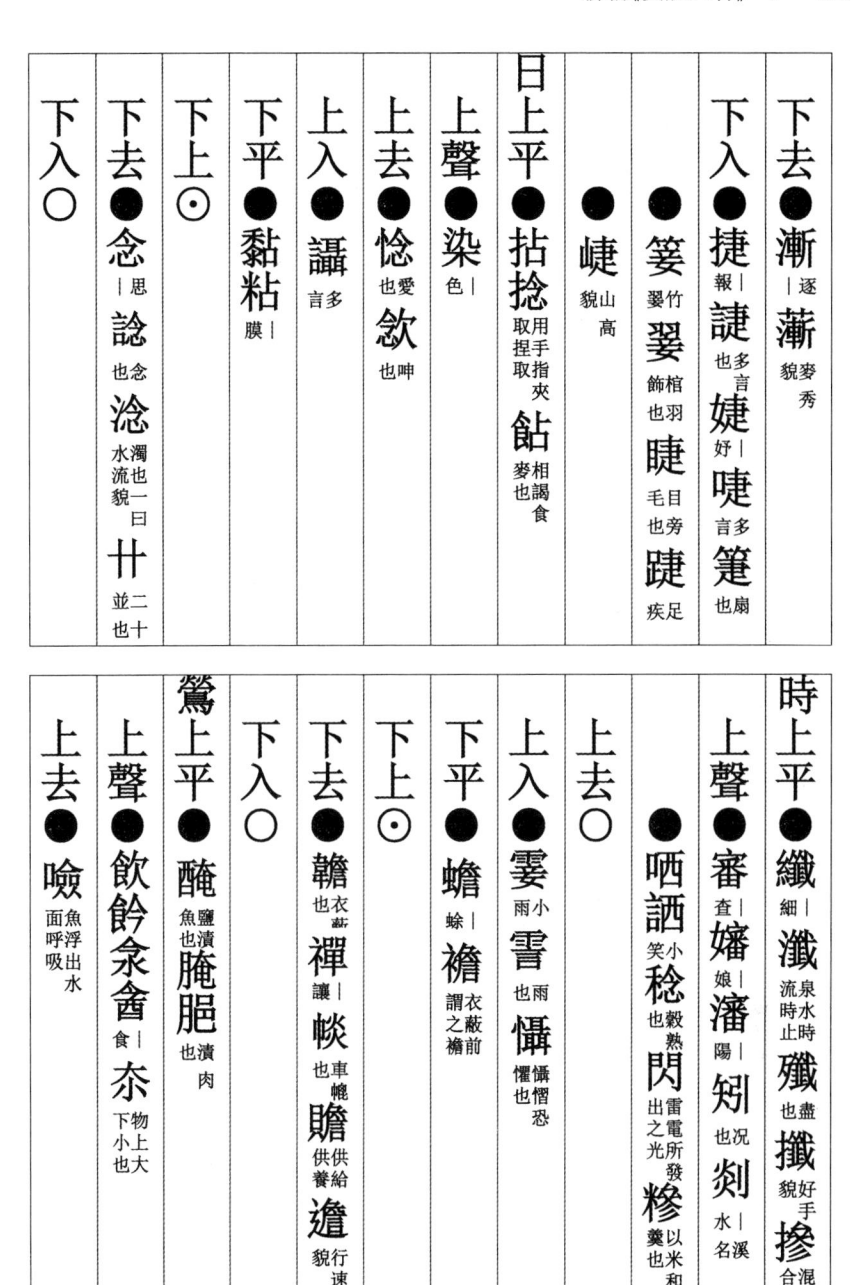

時
- 上平 ●纖 細— / 瀺 泉流水時止也 / 殲 盡也 / 攕 好手貌 / 摻 混合
- 上聲 ●審 查— / 嬸 娘— / 潘陽— / 矧 況也 / 剹 水名溪
- 上入 ●哂 笑小也 / 誶 / 稔 穀熟以米和糞也 / 閃 雷電所發出之光
- 上去 ○
- 下平 ●蟾 蜍— / 襜 衣蔽前謂之襜
- 下上 ⊙
- 下去 ●贛 也贛 / 禪 讓— / 憸 也車幰 / 贍 供養供給 / 遜 貌行速
- 下入 ○
- 上平 鷖 / 上平 ●醃 魚鹽漬也 / 腌 漬肉
- 上聲 ●飲 飲飴 亼 食— / 畚 / 奈 下物小上大
- 上去 ●噞 魚浮出水面呼吸

日
- 上平 ●拈 捻 用手指夾取相捏取 / 飴 麥食也
- 上去 ●慊 愛欲也呻
- 上入 ●讘 多言
- 上聲 ●染 色—
- 下入 ●捷 報— / 諜 多言也好 / 唼 多言也厴 / 篋 / 箑 竹翣飾棺羽也 / 睫 目旁毛也 / 踕 足疾
- 下去 ●漸 逐— / 蕭 貌麥秀
- 下平 ●黏 粘膜—
- 下上 ⊙
- 下入 ○

念
- 下去 ●念 思念也 / 淰 水濁流貌一曰 / 廿 二十並也

上入○
下平●鹽塩（食）簷檐（屋房）
下上⊙
下去●遴（貌行）羨（慕）
下入○
語上平○
上聲○
上去○
上入○
下平○
下上⊙
下去○

下入●業（事）鄴（又姓地名）陳梟（名地的射也准）
下平●蘖蘖（餘斫木也）孼（妾凡孼子婢謂之孼）闑（門也礙也）
●孼孼（庶子也）鯢（不安也）燁（盛）鵜（鳥名）
●嶭（山高貌）
出上平●籤（以竹籤者用籤綴衣也）簽（簽書文字也）箋（注）
●僉（皆也咸也共言之也衆）
上聲○
上去●瞼（闕義）
上入●切竊（除盜）窃（俗寫）
下平○
下上⊙
下去○

新编《安腔八音》 / 297

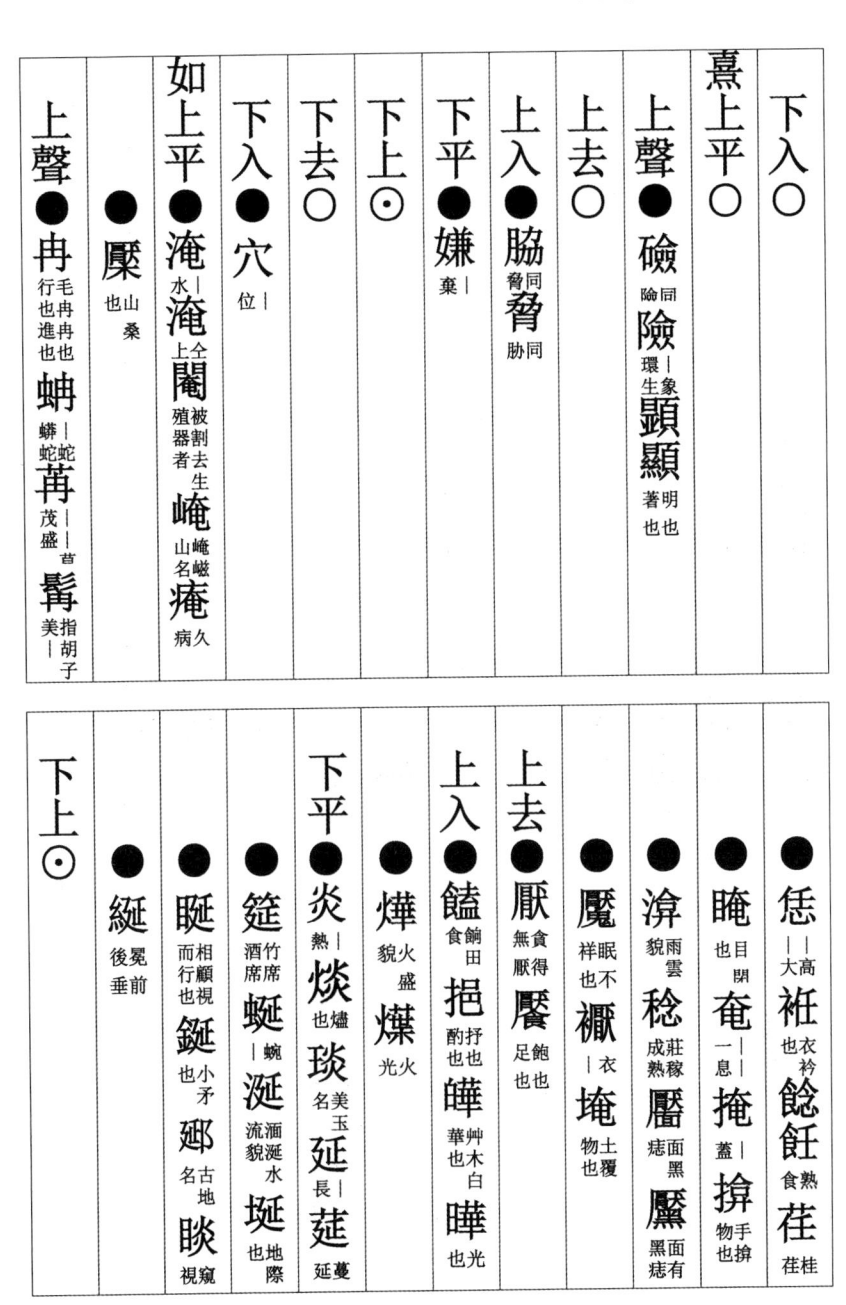

下入 ○

熏上平 ○

上聲 ● 礆 險同 顯 象生環 顯 著明也也

上去 ○

上入 ● 脅 脅同 胁

下平 ● 嫌 棄

下上 ⊙

下去 ○

下入 ● 穴 位

如上平 ● 淹 淹水 閹仝上被割去生殖器者 崦 崦嵫山名 瘱 病久

● 檿 山桑也

上聲 ● 冉 毛冉冉也行也進也 蚺 蚺蛇 苒 茂盛 髯 美胡子指

下上 ⊙

● 縱 冕前後垂

● 瞪 相顧視而行也

● 筵 竹席酒席 蜒 蜿蜒 埏 涎水流貌 地際也

下平 ● 炎 熱也爐 燄 美玉名 延 長 莚 延蔓

● 燁 火盛貌 燁 火光

上入 ● 饁 餉田 揞 抒也 曄 艸木華也 曄 光也

上去 ● 厭 無貪厭 饜 足飽得也

● 魘 眠不祥也 䅣 衣也 掩 土覆物也

● 渰 雨雲貌 稔 莊稼成熟 黶 面黑痣 黶 面有黑痣

● 晻 目閉也 奄 一息 掩 蓋 揜 手揜物也

● 恁 大高 袡 衣衿也 餂 餂飪食熟 茬 茬柱

下去〇

下入●葉葉也 艸木之 頁頭也又 袂書衣也 活頁

添字母終

40 餍字母

求上平〇

上聲〇

上去〇

上入●夾 雜荚之荚 豆角謂 峽海 鋏器可以持冶鎔者 頰面旁也

下平〇

下上⊙

下去〇

下入●挾 持

氣上平〇

上聲〇

●郟 名地 籋也箝

新編《安腔八音》

上去	○	
上入	昒	目旁 毛也
下平	○	
下上	⊙	
下去	○	
下平	○	
下去	○	
下入	屐	一木
曾上平	○	
上聲	饕	無澈味饕
上入	窯	穴中 鼠聲
上去	○	
下平	○	
下上	⊙	

下去	○	
下入	○	
日上平	○	
上聲	○	
上去	○	
上入	聶挕囁呢躡	打也 節也 無口 一言也 咿多 蹈也
●	驫蹏𨂂	馬步疾也 腿病即兩脚交替前伸行走不能 耳𢑥也
●	睗品鑷鑼邐	目睫動貌 音炭地名 攝取物也 行貌
下平	○	
下上	⊙	
下去	○	
下入	涅捏陧硊疪	涅同 同捏 也危 攀石別名 瘡病也

●療 攝通作𪐴𪐴也／痛之言朕也

時上平○

上聲○

下平○

下上⊙

下去○

上入●駊 馬行相及也

上去●髶 長髮／霏同與霰

上聲○

語上平○

下入●翼 羽

上聲●儼 儼然／獵猶

上去○

下入○

下平●巖巉 高山峻崖／岩仝上／嵓嵒 岩仝

下上⊙

下去●驗 俗驗字／馬名

下入●齾 嚙同齧／齾骨齒分也

出上平○

上聲○

上去●筀 竹音妾器

上入●㴠 㴠—下濕／又滴水也

下平○

下上⊙

下去○

新編《安腔八音》 / 301

| 上去〇 | 上聲● | 如上平〇 | 下入〇 | 下去〇 | 下上⊙ | 下平〇 | 上入● 燖 也火迫 | 上去〇 | 上聲〇 | 熏上平〇 | 下入〇 |

| 饕字母終 | | | | 下入● 葉 葉樹 頁 碼 入 進 | 焱 焰火 燄 焰同 | 下去● 豔艷 麗 焰炎 爓 火 灩 動水貌滿波 | 下上⊙ | 下平〇 | 上入〇 |

41 迦字母

柳上平 ○
上聲 ○
下去 ○
上入 ●剌 剺割
下平 ○
下上 ⊙
下去 ○
下入 ●籤 器竹
邊上平 ○
上聲 ○
上去 ○

上入 ●壁 牆廯／也屋牆
下平 ○
下上 ⊙
下去 ○
下入 ○
求上平 ●迦 釋迦摩尼佛／柳鎮／痂 也疥／袈 袈
上聲 ○
上去 ●寄 給
上入 ○
下平 ●碕 頭曲岸／伽 藍
下上 ⊙
下去 ○

上去〇	上聲〇	低上平●爹 娘—	下入〇	下去●跍 闕義	下上⊙	下平〇	上入〇	上去●乑 闕義	上聲〇	氣上平〇	下入〇

下去〇	下上⊙	下平●擗 女城牆上	上入●僻 靜—	上去〇	上聲〇	波上平〇	下入●糴 穀出物售 擲—投 擿 投也	下去●蜊 蛤蜊蟲名 海蚌也	下上⊙	下平〇	上入●摘 —文也棄 揢 太陽 西斜 讁宦— 讁 讁同

304 / 《安腔八音》整理及研究

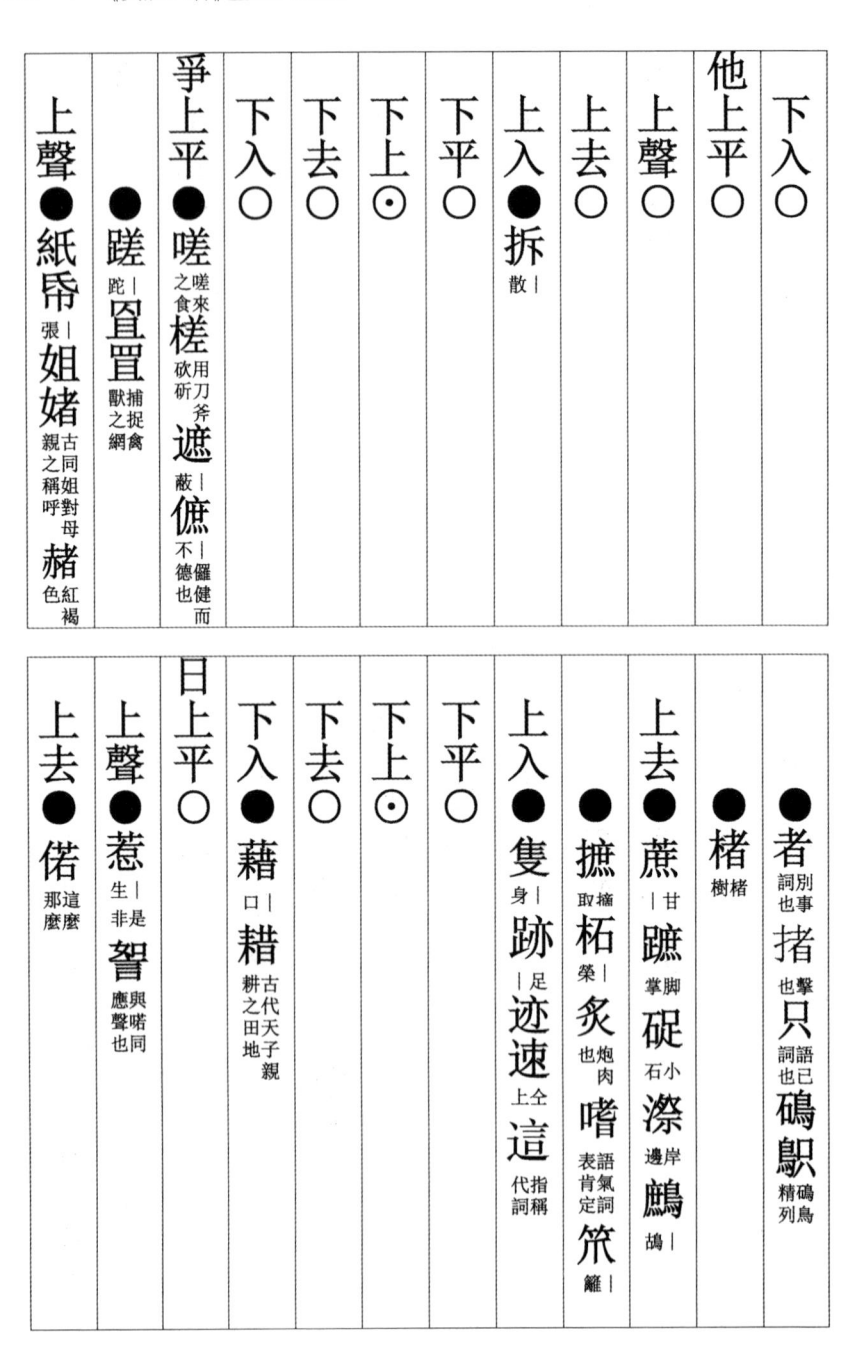

下入 ○
他上平 ○
上聲 ○
上去 ○
上入 ●拆 散｜
下平 ○
下上 ⊙
下去 ○
下入 ○
爭上平 ●嗟 嗟來｜之食 槎 用刀斧砍斫 遮 ｜蔽 㾤 ｜不德 儸 健而
上聲 ●紙 㫰 ｜張 姐 古同姐親之稱對母呼 赭 色紅褐
蹉 ｜跎 置 捕獸之捉網禽

●者 詞別事也 䱦 ｜擊也 只 語詞已 碣 ｜碣鳥精列
●楮 樹楮
上去 ●蔗 ｜甘 蹠 掌脚 碇 石小 㵵 ｜邊岸 鷓 鴣 ｜
上入 ●撫 取摘 柘 ｜榮 炙 ｜炮肉 嗜 表語氣肯詞定 筰 ｜籬
下平 ○
下上 ⊙
下去 ○
下入 ●藉 ｜耤 古代天子親耕之田地 口
日上平 ○
上聲 ●惹 生｜非是 㗿 應與喏聲也同
上去 ●偌 那這麼麼

新編《安腔八音》／ 305

上入●的 —實確在	
下平〇	
下上⊙	
下去〇	
下入〇	
上平●賒 —帳 佘—姓也 畲畲—全上 佺—醉舞貌	時上平●賒
上聲●寫寫 樢—木名釋 敗—日	
上去●洽 舍—宿 騇—牝馬 赦—免 瀉—腹載 卸	
上入●剽 鑠—削也	
下平●蛇虵 邪—氣 琊琊—琅琊地名 琊古同	
下上⊙	
下去●社祂 謝—感會 淛—凋擊 射—歌舞 榭—台	

●麝 —香中藥名 慗本作麝獸名	
下入●食 —物	
上平●矣 —文言助詞	鴍上平
上聲〇	
上去〇	
上入〇	
下平〇	
下上⊙	
下去〇	
下入〇	
語上平〇	
上聲〇	

上

調	字
上去	○
上入	○
下平	●鷔　鵝　鴨家禽大比
下上	⊙
下去	●蟻　螞｜螘　蒹 義同　艤 整舟向岸　檥 上全
下入	●額　名｜头　額 上全
出上平	●奢　佗｜濋 也不絜　覷 醜｜惡也　諸 諸詼不解也
出上平	●車　蛼 蟲蛼名鳌　俥 象棋子名稱棋　箸 也父
上聲	●且　且｜扯　胡｜
上去	○
上入	●赤　色｜夹
下平	●斜　度｜

如

調	字
下上	⊙
下去	○
下入	○
熹上平	○
上聲	○
上去	○
上入	●諕　古同吓　使害怕　嚇　唬｜
下平	○
下上	⊙
下去	○
下入	○
如上平	○

| 上聲●野 性也 冶 金詞語氣 也 墅 田廬 古文 埜 野 | 上去●啫 驚心 不平 | 上入○ | 下平●爺 老爺 箸 上仝 聲 耶 蘇與 同 椰 樹子 菲 魚似蛇 長一丈 | 下上⊙ 鋣鋣 鏌鋣 也 哪 鯯 鳴鳥 | 下去●夜 晚也 鈹 鏡也 籔 聾麥皮也 鵺 鳥名 啵 | 下入○ | | | | 迦字母終 |

42 歪字母

| 求上平●乖 巧 瘂 惡瘡 硪 碎 舛 乖違違 背違 | 上聲●拐 騙 枴 杖 踝 骨 蒯 艸名 又姓 | 上去●夬 名物 怪 卦怪 鮇 魚音 名怪 榖 毀也 | 上入○ | 下平○ | 下上⊙ | 下去○ | 下入○ | 氣上平○ | 上聲○ | 上去●快 爽 駃 馬 趹 馬行疾 狄 獸走也 塊 土 |

下平〇	上入〇	上去〇	●髓膸﹝骨髓﹞瀡﹝水淘米滑也﹞瀢﹝食火久也﹞	上聲●喘嚅歇﹝气摩上﹞揣﹝全﹞嘬﹝一舉盡齩也﹞	出上平〇	下入〇	下去〇	下上⊙	下平〇	上入●擊﹝缶﹞	●荔﹝艸名﹞

下入〇	下去●壞壞﹝惡劣不好﹞爧﹝字俗壞﹞饟﹝食販也﹞	下上⊙●隗﹝高峻貌﹞槐﹝樹﹞襄﹝古同懷﹞鹺﹝戎鹽也﹞	下平●懷怀﹝關恨﹞懷﹝香﹞淮﹝河﹞襄﹝威不平貌﹞	上入〇	上去〇	上聲〇	熹上平〇	下入〇	下去〇	下上⊙

無上平●歪瀰 偏不斜正
上聲●歪
上去●鱠 鼾鼻聲息
上入〇
下平〇
下上⊙
下去〇
下入〇

咼 不嘴正歪斜
闠 正門開不
喎 歪嘴

歪字母終

柳上平〇
上聲●領 帶導｜｜嶺山
上去〇
上入●靈 ｜霹靂雷
下平●稑 疎草也莖
下上⊙
下去〇
下入〇
邊上平●蹉 貌欲行
上聲●䬳餅 也麫䬪
上去●并并併 起合｜在攏一

衿 衣古領同領
阾 嶺古字文

䚈 也說

跰 貌足立

43 廳字母

下去 ○	下上 ⊙	下平 ●行 也走	上入 ○	上去 ●鏡 臺|	上聲 ○	求 上平 ●驚 動|魄心	下入 ○	下去 ○	下上 ⊙	下平 ○	上入 ○

上去 ●砏 巖水聲擊出	上聲 ○	波 上平 ●塀 不玲塀正也行	下入 ○	下去 ●定錠綻靛 鑒|鐙也綻衣縫藍|	下上 ⊙	下平 ●呈埕 顯露出|閩粵沿海一帶飼養鯉類之田	上入 ○	上去 ○	上聲 ●鼎鐺 鼎三足兩耳和五味之寶器也	低 上平 ○	下入 ○

新编《安腔八音》

上入〇
下平〇
下上⊙
下去〇
下入〇
上平●廳 屋內正堂 | 大 聽 不聞而 听 上全 他
上聲●剗 削毀平灭 剷 除 |
上去●痛 病 |
上入●獵 魚水獸|食
上平●程 度|
下上⊙
下去〇

下入〇
上平●正 月| 爭
上聲〇
上去●正 色確| |
上入〇
下平〇
下上⊙
下去●淨 魯北池也城 門 净
下入●吃 食豕
上平●聲 響音| 声 時
上聲〇
上去〇

312 / 《安腔八音》整理及研究

上入 ○
下平 ●城—牆門—就功 成
下上 ⊙
下去 ●樌—用木或竹製成之器具
下入 ○
蒙上平 ○
上聲 ○
上去 ○
上入 ○
下平 ●名—聲響
下上 ⊙
下去 ●命—運令

下入 ○
語上平 ○
上聲 ○
上去 ○
上入 ○
下平 ●迎—接合
下上 ⊙
下去 ●岸—海邊 岍同岸 唁—吊函 殗同興唁 讞定審罪判
下入 ○
出上平 ○
上聲 ●請—求假
上去 ○

| 上入〇 | 下平〇 | 下上⊙ | 下入〇 | 下去〇 | 下入〇 | 熹上平●兄 師—弟— | 上聲⊙ | 上去〇 | 上入〇 | 下平〇 | 下上⊙ | 下去〇 |

| 下入〇 | 如上平〇 | 上聲〇 | 上去●映 反—襯— | 上入〇 | 下平●營 陣—地— 蟐 中—虹—蟲也者腸 蠃—— 利得 | 下上⊙ | 下去〇 | 下入〇 | | | 廳字母終 |

44 煎字母

求上平 ○

上聲 ●囝 閩俗呼子為囝 仔 幼小者多指家畜—雞

上去 ○

上入 ○

下平 ○

下上 ⊙

下去 ●捷 用肩扛過 楗 堵塞制 鍵 樂器鍵盤

下入 ○

爭上平 ●煎 煠 熬汁也火去汁也 韉 馬鞍具也 繡 韉正作

上聲 ○

上去 ●賤 下 湔 洗—洗濯

時上平 ○

上聲 ●癬 皮膚病白— 梾 秈 木— 江南呼粳為秈

上去 ●線 棉絲— 綫 索 絤 線古同 廝 舍音也絤

上入 ●蕍 蕐 也斷

● 霂 色玉光 霰 珠雪

下平 ○

下上 ⊙

下去 ●賤 下

下入 ○

上平 ○

上入 ○

新編《安腔八音》／ 315

上聲〇	出上平〇	下入〇	下去●彥才德諺語—嗲諺古同	下上⊙	下平〇	上入〇	上去〇	上聲●汧名水	語上平〇	下入〇	下去●鱔鱺魿科—魚綱合魚鰉鱔也曲蟮

					下去〇	下上⊙	下平〇	上入〇	上去●茜茅蒐也倩男子之美稱輤車載柩也褙美衣

●蒨草盛貌鯖輕舟謂之鯖綪青赤色凊凄冽疾貌

煎字母終

45 鈎字母

柳上平 ● 勼 剗剜也 剨穿也

上聲 ○

上去 ● 夠 多也

下平 ● 妻 屢次 鏤刻也 嘍囉 樓房 摟抱 嫂楚俗以二月祭飲食也 腰 嫂調戲婦人也 遵貌不絕 慺恭謹 髏髑髏也 鷜鳥名 庫室草 瘦頸腫 窶猪母無禮也 艛 籔 羅 萬

下上 ⊙

下去 ● 廖人姓名 料史材也 漏雨 陋簡 廗屋下也 扇穿雨

下入 ○

求上平 ● 鈎 鈎勾刎 畇曲折之物也凡曲 褠單衣 鞲 溝水 膠水 軥同鈎 蚼水蟲名似龜皮有文 鎨 軥長遠貌又雜亂貌 漻名水 瘦瘦小 樓同 鐐鋶 瞜財貪

下入 ○

上聲 ○

上去 ● 構造 購買 遘遇 媾視 搆擺也 篝竹器 鶟鳥名 蓲萵類 覯遇見 竇夜 冓交積材也 烚舉火 雊雄鳴 霨雨大 榖閫義 毃 蛋鳥也 張弩 榖百榖之總名 够格

上入 ○

● 媰妎也重昏

新編《安腔八音》／ 317

下平 ○

下上 ⊙ 雕｜刻 彫｜琢 凋｜零 縧｜絲｜帶

低上平 ●

上聲 ○ 岜 然音鳥

下去 ○

下入 ○

上去 ● 鬥鬭鬮鬪｜爭｜志 陡陡 ｜峻 也

上入 ○ 弔 諲 銷｜ 言不 也能

下平 ● 愁 條条｜憂｜理｜件 蹂同 興 跳 菜羊蹄

下上 ⊙ 茗 笭 名陵霄亦 音笭條

下去 ● 鱢 篠筊 白鱢 ｜細竹 魚名 也名 鉴 鐽 ｜石｜金 繩馬韁

下上 ⊙ 讀 豆｜句 ｜綫 梪 古食 器肉

下去 ● 寶 縫孔隙穴 逗 ｜停 ｜留 薅 田竹 農編 具耘

● 脛 器音 也鉅 禮

上平 ●

上聲 ○

氣上平 ● 摳 撩提 起摯 扤 ｜ 蔥一 名扤 弰 ｜屬 環

上去 ● 扣 扣心 人絃 銒 衣 紐 頭 叩 ｜倭 寇 寇｜豆

上入 ● 袧 襲音 也姁 滮 河 ｜水 名古 篾 具織

下平 ○

下上 ⊙

下去 ○

波上平●呿 音捊 吸 也	上聲〇	上去〇	上入〇	下平●浮 浮翩 聯想 烰 上升 熱氣 艀 小者 舟短 趏 也疾 蜉 蚍	下上●桴 星 鴻	鳩 也聚 嗉 火 視 搏 用 手	下去●桵 多 袞 聚 也 罘 兔 罟 也 霖 霧 也 苀	莒 即 車前 草	下入〇 髳 髮 貌 嵏 鄉 名在 右扶 風

| 他上平●偷 | 竊 盜 也 婾 巧 黠 也 鍮 鍮 石 餦 餰 飫 也 瘉 病 愈 | 上聲〇 | 上去●訬 誘 引 也 牏 築垣 版 也 | 下平〇 | 下上●㓇 | 下去〇 | 下入〇 | 曾上平●鄒 聚 又 姓 古國 名 媰 孀 婦 也 諏 聚謀 也 陬 阪 隅 也 驟 廄 御 也 鶵 鶵 名鳥 | 上聲〇 蹴 足 也 鯫 白 魚 也 |

新編《安腔八音》 / 319

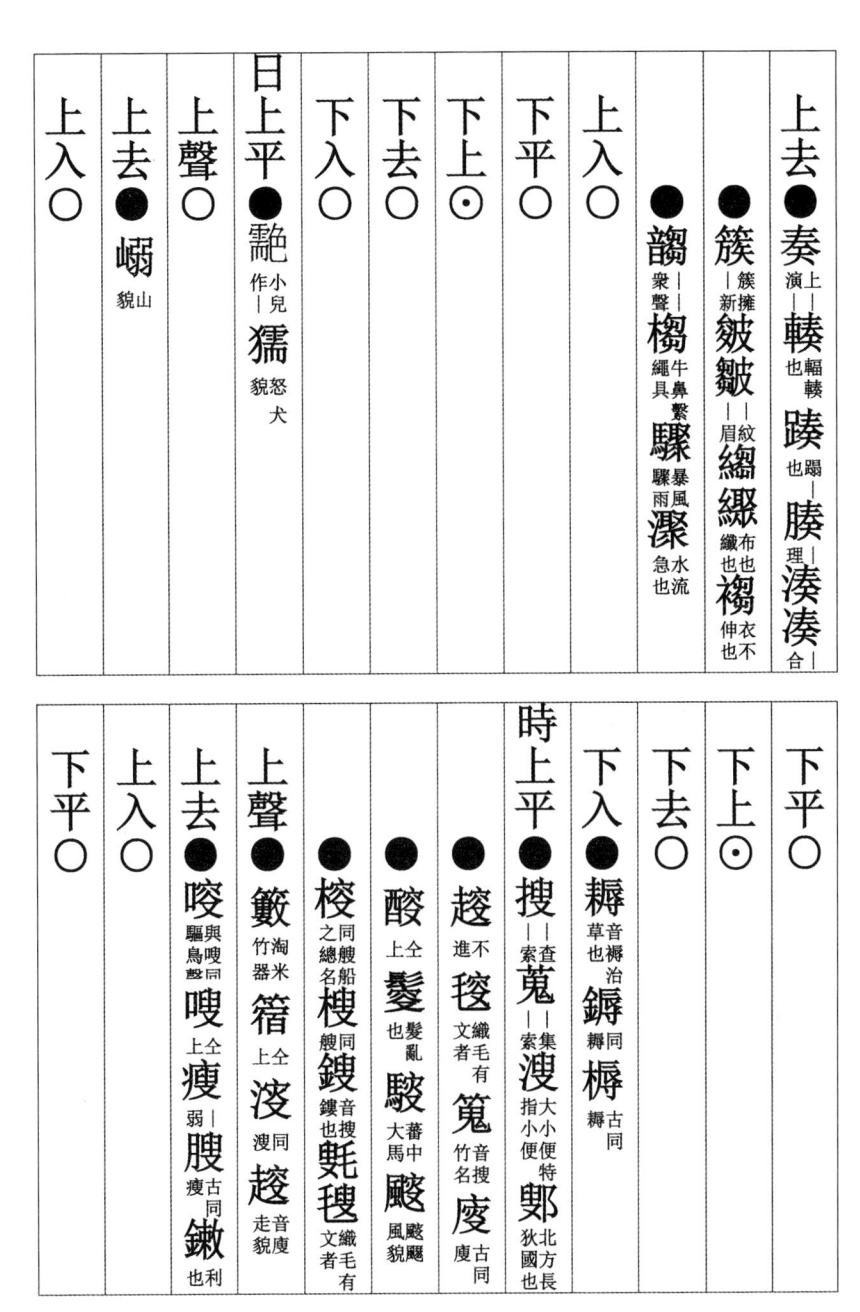

上入 ○
上去 ● 嶅 山貌
上聲 ○
日上平 ● 靨 小兒作 獿 怒犬貌
下入 ○
下去 ○
下上 ⊙
下平 ○
上入 ○ 韜 衆聲 榴 牛鼻繫繩具 驟 驟暴風雨 潫 急水流
下平 ● 簇 簇擁新 皴 紋眉 縐繈 織布也 襨 衣不伸也
上去 ● 奏 演上輳 輻輳也 蹴 蹴蹋也 腠 理湊湊合

下平 ○
下上 ⊙
下去 ○
下入 ● 耨 草褥治也 鎒 同耨 槈 耨古同
時上平 ● 搜 索查蒐 集索指大小便特 鄭 狄北方長國也
上去 ● 趉 進不 㜈 織毛有文者 篼 竹音搜廋古同
酸 上全髮 髮亂也 駿 蕃中大馬 颼 風颼颼貌
梭 之總艘同船名 艘鎪 鎪音搜 甊瓶 織毛有文者
上聲 ● 籔 竹淘米器 箞 上全 浚 浚同趗 趗 音廋走貌
上去 ● 嗾 驅鳥聲與嗾同 嗾 瘦 瘦古同弱腹 鏉 鏉利也
下平 ○
下入 ○

鶯

上平●甌 建地名｜歐 洲｜鷗 海｜漚 肥｜慪 恪音也謳

上聲●吼 鳴｜叫吼

上●籔 吳人謂育鱻竹器曰 襖 音歐同襖 涎衣也

上平○

上去○

上入○

下平○

下上⊙

下去○

下入○

蒙

上平○

上聲○

上去○

上入○

下平●謀 劃｜謀 牟 利｜牟 眸 眼中瞳人泛指眼睛 脄 音謀脊也 蟊 蜦

下上⊙鍪 兜時戴的盔 孟 齟齬蟊也 閗 開也音謀

下去●茂 盛｜茂 氈 密也音茂毛 橷 也勉桃木名也冬 㭝 古同楸植物木瓜名即

下入●瞀 亂瞀眩昏惑亂 橷 桃木名也冬 㭝 古同楸 麰 麥字文

褭 上仝貿 貿 賈 賀｜易然

語上平● 齵 齒不齊也　髃 肩頭也

上聲○

上去○

上入○

下平○

下上⊙

下去○

下入○

上入○

上去○

上聲○

出上平○

上聲○

上去● 湊 合｜

上入○

熏上平● 瘒 哮喘嗷　鼽 哮古同鼻息聲

下入○

下去○

下上⊙

下平○

上入○

上去● 復 辟｜　覆 蓋｜

上聲○

下平● 侯 諸侯｜　㠠 古侯｜猴山名　喉 嚨｜　帿 箭靶｜

上入○

● 塣 瞭望之礮堡　鍭 鏃箭　鮴 名魚

● 餱 干糧　糇 糧

下上⊙ ● 鯸 怒貌　槦 名果　簶 笙｜　頷 大言

下去●後𨒫候俟
　　｜前｜｜同
　　後同候后
　　補｜｜｜
　　候同皇王
　　后和
　●𡊁冱
　　厚古同｜
　　｜同名古沾
　　厚名地濡
　　薄　　也貌
　●逅厚
　　｜｜
　　邂薄
　　解和
　　貌

下入○

鈎字母終

46 茄字母

柳上平○

上聲●呂侶梠
　　　也｜｜｜
　　　脊伴屋
　　　骨｜｜檐
　　　　娼醜
　　　　𥰠也
　　　　也

●𦙶悋旅㯭
　｜惕客㮇
　脊也｜同
　骨　　
　也　　弓𥰠

●絽茜袮
　｜｜｜
　綴繼草祭
　繼草名山
　析｜香川
　陳蔎名
　簀也

●屢屢縷
　｜｜｜｜
　數經析彎
　次常陳曲
　　　簀也
　　　陋小
　　　　阜

●履儢僂
　｜｜｜
　行｜彎
　散懶曲
　懈也也
　息　　屈
　　　　曲

上去○

下平○

下上⊙

下去○

新編《安腔八音》／ 323

下入〇
求上平〇
上聲 ●舉擧義壯|| 簾鼓之柎 欅 炬火 柜|柳
　　　　　　　　　行　鐘　　木　　|
　　　　　　　　　　　　　　名
●矩形|貌 起趄行貌 裾姓也 蒟菜名 欅同
上去〇
上入〇
下平 ●茄夫渠 笳聲|
下上⊙
下去〇
下入〇
氣上平〇
上聲〇

上去●去|来
上入〇
下平〇
下上⊙
下去〇
下入〇
低上平〇
上聲●宇宙 浮水名 羚羔也 佇立為繩 苧草名可
　　　　　　　　　　　　五月
●竚立也企也久 杼緯者之持織 竿也機
●抒音佇解也 眝遠視智慧 齒吳俗謂盛物於器曰|下
●妤體也
上去●貯貯儲積蓄藏

324 / 《安腔八音》整理及研究

上入	○	
下平	○	
上入	○	
下去	○	
下上	⊙	
下入	● 爥	光灼爥也
爭上平	● 齟	齒不相值曰齟齬
上聲	● 主 席 水渚 水中小陸地 煮羹飯 袿 宗廟宝祐	
	● 塵 其尾辟塵塵似鹿而大 喙 嘴也特指鳥獸之嘴 齰 瓶也	
上去	● 借俗 戴 切肉也	
下入	○	
下平	○	
下上	⊙	

下去	○	
下入	● 嚼 以牙磨碎食物	
日上平	● 孃 柔細長軟	
上聲	● 女 女孩 汝女 你 第二人稱代詞 粔 粔粧也	
上去	○	
上入	○	
下平	○	
下上	⊙	
下去	○	
下入	○ 葉 葉艸木之	
時上平	○	
上聲	● 黍 植物名亦稱稷 稻 晚稻也 糈 粮 醑 美酒	

●暑｜期｜假

上去〇

上入〇

下平〇

下上⊙

下去〇

下入●石｜頭 射｜箭

鶯

上平〇

上聲●乳分泌奶之器官｜房 雨｜露 羽｜毛 ⿰羽鳥鳥羽 禹禹大

●詡誇口說大話 瑀石之次玉者 ⿰立禹立也 萭草名 窳污窬也

上去〇

上入〇

下平〇

下上⊙

下去〇

下入〇

語

上平〇

上聲●語｜言｜氣 圄囹｜ 圉囹圉所以拘罪人也 禦防｜

●⿰吾欠敔禁也又樂器椌楬也 麌雄鹿 俁容貌大也

上去〇

上入〇

下平〇

下上⊙

下去〇

下入〇	
出上平〇	
上聲●	楮 似楮樹葉 取 得處 處 方鼠 蔖 瘋 病 憂鬱
上去〇	
上入●	尺 寸— 硛 中音汋藥湯
下去〇	
下上⊙	
下平〇	
下去〇	
下入●	石 塊— 蓆 草— 祐 主宗廟石室中藏也
熏上平〇	
上聲●	許 多— 滸 水傳小說名 薛 虎許藥草也 杵 春杵 栩 如生
●豬 豕而叢居者三毛 鯳 周代諸侯國名 殷 覆之冕也

上去●	屝 也履 屨
上入〇	
下平〇	
下上⊙	
下去〇	
下入〇	
如上平〇	
上聲●	與 与也黨與 庚 倉水槽也 愈 愈演愈烈 茹 含辛苦茹
●予 賦賜— 鯢 斗六斛四曰— 璵 美玉璠也 匽 倉水漕也
●异 與古字文
上去〇	
上入〇	

新編《安腔八音》/ 327

下平〇

下上⊙

下去〇

下入●藥葯 草治病

茄字母終

---

47 雞字母

柳上平〇

上聲●李里俚娌 也李果鄉里語|妻姒娌兄弟之合稱

●迣理鯉孃 迣也|道行|魚|裏衣裏內也

●遷 |行|也

上去●哩罹詈憯 出陀羅尼|禍也罵也詈|上全

上入〇

下平●離离籬褵攤 別|笆|彩古女子出嫁時配帶之巾吉幸福散佈舒展

●褵縭璃 求福|-玻

●離樆灘犡醨 離之調山梨|山滲流為|-破木也薄酒

●孖娶嫠 氏姓夫婦無|也順流

下上⊙

328 / 《安腔八音》整理及研究

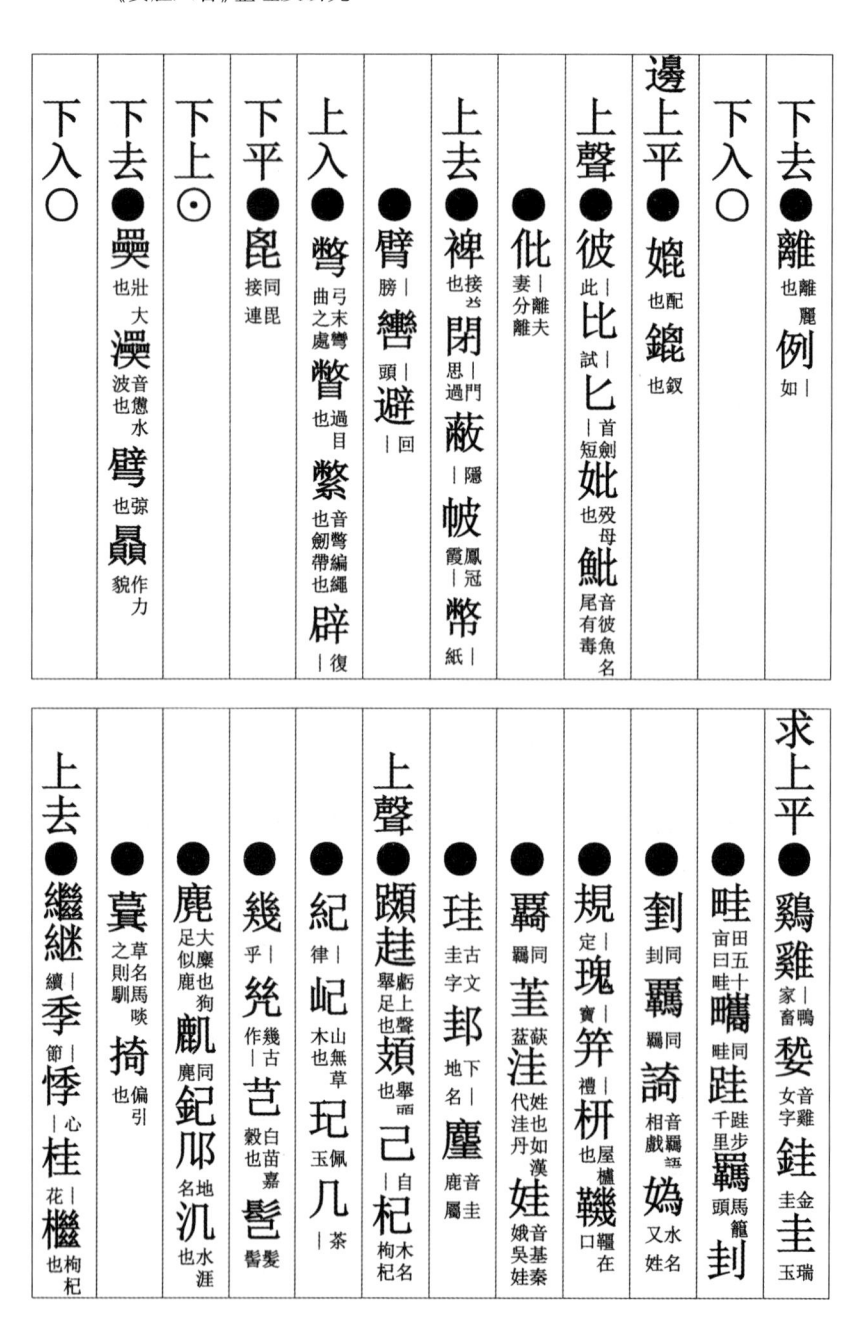

下入〇	下去●奰也壯大溪波㤿水也彎鸁貌作力	下上⊙	下平●毘接連同毘	上入●彎曲之處彎末處彆過目繁音彎編帶劍也辟復	上去●臂膀彎頭避回	上去●裨也接閉思過門蔽隱陂鳳冠幣紙	仳妻分離夫	上聲●彼此試比首短妣沒母也鯢音彼魚名尾有毒	邊上平●媲也配鎞也釵	下入〇	下去●離也麗例如

上去●繼継續也季節悸心桂花櫼也枸杞	臢草名之則馴揩也偏引	麎大麎也狗足似鹿同麎䴊地名鈕也水涯	幾乎作幾古穀也苢白苗嘉髻髮	紀律岯山無草玑玉佩几茶	上聲●蹳蹸舉也上聲舉麗頯己自杞	珪圭古字邽地名廛鹿枸杞木名	羈同羈莖菝代注丹娃音娃秦娥吳	規定瑰寶笄禮枅櫨口在	刲同刲觭相音戲羈語嬀又水姓名	哇田五十畦曰畦呲同呲千里踦步羈頭馬籠封	求上平●鷄雞家音畜鴨婗女字音雞鮭金圭圭玉瑞

新編《安腔八音》

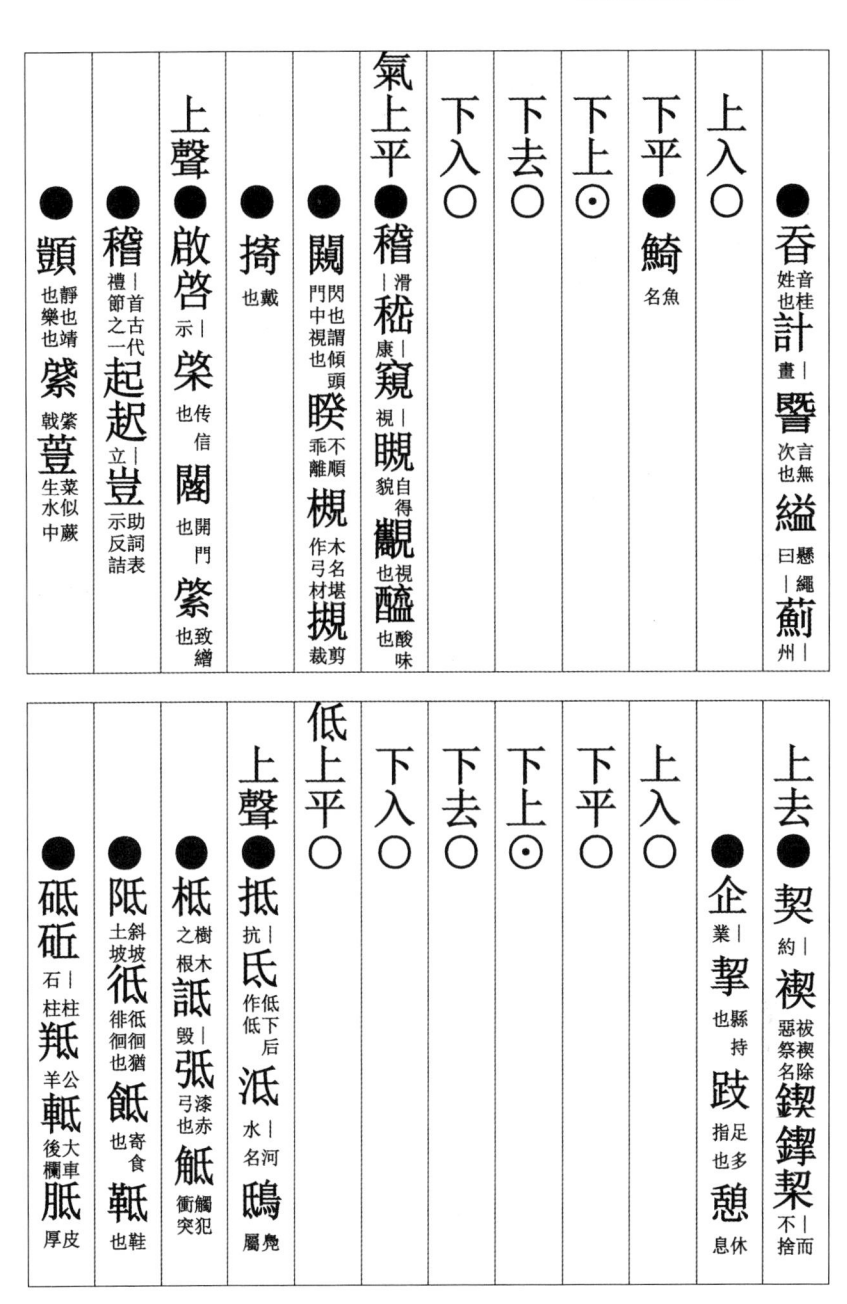

●吞 音桂姓也｜計言無次也｜曁 曰｜繾懸繩｜薊州｜

上入○

下平● 鯺 名魚

下上⊙

下去○

下入○

氣上平● 稽｜秬滑康｜窺傾貌自得｜覶視｜醯酸味

●搞 也戴

闚 閃門也中謂視頭不順｜睍乖離｜梘木名堪作弓材｜摫裁剪

上聲● 啟啓示｜也传信｜闓開門也｜繄致繒

稽｜首禮節古代之一｜起赳立示｜豈助詞反詰表示

●顈 靜也靖也樂也｜縈戟縈｜萱菜似蕨生水中

上去● 契約｜禊被禊除惡祭名｜鍥鐭契｜｜不捨而

●企 業也｜挈縣持也｜跂指足多也 憩息休

低上平○

下去○

下上⊙

下平○

上入○

下入○

低上平○

上聲● 抵抗｜氐作低低后｜泜水名｜河鳰屬鳧

●柢 之樹根木｜詆毀也｜弤漆赤弓也｜觗衝觸突犯

陒 斜土坡｜彽彽徊徊猶也｜餁寄食也｜軚也鞋

●砥砥 石｜柱公｜羝羊後大欄車｜胵厚皮

330 / 《安腔八音》整理及研究

●邸 官階古代五聲音第四音　坻 高坡地　坘 與坻同	
上去 ○	
上入 ○	
下平 ●池 塘　籭 管樂　笸 管樂也　蚳 蟻卵也　鼒 管樂	
下上 ⊙	
下去 ●弟 弟	
下入 ○	
波上平 ●批 駁　披 挂　笓 與笓同去者　箆 髮垢　屎 箪陰女子	
●砒 礔 毒藥　剅 剉削也　釽 箭　畈 耕	
●炋 灰同炋　狓 猖貌　詀 言具　剧 剉析也	
●妚 字女　旋 旌旗廒也　芘 茡花草名　丕 大也	
●柸 古同杯酒之器皿　鉟 刃　駓 黃馬白毛也　豾 狸幼	

●荎 草木花盛貌　怌 恐也　邳 地名　秠 為劑麩粉也	
上聲 ●鄙 視　缶 瓦器所以盛酒漿　缷 缶古同	
●魾 火熟也　颫 風細貌　否 泰來　痞 極地	
●嚭 嚭 人名　疕 頭瘍也	
上去 ●窔 音聲氣泄也　屁 放	
上入 ○	
下平 ○	
下上 ⊙	
下去 ○	
下入 ○	
他上平 ○	

上聲●恥耻可|拸拍也拽也
上去●剃鬀|頭
上入○
下平●啼|哭
下上⊙
下去○
下入○
曾上平●之㞢語助詞又去也芝|麻芰菱也支|持|援
●枝|葉肢|體⿰身支體也⿰豈支與跂同緩走也梔木實可染
●祇敬也脂|肪秖禾始熟曰秖巵卮圓器也
●祬祇古作祬
上聲●抵|抗旨㫖聖|指|示止|步咫|尺

●阯仝上址地|紫|色姊|妹胏食所遺也
●秭千億也⿰氵茈菜名⿰月止同胏芷白芷香草名
●沚小渚曰沚笫牀也祉福|枳枳木似橘只單獨極少
●訨許也又人名訿毀也子|孙|女趾脚|砋磨刀石
上去●祭|師際國|穄穄子不粘黍類鰶鯡科魚瘵癆病癆|
●漈水邊水涯穧穫也製剪裁裁|制作也掣風馳電|
●⿰口制昭晣也晣仝上晰明也晢同晣⿰目制目明也
●⿰月制魚醬也⿸疒掣引縱曰|別作⿸疒制
上入○
下平○
下上⊙
下去○

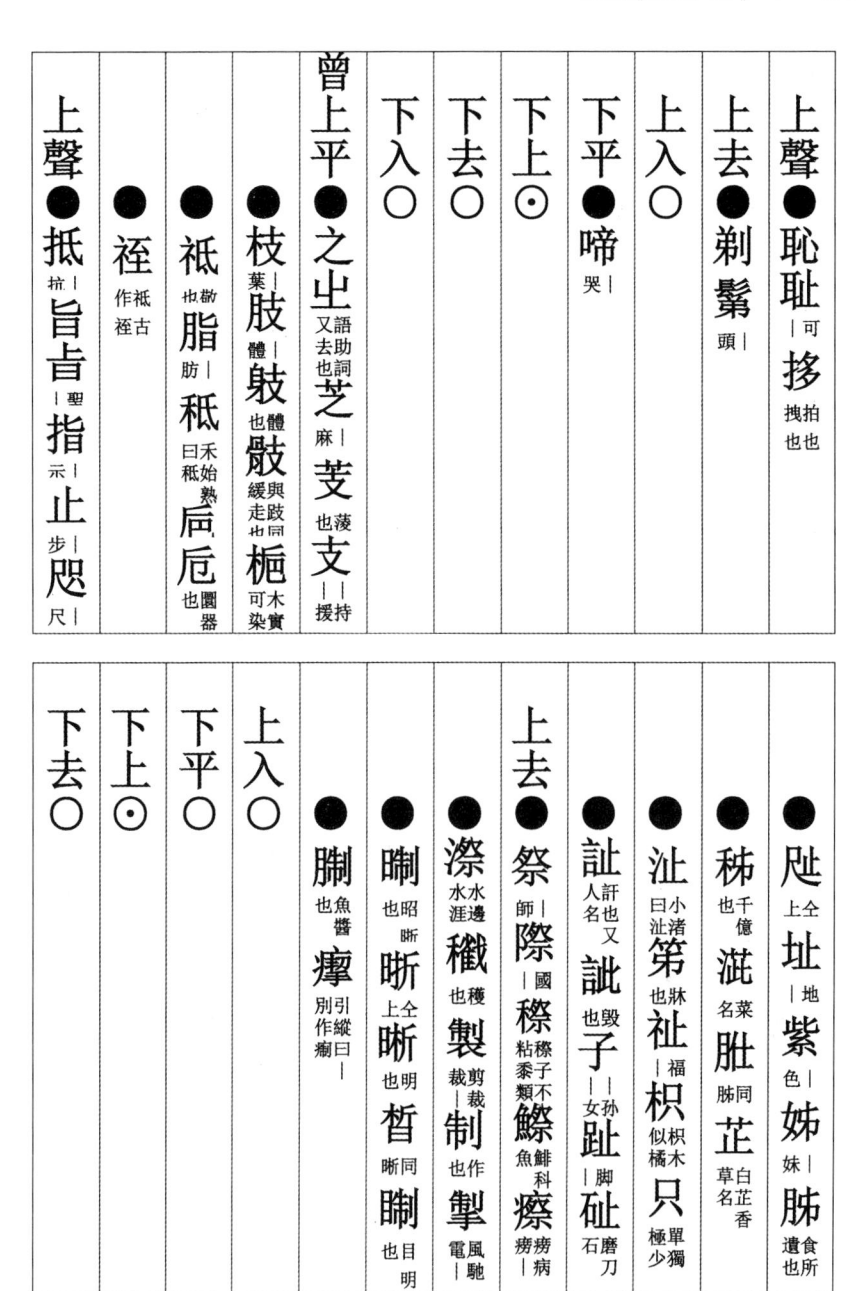

332 /《安腔八音》整理及研究

下入　○

日上平　○

上聲　● 瀰（渺瀰水曠遠之貌）　泥（土獮也殺）　嫋（美嬌好柔）　曩

上去　● 您（老子）　妮（｜我）　伱（俗你字）

上入　○

下平　○

下上　⊙

下去　○

下入　○

時上平　● 施　蚑（蚑）　敁（實｜米蚰中｜米蟲象）　蠚（此｜尖也少）

下入　○

鷍雛（名鳥）

上聲　● 始（開｜乱古｜死古亡）

上去　● 世（古世界｜勢勢力｜貰租出賃借）

上入　● 髙（古人名用｜施貌旗）

下平　● 匙（匙｜鍉器皿血）　隄（鳥之疆｜者猛也草）

下上　⊙ 楻（作匙ヒ名今｜字）

下去　● 笢（卜｜噬吞｜薯草｜嗜好｜誓言）

　　 逝（世｜敁豆｜敁敂同｜敂收古同｜醋嗜同）

下入　● 哧（古同｜趙踰也｜滋河名水古）

新編《安腔八音》 / 333

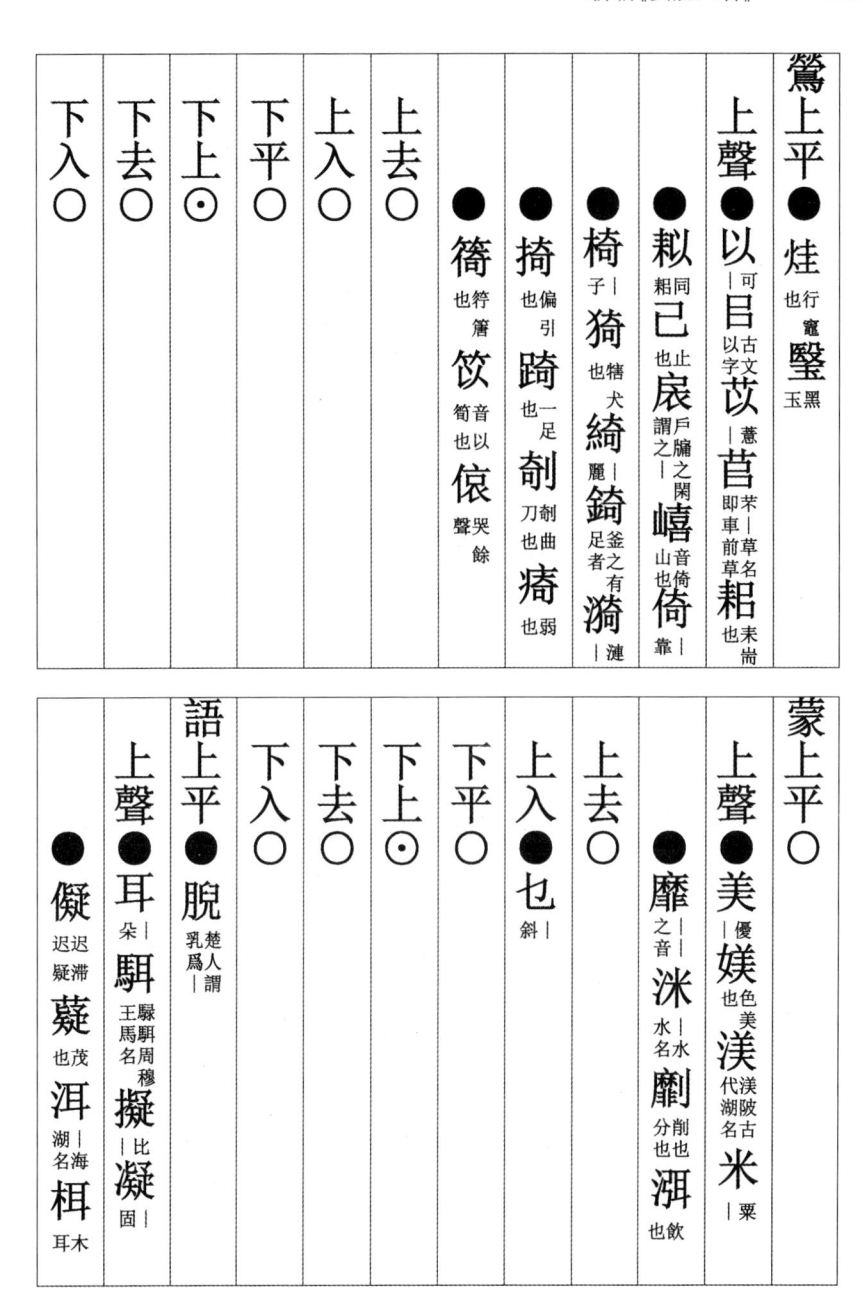

鶯

上平 ●娃 行也 窐 玉黑 鎣

上聲 ●以 可以 苡 古文以字 苢 薏苢即車前草 茞 茅-草名耛末耑也

●耖 粗同 己 止也 辰 戶牖之閒謂之-

●椅 子-犄 牲犬也 綺 麗 錡 釜之有足者 漪 漣-

●掎 偏引也 踦 一足也 剞 剞曲刀也 痾 弱也

●筕 符筕也 簸 筍音以 俍 哭聲餘

上去 ○

上入 ○

下平 ○

下上 ⊙

下去 ○

下入 ○

蒙

上平 ○

上聲 ●美 優也 媄 色美也 渼 渼陂古湖名 米 粟-

●靡 之音 洣 水名 劘 削也分也 浘 飲也

上去 ○

上入 ●乜 斜-

下平 ○

下上 ⊙

下去 ○

下入 ○

語上平 ●脼 楚人謂乳爲-

上聲 ●耳 朵- 駬 騄駬周穆王馬名 擬 比-凝固-

●儗 遲疑遲滯 薿 茂也 洱 湖名海- 栮 木耳

334 / 《安腔八音》整理及研究

上去	●矣|弓弩也 齒|牙齒也 佹|著依恃也 㤿|仗廣也
出上平 ○	
下入 ○	
	●詣|造 鑑|續
	●睨|同與毅也 覥|旁視 剴|剴刑古代五刑之一 羿|後羿同
	●毅|同與毅也 誼|種植 埶|植種術 蓺|好貌 羿|後羿同 毅|力
下去	●义|除 蓺|藝術 蒙|衣長好貌 毅|力
	●義|氣論 檥|停船靠岸 乂|平安無事 艾|好美
下上 ⊙	
下平 ○	
上入 ○	
上去	●曩|成也 哆|發抖嗦 妳|美女 妷|同妷褒 衪|古同衹
	●襣|奪剝開衣 銢|同甑 苣|香草 屎|尿
	●豖|蠡落析薪 杝|解除松 弛|同弛 虢|誘志
	●蚳|行蟲伸胑字俗哆 齝|草名 扯|胡
	●砌|建築時壘磚用泥灰粘合石 惡|急也
上去	●熾|火勢旺盛 幟|旗 旘|作幟或饎 饎|饎同食熱 妓|強害
	●啻|高聲 霽|雨雪停止放晴 虀|膾齏也 擠|擁
	●飿|饎同作饎古 穖|斷也 翅|翼 翨|膀
	●墌|也黏土 枊|榍 莿|芒草木刺刺|繡傷
	●茨|覆用蓋茅房或葦子
上入 ○	
下平 ○	

新編《安腔八音》／ 335

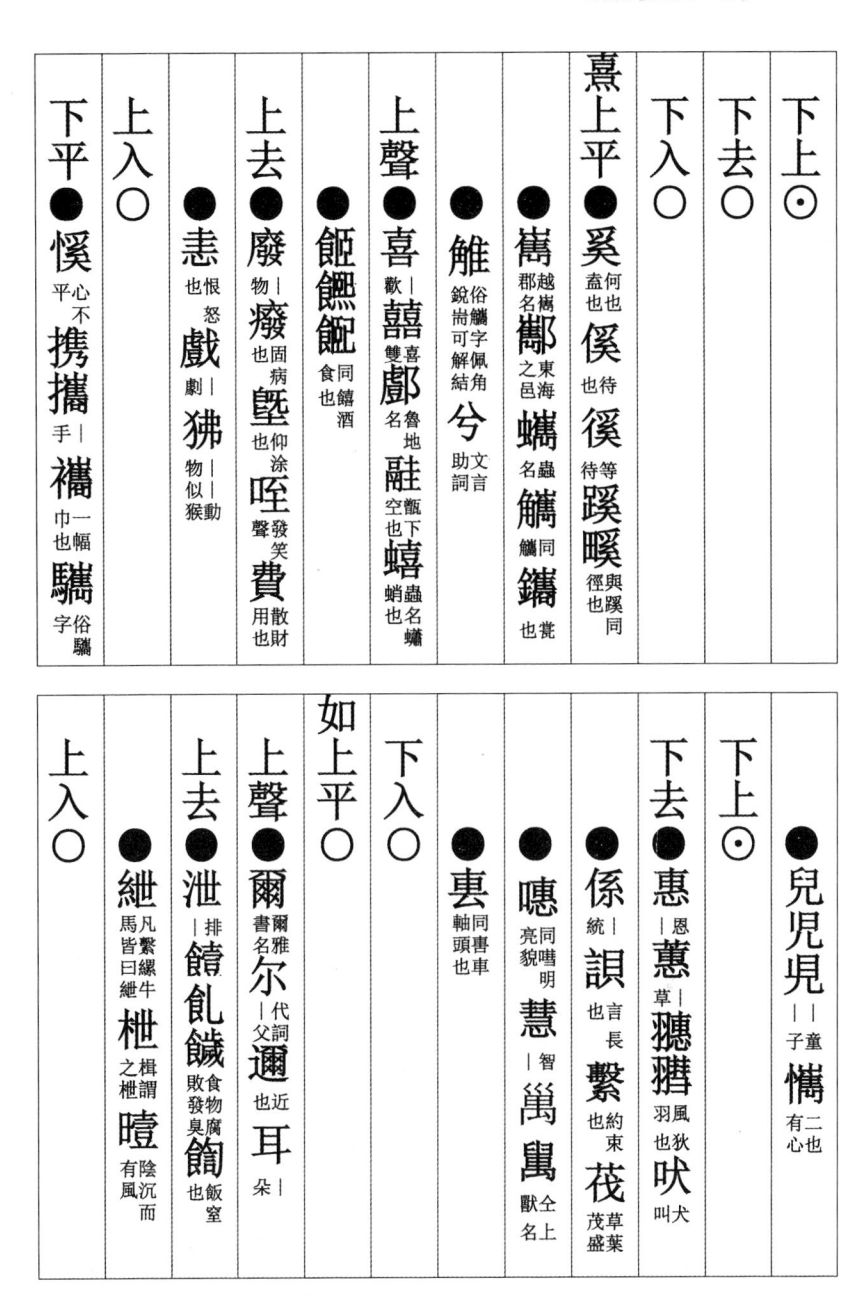

下上⊙

下去〇

下入〇

熹上平●奚 何也 盍也 傒 待也 徯 待等 蹊 徑也 暌 與蹊同 覺

上聲●觟 俗觟字 銳尚可解結佩角 兮 文言助詞

崴 越崴郡名 酅 之東海邑魯地名 蠵 蟲名 觿 觿同 鑴

上聲●喜 歡喜 囍 雙喜 鄙 甄名魯地 誩 空也 蟢 蛸也蟲名蠨

上去●廢 物癈 癈 固病也 墼 仰涂土聲發笑 嚱 也 費 散財用也

上入●恚 也恨怒 戲 劇— 狒 物似猴—動

上入○

下平●傒 心不平携 攜 手— 襭 巾—幅 驔 字俗驦

下上⊙

●兒 兒 兒 — 子童二也 懄 有心

下去●惠 恩— 蕙 草— 譓 聰 瓃 羽風狄也狹 吠 叫犬

係 統— 誤 也言長 繫 約束 苃 茂草盛葉

嘒 亮貌同嘒明 慧 智— 寯 巂 獸全名上

下入〇 裏 軸頭也車

如上平〇

上聲●爾 書名爾雅代詞 尔 — 邇 近也 耳 朵—

上去●泄 排 鰓 飢 饑 食物腐敗發臭也飯室 餉

上入〇 紲 凡繫縲牛曰繫 枻 之楫謂柂 暳 有陰沉而風

下平 ●移 動—

下上 ⊙

下去 ●謐 號— 系 統— 拽 拉也 曳 牽引也 拙 合板 裔 —後

下入 ○

●裼 裼 同 衣長貌也 稧 白稻名 筬 稻際合也

●滴 水溶滴貌也 跰 也超逾 蛜 名蟲

雞字母終

安腔八音共七卷

春花香掀秋山 三坑開嘉賓歡
歌須於金杯孤 燈砧牽光川輝
燒銀恭缸根俐 東郊戈西聲崔
初天添蟄迦歪廳煎鉤茄雞

共四十七字母

鶯蒙語出熹如無
柳邊求氣低波他爭時日

共十七音

上平 上聲 上去 上入
下平 下上 下去 下入

八音實際上七調